Revista de Direito Tributário

75

MALHEIROS EDITORES

Revista de Direito Tributário

Publicada sob os auspícios do

Instituto Geraldo Ataliba — IDEPE — Instituto Internacional de Direito Público e Empresarial e do
IBET — Instituto Brasileiro de Estudos Tributários

ISS 0102-7956

REVISTA DE DIREITO TRIBUTÁRIO
publicação trimestral de
MALHEIROS EDITORES LTDA.
Rua Paes de Araújo, 29, 17º andar - conj. 171
CEP: 04531-940 - São Paulo, SP
Tels. 822-9205 - 820-9718 - 820-5549
Fax. 829-2495
Diretor Responsável: Álvaro Malheiros
Diretora: Suzana Fleury Malheiros

Assinaturas e comercialização:
CATAVENTO DISTRIBUIDORA
DE LIVROS S.A.
Rua Conselheiro Ramalho, 928
CEP 01325-000 - São Paulo - SP
Tel. 289-0811 - Fax. 251-3756
Supervisão Gráfica: Vânia Lúcia Amato
Composição: L. Brito
Impressão: Paym Gráfica e Editora Ltda.

SUMÁRIO

XII CONGRESSO BRASILEIRO DE DIREITO TRIBUTÁRIO

SESSÃO DE ABERTURA 7

CONFERÊNCIA — **O CONTROLE DA CONSTITUCIONALIDADE PELOS TRIBUNAIS ADMINISTRATIVOS NO PROCESSO ADMINISTRATIVO TRIBUTÁRIO**
— Celso Antônio Bandeira de Mello 12

MESA DE DEBATES "A" — **PRESCRIÇÃO E DECADÊNCIA** 19

MESA DE DEBATES "B" — **ICMS/ISS - "PAGER", "COURIER", "INTERNET", "TV A CABO E POR ASSINATURA"** 43

MESA DE DEBATES "C" — **MERCOSUL** 68

MESA DE DEBATES "D" — **IMPOSTO SOBRE A RENDA — ASPECTOS ATUAIS** 90

MESA DE DEBATES "E" — **DIREITO PENAL TRIBUTÁRIO — INFRAÇÕES E SANÇÕES** 108

MESA DE DEBATES "F" — **PROCESSO JUDICIAL TRIBUTÁRIO** 126

MESA DE DEBATES "G" — **PROCESSO ADMINISTRATIVO TRIBUTÁRIO E CONTROLE DE CONSTITUCIONALIDADE PELOS TRIBUNAIS ADMINISTRATIVOS** 151

CONFERÊNCIA — **MEDIDAS PROVISÓRIAS EM MATÉRIA TRIBUTÁRIA**
— Paulo de Barros Carvalho 162

XIII CONGRESSO BRASILEIRO DE DIREITO TRIBUTÁRIO

COFINS - A LEI N. 9.718/98 E A EMENDA CONSTITUCIONAL N. 20/98
— Paulo de Barros Carvalho 177

PROCEDIMENTO ADMINISTRATIVO TRIBUTÁRIO
— Aires F. Barreto 186

PARA A FUNDAÇÃO DE UMA TEORIA HETERODOXA DO PROCESSO TRIBUTÁRIO
— José Souto Maior Borges 189

FEDERALISMO, ESTADO DEMOCRÁTICO DE DIREITO E IMPOSTO SOBRE O CONSUMO
— Misabel Abreu Machado Derzi 197

REPETIÇÃO DO INDÉBITO TRIBUTÁRIO E O ART. 166 DO CÓDIGO TRIBUTÁRIO NACIONAL
— Eduardo Bottallo 219

CONTRIBUIÇÕES PARA A COFINS, A LEI 9.718/98 E A EC N. 20/98
— Roque Antonio Carrazza e Eduardo Bottallo 226

PROCESSO ADMINISTRATIVO TRIBUTÁRIO
— José Artur Lima Gonçalves e Márcio Severo Marques 230

PRINCÍPIOS ADMINISTRATIVOS TRIBUTÁRIOS
— José Eduardo Soares de Melo 246

A NOVA ORDEM TRIBUTÁRIA E A DESCENTRALIZAÇÃO FISCAL
— Ricardo Lobo Torres 262

PROCESSO ADMINISTRATIVO TRIBUTÁRIO E CONTROLE DA CONSTITUCIONALIDADE PELOS TRIBUNAIS ADMINISTRATIVOS
— Carlos Gonçalves 268

XII CONGRESSO BRASILEIRO DE DIREITO TRIBUTÁRIO

18 a 20 de novembro de 1998*

Presidente: PROF. AIRES BARRETO

Presidente do Congresso: PROF. OSIRIS DE AZEVEDO LOPES FILHO

Presidente da Comissão Científica: PROF. PAULO DE BARROS CARVALHO

Presidente da Comissão de Trabalhos: PROF. JOSÉ EDUARDO SOARES DE MELO

Presidente da Comissão Organizadora: PROF. PAULO AIRES BARRETO

* Transliteração de fitas de vídeo, sem revisão dos oradores.

SESSÃO DE ABERTURA

Presidente da Mesa: PROF. OSIRIS DE AZEVEDO LOPES FILHO

Conferencista: PROF. CELSO ANTÔNIO BANDEIRA DE MELLO

Integrantes da Mesa: PROFESSORES ESTEVÃO HORVATH, ELIZABETH NAZAR CARRAZZA, SIDNEY SARAIVA APOCALYPSE, ADÍLSON DALLARI, EDUARDO BOTTALLO, JOSÉ EDUARDO SOARES DE MELO, JOSÉ CARLOS DIAS, DRS. ÁLVARO MALHEIROS E HORÁCIO BERCÚN.

PRESIDENTE DA MESA (PROF. OSIRIS DE AZEVEDO LOPES FILHO) – Convido a todos os presentes para que fiquem de pé para que possamos ouvir o Hino Nacional a cargo da Banda da Polícia Militar do Estado de São Paulo.

(*É feita a apresentação*).

PRESIDENTE DA MESA – Vamos ter o privilégio de ouvir ainda a Banda da Polícia Militar do Estado de São Paulo executando agora a marcha Paris-Belfort.

(*É feita a apresentação*).

PRESIDENTE DA MESA – Agradecemos à Banda da Polícia Militar do Estado de São Paulo, que sempre tem colaborado com os Congressos que o IDEPE realiza. Muito obrigado. (*Palmas*)

Pediria que viesse compor a Mesa também o Dr. José Carlos Dias.

Mais uma vez estamos reunidos neste XII Congresso Brasileiro de Direito Tributário, tendo por objetivo quer fazer ciência, quer trocar idéias. Seguramente em torno de certos temas os debates serão acalorados, mas, por mais que se digladiem os participantes das Mesa s, por mais que nas conferências os pontos de vista eventualmente não coincidam com os nossos, não haverá neste Congresso nem vencedores nem vencidos; haverá, pura e simplesmente, a vitória da ciência, porque certamente esta a preocupação eminente de todos os Congressos que foram organizados ao longo dos últimos anos, sempre sob a inspiração da alegria esfuziante, a irreverência, o dinamismo do seu grande condutor, que foi o Prof. Geraldo Ataliba.

Quero nesta oportunidade agradecer a presença de todos e informar-lhes que a Mesa está composta pelo Prof. Osiris Lopes Filho, que será o Presidente deste Congresso; pelo Prof. Celso Antônio Bandeira de Mello, que gentilmente aquiesceu ao nosso convite para discorrer sobre tema dos mais relevantes, como ficarão sabendo logo a seguir; pelo Prof. Estevão Horvath, da Pontifícia Universidade Católica de São Paulo; pela Diretora da Faculdade de Direito da Pontifícia Universidade Católica de São Paulo, Profa. Elizabeth Nazar Carrazza; pelo Prof. Sidney Saraiva Apocalypse; pelo Prof. Adílson Dallari; pelo Dr. Álvaro Malheiros, da Malheiros Editores, e que tem colaborado de modo acentuado em todos os nossos Congressos; pelo Prof. Eduardo Bottallo, da Universidade de São Paulo; pelo Prof. José Eduardo Soares de Melo; pelo Dr. Fugimi Yamashita; e pelo Dr. José Carlos Dias. Claro, existe uma série de outras autoridades, eminências aqui presentes, mas infelizmente não haveria espaço físico para que todos compusessem a Mesa. O valor intelectual de cada uma dessas pessoas significa dizer que o centro das atrações está onde elas estão e não fisicamente onde nós estamos sentados neste momento.

Agradecendo mais uma vez o apoio que o Instituto Geraldo Ataliba – IDEPE tem merecido de todos os que aqui estão, passo a palavra para o Presidente deste Congresso, Prof. Osiris de Azevedo Lopes Filho.

PROF. OSIRIS DE AZEVEDO LOPES FILHO – Quero fazer a saudação aos membros da Mesa e aos senhores assistentes e confessar que me anima grande honra e satisfação ser convidado para presidir um conclave de tal magnitude, principalmente sob os auspícios do Instituto Geraldo Ataliba. Ainda que nós tivéssemos visão diversa do fenômeno jurídico, Ataliba foi uma pessoa fundamental na minha vida profissional e na vida científica do Direito. Era uma pessoa de conhecimento solar e uma capacidade de indignação fantástica. Ele tem, talvez junto com Aliomar Baleeiro, uma posição fundamental no Direito Tributário; ele conseguiu dar dignidade constitucional ao Direito Tributário.

O Direito Tributário era uma matéria menor no cenário jurídico brasileiro e foi com Geraldo Ataliba que se elevou ao nível constitucional, se mudou a qualidade do debate jurídico no Brasil em matéria tributária. Ele era destemido e enfrentava de peito aberto o que está se tornando o dia-a-dia das medidas provisórias neste país, as inconstitucionalidades. A capacidade dele fazer denúncias despertou no nosso país esse senso de qualificação do Direito Tributário.

Vinha pensando sobre a classificação dos sistemas tributários, que classifico em sistemas tributários históricos – aqueles que são produto da tradição –, e os sistemas tributários racionais ou lógicos – aqueles que são produto da reforma: num determinado ponto da história tributária de um país, se reúnem os parlamentares e imprimem uma nova condução ao país.

Vivemos sob a égide da reforma. Há dois anos e pouco se anuncia que vai ser feita uma reforma tributária no país, salvadora e redentora da anarquia do nosso sistema tributário hoje existente. Estou convencido de que o Governo FHC, seguindo a tradição da ditadura militar, está criando uma terceira categoria na classificação dos sistemas tributários: o sistema tributário Macunaíma, o sistema tributário sem nenhum caráter. Esse é o sistema tributário que vige hoje no Brasil.

O que se anuncia, uma reforma tributária constitucional, para atender aos reclamos dos empresários, de racionalização das incidências, de simplificação da legislação e diminuição da carga tributária que já está indecente. Uma carga tributária de 32% do Produto Interno Bruto, comparável à carga tributária do Japão e dos EUA, é realmente pornográfica. Se considerarmos que se paga tributo para que o Estado ofereça os serviços públicos, os bens públicos, e se compararmos os bens públicos fornecidos pelo Estado japonês, pelo Estado americano a seus cidadãos, e os oferecidos pelo Brasil, vamos ver que a nossa carga tributária é muito mais elevada do que as deles, é mais elevada do que a da Suécia.

Se os senhores examinarem, a carga tributária da Suécia é de 48 a 50% do Produto Interno Bruto, de tudo o que é produzido no país num determinado ano. Mas se verificarem a prestação de serviço público da Suécia, comparada com a prestação de serviço público do Brasil, chegar-se-á à conclusão de que a carga tributária nossa é mais elevada, porque na Suécia o cidadão está tão satisfeito, está tão saciado pela prestação de serviço público que o Estado sueco lhes oferece, que tem o maior nível de suicídio do mundo, ao passo que no Brasil a mortalidade ocorre exatamente pela omissão do Estado, por não prestar os serviços públicos adequados.

E fala-se em ordem jurídica. Na área tributária não existe mais ordem jurídica, porque, a toda necessidade de caixa do governo, ele aumenta a carga tributária. Tenho um passado de muitos anos na administração tributária e estou convencido de que o fenômeno mais adequado para aumentar a arrecadação neste país, primeiro, é cumprir incondicionalmente a lei tributária. O Brasil é um país de exceção, é um país de privilégio, é um país de jeitinho. Quem tem maior capacidade contributiva não paga adequadamente o tributo, os ricos não pagam Imposto de Renda.

Imposto de Renda é um tributo da classe média, um tributo de salário. Se os senhores olharem a composição histórica do Imposto de Renda, 70% da arrecadação do imposto de renda da pessoa física decorre do trabalho assalariado, 20% do trabalho não-assalariado e 10% outras formas de rendimento, entre os quais rendimento de capital. Então o sistema é profundamente injusto. Ele se baseia no facilitar a arrecadação tributária, isto é, sempre se eleva o tributo em cima daquelas incidências em que é fácil arrecadar, que não dá trabalho arrecadar, não para depositar na administração tributária. É o caso típico da CPMF. Quem arrecada a CPMF são as instituições financeiras, que repassam para o Fisco.

Há uma conivência muito grande da Imprensa. Realmente fico impressionado. A CPMF está sendo elevada em 90%; a proposta de elevação de 0,20 para 0,38, representa 90% de elevação. E a Imprensa fala que a elevação é de 0,18. A Cofins é um dos tributos mais perversos que eu conheço – porque é perverso, com relação à população brasileira, pelo efeito cumulativo sobre os preços de mercado – já foi elevada em 50% – de 2% para 3% – e pouco se reclama. É um tributo terrível para a empresa nacional, porque favorece desmesuradamente a importação. Todo o sistema produtivo brasileiro, todo o sistema econômico nacional sofre essa incidência. Já na importação apenas na fase do atacadista e na fase do varejista é que há incidência desse tributo.

Na minha experiência em administração tributária, fizemos um estudo na década de 80, com relação ao Finsocial, que foi o antecessor, tecnicamente, com a mesma estrutura, da Cofins. E pegamos a matriz de insumos e produto de três montadoras, isso no início da década de 80, para saber qual era o efeito cumulativo. No menor efeito cumulativo sobre o preço final de venda do produto, chegamos à conclusão que era de cinco vezes. Então, a alíquota inicial de 0,5 pesava no produto final como 2,5%. E na matriz de insumos e produto mais complexa, que é o setor automotivo, de montadoras que fornecem as peças, uma série de indústrias ao nível horizontal, verificamos que podia chegar a dez vezes a multiplicação dessa alíquota de 0,5. Então, o peso sobre o produto final chegava a 5% a partir dessa alíquota cumulativa de 0,5%. E mais uma vez se aumenta isso.

Quem é que paga imposto neste país? Estou convencido hoje que é o nosso Super-Homem: 75% dos impostos deste país são impostos indiretos e quem absorve efetivamente a carga tributária é o consumidor final. E quem é o grande absorvedor dessa carga tributária? O nosso Super-Homem, o povão brasileiro. Ainda que ganhe 130 reais de salário, ou menos do que isso, o seu consumo agregado, 70 milhões trabalham na força ativa do país – agora diminuído aí com um nível de desemprego fantástico –, é quem termina absorvendo efetivamente a carga tributária neste país. Daí a importância de um conclave como este, em que se juntam de um lado cientistas do Direito e do outro lado a população que deseja uma ordem efetiva no sistema jurídico.

Que sistema jurídico é esse? Já não falo mais na ordem tributária, porque é desordem, é anarquia, o que impera é uma voracidade arrecadatória do governo, talvez simbolizada num leão famélico, a exigir, a cada final de ano, a elevação da carga tributária, mas sempre em cima dos que não têm capacidade contributiva efetiva. E olhem que a nossa Constituição, no elenco das constituições modernas, prima por dois pontos fundamentais: é a que melhor protege o contribuinte e a que melhor contém a avidez tributária do Estado.

O que falta?

Primeiro, falta opinião pública esclarecida para discutir a matéria tributária efetivamente, da eficácia à norma constitucional. Segundo, uma Suprema Corte, um Supremo Tribunal Federal que se capacite da sua missão constitucional e seja não um aliado do governo para atender as suas necessidades de recursos, mas um defensor da norma constitucional tributária.

No ano passado – para mim é o fato mais singular – o Estado do Rio de Janeiro, nessa volúpia arrecadatória, elevou o ICMS sobre telecomunicações para 37%, elevou a incidência sobre combustíveis para 30%, e estabeleceu a incidência do ICMS sobre energia elétrica para 25%. Pergunto eu: numa sociedade moderna o que é mais importante? Numa sociedade moderna cuja característica seja a industrialização e a urbanização, o que é mais importante do que energia elétrica? O que é mais importante do que combustível e lubrificante para os transportes do país?

Diz a Constituição que o ICMS será informado pelo princípio da seletividade, em função da essencialidade. E nada ocorre. Está certo que há um princípio, uma orientação existente na Constituição, mas o princípio tem de adquirir força. Vai adquirir força apenas pelas nossas cortes, pela Justiça, pelo aparelho judiciário? Acho que vai adquirir – e a História do Brasil mostra isso – no dia em que o Direito tiver efetivamente um apoio da população, uma consciência crítica neste país.

Há uma idéia força que é recente no país, e está mobilizando muita energia, que é a idéia da cidadania. Quer dizer, o natural do país passar a ser respeitado como um sujeito de Direito, não um elemento da paisagem, a ser manipulado. Mas a cidadania vai realmente adquirir consistência e ser um valor efetivo quando alcançar a discussão da tributação. Quem suporta carga tributária, em que intensidade há de suportar.

E, mais importante do que isso, porque a consciência de um sistema tributário, a avaliação efetiva não é apenas do modo como se retira o recurso do bolso dos contribuintes ou dos caixas das empresas, mas é efetivamente apreciado pela população pelo gasto governamental. Realmente reconheço que num país em que o comportamento do governo não é exemplar, como no Brasil, que o governo é corrupto, o governo é clientelista, o governo não atende fundamentalmente o interesse nacional, em que o governo elege bodes expiatórios na sua realidade virtual – transformou, por exemplo, o servidor público no elemento a ser linchado em praça pública, o culpado do déficit público neste país, num momento em que o servidor público esperava um reajuste ele diminui a renda disponível do servidor público, aumentando a incidência das contribuições – num país desse jaez realmente precisamos de um nível de mudança. Não a mudança normativa na Constituição, nas leis, mas uma mudança de significado.

A lei tributária é para ser cumprida potencializadamente; todos pagarem o tributo devido. E, se o objetivo é realmente arrecadar, fazer duas coisas: no país campeão da evasão, a tarefa básica do governo é não ser um governo vagabundo, no sentido de não trabalhar adequadamente, é combater a evasão – primeiro passo; segundo, num país que está cheio de renúncias à arrecadação o fundamental é reavaliar essas renúncias na arrecadação, porque o que é mais terrível na renúncia não é a validade – renúncia, arrecadação, incentivos, isenções, diferimento de prazo, reduções de alíquota, base de cálculo etc. –, não é se examinar a sua efetividade; é se examinar o seu custo de oportunidade, porque quando se defere um incentivo, se estabelece uma isenção, nunca a autoridade pública considera aquela perda como definitiva, ela busca recuperar aquela perda. E como recupera essa perda? Não combatendo a evasão, mas aumentando a tributação do resto da população.

Daí a importância deste conclave, em que se vê a ciência da academia com a necessidade de criação, efetivamente, neste país de uma consciência tributária para que o governo não posso mais manipular a norma tributária através desse novo instrumento da ditadura que é a medida provisória. É uma ditadura sem ordem unida, sem marchas das Forças Armadas aí pela rua, mas é uma ditadura que extrai a energia fundamental deste país, o dinheiro do bolso da população e o caixa das empresas.

Daí, neste momento de inauguração quero fazer a saudação a este Congresso e esperar que saiamos daqui com maiores instrumentos conceituais do Direito para codificarmos essa desordem jurídica hoje existente no país.

Muito obrigado. (*Palmas*)

Quero registrar a presença à Mesa do Prof. Horácio Bercún, que será um dos nossos conferencistas, e a presença do Prof. Paulo de Barros Carvalho, Professor Titular de Direito Tributário da PUC e também Professor da Universidade de São Paulo. Está presente à Mesa também o Prof. Roque Carrazza, titular de Direito Tributário da Pontifícia Universidade Católica de São Paulo.

Tem a palavra o Prof. Celso Antônio.

CONFERÊNCIA

O CONTROLE DA CONSTITUCIONALIDADE PELOS TRIBUNAIS ADMINISTRATIVOS NO PROCESSO ADMINISTRATIVO TRIBUTÁRIO

PROF. CELSO ANTÔNIO BANDEIRA DE MELLO (*sem revisão do autor*) – Excelentíssimo Sr. Prof. Aires Fernandino Barreto, DD. Presidente do Instituto Geraldo Ataliba – IDEPE; Exmo. Sr. Prof. Osiris de Azevedo Lopes Filho, DD. Presidente deste Congresso, em cujas pessoas saúdo os eminentes membros da Mesa; senhores congressistas: Seguramente em homenagem àquele que dá nome ao Instituto, a Geraldo Ataliba, meu fraterno amigo, é que o Prof. Aires teve esse gesto afetivo e amável, de me convidar. As ligações históricas que sempre tive com Geraldo Ataliba, meu querido amigo de infância, meu companheiro intelectual, essas ligações certamente levaram o Prof. Aires a homenagear Geraldo Ataliba por via de alguém que lhe era tão próximo. E é realmente assim que explico a minha presença entre os senhores.

Ataliba também tinha por hábito muitas vezes me convidar para comparecer ao Congresso, inobstante os temas centrais dos senhores não sejam os temas da minha área jurídica. O Direito Tributário é um ramo tão especializado do Direito Administrativo que ganhou uma autonomia, digamos, prática. Os que estudam, os que se dedicam, os que versam o Direito Tributário naturalmente aprofundaram este segmento do Direito Administrativo de uma maneira tal que ele se constituiu em algo pelo menos academicamente autônomo, o que faz com que os administrativistas se sintam muito desarmados perante especialistas, quer dizer, não possuem aquele instrumental específico para a abordagem das questões tributárias.

Com isto desculpo-me perante os senhores por estar a aventar questões em um Congresso de Direito Tributário.

O tema que me compete desenvolver é "O Controle da Constitucionalidade pelos Tribunais Administrativos no Processo Administrativo Tributário". Pretendo apenas fazer algumas breves considerações, trazendo à lembrança algumas noções, que poderão, talvez, servir como um modesto acender de luzes para o debate em torno desse assunto.

Todos nós sabemos que toda atividade administrativa, não importa se dentro de um processo administrativo tributário, é uma atividade sublegal. Todos sabemos que a administração é atividade de quem não é proprietário – como disse Cirne Lima. Todos nós sabemos que jaz a atividade administrativa debaixo da lei que instala uma finalidade a cumprir. Todos sabemos que opõe-se à noção de administração a de propriedade, visto que sob a administração o bem se mantém vinculado não à vontade do administrador, mas à finalidade impessoal a que essa vontade deve servir. Todos nós sabemos que a relação de administração somente se nos depara no plano das relações jurídicas quando a atividade a que ela se propõe encontra-se defendida contra terceiros e contra o próprio administrador.

Recordei uma série de frases do eminente Prof. Cirne Lima, o qual, de modo lapidar, nos exibia o que é administração, o que é administrar, o que é atividade administrativa, o que é relação administrativa. Assim, o processo administrativo tributário é um exercício de um tipo de atividade, atividade que se marca fundamentalmente por esses traços, por essas características.

Eu lembraria igualmente uma frase proferida por um Professor de Coimbra, Affonso Rodrigues Queiró, segundo quem a atividade administrativa é atividade de subsunção dos fatos da vida real às categorias legais.

Estou frisando esse tópico, mesmo sabendo que ao brasileiro comum isto possa parecer inconcebível ou até mesmo ridículo, dada a circunstância de que na prática brasileira o Executivo jamais obedeceu lei ou Constituição. Não é um hábito do nosso Executivo. Em matéria tributária muito menos. Por isso pôde o Prof. Osiris de Azevedo Lopes Filho falar nessa "desordem" tributária.

Realmente a preocupação da Administração brasileira, do Executivo brasileiro, com a Constituição e com as leis, eu diria que é pouco menos do que nenhuma – o que é natural, é compreensível. Nas ditaduras o Executivo se sobreleva e se torna o único senhor. Na atual ditadura instaurada pelo Sr. Fernando Cardoso, Fernando II, diga-se de passagem, vivemos, é verdade, debaixo de um luminoso império; temos um imperador, alguém de punhos de renda, que sobreleva sua vontade à vontade de toda a nação brasileira.

Assistimos todos os dias cenas explícitas de arrogância, de soberba, para não nos referir a cenas mais explícitas de *strip-tease* moral que têm sido praticadas diuturnamente. Ainda agora estamos perante o caso das fitas, o caso dos papéis das ilhas Cayman, como estivemos, antes, diante de sabe-se que tipo de papéis que circularam para a emenda da reeleição.

Quer dizer, reconheço que tudo o que possa referir, a partir deste princípio que procurei estabelecer em linha doutrinária, o da subordinação estrita da administração à lei, soará a ouvidos leigos, pelo menos, como quase uma irrisão. Não porém, a ouvidos técnicos, a ouvidos especializados, como é o caso de todos os que aqui estão.

Todos sabemos que, sobretudo em país subdesenvolvido, uma coisa é aquilo que deve ser em função da norma e outra coisa é aquilo que é. Normalmente aquilo que é não tem nenhuma relação com aquilo que deve ser. Mas nós, da esfera jurídica, falamos sobre o mundo do dever-ser, sobre o mundo normativo.

Portanto, feitas estas ressalvas, para que eu não pareça um idiota simplesmente, fica visível que não ignoro que tudo o que disser pode estar em descompasso absoluto com outra realidade: porque vou falar do mundo abstrato do Direito, vou falar desse mundo onde as coisas não podem ser tocadas, não podem ser sentidas, não podem ser cheiradas – elas transitam num universo puramente lógico, o mundo das normas jurídicas.

Tema que apaixona e que gera discordâncias muito radicais, é o de saber se pode ou não o Executivo descumprir lei inconstitucional. Dar uma resposta a esta questão é dar resposta àquilo que é o cerne do tema que me foi assinalado, que é o controle da constitucionalidade pelos tribunais administrativos. Se o Executivo pode descumprir lei inconstitucional, os tribunais administrativos, que são tribunais integrantes do Poder Executivo, podem fulminar condutas por inconstitucionais, controlar a constitucionalidade delas. Se inversamente considerar-se que não cabe ao Executivo descumprir lei inconstitucional, penso eu que a conseqüência é que os tribunais administrativos não poderão descumprir leis inconstitucionais ou considerar inconstitucionais determinadas leis.

Pessoalmente, enquanto cidadão, até gostaria que os tribunais administrativos pudessem controlar a constitucionalidade dessas leis; mas como estudioso do Direito não consegui me convencer da procedência dessa tese, exatamente pela razão exposta, a de que tudo depende da tomada de posição que se tenha a respeito da possibilidade de o Executivo cumprir ou descumprir lei.

Onde se colocam as divergências entre os partidários de uma e outra corrente de pensamento? Dizem uns: o primeiro dever de obediência é em face da Constituição. A Constituição é a lei máxima, a Constituição é a lei maior, a Constituição é a norma fundante de todo o sistema, é a fonte de validade; logo, lei praticada em descompasso com a Constituição é lei inconstitucional. Não é lei. Lei inconstitucional não tem força jurídica, lei inconstitucional está despojada da fonte vital real, por assim dizer, natimorta. E entre obedecer a Constituição ou a lei, obviamente opto por obedecer a Constituição e não a lei. Mal comparando, seria como se o soldado dissesse: entre obedecer o sargento ou o general, vou obedecer o general.

É com base nestes argumentos – quando menos, ao primeiro súbito de vista, terrivelmente impressionante – que se sustenta que é possível descumprir norma inconstitucional. E agrega-se a isso: acode-me o que o próprio Ministro, essa grande figura do Ministro Aliomar Baleeiro, dizia: se até os particulares podem descumprir lei inconstitucional, por que não poderá fazê-lo o Executivo, a Administração Pública?

Ninguém irá negar, por sem dúvida, que existe uma hierarquia entre as normas e que nesta linha hierárquica a Constituição está acima das leis. Vou até mais longe: no meu ver existe uma diferença qualitativa entre Constituição e lei. E nem ao menos se poderia dizer, segundo o meu modo de pensar, que há simplesmente uma diferença no escalão de normas, encontrando-se a Constituição em primeiro lugar, numa posição mais elevada, e as outras em graus decrescentes de força jurídica.

Ainda vou mais longe: no meu modo de entender existe uma diferença de natureza de qualidade entre a norma jurídica legal e a norma jurídica constitucional. Elas tem em comum o fato de serem normas, mas elas são qualitativamente distintas. E há conseqüências nesta assertiva. Entendo eu que as normas constitucionais são fruto de uma investidura suprema, uma investidura que outorga aos que produzem a norma constitucional o equivalente a um cheque em branco e com fundos ilimitados.

A norma constitucional organiza o Estado. A norma constitucional organiza as nossas vidas, os nossos destinos. Os destinos de cada um estão dependentes por inteiro da norma constitucional. E é coisa totalmente distinta do que se passa com as leis, as quais mais não podem senão mover-se dentro de um universo já delimitado, balizado, circunscrito.

Uma norma sem limites é radicalmente diferente de uma norma limitada, e é por isso que me parece que é um grave equívoco de linguagem, que leva a um grave equívoco conceitual, o imaginar-se que existe um poder constituinte originário e um poder constituinte derivado. Não existe. Só existe o poder constituinte originário – este é o único que é ilimitado. Entre a ilimitação e a limitação, a diferença é infinita, e é por isso que emenda constitucional, porque é produzida por quem não recebeu mandato de poderes ilimitados, não está sujeita apenas às enunciadas cláusulas pétreas; está sujeita a muito mais do que isso. Por emenda constitucional não se pode desfigurar o texto constitucional; por emenda constitucional não se pode fazer aluir as colunas de sustentação, as ligas mestras, aquilo que confere a estrutura orgânica, aquilo que oferece os vetores ideológicos de uma Constituição, porque quem exerce o poder de reforma não recebeu mandato constituinte.

É como se chamássemos um pintor de paredes para fazer um retoque na pintura da nossa casa, é como se chamássemos um pedreiro – se me são dadas comparações tão prosaicas – para acrescentar um pequeno patamar, nunca para mexer na estrutura da casa, que isto é trabalho para engenheiro e não para pintor de paredes nem para pedreiro. E é por isso que olho o texto constitucional brasileiro e vejo essas emendas constitucionais todas inconstitucionais, ridiculamente inconstitucionais, grotescamente inconstitucionais, teratologicamente inconstitucionais.

Pelo que estou a dizer, já noto o quanto é diferente, do ponto de vista jurídico, a minha posição em relação à Constituição. Eu a considero uma norma de qualidade jurídica distinta das demais normas. Nada obstante – ou seja, reconhecendo a procedência do argumento de que a Constituição é norma máxima, a Constituição é norma superior –, se assim é, como seria possível dar-se preferência a uma regra subalterna, inferior à regra fundante, à regra matriz do sistema? Desta assertiva entretanto, a meu ver – desta assertiva de plena procedência, da superioridade absoluta da Constituição em relação às leis, da necessidade de que as leis se encontrem conformadas integralmente àquilo que estabelece a lei maior –, destas assertivas, entretanto, cuja procedência longe de contender, a mim me parecem irrecusáveis, desta assertiva, entretanto, extrai-se, a meu ver, uma conclusão nela contida: a de que resulta para terceiros, nomeadamente para a Administração, a possibilidade de se descumprir lei que se considere incorreta.

Com efeito, esta dicção de que a lei é inconstitucional, esta maneira de dizer, é a mesma maneira de dizer: poder constituinte derivado; que é a mesma maneira de dizer: ato nulo não produz efeito.

Essas maneiras de dizer confundiram o nosso espírito, porque é óbvio, por exemplo, que ato nulo produz efeito, porque se não produzisse ninguém iria anulá-lo e não haveria porque se preocupar com ele. Ato nulo é aquele que não devia produzir efeitos, mas que produz e produzirá, *per omnia sæcula sæculorum*, se não for anulado.

O poder constituinte derivado não existe porque poder constituinte é ilimitado e o derivado tem limite. Portanto, é mero poder de reforma.

A mente se confunde quando a forma de verbalização é imprecisa. Dizia um grande Professor que tive – um notável Professor que tive, o Prof. Agostinho Alvim, meu Professor de Direito Civil –, que as questões jurídicas não se resolvem em problemas taxinômicos, mas problemas taxinômicos são causas de terríveis confusões de Direito.

É verdade. Essas formas de dizer ocultam muitas vezes de nosso espírito realidades mais profundas. Se alguém diz: se a norma é inconstitucional não tenho porque cumprir, o Executivo não tem porque obedecê-la... De pleno acordo. Mas quem diz que a norma é inconstitucional? Esta é a pergunta. A norma é inconstitucional ou deveria ser considerada inconstitucional? Esta é verdadeiramente a pergunta. Quem é o senhor da dicção sobre se uma norma é ou não constitucional? Quem tem o poder jurídico de expulsar uma norma do sistema?

É óbvio, não ignoro que o problema que estou pondo é a discussão sobre o caráter constitutivo ou meramente declaratório das decisões judiciais. Eu sei disto. O problema que realmente está sendo posto neste instante, que estou pretendendo introduzir, é aquele mesmo que se expressa na indagação: quando um ato jurídico é invalidado. Isso tem caráter constitutivo ou tem caráter declaratório? Quando uma sentença o faz, tem caráter constitutivo ou declaratório?

A meu ver o Executivo não pode descumprir lei inconstitucional, e não pode fazê-lo porque o Executivo não tem o poder jurídico de expulsar uma norma do sistema, ele não a pode expelir do sistema. Ele pode expelir atos administrativos do sistema mas não pode expelir leis. E não apenas expelir; o juízo que o Executivo faz a respeito de uma lei é irrelevante para fins de sua não aplicação.

Com efeito, mesmo deixando de lado trilhas puramente lógicas de investigação sobre quem tem ou não o poder de expulsar algo do sistema – e acho até que vale retomar isso –, eu lembraria que, se o Executivo pudesse descumprir lei inconstitucional, de que valeria a derrubada do veto? Sabe-se que o Chefe do Poder Executivo pode vetar uma lei, e pode vetá-la por quê? Será que é inconstitucional? – é uma das causas do veto – e o Legislativo derruba o veto. De que adiantaria o Legislativo derrubar o veto, se depois o Executivo não cumprir a lei? O que representaria esse poder de derrubar o veto? Nada! Estaria nas mãos do Executivo, estaria ao critério do Executivo obedecer ou não a norma, ainda que o Legislativo pretendesse ir contra.

É um contra-senso! Estaríamos a sufragar a possibilidade de o Executivo reproduzir, já agora sob o manto e sob o aval de um jurista, a sua conduta atrevida, petulante, arrogante, que pratica diuturnamente, mas sem o aval de nós outros, quem sabe de algum escriba pago a preço de bons cargos na melhor das hipóteses.

O senhor de introdução de uma lei no sistema é o Poder Legislativo. O senhor da retirada dessa lei do sistema, por inválida, por inconstitucional, é o Poder Judiciário. Diante de uma lei, quaisquer de nós poderá dizer: esta lei é inconstitucional, esta lei agride o sistema normativo, tal como ele tem que ser lisamente constituído. Todos nós podemos fazê-lo. Pergunta-se: e por causa disto a lei deixa de ser aplicada?

Posso eu ter esta opinião, pode o Prof. Aires Fernandino Barreto ter esta opinião, pode o Prof. Osiris de Azevedo Lopes Filho ter esta opinião, podemos todos nós. Mas isto é irrelevante, isto é uma opinião fundada ao lume da Ciência do Direito. Mas o direito positivo estabelece os mecanismos e sistemas pelos quais uma norma perde a sua força jurídica, seja no caso concreto, seja em tese.

O sistema normativo não confere a nenhum de nós, como não confere ao Executivo, esta função do Poder Judiciário. O Direito apresenta a peculiaridade de estabelecer não só o seu modo de produção, mas o modo de eliminação, o modo de expungir aquilo que tenha sido produzido pelo Direito que regula isto. E o Direito regula que quem se pronuncia sobre a validade ou invalidade de uma lei é o Poder Judiciário.

O Direito até mesmo prevê a ação direta de declaração de inconstitucionalidade. O Direito brasileiro vai até mais longe – é engraçado, é curioso –, ele prevê até a ação direta de constitucionalidade. Acredito e desejo que os estrangeiros não conheçam a nossa Constituição, porque seria tão humilhante para nós, tão vergonhoso para nós que eles vissem as sandices – com o perdão da expressão grosseira –, as imbecilidades que entraram por via de emenda, que será melhor que eles não vejam.

(Só abro um parênteses: o artigo 37, § 8º, da Constituição, introduzido por via do chamado emendão, a Emenda Constitucional n. 19, que nos expõe a uma gargalhada universal, porque é a primeira vez, que eu saiba, na história da humanidade, em que consta da Constituição um dispositivo que é inexeqüível não por uma situação de fato, é inexeqüível do ponto de vista lógico ante o Direito. É o de prever contrato entre órgãos, um contrato consigo mesmo, um contrato da cabeça com o pé, para que o pé dê pontapés. (*Risos*) O contrato de um dedo com o outro, para que os dois se entrelacem. É a manifestação mais supina da ignorância. Noções lógico-jurídicas, conceitos lógico-jurídicos e não jurídico-positivos, aqueles conceitos atemporais que são condicionantes do raciocínio jurídico, são desconhecidos pela grotesca figura dos que buliram na Carta por via do emendão, no artigo 37, § 8º.)

Quer dizer, eu sei que existe a declaração direta de inconstitucionalidade, falando do controle difuso, é o Poder Judiciário que decide isto. Não somos nós outros e não é o Poder Executivo.

Quando o Poder Legislativo edita uma regra de Direito, quando o Poder Legislativo produz uma lei, ele cumpre a sua função própria, aquela que lhe é pertinente, aquela que lhe é cometida pela Constituição. E ao Executivo cabe obedecer – a atividade administrativa é a atividade sublegal e infralegal é a atividade de subordinação à lei. Isto é a atividade administrativa. Não é a atividade de julgar a lei; nem nós aqui presentes, nem o Executivo – que disso não difere de nós – tem o poder de retirar a força jurídica de uma regra posta pelo órgão que estava qualificado pelo direito positivo como sendo hábil para colocar esta regra, para ditar esta regra.

Quando dizemos "prevalece a Constituição sobre a lei", digo: óbvio! Quando dizemos "a norma inconstitucional é norma carente de vitalidade para produzir os seus efeitos", eu digo: de acordo, certíssimo! Mas a qualificação de uma norma como inconstitucional tem que vir do órgão estabelecido em sistema como apto para qualificar algo como inconstitucional.

Não há nenhum dispositivo da Constituição que diga que o Executivo tem a qualificação jurídica para discriminar normas produzidas pelo Poder Legislativo. A qualificação do Executivo no texto constitucional é cumprir leis. Compete ao Presidente da República sancionar, promulgar, fazer publicar as leis, expedir decretos e regulamentos, para a sua fiel execução, é isso que está escrito no texto, esta é a função do Executivo: cumprir a lei. E se a função do Executivo é cumprir a lei, ele tem de cumprir. Se estiver insatisfeito, existe a via própria, uma ação direta de inconstitucionalidade.

O Executivo é obrigado a cumprir a lei, é esta a sua função. Logo, pensemos nós o que pensemos, tenhamos o juízo que tivermos, é uma opinião, é um palpite, muito bem fundado eventualmente, mas irrelevante do ponto de vista da transformação do Direito.

Vejam os senhores: se todos os juristas da terra, os mais preparados inclusive, os expoentes, os geniais, disserem que uma dada lei é inconstitucional – uma lei brasileira, que seria fácil encontrar – se disserem isto, mas se o Supremo Tribunal Federal disser que não, repudiar diante de uma ação direta de inconstitucionalidade, o que acontecerá? Onze homens, que podem ser grandes homens ou que podem ser homenzinhos mínimos – ou dez mínimos, ou sei lá, nove mínimos e dois não, não importa –, se eles considerarem que não é inconstitucional, de nada valerá a opinião de todos os gênios e luminares da terra, ela será constitucional do ponto de vista do sistema normativo.

Então, palpites, opiniões, juízos, por mais bem fundados que sejam, não têm o condão de elidir a força de uma regra jurídica posta pelo órgão qualificado para expedi-la. O órgão qualificado para expedi-la, para expedir a lei, é o Poder Legislativo. Em caráter anômalo, excepcional, invulgar, incomum, perante emergências, perante situações gravíssimas, será também o Executivo, através de medida provisória, mas cuja força jurídica é reles, cuja força jurídica é de uma debilidade extrema, tanto que 30 dias depois, se não tiver o aval do Congresso, perde o efeito desde o início. Não é como a retirada de outra norma, não é como uma revogação de uma lei que perde efeitos *ex nunc*. Tão débil é a medida provisória, tão precária é a medida provisória, que ela perde o efeito desde o início. Seus atos são expelidos do universo jurídico numa situação até parecida como a da anulação.

Mas tirante essa hipótese anômala, excepcional – e que, por isso, nós brasileiros nunca tivemos oportunidade de ver, tão rara que é – tirante essa hipótese excepcional que autorizaria um Chefe do Poder Executivo a emitir uma medida provisória que durasse apenas 30 dias, tirante essa hipótese anômala, é claro que é o Poder Legislativo que produz uma regra e diz: isto é a lei e a sua eficácia só será infirmada por uma decisão *incidenter tantum*, num caso concreto ou no caso de uma lei nacional, pelo Supremo Tribunal Federal. Fora daí, não – do contrário estaria instaurado um conflito entre poderes, do contrário o Poder Executivo erigiria a sua própria opinião, o seu palpite, em causa suficiente para paralisar a força jurídica de uma norma proveniente do Legislativo.

É por isso que as sentenças que invalidam algo são sempre constitutivas e nunca declaratórias. É óbvio que para produzir uma sentença constitutiva o juiz primeiro necessita realizar uma operação lógica, um contraste lógico entre a regra em face da

Constituição, do ato administrativo em face da lei; ele necessita desta operação lógica, esse exame de ciência do Direito e não de operação do Direito. Enquanto o juiz realiza esta operação, ele não produziu nada, está atuando tal como o cientista do Direito; na hora que ele profere a sentença ele atua como operador do sistema, qualificado pelo sistema. Naquele momento ele constitui inválida a regra por ineficácia. No momento anterior ele era cientista do Direito, operava tal como o cientista do Direito; no momento subseqüente, ele age como operador do sistema normativo tal como previsto, e constitui inválida uma regra, que não o será se ele não a constituir.

Eis a razão – e aqui termino – pela qual entendo que (e gostaria que fosse o contrário) num processo administrativo tributário não pode ser discutida a constitucionalidade da lei: porque este tribunal é um tribunal administrativo, e um tribunal administrativo se aloca no plano sublegal; e por se alocar no plano sublegal, ele não tem poderes para contender aquilo que resulta de lei.

Obrigado. (*Palmas*)

PRESIDENTE DA MESA – Quero fazer o agradecimento à brilhante conferência do Prof. Celso Antônio, "O Controle da Constitucionalidade pelos Tribunais Administrativos no Processo Administrativo Tributário".

Nós vamos ter, após o intervalo do café, o debate sobre o tema "Prescrição e decadência" com os Profs. Estevão Horvath, Paulo César Bonilha, Paulo de Barros Carvalho e Tércio Sampaio Ferraz Júnior.

(*Suspensa a sessão*)

MESA DE DEBATES "A"

PRESCRIÇÃO E DECADÊNCIA

Presidente: PROFA. ELIZABETH NAZAR CARRAZZA

Participantes: PROFESSORES ESTEVÃO HORVATH, LUCIANO DA SILVA AMARO, PAULO CELSO BERGASTROM BONILHA E PAULO DE BARROS CARVALHO

PRESIDENTE DA MESA (PROFA. ELIZABETH CARRAZZA) – Compõe esta Mesa os Professores Estevão Horvath, Luciano da Silva Amaro, Paulo Celso Bonilha e Paulo de Barros Carvalho. O tema é "Decadência e Prescrição".

Peço aos senhores congressistas que tomem assento para darmos início aos debates. (*Pausa*)

Com a palavra o Prof. Estevão Horvath.

PROF. ESTEVÃO HORVATH – Excelentíssima Dra. Elizabeth Carrazza, Presidente desta Mesa, demais ilustres professores aqui assentados, professores presentes na platéia, colegas congressistas; é com grande satisfação, como sempre, que compareço aqui no Congresso do Instituto Geraldo Ataliba, para prestar uma pequena contribuição ao debate sobre alguns temas que foram selecionados pela comissão organizadora deste conclave.

DECADÊNCIA NO "LANÇAMENTO POR HOMOLOGAÇÃO"

O tema genérico desta Mesa de debates é a Decadência e a Prescrição. Eu me permitirei falar um pouco sobre a decadência no chamado lançamento por homologação, que é um tema bastante atual e que também desperta inúmeras dúvidas e desassossego na mente de todos que sobre ele se debruçam.

Assim, queria primeiramente dizer que, propositadamente, nunca pretendi estudar essa matéria, por achá-la extremamente complicada e difícil, e talvez até insolúvel, até o momento em que vi que não era mais possível manter-me alheio a essa discussão e resolvi assumir uma posição, ainda que momentânea. Com isso, talvez em alguns pontos essa postura possa chocar o pensamento de alguns estudiosos, mas, de qualquer forma, criar um debate acerca do assunto já é, segundo creio, contribuir para elucidá-lo.

Só para lembrar idéias iniciais, já que também o tempo não é muito longo, vou partir daquela noção básica que todos os que lecionam essa matéria na faculdade têm que dizer aos alunos: no Direito Tributário, a decadência vai até a chamada "constituição do débito", a partir do que se falaria em prescrição da ação para cobrança desse débito. E a questão que abordarei é, basicamente, a seguinte: no chamado "lançamento por homologação", qual é o termo inicial da contagem do prazo decadencial, ou qual é o termo inicial da contagem do prazo para acontecer aquilo que o Código Tributário Nacional denomina "constituição do débito tributário"?

Por que isso? Porque talvez possamos chegar à conclusão de que a regra a ser aplicada no chamado lançamento por homologação é diferente da regra que se aplicaria nos "outros tipos", vamos dizer assim, de lançamento.

Na verdade estão em confronto, ou estão embaralhados, nesse assunto dois artigos, principalmente, do Código Tributário Nacional: o artigo 150, § 4º, que versa sobre os lançamentos por homologação especificamente, e o artigo 173, inciso I, que trata da decadência do débito tributário.

O problema é justamente saber se nós aplicamos o artigo 173, I, que diz que a decadência se dá a partir do primeiro dia do exercício seguinte àquele em que o lançamento poderia ser efetuado, ou partiríamos daquilo que reza o artigo 150, § 4º, ao dispor que nos casos de lançamento por homologação, o termo inicial da contagem seria aquele da ocorrência do chamado fato gerador.

É isso que vamos tratar aqui e imagino que outros, também componentes desta Mesa, o farão e, com certeza, os senhores colaborarão numa fase posterior.

Em primeiro lugar gostaria de lembrar-lhes que a atividade que o fisco realiza quando existe o chamado lançamento por homologação é simplesmente uma atividade de controle, uma atividade de fiscalização e controle. Controle do quê? Controle de outra atividade, esta realizada pelo sujeito passivo, pelo contribuinte. Ou seja, a lei atribui ao contribuinte o dever de realizar o pagamento tributário antecipado, sob reserva de uma comprovação posterior por parte do fisco, acerca do acerto ou não da atividade levada a cabo pelo sujeito passivo.

A jurisprudência atual do STJ

O que também me parece importantíssimo ressaltar aqui é a decisão do Superior Tribunal de Justiça, que parece que vai firmando jurisprudência cada vez mais freqüente, pretendendo que na verdade o prazo de decadência do chamado lançamento por homologação dar-se-ia em dez anos em vez de cinco; isso porque aquela Colenda Corte distingue – a Primeira Turma, pelo menos – a homologação do lançamento da contagem do prazo decadencial para que se possa falar que tenha ocorrido esse fato, o fato da decadência. Ou seja, neste acórdão a que me refiro – há pelo menos dois unânimes da Primeira Turma – o prazo se contaria a partir de 1º de janeiro do ano seguinte àquele em que o lançamento poderia ter sido revisto ou homologado.

Portanto, se temos cinco anos para homologação do lançamento, teríamos pelo menos mais cinco a partir do 1º dia do exercício seguinte, do termo final daqueles cinco que já teriam decorrido. E vou procurar demonstrar o desacerto, ou pelo mostrar o meu inconformismo com essa decisão. Aliás, vou me permitir ler um trecho da ementa desse acórdão, para ficar mais claro. O acórdão trata de dissolução de sociedade irregular, mas no seu bojo cuida de decadência também.

"Tributário. Societário. Dissolução irregular. Sócio gerente. Responsabilidade tributária, artigo 135, CTN. Constituição do crédito tributário. Decadência, prazo."

O primeiro inciso da ementa se refere à parte de responsabilidade tributária e aqui não teria muito interesse – só vou ler para ser completo.

"I. O sócio gerente que dissolve a sociedade irregularmente, sem cumprir as obrigações tributárias, é responsável pelo respectivo pagamento."

Isso todos sabemos.

O que nos interessa já aqui, são os itens seguintes, que dizem:

"II. o artigo 173, inciso I, do CTN deve ser interpretado em conjunto com o seu artigo 150, § 4º.

III. O termo inicial da decadência prevista no artigo 173, I, do CTN não é a data em que ocorreu o fato gerador.

IV. A decadência relativa ao direito de constituir o crédito tributário somente ocorre depois de cinco anos contados do exercício seguinte àquele em que se extinguiu o direito potestativo de um Estado rever e homologar um lançamento."

Portanto, como se refere o inciso.

"V. se o fato gerador ocorreu em outubro de 74, a decadência operou-se em 1º de janeiro de 1985."

Então, esta tem sido uma linha seguida pelo STJ, a qual me parece *data maxima venia*, equivocada.

Em primeiro lugar, gostaria de recordar-lhes que, segundo lições de Teoria Geral do Direito e também do Direito Tributário, eu aprendi com o Prof. Paulo de Barros Carvalho – e me convenci (pelo menos não conseguiram me convencer do contrário) –, que não existe obrigação sem crédito, nem crédito sem obrigação. Portanto, podemos aceitar essa expressão do Código Tributário, quando se refere ao lançamento, como uma forma de constituir o crédito tributário, como uma expressão utilizada, uma definição estipulativa, se é que se pode dizer assim, do lançamento.

Constitui-se o crédito tributário por meio do lançamento. Então, já que ele (Código) utiliza essa linguagem, só por isso vamos nós também utilizá-la, porque, em rigor, se a obrigação tributária é uma relação jurídica e qualquer relação jurídica pressupõe a existência de pelo menos duas pessoas, uma de um lado que tem direito de exigir o cumprimento da prestação, e outra, de outro lado, que tem o dever jurídico de prestar esse objeto, sendo uma delas credora e a outra devedora – uma tem o crédito, outra tem o débito – não há obrigação sem crédito e não existe crédito sem obrigação.

Na verdade, a decisão do STJ propõe também no seu bojo, no conteúdo do acórdão, fazer a distinção entre lançamento provisório e lançamento definitivo. Ou seja, o que o contribuinte faz – no lançamento por homologação – seria provisório e quando o Fisco atuar, aí se transformaria em definitivo. Aqui também sigo as lições do Prof. Paulo de Barros Carvalho, que me parece que pelo menos até hoje não foram superadas nesse ponto. No seu livro de Direito Tributário ele exemplifica até e deixa muito clara essa situação.

Não há que se falar em lançamento provisório e lançamento definitivo; há ordenamentos jurídicos que prevêem essa figura. Por exemplo, na Espanha existe o lançamento provisório e o lançamento definitivo. No nosso Direito existe lançamento, ponto. A provisoriedade de um lançamento se dá, no exemplo trazido pelo Prof. Paulo de Barros Carvalho, no caso da sentença judicial. A sentença judicial só pode ser chamada de provisória se pensarmos que dela cabe recurso. Então, até que seja reformada ou mantida, ela seria provisória. É a mesma coisa no lançamento; lançamento só pode ser chamado de provisório se for nesse sentido: até que eventualmente seja alterado, ele será provisório. Mas, na realidade, o lançamento é uma coisa só e definitiva.

O que o Código não fez foi constatar formalmente uma realidade que é fundamental e evidente: há tributos sem lançamento, ou que não precisam de lançamento. Para não ter de afirmar isso, ele criou essa figura – no meu ponto de vista, genial, sempre gosto de frisar, muito bem engendrada –, do chamado lançamento por homologação. Mas, para tanto, ele procurou conciliar situações que são inconciliáveis. Quer dizer, de um lado, previu que o lançamento é privativo da autoridade administrativa e, do outro lado, acolheu a figura do lançamento por homologação, o que internacionalmente se chama de "autolançamento".

Ora, se é o próprio contribuinte que na verdade, de fato, efetuou o lançamento, para que dizer que ele é privativo da autoridade administrativa? Por que não admitir que existem tributos que prescindem do lançamento tributário? Aí, para justificar isso, criou a figura do lançamento que chamou "por homologação"; quer dizer, já que é preciso ter participação do Fisco, o que o Fisco vai fazer é, num determinado momento, homologar aquela atividade que é, em tudo e por tudo, semelhante à atividade que o Fisco realiza nos demais tipos de lançamento. Só não pode ser chamado de lançamento, porquanto não é a Fazenda que faz, não é o Fisco que faz, e sim o contribuinte.

Então, a participação da Fazenda Pública – eu estou usando indistintamente, como já devem ter percebido, as expressões Fazenda Pública e Fisco – seria a de fiscalizar a atividade de controle. Vai-se controlar aquilo que o contribuinte realizou, aquela atividade. A lei determina que ele, contribuinte, diga que praticou o fato, enquadre este fato na norma jurídica correspondente; normalmente exige que declare esse fato ao Fisco e no momento que preveja, recolha o dinheiro, como diz o próprio Código Tributário, a título de "antecipação" do tributo.

Por que "antecipação"? Para tentar justificar que, já que o lançamento não pode ser do sujeito passivo, não pode ser do particular e sempre tem de ser só do Fisco, o que ele paga na verdade não é nem tributo, porque se é antecipação supõe-se que o lançamento não foi efetuado; e antes de se efetuar o lançamento, segundo o próprio esquema do Código, não se pode exigir o tributo. Então, antecipa-se o pagamento de alguma coisa e, diz o Código nessa construção – que reputo (e digo de novo) genial –, "sob condição resolutória ou resolutiva". Quer dizer, o pagamento vale, até que eventualmente ele seja infirmado.

Mas aí é que surge a questão: se o contribuinte realizou aquela atividade chamada de autolançamento, o Fisco tem, segundo o Código Tributário, cinco anos a partir da ocorrência do fato para fiscalizar aquilo que o contribuinte fez e dizer: está certo ou está errado, ou está mais ou menos certo ou mais ou menos errado. Se ele disser que está certo, expressamente – e isso é raríssimo de acontecer na prática e provavelmente todos os senhores sabem – mas pode acontecer tacitamente (também o próprio Código admite isso), transcorridos os cinco anos, pronto, está – na linguagem do Código – homologado o lançamento feito pelo contribuinte. Por outro lado, só se homologa o que já existe. Então, o próprio Código pressupôs que já foi feito o lançamento pelo próprio contribuinte. Se ele entender que não está correta a atividade que o contribuinte realizou, o que ele vai fazer? Vai dizer que não está correta. E o que é isso que ele vai fazer, como ele vai formalizar esta declaração de incorreção? Editando o lançamento de ofício.

Lançamento de ofício

Então, evidentemente, não posso conceber como seria possível – aliás, tem um outro acórdão, do qual não tinha conhecimento mas que li por acaso, ontem, num jornal do Paraná, até comentado por uma ex-mestranda da PUC/SP, dizendo que em outra decisão o STJ disse o seguinte: em casos de lançamento de ofício, mesmo que o tributo seja sujeito ao lançamento por homologação, a contagem do prazo decadencial deve obedecer a regra geral do artigo 173, inciso I, do Código Tributário Nacional, afastando-se a aplicação do disposto no artigo 150, § 4º, do mesmo Código. Ou seja, pressupõe-se que a contagem para esse lançamento de ofício é diferente da primeira contagem, que seria para o chamado lançamento por homologação. Ou seja, o tribunal separa a homologação do lançamento feito pelo contribuinte, do lançamento de ofício que o Fisco pode fazer.

Aí é que está, no meu modo de ver, o grande equívoco. São conceptualmente a mesma coisa. O prazo que o Fisco tem para homologar o lançamento efetuado pelo contribuinte é de cinco anos, a contar da ocorrência do fato imponível, o fato gerador na linguagem do Código.

Por que causa espécie essa posição, e o STJ talvez relute em aceitar isso, já que existe uma regra no artigo 173, inciso I? No meu modo de ver, com uma explicação, vamos dizer assim, de cunho histórico, imagino eu que tenha sido de cunho pré-legislativo. O Código imaginou as figuras de lançamento tributário como se o lançamento por homologação fosse exceção entre os tipos de lançamento. Os tipos que existiriam correntemente deveriam ser os "de ofício" e "por declaração" – e por isso mesmo ele disciplina essas duas formas de maneira mais ampla, mais minuciosa.

Só que o que aconteceu foi exatamente o contrário; o que vemos hoje em dia é que a maior parte dos nossos tributos está sujeita ao lançamento por homologação, e não aos demais tipos de lançamento. E daí talvez a relutância em se entender, como eu entendo, *data venia* diferentemente do STJ, que havendo regra específica (aliás, isso é uma regra de hermenêutica) ao lado de uma regra genérica, aplica-se a regra específica.

Há uma regra genérica (art. 173 do CTN) que se aplica aos lançamentos de ofício e por declaração; há outra regra específica do artigo 150, § 4º, do Código Tributário, que se aplica ao lançamento por homologação.

O que quero dizer é o seguinte: o prazo decadencial do lançamento por homologação é o mesmo prazo para editar o chamado lançamento de ofício, nos casos de tributo sujeito a lançamento por homologação (quando este não é efetuado ou o é equivocadamente, é claro). Ou seja, o contribuinte pratica o fato e a partir desse dia começa a contar os cinco anos para que o Fisco, querendo, controle, fiscalize e diga se está certo ou se está errado. Se ele disser que está certo, vai homologar ou vai deixar transcorrer o prazo, e aí acabou o problema; se ele disser que está errado, ele faz o lançamento de ofício, e daí esse lançamento de ofício é a não-homologação do lançamento. A partir disso se pode dizer, no máximo, que começa a correr o prazo de prescrição. Não há mais que se falar em decadência. Ou seja, o prazo decadencial coincide com o prazo para lançar, ao contrário do que diz, infelizmente, acho eu, o STJ.

Decadência em caso de não recolhimento

Até aqui, acho que o que disse talvez encontre eco entre alguns colegas. A partir de agora, o que direi certamente causará surpresa entre os senhores, para não dizer até talvez uma certa indignação. Quer-me parecer que o prazo de cinco anos contados a partir da ocorrência do fato não se aplica somente à hipótese em que o contribuinte efetue o pagamento, ou, na linguagem do Código, antecipe o pagamento; o prazo é o mesmo que corre quando o contribuinte declara e, mesmo assim, não paga, ou não declara o débito tributário. Ou seja, existe uma regra específica nos casos de lançamento por homologação que diz (ao menos eu leria assim o artigo 150, § 4º, do CTN): a contagem do prazo decadencial, nos casos de lançamento por homologação, inicia-se a partir do momento da ocorrência do fato. Se o contribuinte não declarou e o Fisco não reparou nisso em cinco anos, problema do Fisco; se o contribuinte declarou e não pagou, ocorre o mesmo que quando o contribuinte declara e não paga.

Esta é a minha opinião – e sobre isso gostaria de contar com a contribuição dos colegas. Joguei essa questão para justamente perceber, depois do "choque" inicial, o que pode sobrar dessa construção, porque sei que todo mundo até hoje entendeu exatamente o contrário disso.

Era o que eu tinha a dizer para os senhores. Muito obrigado. (*Palmas*)

PRESIDENTE DA MESA – Agradecendo antecipadamente a participação do Prof. Estevão, passo a palavra ao Prof. Paulo Bonilha, Professor da USP, que vai falar a respeito do tema.

PROF. PAULO CELSO BONILHA – Quero inicialmente, na pessoa da Exma. Profa. Elizabeth Carrazza, homenagear os professores componentes desta Mesa, muito ilustres, e agradecer este convite, que me permite participar deste Congresso que é tão famoso e sempre muito esperado por todos, porque trata, sempre com profundidade, das questões de maior interesse, mais intrincadas no campo do Direito Tributário.

Dentro do tema geral da Mesa, Prescrição e Decadência, escolhi por coincidência o mesmo tema do Prof. Estevão. Obviamente pretendo, apesar disso, colocar para que não haja uma superposição, as minhas idéias sempre com o objetivo de permitir um debate, um confronto, o que é muito bom, inclusive a possibilidade de reflexão, e novamente voltar a algumas idéias que este tema nos traz.

Antes de entrar propriamente no tema da caducidade ou decadência do lançamento por homologação, gostaria de estabelecer algumas premissas em relação a este chamado lançamento por homologação e algumas imprecisões que necessitam uma definição prévia.

Eu gostaria de lembrar que o Código Tributário Nacional quando foi elaborado, em toda a época da sua elaboração, a maior preocupação dos seus elaboradores era com a natureza da obrigação tributária. Naquele tempo a discussão era muito acirrada sobre os efeitos da obrigação, ou seja, se o crédito tributário já nascia com a própria obrigação ou somente com o lançamento.

Por essa razão, entendo eu – apenas um palpite –, a questão do lançamento ficou um pouco em segundo plano, mas na disciplina do ato de lançamento tributário o Código Tributário parte do pressuposto de que este ato tem dois aspectos essenciais: primeiro, ele é um ato privativo de autoridade administrativa, como consta do artigo 142; e, segundo, é este ato que constitui o crédito tributário.

Ora, nós sabemos – e hoje está tão difundido – que há um chamado, denominado "autolançamento", em que o contribuinte por força da legislação tributária é obrigado, por essas obrigações, a cumprir uma atividade que eu chamaria, com reservas, uma atividade de lançamento. E é isso que encontramos, de certa forma, no artigo 150, quando o dispositivo diz: o lançamento por homologação que ocorre quanto aos tributos cuja legislação atribua ao sujeito passivo o dever de antecipar o pagamento sem prévio exame da autoridade administrativa, opera-se pelo ato em que a referida autoridade, tomando conhecimento da atividade assim exercida pelo obrigado, expressamente a homologa.

Então nós vemos que a legislação tributária atribui, cometeu ao contribuinte uma série de operações lógicas tendentes a determinar o crédito tributário. E segundo o dispositivo, deve ele antecipar o pagamento.

Então nós temos dois componentes do chamado lançamento por homologação: primeiro, um conjunto de operações lógicas efetuadas pelo contribuinte, com o intuito de determinar o *quantum* do imposto devido (aqui lembraria, entre parênteses, que isto pode ser uma simples operação, às vezes até mental – uma aposição de uma estampilha num papel, por exemplo, e uma decisão: devo pagar através desta estampilha um tributo –, até aquelas situações mais complexas. Um contribuinte do ICMS, por exemplo, um contribuinte do IPI, que periodicamente tem de identificar todas as suas operações, documentá-las em notas fiscais e escriturá-las em livros. E a partir de toda esta documentação chegar a um resultado sobre se há ou não imposto devido).

Então, notem que temos com o lançamento por homologação dois resultados: primeiro, um conjunto de operações lógicas, que entendo que constitui uma situação jurídica instrumental. Ou seja, não chega a ser um ato jurídico do contribuinte; não, ele cumpre aquelas obrigações determinadas pela legislação e temos então o substrato material do lançamento, todas as condições para a determinação do crédito. O segundo elemento do chamado lançamento por homologação é o pagamento. O contribuinte, com base nesta atividade, chega a um resultado e, se devido o imposto, ele o recolhe.

Vejam bem que o pagamento em si é um fato jurídico, e o dispositivo do artigo 150 já atribui efeitos jurídicos específicos para este fato; ou seja, ele extingue a obrigação tributária. Então nós temos aqui, vejam bem, um efeito que se entendia que só com o lançamento da autoridade administrativa seria possível isto viesse a ocorrer. Aliás, o artigo 156, inciso VII, do Código diz assim: extinguem o crédito tributário o pagamento antecipado e a homologação do lançamento nos termos do disposto no artigo 150 e seus §§ 1º e 4º.

Pois bem, por que não tenho lançamento, no caso do "lançamento por homologação"? – desculpem a colocação contraditória. Porque o ato de homologação é eventual; nem sempre a Administração vai produzir esse ato – ele é um ato acidental, eventual. Este ato de homologação é distinto, não tem a mesma natureza do ato de lançamento. O ato de lançamento é um ato administrativo de aplicação da lei tributária material no fato tributário. Já o ato de homologação é absolutamente diverso e tem a natureza – como lembrou o Prof. Estevão – de um ato de controle de legalidade. A Administração, através do ato de homologação, vai avaliar o acerto, a correção da atividade exercida pelo contribuinte; e, assim, vai homologar.

É claro que a expressão é imprecisa, é inadequada, mas o que resulta claro é o caráter de controle: ato de controle. E com isto verificamos que juridicamente os dois atos são distintos – o ato de controle não é um ato de lançamento.

Eu, *data venia*, entendo que os elaboradores do código procuraram acomodar esta realidade com o que eles entendiam e consideravam indispensável em todas as hipóteses, ou seja, um lançamento realizado pela autoridade administrativa, ato exclusivo dela, e só este ato constituiria o crédito; vejam que ficou frustrada esta tentativa de acomodar no artigo 150 aquela participação do contribuinte, que, como sabemos hoje, é cada vez mais freqüente, mais usual, inclusive nos impostos como o imposto de renda, que tradicionalmente era o exemplo do lançamento por declaração: o contribuinte apresenta os seus dados e a Administração com base nesses dados notifica o contribuinte e constitui o crédito. Nós já sabemos que tudo isso hoje está superado e o chamado lançamento por homologação é de uso mais do que difundido e corrente no Direito Tributário.

Feitas essas considerações sobre o lançamento por homologação, preciso entrar no meu tema, que é a caducidade no lançamento por homologação, decadência no lançamento por homologação. E começo por dizer que não existe decadência no lançamento por homologação. Não estou dizendo nada de original, porque quem disse isso no seu brilhante e muito bom livro foi o Prof. Luciano Amaro, aqui presente.

Vejam bem que a idéia de decadência pressupõe uma inércia de um titular do Direito que não o exerce. No caso de um lançamento por homologação, como vimos, a iniciativa é do contribuinte, é ele que instado por determinações da legislação tributária exerce determinadas operações lógicas tendentes à determinação do crédito e – como diz o artigo 150 – antecipa o pagamento. Esse "antecipa" também merece críticas, pois no momento ele paga no prazo previsto e não há uma antecipação. Mas enfim, "antecipa" em relação ao prévio exame da administração tributária.

Por que não existe decadência? Não há iniciativa do Fisco e portanto não se pode acoimar de inércia aquela situação em que a idéia ou a quantificação, o surgimento do crédito tributário depende do contribuinte e não da administração.

O artigo 150, no entanto, no seu § 4º, estabelece um prazo decadencial dizendo o seguinte: se a lei não fixar prazo para a homologação será ele de cinco anos a contar da ocorrência do fato gerador. Expirado esse prazo sem que a Fazenda Pública tenha se pronunciado, considera-se homologado o lançamento e definitivamente extinto o crédito, salvo se comprovada ocorrência de dolo, fraude ou simulação.

Vamos examinar esse dispositivo por partes.

Então, está fixado um prazo, com um termo inicial bem definido, ou seja, o fato gerador. Se a lei não fixar prazo, cinco anos a contar da ocorrência do fato gerador. E aí temos de examinar agora, de um ponto de vista ou sob uma perspectiva dinâmica, o que acontece no lançamento por homologação.

Nós temos, primeiramente, uma possibilidade: o contribuinte exerce a atividade, aquela situação jurídica instrumental está aperfeiçoada, e efetua o pagamento.

Eu tenho três hipóteses:

Primeira, o pagamento está correto, está exata a quantia paga pelo contribuinte; portanto, o que pode sobrevir, acidentalmente, como eu disse, é o ato de homologação que vai homologar, e aí, então, está definitivamente extinto o crédito tributário.

Segunda hipótese, o contribuinte exerceu a atividade, pagou, mas pagou deficientemente ou com inexatidão, para menos. Em relação àquele *quantum*, que não foi objeto do pagamento, notem que o que cabe aqui, no momento em que a autoridade administrativa toma conhecimento do caso, é o lançamento de ofício e não o lançamento por homologação, porque em relação a esta parte deve a Administração efetuar o lançamento, no caso de ofício.

Essa matéria está disciplinada no artigo 149, inciso V: O lançamento é efetuado e revisto de ofício pela autoridade administrativa nos seguintes casos: quando se comprove omissão ou inexatidão por parte da pessoa legalmente obrigada no exercício da atividade a que se refere o artigo seguinte (que é o artigo 150) do lançamento por homologação. Portanto, aqui o que cabe, e que fica sujeito à decadência, é o lançamento de ofício e não propriamente o de homologação.

Uma outra hipótese é a de um contribuinte pagar a mais, pagamento excessivo em relação ao devido. Não há uma disciplina legal. Vejam que o § 3º do artigo 150 diz o seguinte, quando se trata de pagamento a menor: os atos a que se refere o parágrafo anterior serão, porém, considerados na apuração do saldo porventura devido e, sendo o caso, na imposição de penalidade e sua graduação.

Então, naquela primeira hipótese se houve pagamento a menor esse pagamento tem validade e ele deve ser necessariamente levado em conta num lançamento de ofício; no caso de um pagamento a maior não há uma previsão legal. A minha opinião é a seguinte: a autoridade administrativa deveria homologar até o valor efetivamente devido e determinar imediatamente a restituição do pago a mais.

Vejam bem que estou falando em termos teóricos, e isto no Brasil é algo assim um pouco surrealista, mas é apenas um entendimento no caso de um eventual lançamento por homologação, que acontece, em que o contribuinte paga a mais que o devido.

A outra situação, que não se enquadra nestas três, que é a da atividade mais o pagamento, seria o contribuinte exercer a atividade e não pagar. Neste caso não há o chamado lançamento por homologação e, portanto, esta situação enquadra-se nas hipóteses de lançamento de ofício; o que se aplica, aqui, seria o artigo 173, inciso I, como acontece no caso de deficiência, em que eu tenho o lançamento de ofício e não o lançamento por homologação.

Neste caso gostaria de lembrar também que a legislação do ICMS e do IPI – que prevêem que o contribuinte deve, em relação às suas operações declaradas, apresentar uma guia de informação e apuração –, determina que acolhida esta declaração, se houver débito a pagar, esse débito é inscrito imediatamente na dívida ativa, para cobrança executiva.

Então vejam que é um outro efeito decorrente de uma declaração, ou seja, o contribuinte exerceu a atividade de lançamento e não pagou. O Fisco toma esta atividade assim exercida e essa declaração de que deveria recolher "x", e remete isto, ou seja, ele acolhe como se fosse um lançamento – e aí as opiniões variam –, e o Supremo Tribunal Federal há muito tempo entendeu que este procedimento é correto, ou seja, independe esse encaminhamento para inscrição da dívida e cobrança executiva de um prévio processo administrativo de discussão do débito.

O prazo previsto no artigo 150, § 4º, por sua vez, tem natureza de prazo supletivo, pois ali se diz que a legislação pode estabelecer outro prazo. Obviamente este outro prazo só pode ser menor do que cinco anos. Cinco anos é o limite, é a garantia do contribuinte e é o prazo limite.

Ainda o artigo 150, § 4º, cria uma outra situação que merece as últimas considerações. É a hipótese em que é extinto o crédito, salvo se comprovada ocorrência de dolo, fraude ou simulação. Ou seja, no chamado lançamento por homologação vamos encontrar as qualificações de dolo, fraude ou simulação, e com isto no tratamento da matéria tributária não correria o prazo.

A primeira leitura do § 4º é de que nós não teríamos prazo. Todavia, esta posição tem sido fustigada pelos doutrinadores, a meu ver com muita razão, porque temos que examinar a matéria dentro da sistemática do Código, e não é admissível que esta situação fique perene e eternizada em razão desta qualificação delituosa de dolo, fraude ou simulação. Por isso mesmo entendo que se aplica ao caso o prazo qüinqüenal do artigo 173 inciso I. Nesse caso o Fisco teria cinco anos, portanto, a contar do término do prazo de pagamento em que houve a irregularidade. A partir daí correria o prazo para o Fisco efetuar o lançamento.

A jurisprudência do Superior Tribunal de Justiça, citada pelo Prof. Estevão, também com ela não podemos concordar – com esta repetição após o prazo de cinco anos do artigo 150, § 4º, de um outro prazo de cinco anos –, mas sim, como eu disse, no caso da aplicação do artigo 173, inciso I, ele começa a correr dentro do prazo de homologação, quando é indispensável o lançamento de ofício.

Acredito que com estas ponderações termino estas considerações, agradecendo a atenção de todos. (*Palmas*)

PRESIDENTE DA MESA – Obrigada, Prof. Bonilha. Passo agora a palavra ao Prof. Luciano da Silva Amaro, da Universidade Mackenzie.

PROF. LUCIANO DA SILVA AMARO – Muito obrigado. Meus cumprimentos à Mesa e aos colegas aqui presentes.

Não vou começar a falar sobre o tema, tão rico, antes de expressar uma brevíssima palavra, mais uma vez a minha alegria de ter a oportunidade de trocar idéias com os amigos a respeito de temas às vezes não tão novos, como é o caso deste aqui, mas com uma problemática sempre renovada. De modo que o IDEPE mais uma vez está de parabéns por agitar temas sempre atuais, ainda que razoavelmente antigos como a discussão a respeito da prescrição e da decadência em matéria tributária.

O Prof. Paulo me adiantava há pouco que ele ia falar por último para discordar de tudo aquilo que os três teríamos dito antes. (*Risos*) De modo que, como nós já estamos aqui, os três, discordando em alguns pontos – já estou adiantando que pouquíssimas coisas talvez tenham alguma divergência –, certamente ao final da fala do Paulo vocês terão, aí, quatro posições distintas a respeito da temática, o que mostra que nenhum de nós quatro estará errado e sim o Código.

Acho que o Código é que manejou esta matéria de uma maneira realmente de quem queria criar confusão, tal a gama de perplexidades que o texto codificado nos expõe quando a gente começa a ler, tentando acreditar no que está escrito. Então, o Código parece dizer que o crédito nasce com o lançamento; mas se vocês olharem o artigo 139 verão que ele nasce com a obrigação tributária; se vocês lerem o artigo 140, verão que ele tem origem na obrigação tributária. Está escrito, é textual, o Código diz que o crédito tributário tem origem na obrigação tributária – que nasce, de acordo com os arts. 113 e 114, com a ocorrência do fato gerador. Então o fato gerador dá nascimento à obrigação tributária, dá nascimento ao crédito tributário, porque o crédito tributário tem ali a sua origem.

Bem, e o que é essa história de o artigo 142 dizer que o lançamento constitui o crédito? O Código olhou a vida da obrigação tributária desde o momento da ocorrência do fato gerador até lá na frente, a última etapa possível, que é a da execução judicial. E foi batizando, ao longo do tempo, a obrigação tributária com nomes distintos.

Então, com o fato gerador o Código chama a obrigação tributária de "obrigação tributária"; com o lançamento a obrigação tributária vira "crédito tributário"; com a inscrição do crédito tributário no livro próprio da dívida ativa aquilo que era obrigação e tinha virado crédito se transforma em "divida ativa", tanto que todos sabem que o que se executa é a dívida ativa tributária, que por sua vez tem origem no crédito de igual natureza, ou seja, do crédito tributário. E o crédito tributário tem a mesma natureza da obrigação tributária, portanto, é tributário.

Vale dizer: obrigação tributária, crédito tributário ou dívida ativa são a mesmíssima coisa em momentos diferentes da vida da relação jurídica, que nasce entre devedor e credor, à vista do suposto de fato previsto na legislação.

É evidente que a cada etapa – e nem todas elas são necessárias, porque há muita obrigação tributária que morre antes do lançamento, outras se extinguem depois do lançamento, antes de virar dívida ativa, e outras se extinguem depois de se terem transformado em dívida ativa – cada uma dessas etapas acrescenta alguma coisa àquela obrigação. Então uma obrigação nascida do fato gerador e lançada, assume a tal exigibilidade, ou seja, o Fisco para poder exigir o tributo precisa lançar. E aí a gente vai ver que no lançamento por homologação não é bem isso que acontece, se for implementado o lançamento por homologação – porque se não houver pagamento não se implementa o lançamento por homologação, e aí, para poder exigir, o Fisco precisa lançar.

Bem, se, lançado o tributo, o pagamento não for feito, para continuar agindo na etapa subseqüente, que é a da execução, é preciso acrescentar um componente formal a mais, que é a inscrição da dívida. Então, só aí, inscrito regularmente o crédito tributário e transformado, portanto, o crédito tributário em dívida ativa, a partir daí é que se adquire a executoriedade.

Então vocês vêem a curiosidade: com o fato gerador nós tínhamos uma obrigação, com o lançamento temos um crédito e com a inscrição temos a dívida, como se fosse possível segregar a obrigação e num momento chamá-la de "crédito", num outro momento chamá-la de "dívida" e num momento anterior chamá-la pelo nome completo de "obrigação".

Para que a gente não se perca em discussões meramente terminológicas, o importante é ver que, no manejo desses conceitos distintos, que nada mais refletem do que a roupagem formal da obrigação tributária ao longo do tempo, o Código se perdeu num mar de perplexidades, porque, embora num momento ele diga que o crédito tributário nasce com o lançamento, ou se constitui com o lançamento, alguns artigos depois ele diz que a decadência extingue o crédito tributário. Como é que a decadência pode extinguir o crédito tributário se ela opera antes do lançamento e só com o lançamento é que se teria o crédito tributário? É um dislate quase tão grande quanto dizer que a isenção exclui o crédito tributário. Coitado do crédito tributário que não consegue em nenhum momento se materializar, porque sequer a obrigação tributária surge. Mas esse é outro problema.

Voltando ao crédito tributário, ele nasceria com o lançamento, mas pode se extinguir antes, mas no artigo 139 e no artigo 140, porque é a origem da obrigação tributária, então ele já existe antes.

No lançamento por homologação o pagamento antecipado extingue o crédito tributário. Portanto, o crédito tributário já existe. E o crédito tributário nasceu onde, se não houve lançamento ainda? No Código o pagamento extingue a obrigação tributária, que ainda não foi lançada, porque ainda não houve nenhum procedimento do Fisco, mas que já está sendo paga porque a lei assim o determina. A prescrição extingue a ação, segundo diz o artigo 174; mas o 156 diz que a prescrição extingue o crédito tributário.

Então, vejam que a decadência e a prescrição no Código Tributário, associada essa disciplina à disciplina que o Código deu para o lançamento, para a obrigação, para o crédito tributário, acaba dando um curto circuito que nos leva, 30 anos depois de editado o Código, a estarmos aqui discutindo questões que poderiam ter sido superadas nas primeiras análises que se pudesse ter feito do Código, e que até hoje não estão superadas. Então, toda essa discussão que vocês estão vendo aqui decorre, a meu ver, da falta de maestria – ou da falta de mestria, como preferiria talvez o meu amigo Eurico – que o Código mostrou no trato desta matéria.

Aliás estava colhendo aqui: em 1975, eu era moleque ainda, e escrevi um trabalho sobre lançamento por homologação e prazo decadencial; e lá comecei a manifestar justamente as minhas perplexidades com o mau trato que a lei dera à matéria. Até eu concluía esse trabalho dizendo: não tem solução, a não ser reescrever a disciplina legal – isso em 1975, ou seja, há 23 anos.

Bem, não tenho hoje razões para mudar aquilo que disse na época, porque o Código está igualzinho, o Código continua dizendo todas essas coisas que a gente viu.

Mas todas as tentativas que se tem, também, de examinar a prescrição e a decadência, à vista da disciplina posta no Código, passam antes por um exame dos institutos do Direito Civil; e aí a coisa se complica mais ainda, porque os civilistas, até hoje, não se entenderam ainda sobre a distinção entre decadência e prescrição.

De vez em quando algum jurista iluminado diz "agora eu tenho o verdadeiro critério para distinguir a prescrição da decadência"; e depois se vê que aquele critério também apresenta alguma falha, e assim por diante. Ou seja, a questão não está resolvida lá. E olhem que o Código Civil, previdente, chamou tudo de prescrição, deixou para a doutrina e para a jurisprudência até hoje acrescentarem os rótulos: este caso é de prescrição; não, este outro é de decadência, e assim por diante.

Mas lá ainda se justifica toda essa discussão, porque temos uma multiplicidade de relações de ordem patrimonial, de ordem familiar, sucessória e sei lá mais o quê. No Direito Tributário temos uma única relação de ordem patrimonial: o contribuinte deve tributo ao Fisco. E o Código resolveu enfeitar essa relação, então vamos importar do Direito Civil, ou da doutrina civilista, a decadência e a prescrição, e num determinado momento essa relação que é direito patrimonial será tratada sob a ótica da decadência. Depois vira prescrição. E aí a gente fica mais perdido ainda, porque lá no Código Civil, quando se fala em interromper, não interromper, extinguir a ação ou extinguir o direito, é fatal ou não é fatal, é prorrogável ou é improrrogável, tudo aquilo tem a ver com o direito que está por traz. Se é uma situação meramente de interesse patrimonial é renunciável, não se pode reconhecer de ofício, é interruptível, a parte dispõe, alega, não alega, faz o que quiser; se é uma relação civil de ordem pública, não cabe disponibilidade por parte da parte, a parte não pode alegar se renuncia ou não ao decurso do prazo, o juiz pode decretar, ou deve decretar, de ofício – o prazo é fatal... Mas por que? Porque o direito que está em causa é de ordem pública.

Ora, no Direito Tributário temos uma relação que é de ordem patrimonial. É: eu contribuinte devo pagar *x* ao Fisco, e o Fisco vai ter um prazo para exigir que eu pague, caso eu, espontaneamente, ou nos prazos previstos na legislação, não faça o pagamento. Será que essa relação pode ser olhada de uma perspectiva de irrenunciabilidade, fatalidade, alegabilidade contra uma necessidade de alegação, renunciabilidade, reconhecibilidade de ofício ou não, e assim por diante? Talvez não devesse, mas como o Código importou os rótulos decadência e prescrição e sugere que um cuide do direito e o outro cuide da ação, nesses últimos 30 anos – já a partir daquele trabalho inicial e altamente provocador de Fábio Fanucchi, que foi a tese de mestrado dele, escrita a cerca de 30 anos, 29 para ser mais exato –, tem gerado toda essa perplexidade na doutrina.

Lançamento por homologação. Já que foi dado o mote e esse é o tema que foi motivador de várias e argutas ponderações do Estevão e do Bonilha – lançamento por homologação é uma coisa estranha, porque o Juiz Andrade Martins, agora Desembargador Andrade Martins, chamou a esta figura de uma roupagem mitológica, isso num trabalho escrito nos idos de 1974/75, por aí.

Realmente, o que o Código fez aqui foi mais uma manifestação do cuidado meramente formal que ele teve com os conceitos de obrigação, de lançamento e assim por diante, e mostra que o Código ficou presa de uma concepção formalista, na qual ele acabou se enredando, porque ele primeiro afirma que o lançamento é um ato da autoridade de aplicação da lei ao fato – ato ou procedimento, não vamos entrar nessa discussão agora.

Falando com o Gilberto de Ulhôa Canto, o Gilberto disse: "Olha, nós pusemos isso no Código porque a gente queria proteger o contribuinte, então quisemos dizer que a autoridade tem que dizer o Direito e tem que assinar embaixo, e se responsabilizar pelo seu ato. Responsabilizar-se porque o ato é regrado; responsabilizar-se funcionalmente. Se fizer bobagem, responsabilizar-se criminalmente até, se for o caso".

Então, é para proteger o contribuinte que foi posta no Código essa noção de que o lançamento é sempre necessário, é sempre um ato da autoridade.

Muito bom. Mas falar em lançamento necessário no caso dos tributos que tenho de pagar sem prévio exame do Fisco, já começa a entrar na fantasia, na ficção, na mitologia, como disse Andrade Martins. Mas o Código, preso ao dogma que ele pôs, achou que tinha de ter um lançamento sempre, mesmo quando não houvesse lançamento. Então ele diz: no caso em que a lei atribua ao sujeito passivo o dever de antecipar o pagamento *(deveria dizer: o dever de pagar)* sem prévio exame da autoridade, o lançamento se opera pelo ato em que a autoridade, tomando conhecimento da atividade assim exercida pelo sujeito passivo, expressamente a homologa.

Aliás, esse artigo 150, *caput*, é excelente para a gente treinar análise sintática, porque o que ele tem de oração subordinada intercalada é fantástico. (*Risos*) O duro é achar a oração principal; está um pedacinho aqui, um pedacinho no meio e tal. Mas em suma, o que está dito ali é que mesmo nos casos em que eu não preciso de lançamento – e o Baleeiro no seu clássico *Direito Tributário Brasileiro* já dizia "existem tributos e técnicas tributárias que não comportam lançamento", e isso ele escreveu depois do Código, porque exatamente é o livro em que ele comenta o Código, artigo por artigo – o Código achou que tinha de ter lançamento sempre, mesmo nos casos em que o devedor viu a sua obrigação, calculou corretamente quanto deve e fez o recolhimento. E o Fisco não tem nada contra, aquele valor, é exatamente o que o Fisco gostaria que fosse recolhido.

Muito bem. Então, nem esse caso pode-se dizer: "Não, mas aqui o lançamento se operará através do ato em que a autoridade expressamente homologar." Ou seja, não houve lançamento ainda, houve pagamento só antecipado, antes do lançamento. Portanto, o lançamento vem depois e não antes. O Código não está reconhecendo, pelo contrário, está refugando a idéia de autolançamento. Aliás, autolançamento é uma bobagem, o contribuinte se autolança quando ele se joga pela janela (*risos*), porque aquilo que se lança no chamado lançamento por vocação não é a própria pessoa, é o tributo que ela deve. Então, lanço o tributo que devo, eu não me autolanço a lugar nenhum, muito menos da janela.

Bem, mas como o Código refugou essa idéia de autolançamento, ou de lançamento feito pelo próprio contribuinte – aliás, há uma leizinha do final dos anos 70 que criava uma coisa pior ainda, que era a autonotificação, o sujeito se autonotificava, o que era uma impossibilidade lógica, porque se ele não sabia, ele não podia se autonotificar; e se ele já soubesse ele não precisava se autonotificar, porque ele já sabia. (*Risos*)

Mas de qualquer modo, deixando para lá o que são meras discussões semânticas, mais uma vez, o Código criou essa fantasia do lançamento por homologação como ato da autoridade. Antes desse ato só existe pagamento; depois desse ato existe pagamento a espera de um ato da autoridade, que não vem nunca, porque a autoridade, quando está de acordo, não faz nada. O Código não se deu por satisfeito e para resolver também essa omissão da autoridade disse: "Não, mas mesmo que a autoridade se omita, depois de cinco anos contados de tal ou qual maneira, ela se faz presente fictamente, idealmente, e homologa". E aí o Código pisou no tomate, porque homologa o quê? Homologa aquela atividade assim exercida de que fala o *caput*, que é o pagamento. O Código vem e fala "homologa o lançamento". Não é "homologa o lançamento", é "faz um lançamento através da homologação tácita", ou "homologa o pagamento" e nesse ato, segundo diz o *caput*, se contém o lançamento. Mas o Código dá aí, realmente, uma escorregada dizendo que a autoridade homologa tacitamente, ou com o decurso de prazo considera-se homologado o lançamento, considera-se feito o lançamento, por homologação tácita, ou qualquer coisa do gênero.

Mas, posto isso, o Código agregou à disciplina do lançamento, como não podia deixar de ser, aliás, a questão da decadência. A gente consegue até inserir no Código, decodificando uma série de suas disposições, que no lançamento por homologação não existe decadência e nem prescrição, porque se o lançamento por homologação pressupõe o pagamento antes do lançamento, que é o ato de homologação expresso ou tácito, quando advém o lançamento por homologação o lançamento está feito. Então, de duas uma: ou o pagamento já está feito e o lançamento advém por manifestação expressa do Fisco ou pelo decurso do prazo e, portanto, o lançamento por homologação não decaiu; ou então, obviamente, não advém a homologação – o que se faz é um lançamento de ofício, e o que poderá eventualmente decair é o lançamento de ofício.

Assim, também não há prescrição no lançamento por homologação. Porque se o tributo, para ser lançado por homologação, precisa ser pago antecipadamente, e o Fisco ao homologar está concordando com o pagamento feito antes, é óbvio que a partir desse lançamento por homologação não se vai contar prescrição nenhuma para ação nenhuma de cobrar algo que já está pago – porque se já está pago, obviamente não há o que cobrar, e se não o que cobrar também não há ação, e se não há ação não cabe falar em prescrição.

Então, não existe prescrição, nem lançamento, nem homologação, nem decadência, no lançamento por homologação, o que não quer dizer que os tributos sujeitos a lançamento por homologação não possam sujeitar-se à decadência e prescrição. É óbvio que sim, se o tributo sujeito a lançamento por homologação não for lançado por homologação mas for lançado de ofício. Na forma do artigo 149, inciso V, em primeiro lugar, esse lançamento de ofício, como é ato da autoridade, está sujeito a decadência; e, segundo, lançado o tributo de ofício, esse tributo lançado será sujeito à prescrição. Então, o que se sujeita à prescrição é o tributo lançado real por homologação, se efetivamente lançado de ofício.

Prazo... Seria tão bom se o Código tivesse dado um prazo ou dois! Querer separar decadência e prescrição, tudo bem; mas o Código criou tanto prazo!... É o artigo 173, I; é o 173, II – aquela maluquice do 173, II... Aí vem o parágrafo único do 173, que até hoje se discute se deveria ser o inciso III ou uma outra norma. E vem o artigo 150, e ao mudar o prazo para homologação ele, indiretamente, na verdade está dando um prazo decadencial para o exercício do direito de controle – que é isso que muito bem disseram o Estevão e o Bonilha. O que o Código devia ter dado ali é um prazo para o exercício do direito de controle, só isso. Se o Fisco não exercesse o direito de controle dentro do tal prazo, que poderia ser o mesmo prazo decadencial geral, perderia o direito de exercer o controle; se dentro desse prazo exercesse, e não concordasse com o recolhimento feito pelo devedor, então, sim, lançaria de ofício, cobraria o tributo e a penalidade cabível.

Mas o Código deu ali uma terceira, uma quarta regra de contagem do prazo decadencial, porque, no momento em que ele diz que o prazo se conta do fato gerador, então o fato gerador ocorre antes do primeiro dia do exercício seguinte; portanto, ele está dando um prazo com um outro termo. Mas o que se conta do fato gerador – e nesse particular eu divergiria do meu querido amigo Estevão – é o prazo para o Fisco lançar por homologação tácita, ou dentro do mesmo prazo lançar de ofício, recusando a homologação. Se não há pagamento, não há o que homologar; é impossível haver lançamento por homologação sem pagamento, porque o conceito de lançamento por homologação posto no criador dessa figura exótica (art. 150 do CTN) é integrado pelo pagamento antecipado. Sem pagamento antecipado não há lançamento por homologação. Portanto, não há lançamento por homologação – nem expresso e nem tácito. O que há é caducidade, é decadência – decadência do direito de o Fisco, à vista da identificação do fato gerador, lançar de ofício na forma do artigo 149, inciso V, e no prazo do artigo 173, inciso I.

Então, se não houver pagamento: lançamento de ofício, regra geral, artigo 173, I. Se houver pagamento e o pagamento for a menor, graças a algum artifício fraudulento, como sai da hipótese de exceção do § 4º do artigo 150, cai na regra geral também, como afirmou com procedência o Bonilha. Ou seja, se o pagamento não é feito: artigo 173, inciso I; se o pagamento é feito a menor, com uso de fraude, dolo, simulação – aliás, não sei porque dolo, fraude e simulação, não conheço nenhuma fraude que não seja doloso e tal – vai para o artigo 173 também. Então, a única razão de ser da regra diferente do § 4º do artigo 150 é a hipótese de ter havido um pagamento a menor honesto, sem fraude, sem simulação, sem dolo.

E por que antecipar o prazo nessa hipótese? Por que não deixar na regra geral? Não faz sentido criar uma exceção para uma hipótese específica, e nessa exceção se dar um pedacinho a menos de prazo – em vez de ser cinco anos a contar do ano seguinte, seria cinco anos a contar do fato gerador. Não faz sentido tumultuar a disciplina legal da matéria e nos colocarmos todos aqui discutindo, ainda hoje, esse tema, quando podia uma regra geral, única, singela, unificar a contagem do prazo para todas as situações porque – para concluir – isso acaba gerando essas confusões em que se acaba, enfim, enredando a própria jurisprudência. Como ninguém, até hoje, conseguiu entender os porquês do Código ter posto essa disciplina tão complexa, acaba-se chegando a conclusões como essa, dos 10 anos, para lançar.

Eu não consigo entender – e é até difícil de contestar porque para contestar a gente precisa entender qual é o argumento do outro lado – a tese segundo a qual o Fisco tem cinco anos para dizer se está de acordo ou não, e depois que disse que está de acordo fica quieto. Ele tem cinco anos para dizer se está de acordo ou não, portanto ele pode dizer no primeiro, no segundo, no terceiro, no quarto e no quinto ano; se ele não disser nada, no quinto ano ele diz que está de acordo e, aí, ele tem mais cinco anos para dizer que não está de acordo... É. Ou então, da conjugação... aliás, eu não sei conjugar regra com exceção; só pode dar (desculpem) bobagem, porque a regra é por causa da regra e exceção por causa da exceção. Juntar os dois, onde a regra são cinco anos e a exceção são cinco, dá dez... Porque não é para juntar regra com exceção. A regra se aplica onde não couber exceção; a exceção se aplica onde a regra deva ser afastada.

Mas vamos dizer que a gente devesse juntar os dois dispositivos: quando é que o Fisco pode fazer um lançamento de ofício diante de um pagamento a menor feito pelo devedor de tributos sujeito a lançamento por homologação? Ele deve fazer no dia seguinte àquele em que ele perceba a inexatidão do contribuinte. Não é no último ano. Ele pode lançar aqui. Então, se ele pode lançar aqui, se a gente fosse somar a regra geral – a regra geral seria: 1º de janeiro do ano seguinte e nunca 1º de janeiro depois do quinto ano seguinte, porque nos quatro ele já pôde. Se ele já pôde desde o primeiro, a regra geral seria contar então a partir do segundo, e aí a gente jogaria fora a exceção, porque se também nesse caso fôssemos para a regra geral, a exceção serviria para nada.

Então, não dá para entender. Aliás, se é assim, se são cinco anos a partir do último ano em que o Fisco poderia lançar, por que não quinze? Porque no último dos dez anos ele também pode lançar. Ora, se ele pode no último dos dez, que tal dar mais cinco, e aí vamos a quinze? E se dermos mais cinco, no último dos 15 ele também poderá lançar. Ora, meu Deus, é o "poderá" primeiro que acontecer no tempo e não o último "poderá"; é o primeiro poderá que desencadeia a norma do artigo 173, inciso I, não é o último poderá. E mais: só é o primeiro poderá que desencadeia a regra do artigo 173, inciso I, quando for o caso da regra; quando for o caso da exceção, não é o caso da regra, e se é o caso da exceção tenho de contar o prazo do dia do fato gerador, nem de 1º de janeiro do ano seguinte e nem, muito menos, de 1º de janeiro do sexto ano, que é o seguinte ao cabo dos cinco, dentro do qual o Fisco deve lançar e não começar a olhar o relógio para saber que dia vai começar o prazo para ele exercer o direito de lançar.

É isso senhores. Muito obrigado pela atenção. (*Palmas*)

PRESIDENTE DA MESA – Obrigado, Luciano.

Passo agora a palavra ao Dr. Paulo de Barros Carvalho.

PROF. PAULO DE BARROS CARVALHO – Bom dia a todos. Quero dizer que é sempre um prazer renovado estar aqui e presenciar o grande bom êxito que esse Congresso vem apresentando. Longe de discordar dos três ilustres conferencistas, ou painelistas, como outros preferem, quero dizer que meditava seriamente sobre uma afirmação de Alfredo Augusto Becker, quando ele diz peremptoriamente: o jurista nada mais é do que o semântico da linguagem de Direito.

Nós vivemos o nosso tempo profissional, acadêmico, intelectual inteiro às voltas com as proporções semânticas dos vocábulos das expressões. Nós vimos uma demonstração eloqüente disso agora com as palavras do Prof. Luciano, mostrando no Código, o próprio Código tratando de obrigação aquilo que ele chama de crédito, aquilo que ele chama de dívida ativa, e emitindo uma série de vocábulos, uma série de expressões que, se levadas às últimas conseqüências, provocam aquilo que Becker também chamou de confusão mental. E essa lembrança de Becker é também pelo aparecimento da terceira edição do livro dele *Teoria Geral do Direito Tributário*.

Então vejam, qual é a proposta de Becker? Já que nos idos de 1962, quando ele escreveu esse livro, os tributaristas da época estavam mais às voltas com o dado da informação tributária, os atos normativos infralegais, colecionando esses atos para ficarem bem informados, e estavam se descuidando da teoria geral do Direito, ele escreveu um livro ao qual deu o nome de "Teoria geral do direito (e gostaria que fosse pequenininho) tributário". Só que a editora não se conformou com essa proposta e disse: "Não, tem que ser tudo em letras do mesmo tamanho: *Teoria Geral do Direito Tributário*.

Isso mostra que não podemos ficar ao sabor do legislador. Antes eu criticava muito o trabalho do legislador, entendendo que ele falhou aqui, falhou ali... E realmente se formos prestar atenção no produto legislado, vamos ver que ele está cheio de falhas, como mostrou o Prof. Luciano.

Mas de certa feita o Prof. Geraldo Ataliba me deu um livro de Hans Nawiaski, *Estudos Tributários*. Ele disse o seguinte: "Eu não li o livro ainda, mas esse é um Professor de Teoria Geral do Direito da Universidade de Heidelberg, na Alemanha. E sendo um Professor de Teoria Geral do Direito tratando de Direito Tributário só pode ser bom". Ele me deu o livro e realmente Hans Nawiaski dedica umas três ou quatro páginas para fazer uma crítica acerba ao legislador alemão, dizendo que o legislador falhou aqui, falhou ali, que não conhece nada de Direito das Obrigações, que, enfim, não atinou aos preceitos constitucionais. De modo que Hans Nawiaski fazia essa crítica ao legislador alemão, que não é nem o americano, nem o francês e nem o brasileiro.

Pois bem, pensei comigo: não devemos cobrar nada do legislador. O legislador é um político que integra uma casa tremendamente heterogênea, em todos os sentidos: sociais, políticos, ideológicos, culturais. Nós já vimos isso em outras oportunidades, mas temos banqueiros e bancários, representantes da comunidade indígena, cantores; enfim, temos todos os segmentos da sociedade ali representados. Como esperar de uma casa tão heterogênea um produto legislado que seja coerente, que seja harmonioso e que não provoque problemas semânticos? É impossível. E mesmo que houvesse, sendo um texto, sendo um plano de expressão que se une a um plano do conteúdo, como todo o texto, a lei de um modo geral estaria sujeita a todas as vicissitudes que uma linguagem qualquer está.

Ora, isso nos faz pensar no seguinte: tenho que me livrar desses problemas, não posso ficar à mercê do que o Código diz, se realmente aquilo é crédito ou obrigação, se pode haver uma obrigação sem crédito, o que repugna à Teoria Geral do Direito. Que obrigação é essa em que não há um titular investido no direito subjetivo de exigir uma prestação? E uma outra pessoa ou outras pessoas no lado oposto, com o dever correlato de cumprir essa prestação? Que obrigação é essa? Que relação jurídica é essa que a Teoria Geral do Direito não conhece?

Pois bem, para nos livrar dessas dificuldades e desses problemas, que a literalidade textual apresenta ao nosso espírito, só uma reflexão mais profunda, só tratando o Direito como linguagem que é. Vamos ver então o seu plano lógico sintático, o seu plano semântico e o seu plano pragmático; aí sim, percorrendo essas três instâncias simbióticas da linguagem do Direito nós podemos interpretar o Direito em toda a sua plenitude.

Isso quer dizer que vamos chegar a posições conciliatórias? Jamais, porque o Direito é um objeto cultural e onde houver um objeto cultural não adianta, porque as manifestações serão diferentes. O objeto cultural porta inequivocamente valores; esses valores são apreciados pela nossa ideologia, e a nossa ideologia é diferente de um para o outro. Além disso, depende da intuição emocional de cada um, que é diferente também um do outro. É por isso que vejo a crítica de cinema, os críticos discordando sempre; vejam a crítica da Bienal de São Paulo e tirem uma conclusão. Qualquer objeto cultural suscita esses problemas, esses desacordos de opinião.

Muito bem, tudo isso para introduzir o nosso tema, que é Decadência e Prescrição do Direito Tributário, dizendo que, num esforço de reflexão de ordem lógica, mas não só lógica, semântica e pragmática, posso dizer algumas coisas que correspondem ao meu modo de compreender o Direito, já que a atitude própria diante dos objetos culturais é a compreensão.

Muito bem, o Prof. Eurico de Santi tem estudo interessantíssimo introduzindo o assunto da decadência e da prescrição, como também do lançamento. Ele faz primeiro uma reflexão de ordem semântica: o que é lançamento, o que é decadência, o que é prescrição? E desenvolvendo o seu estudo nós vamos ver que a decadência pode ser apreciada como um instituto jurídico complexo de normas jurídicas, normas seja no sentido lato, como enunciados do direito coletivo, seja no sentido estrito, como aqueles enunciados que articulados deonticamente são atos para regular as condutas inter-subjetivas.

De qualquer maneira a decadência e a prescrição podem ser estudadas como institutos jurídicos. Aí abro as leis etc. e deparo com estas instituições.

Ou então posso examinar o fato jurídico da decadência, o fato jurídico da prescrição. É óbvio que para examinar um fato – esse fato só existirá como tal se houver uma linguagem competente que o expresse. Se eu escrever um bilhetinho "decaiu o direito da Fazenda", não é por isso que decaiu o direito da Fazenda. O Prof. Celso Antônio Bandeira de Mello disse isso com todas as palavras: que é o órgão competente do sistema aquele que pode dizer se a lei vale ou não vale, se é um caso de constitucionalidade ou se não é.

Não adianta a nossa opinião; não passará de uma opinião, não somos órgãos do sistema para expressar essa manifestação.

Pois bem: para que haja o fato jurídico da decadência ou o fato jurídico da prescrição, como fatos extintivos, tenho que ter uma linguagem competente – ou a Administração reconhecendo que houve o fluxo do prazo a que alude o contribuinte, ou o Poder Judiciário fazendo esse reconhecimento. De qualquer maneira, não conheço outro modo de se dar como ocorrido o fato jurídico da decadência ou o fato jurídico da prescrição.

Agora vejam: decadência – em que sentido nós podemos utilizar segundo o direito positivo brasileiro, segundo a criação do direito positivo brasileiro em matéria tributária? De duas maneiras: ou como fato que extingue o direito subjetivo do Fisco celebrar o ato jurídico do lançamento, ou como o fato jurídico extintivo do crédito tributário – e eu diria melhor, da obrigação tributária, já que não reconheço a existência de crédito sem obrigação, ainda que o Código o diga. Eu já fiz aquele pequeno esforço de regresso à Teoria Geral do Direito e vi que a obrigação pressupõe a existência de crédito – o que não quer dizer entrar no problema da liquidez ou iliquidez desse crédito.

Sendo assim, teríamos duas formas, mediante as quais a decadência pode acontecer: como um fato que extingue o direito que o Fisco tem de celebrar o ato jurídico administrativo do lançamento, ou a decadência como o fato que extingue uma obrigação tributária.

Bem, este tipo de colocação nos leva a tomar uma posição em face do nascimento da obrigação tributária. Em que momento ocorre o nascimento da obrigação tributária? Há duas correntes: uma tradicionalíssima e que conta com 98% da doutrina, que entende que as normas gerais e abstratas como único artefato do mundo é dotado de vida própria; então, fica circulando sobre a vida social e descarregando, digamos assim, disparando descargas de juridicidade sobre os acontecimentos do mundo. Ninguém está vendo, mas ali está. De modo que ocorre um acontecimento aqui, uma operação aqui, e pronto, vem uma descarga de juridicidade e "juridiciza". Virou um fato, aquilo é um fato jurídico. Não tem efeito jurídico nenhum, mas a doutrina insiste: não! mas mesmo assim é um fato.

Outros entendem que o fato jurídico, como todo fato social, histórico, político, biológico e econômico só existe quando houver uma linguagem. Não é qualquer linguagem; a linguagem competente. No caso do Direito, qual é a linguagem competente? Aquela que o Direito diz que tem de ser.

Apareceu recentemente um cidadão num programa de televisão, empenhadíssimo numa luta muito estranha: ele queria ser reconhecido como vivo. Houve um atestado de óbito e ele foi tido como morto. Muito bem, e agora ele queria provar, ele estava empenhado nisso, que estava vivo!

Ora, tem que haver uma linguagem que o reconheça, da autoridade competente, de um órgão competente previsto pelo sistema. Enquanto não houver, ele está morto – da mesma forma que no velho Direito Romano o pretor emitia uma norma jurídica, cortava a norma jurídica que dava a condição de cidadão romano, de pessoa, sujeito de direitos, e deixava ser sujeito de direitos. Da mesma forma esse cidadão estava vivo e queria provar juridicamente que estava vivo. Não sei se já conseguiu, mas não é tão fácil como parece.

Da mesma forma, também, às vezes o defunto está sendo velado, todo o mundo velando o defunto, e ele não pode ser enterrado porque não veio a certidão de óbito ainda; não há uma linguagem dizendo que ele está morto. Se ele não está morto, não pode ser enterrado.

Então vejam como esta posição situa o fato jurídico tributário, para evitar aquela expressão que Alfredo Augusto Becker disse que só gerava confusão mental, o fato gerador. Vamos chamar de "fato jurídico tributário". Em que momento ocorre o fato jurídico tributário? No momento em que a linguagem competente, que o Direito estabelece, for produzida.

O Prof. Paulo Bonilha salientou muito bem uma norma que existe na legislação do ICMS e dos tributos federais também, no caso do IPI, que diz o seguinte: no que concerne aos tributos declarados e não pagos a receita tem 30 dias para encaminhar para a Procuradoria, para fins de execução. Ora, se aquilo é um tributo declarado e não pago, essa declaração quer dizer alguma coisa.

O que quer dizer essa declaração? Se nós formos ler essa declaração, simplificando-a, vamos perceber que o declarante afirma o seguinte: dado que eu pratiquei o fato *F* nasceu a relação *R* entre mim e a Fazendo do Estado, de modo que eu devo prestar a conduta de levar tantos reais aos cofres públicos. Admitamos que ele não tenha levado; a Receita percebendo que ele não levou, encaminha essa declaração para execução, e o crédito pode ser inscrito no livro de registro da dívida ativa.

Então vejam, se pode ser é porque tem os elementos imprescindíveis, os elementos necessários e suficientes para tanto. Isto quer dizer que o teor do ato praticado pelo contribuinte é o mesmo do ato praticado pelo Fisco. Quando o Fisco lavra um auto de inflação, ou vamos pensar num singelo lançamento, e o contribuinte não paga, o que ele faz? A mesma coisa, ele remete o lançamento para a Procuradoria; a Procuradoria manda inscrever no livro, extrai-se a certidão e ele entra com a ação de execução. É a mesma coisa que se faz com a declaração do contribuinte.

Isso quer dizer que a declaração do contribuinte quando feita, independentemente de o tributo ser pago ou não, é um ato jurídico que o direito positivo Brasileiro não quer que chame de lançamento – então não vamos contrariá-lo. Mas é um ato jurídico com o mesmo propósito, com a mesma contextura, com o mesmo teor do lançamento.

Havendo então a linguagem própria, ocorreu o fato jurídico tributário e nasceu a relação correspondente, seja no caso do lançamento, seja no caso do ato praticado pelo contribuinte.

E a decadência, como estaria situada? Em duas proporções de significado. Uma delas, o Fisco lançou. O contribuinte ao impugnar o lançamento argüi o fluxo do prazo de seis a sete anos, para não ficar beirando os cinco. Digamos assim, sete anos decorreram do acontecimento, do fato ou do termo inicial tomado como marco. O Fisco acolhe aquela impugnação. Então, a decadência vai extinguir aquela obrigação que nasceu com o lançamento.

Vamos admitir que o contribuinte não tenha feito declaração alguma, não tenha comunicado ao Fisco o acontecimento do fato jurídico tributário. Depois de sete anos o Fisco começa a remexer esse assunto. O contribuinte diz: bem, a operação que está sendo investigada foi praticada há sete anos, de modo que o Fisco não tem mais o direito de efetuar o fato jurídico administrativo do lançamento.

Nesse caso diria que, não tendo ocorrido o fato jurídico tributário e não tendo nascido a relação, a decadência estaria culminando apenas no direito subjetivo que o Fisco tem de celebrar o ato administrativo de lançamento.

Muito bem, como se nota, esse prazo já ficou bem discutido aqui entre os professores que me antecederam. Eu só quero frisar o seguinte: no caso da decadência, todos falam: a decadência não suspende e nem se interrompe; decadência ou é um plexo de normas, uma instituição, e daí a importância de uma tomada de posição em termos semânticos, ou é um fato jurídico.

Um fato jurídico ocorre ou não ocorre. Nunca vi alguém interromper um fato jurídico. Se não permitir que ele ocorra, não houve fato jurídico. Agora, ele sofrer um processo de interrupção é algo que não tem sentido. De modo que o que se interrompe é o prazo, que culmina com o fato jurídico da decadência ou o fato jurídico da prescrição. Isso sim, esse prazo é que se interrompe e se suspende no caso da prescrição e apenas se interrompe no caso da decadência, porque está claro aqui, por uma decisão do direito positivo brasileiro, que, na hipótese do artigo 173 inciso II, o direito de a Fazenda Pública constituir o crédito tributário extingue-se após cinco anos contados da data em que se tornar definitiva a decisão que houver anulado, por vício formal, o lançamento anteriormente efetuado.

Começou a correr o prazo. Muito bem, o Fisco depois de três anos lança. Aí não se fala mais em decadência, porque o ato foi praticado. Só que passados outros quatro ou cinco anos, aquela pretensão administrativa é anulada por vício formal. O contribuinte é notificado. Aí começa a correr o prazo de cinco anos para que a Fazenda efetue o lançamento.

Então vejam os senhores que é um caso flagrante de interrupção do prazo que culmina com o fato jurídico da decadência. Essa proposição afirmativa, segundo a qual a decadência não se suspende nem se interrompe, tem dois problemas gravíssimos: um que não é a decadência que se suspende ou que se interrompe, mas o prazo que culmina com a decadência; outro, que este prazo se interrompe nessa hipótese bem clara que o artigo 173, inciso II, estabelece.

Agora, eu diria que o regramento da decadência foi favorável ao Fisco, porque não adianta dizer que são cinco anos; se eu puder contar a partir do ano que vem, já serão seis; a partir de três anos serão oito etc. Mas o legislador tem mania de fazer isso. Vejam como ele fez no que tange à prescrição. Diz o legislador o seguinte: que o prazo é de cinco anos contados do lançamento definitivo.

Vamos superar esse problema da definitividade ou transitoriedade do lançamento – o Prof. Estevão já tocou nesse assunto e deixou bem clara a sua posição, que é a minha também. Mas vamos dar em definitivo o ato praticado pelo Fisco – mesmo porque se eu fosse tomar como provisório eu diria: então, todos os ministros estão nomeados provisoriamente; o presidente da República está investido provisoriamente e posso impugná-lo; a qualquer instante eu posso impugná-lo – naturalmente fundado em razões que venham a deduzir apropriadamente. Mas como eles são suscetíveis de serem invalidados, eu poderia impugnar, são todos transitórios.

Então, fiquemos com a definitividade do lançamento, quando ele é regularmente notificado ao sujeito passivo. Começa a correr o prazo de cinco anos para o fato jurídico da prescrição. Nesse momento o legislador do Código foi bonzinho para com os contribuintes. Por que? Porque sabemos que o contribuinte tem 30 dias para pagar. Então a fazenda não pode ajuizar a ação de execução nesses 30 dias – o contribuinte tem 30 dias para pagar. Além do que ele pode impugnar, e isso suspenderia não o crédito, como diz o Código, suspenderia a exigibilidade do crédito. O crédito também não se suspende, o que se suspende é a exigibilidade do crédito.

Muito bem, mas fiquemos com esses 30 dias. No máximo o prazo de prescrição no Direito Tributário Brasileiro é de quatro anos e onze meses. No máximo. Agora está escrito cinco. É como disse o Prof. Luciano Amaro, não podemos ir atrás do que diz o legislador pura e simplesmente, temos que *partir* do que ele diz. A literalidade textual é importantíssima, não para eu ficar nela, mas para partir dela em direção ao plano do conteúdo, ao plano do contexto. Não há texto sem contexto, por isso não posso ficar na literalidade do texto.

Bem, então vejam: o que pressupõe a prescrição? A prescrição, sabidamente, pressupõe a titularidade do direito de ação, a inércia do titular desse direito e o fluxo de um prazo, que, no caso, diz o Código, são cinco anos. Eu preliminarmente aceito, mas depois no segundo subseqüente vejo que não pode ser de cinco anos, terá que ser de quatro anos e onze meses, porque o Fisco não tem a titularidade da ação no mês que se segue à notificação do contribuinte.

A decadência e a prescrição são tratadas no Código como fatos extintivos. Há uma vertente doutrinária que, por incrível que pareça, é tradicionalíssima no Direito Brasileiro, e encontra adeptos em outros países até, e que diz o seguinte: das causas extintivas previstas no Código Tributário Nacional, com exceção da decadência e da prescrição, todas são causas de fato, só essas duas são de Direito. De onde a doutrina foi tirar isso eu não sei.

Mas vejam que absurdo: o pagamento é regrado pelo Direito desde que o Direito tenha notícia do pagamento. Remissão, compensação, transação são institutos muito velhos, muito antigos no Direito. O plano da elaboração doutrinária sobre esses institutos tem uma tradição muito grande. E dizer que são causas de fato!? Mas, no entanto, a doutrina diz, logo, são causas de fato até a decisão irreformável do Poder Judiciário. A decisão do Supremo irreformável, não cabe mais ação decisória etc., esta decisão é também para essa vertente doutrinária uma causa de fato.

Causa de Direito é apenas a decadência e apenas a prescrição. De onde eles foram tirar, não sei, mas aí vai um autor repetindo o outro, um repetindo o outro, e isso tende a se consolidar.

Estes institutos foram tratados ostensivamente, claramente como causas extintivas. Muito bem, vamos levar a sério o que o legislador estabeleceu. Só que vem uma disciplina, que todos sabem, e que diz o seguinte: se alguém pagar uma dívida caduca pode pedir a restituição, porque havia desaparecido o direito do Fisco de receber aquela importância. Agora, se alguém pagar uma dívida prescrita, não terá direito à restituição. Por que? Porque o Fisco havia perdido somente a ação, o direito ele conservou. De modo que não se pode pedir a restituição.

Não há dúvida, este tipo de orientação segue o tratamento dado às obrigações naturais. As obrigações naturais, quando devidamente comprovadas, se for paga a obrigação, aquele que pagou não pode pedir a restituição. Mas não é isso que o Código estabelece; o Código estabelece que a prescrição é uma causa extintiva do crédito tributário, para usar suas palavras – que quer dizer, como ficou muito bem demonstrado, que extingue-se a obrigação tributária.

Agora, que obrigação tributária é essa que se extingue, mas que sobrevive para efeito de o direito ser oposto ao contribuinte que pagou dívida prescrita? Então vejam: existe uma desarrumação muito grande. No direito positivo eu até admito, porque o legislador, como foi salientado inicialmente, é um político, e nós devemos exigir apenas que ele se comporte como bom político, tenha sensibilidade política. Agora, que ele seja jurista eu não espero, e tenho certeza de que nenhum dos senhores em sã consciência pode esperar que saia de um Congresso – seja o da Alemanha, da Suíça, da Dinamarca ou do Brasil, onde a Casa Legislativa se pretende representativa de todos os segmento da sociedade –, que possa sair um resultado devidamente satisfatório para nós, para a comunidade jurídica, em termos científicos, em termos acadêmicos, em termos de correção, em termos de racionalidade jurídica.

Eu gostaria de dizer aos senhores que fiz essas observações exatamente para não repisar ou para não tocar nos pontos que foram salientados pelos que me antecederam. Brinquei apenas com o Prof. Luciano dizendo que ia discordar dos três. Não, eu concordo com praticamente tudo o que foi dito aqui, mas procurei salientar alguns outros aspectos inerentes a esse tema "Decadência e prescrição no Direito Tributário".

Agradeço imensamente a atenção de todos os senhores e encerro aqui a minha palestra. (*Palmas*)

PRESIDENTE DA MESA – Passaremos agora para as respostas às questões formuladas pelos membros do Congresso. Eu pediria aos integrantes desta Mesa que fossem breves nas suas respostas, em razão do adiantado da hora.

Doutor Paulo.

PROF. PAULO CELSO BONILHA – Muito bem. A primeira questão que me foi encaminhada diz o seguinte: "Em relação ao imposto sobre serviços de qualquer natureza o Supremo também entende que no caso de o contribuinte exercer a atividade e não pagar, a inscrição na dívida ativa independe de um prévio processo administrativo?"

Eu confesso que não conheço pormenorizadamente a legislação do município, no caso o Município de São Paulo, mas do que sei não existe essa norma expressa, como acontece nos casos dos impostos indiretos IPI e ICMS, onde há uma norma expressa em que quando o contribuinte está sujeito ao regime de declaração de imposto, em que ele exerce aquela atividade toda de lançamento, e também está obrigado a encaminhar uma declaração, no caso do ICM conhecida como GIA – Guia de Informação e Apuração. Nesses casos a legislação do Estado e a Federal determinam, no caso de débito declarado e não pago, que vá para a cobrança executiva. No caso do Município não me parece que exista norma análoga.

Eu lembraria, por exemplo, o caso de um advogado que exerce atividades sem estar inscrito na Secretaria de Finanças do Município. Nesse caso cabe aí o lançamento de ofício, ou seja, depende necessariamente de um ato da Administração que vai notificá-lo a efetuar uma inscrição de ofício e cobrar o que é devido. No caso, o imposto eventual.

Segunda questão: "Qual a posição dos senhores debatedores a respeito da competência dos parcelamentos consolidados para interromper ou não a prescrição?"

Eu queria distinguir aqui duas situações: na primeira, o parcelamento de débitos em fase de cobrança executiva, não se fala em prescrição, ou seja, o contribuinte tem um parcelamento, deverá cumpri-lo; se deixar de cumpri-lo, aí, sim, o remanescente a ser pago deverá ser objeto de cobrança executiva. Então, aí é que teríamos o início de um prazo prescricional.

Parece-me que a idéia do consulente diz respeito a parcelamento quando já os débitos estão inscritos ou em cobrança executiva. Nesse caso, a meu ver o parcelamento interrompe a prescrição porque o assentimento do contribuinte em parcelar os débitos corresponde a um ato de inequívoca aceitação da dívida. Portanto, fica em suspenso o prazo, não corre o prazo prescricional.

Esse é o meu entendimento.

PRESIDENTE DA MESA – Doutor Luciano.

PROF. LUCIANO DA SILVA AMARO – Há uma pergunta tácita ou implícita sobre a Mesa e não gostaria que, por omissão, se pudesse achar que tacitamente concordei com a apreciação que foi posta relativamente a DCTF, GIA... enfim, esse papelório que o Fisco tem usado como procedimento alternativo, no sentido mais específico do termo, para a atividade de lançamento.

O próprio artigo 149 do CTN diz, de maneira irretorquível, no seu inciso V, que, se o contribuinte sujeito ao lançamento de retorno de tributos, sujeito ao lançamento por homologação, não pagar ou pagar menos do que o devido o Fisco deve fazer o lançamento de ofício. É o que está escrito lá. E aí não há disputa possível, porque é evidente que a gente não pode se deixar levar pelo que a lei diz, mas também não podemos abandonar completamente o que o tema legal diz. O artigo 149 diz categoricamente que, diante da omissão do pagamento ou do pagamento a menor, o Fisco tem que lançar de ofício, é dever dele, é obrigação! O artigo 142 parágrafo único diz que isso é ato regrado, vinculado, obrigatório, necessário! A autoridade não pode deixar de praticar o ato regrado. Por que? Porque ela responde por esse ato.

Muito bem: como o contribuinte disse que devia, então a autoridade não precisa conferir coisa nenhuma e já cobra. Ou seja, é lançamento por confissão. O lançamento mesmo chamado lançamento por declaração é um ato da autoridade à vista de informações de fato que o sujeito passivo traz. Não é o sujeito passivo que lançou por declaração; quem lança por declaração é a autoridade, à vista da declaração apresentada pelo contribuinte – artigo 147 do Código Tributário.

Então, essa história de – "ah! se o contribuinte já declarou eu não preciso lançar, não preciso praticar o ato regrado de lançamento e já posso inscrever em dívida ativa, não o crédito tributário, que decorre da obrigação tributária e que é formalmente retido como tal pelo lançamento; não, eu inscrevo como dívida ativa aquilo que o contribuinte confessou ou declarou dever", e a partir daí já se executa –, então não me parece que possamos ignorar, a esse ponto, a única coisa em que o Gilberto [Ulhôa Canto] tinha razão quando ele disse que o lançamento foi previsto como ato sempre presente para proteção do sujeito passivo. Ora, quando pago e não discuto, concordo em pagar e pago sem que o Fisco tenha cobrado, e paguei exatamente o que a lei mandou, não tive proteção nenhuma. Eu preciso de proteção nos casos em que não pago; aí, sim, é preciso que seja praticado o ato da autoridade, que ela assine embaixo, responda pelo seu ato, dê o caráter de autoridade para aquele ato jurídico de lançamento, me dê o prazo para, se for o caso, impugnar o lançamento, que é uma forma de alterar o lançamento, da minha defesa; aí, sim, se eu não tiver razão, após o exame da minha defesa, da minha contestação, ou se eu não apresentar nenhuma razão de impugnação ao lançamento, aí, sim, inscreva o lançamento e execute. Agora, antes disso me parece que não cabe nem a execução, nem a inscrição da dívida – pela simples razão de que faltou o ato, o único caso em que ele é absolutamente necessário, o ato de lançamento de ofício.

A segunda pergunta é do colega Carlos Augusto, de Fortaleza, que quer saber como é que fica a questão dos dez anos na restituição – que é o mesmo problema, eu acho que é o mesmo problema, e é a mesma solução também. Não existem dez anos para a restituição, isso aí foi algo inventado a partir de uma leitura não literal – que pretende ser literal mas não é nem literal – do Código Tributário. A pretexto de que o artigo 168 dá cinco anos a contar da extinção do crédito, aí então são cinco anos após a colocação, portanto, dá dez. Só que no regramento do lançamento por homologação está dito que o pagamento antecipado extingue o crédito tributário. Então, se o pagamento antecipado extingue o crédito tributário, a extinção do crédito tributário se deu na data do pagamento antecipado e não cinco anos depois, quando o espírito do Fisco baixou lá e disse que aquele pagamento estava certo. Além do mais, os dez anos refugiriam totalmente da sistemática legal do Código. Não há dez anos lá em lugar nenhum. E, mais, é uma interpretação que afronta a lógica da restituibilidade ou da extinguibilidade do direito de quem pagou a maior, porque se paguei a maior hoje eu posso pedir de volta hoje, não posso pedir de volta daqui a cinco anos, posso pedir já de volta. E se não exerço o meu direito eu já estou dormindo. Aí espero cinco anos para começar a provir mais quatro e no décimo ano pedir a restituição.

Então não me parece ter fundamento no Código – e é no Código que se tem buscado o fundamento dessa tese – para se contar cinco anos após o término dos cinco anos que o Fisco tem para exercício do direito dele, de concordar, não concordar, lançar de ofício, homologar, não homologar – isso é prazo para ele. Agora, o prazo para exercer o meu direito de pedir de volta o que paguei a mais é posto em função do momento em que fiz a bobagem de pagar a mais, ou que o Fisco me exigiu, e eu atendi, um pagamento a maior. A partir desse momento, que é o momento em que extingui o tal crédito tributário – que, aliás, o Código no artigo 168, quando fala sobre o crédito, obviamente está usando uma figura de metonímia, usando uma figura de linguagem, porque é claro que o que se extinguiu não era um crédito, era um suposto crédito, porque se fosse crédito não caberia restituição. Então, vou pedir a restituição daquilo que paguei, e que não era uma efetiva dívida tributária. Assim como quando o Código fala, ou quando a gente fala em interrupção de prescrição, a gente está usando também uma figura de linguagem, de metonímia: claro que o que se interrompe é o prazo prescricional – e assim por diante.

Então, é claro que seguindo a lição do Prof. Paulo, a gente tem que, às vezes, reescrever ou reinterpretar, retextualizar o que está na lei e também no Código. Mas neste caso especificamente não me parece que a gente possa levar a expressão "extinção do crédito tributário" a um tal nível de abstração da realidade, da lógica do sistema e da própria literalidade, enfim, para sustentar o tal prazo de dez anos para restituição.

Muito obrigado.

PRESIDENTE DA MESA – Prof. Estevão.

PROF. ESTEVÃO HORVATH – Tenho várias questões muito interessantes.

"Muitas empresas impetraram mandado de segurança e obtiveram liminares para não pagar impostos. Ao final, das demandas que já estavam vencidas, a Fazenda Nacional buscou obter os pagamentos respectivos. As empresas vêm alegando decadência do Direito e que a Fazenda já não mais poderia fazer o lançamento tributário.

O Tribunal Regional Federal da 3ª Região, por sua Desembargadora Dra. Lucia Figueiredo, vem considerando imoral tal alegação, ao contrário do Desembargador Dr. Andrade Martins, que entende que liminar em mandado de segurança não impede o lançamento, mas tão somente a cobrança de imposto. Qual o entendimento que deverá prevalecer?"

Somente posso dizer a minha opinião, evidentemente, não vou falar pela Mesa necessariamente. Para mim é fácil responder, porque já pensei um pouco sobre isso. Até tive oportunidade de escrever um artigo – está numa das últimas *Revista de Processo*, junto com o Dr. José Roberto Pernomian Rodrigues, e disse o seguinte: se é imoral ou não, eu não entro realmente nessa discussão, não entraria agora. Diria mais que é, talvez até, uma desfaçatez de advogado, no exercício da sua atividade diária, alegar isso.

Mas o que penso, mais ou menos resumidamente dizendo, é o seguinte: as situações previstas na legislação em geral – aqui, na legislação tributária especificamente –, são previsões para serem aplicadas em situações normais, evidentemente. Se a Fazenda está impedida por alguma razão, por uma ordem judicial, por exemplo, de lançar um tributo ou de tomar alguma providência, evidentemente ela não pode se sujeitar às regras que foram feitas para situações normais. Então, evidentemente, aquilo que aconteceu durante essa impossibilidade não conta. Se ela precisa fazer outro lançamento para cobrar, eu entendo que não precisa. *Ad cautelam*, é conveniente efetuar esse lançamento, mas não seria ele necessário. Evidentemente, não houve a decadência porque a Fazenda estava impedida de fazer esse lançamento. Isso na minha opinião.

Essa pergunta não tinha identificação.

A segunda é do Dr. Joaquim Dantas, Procurador da Fazenda estadual de Pernambuco: "No que concerne à segunda das teses que avançou, quando o contribuinte não paga ou antecipa o pagamento, declarando ou não ao Fisco, não estaríamos diante de simples lançamento contábil, anotação e registro contábil, que não se confunde com o lançamento tributário constitutivo do crédito segundo o CTN?"

Pode-se denominar a atividade do contribuinte de lançamento contábil, de um registro contábil, como se queira. O que ocorre, na realidade, é o cumprimento de um dever legal; ele tem o dever de pagar, assim como ele tem o dever de declarar. Quando ele paga, ele paga uma coisa já tendo a obrigação principal e no outro caso ele só declara. Até por isso é que estabeleci a analogia, entendendo que o prazo seria o mesmo para o não pagamento e para a não declaração.

***

PROF. PAULO DE BARROS CARVALHO – Para terminar, se o evento não revestido em linguagem competente não se torna fato e, depois, não dá nascimento à obrigação tributária, como se explica que o Fisco possa lavrar auto de infração aplicando sanção por descumprimento de obrigação tributária?

Realmente esse argumento parece à primeira vista um argumento poderoso, mas não é se pensarmos no seguinte: qual é a lei que se aplica à obrigação tributária? O direito positivo diz: é a lei em que os acontecimentos se deram. Muito bem, mas será que é necessariamente essa? Eu diria: é uma decisão política do legislador que consulta a princípio de Justiça. A Justiça manda que se cobre a partir do momento em que o evento ocorreu, tanto assim que qual é a penalidade que se aplica? É a que estava em vigor na data em que os atos foram praticados ou na data em que o auto de infração foi lavrado?

Digamos que tenha havido uma diminuição e 100% para 50%. O direito positivo diz: nesse caso aplica-se 50%. Mas não se aplica da data do evento e sim da data do fato? Sim, na decisão do direito positivo. Assim como qual a legislação que se aplica à lavratura do auto? O agente competente, as técnicas de fiscalização e as próprias regras que disciplinam a lavratura do auto. Qual é? É a do momento em que o auto é lavrado. Por que não se aplica a do evento em que os atos foram praticados? Por decisão do direito positivo, é mais racional, é mais adequado, é mais justo que seja assim.

Então não há uma vinculabilidade necessária entre o evento e o auto. Existem, sim, parâmetros de justiça e de racionalidade que indicam um caminho mais adequado para a constituição daquele evento e fato. Agora, se não houver a linguagem competente no tempo oportuno, não gera efeito nenhum, o que prova que o evento, por si só, não é suficiente para gerar efeitos.

Temos aí diante de nós, e cito esse exemplo porque me parece muito vivo, a chacina do Carandiru. Será que houve crime na chacina do Carandiru? Juridicamente não, ainda que em termos de linguagem social esteja fartamente documentada. Até agora; pode ser que amanhã venha a se constituir como crime.

PRESIDENTE DA MESA – Agradeço a participação dos ilustres painelistas, pela sua brilhante contribuição em tema tão difícil, e convido os congressistas para o almoço, para retornarem a esta sala às 14 horas, para começarmos a segunda Mesa de debates. Obrigada.

MESA DE DEBATES "B"

ICMS/ISS – "PAGER", "COURIER", "INTERNET", "TV A CABO E POR ASSINATURA"

Presidente: PROF. OSIRIS DE AZEVEDO LOPES FILHO

Participantes: PROFESSORES LUCIANO MARREY JR., ANNA EMÍLIA CORDELLI ALVES, JOSÉ EDUARDO SOARES DE MELO, ROQUE ANTONIO CARRAZZA E AIRES BARRETO

PRESIDENTE DA MESA (PROF. OSIRIS DE AZEVEDO LOPES FILHO) – Vamos iniciar os trabalhos da parte da tarde deste Congresso. O tema, agora, é o ICMS/ISS – "Pager", "Courier", "Internet", "TV a Cabo e por Assinatura", principalmente do ponto de vista do ICMS.

Com a palavra o Dr. Pedro Luciano Marrey Jr.

PROF. AIRES BARRETO – Pediria licença à Mesa para lembrar aos Srs. Congressistas que todas as sessões estão sendo filmadas e que as fitas de vídeo ficam à disposição, na medida em que terminam as sessões. Quem quiser, eventualmente, a fita do período da manhã, ela já está à disposição aqui ao lado, na Secretaria.

TRIBUTAÇÃO E INTERNET

PROF. PEDRO LUCIANO MARREY JR. – Senhor Presidente e demais componentes da Mesa, em primeiro lugar quero manifestar a minha satisfação por estar presente a este Congresso, especialmente nesta Mesa de debates, onde vamos procurar explorar os problemas que me parecem mais importantes em relação às formas de comunicação, que constam do nosso temário. Vamos procurar levantar algumas questões, algumas dúvidas, sem a pretensão de fazer um juízo definitivo sobre elas, a respeito da tributação relacionada à Internet.

Antes de enfocar diretamente a questão de quais regras jurídicas incidem sobre as atividades da Internet, acho que seria oportuno trazer ao conhecimento de vocês alguns números que demonstram a importância, a relevância que esse tipo de instrumento vem apresentando nos dias de hoje.

Recentemente, um artigo da revista *Internet Business* informa que o comércio através da Internet, no ano de 1998, deve alcançar a cifra de alguns bilhões de dólares, segundo a pesquisa realizada pelo Institute Forrest Research. A estimativa é que para o ano 2002 o número chegue à ordem de 349 bilhões de dólares.

Para os senhores terem uma idéia, apenas uma empresa norte-americana, a Sisco Systems, em equipamentos ou produtos para computadores, vende cerca de 11 milhões de dólares por dia através da Internet, tendo alcançado, só ela, cerca de 1 bilhão de dólares ao ano.

Quase todo mundo já ouviu falar, em artigos publicados pela imprensa, nas chamadas livrarias virtuais, a mais famosa delas a Amazon Books, que possui uma prateleira virtual de 2,5 milhões de títulos e, na verdade, fisicamente, apenas 440 títulos. Essa livraria que se situa nos Estados Unidos, em duas salas pequenas na cidade de Seattle, seguramente é um dos grandes fenômenos desse novo mercado.

Quando se estuda a Internet, é preciso começar a repensar uma série de critérios e padrões que não podem ser relegados. Há quem diga que existem até aspectos de natureza moral. Por exemplo, o que aconteceu recentemente, a divulgação feita pelo promotor Kenneth Starr, através da rede da Internet, do dossiê pelo qual se narrava todo o relacionamento do Presidente norte americano com a sua estagiária.

Vemos, portanto, que esse instrumento, a Internet, é alguma coisa que já está adquirindo uma importância na vida das pessoas, de tal ordem que é preciso prestar atenção nele, em especial no âmbito de um Congresso como este, nos aspectos tributários passíveis de serem encontrados nessa atividade.

É claro que não passou desapercebido no mundo, em especial nos Estados Unidos. O governo norte-americano preocupado com uma possível guerra fiscal, com a tributação exagerada ou, de alguma forma, com o cerceamento da atividade comercial através da tributação sobre o comércio organizado pela Internet, aprovou recentemente, no dia 21 de outubro deste ano (1998), lei que estabeleceu o que eles chamam de moratória por três anos – ou seja, a partir de 1º de outubro de 1998 até 21 de outubro de 2001, não se tributa o comércio pela Internet, nos Estados Unidos. Isso porque se pretende montar uma comissão para estudar as novas relações que esse tipo de comércio apresenta.

Feitas estas colocações gerais, como devemos estudar, no âmbito de um debate como este, esse produto, esse mecanismo, essa máquina, esse conjunto de meios de transmissão de dados?

É preciso verificar se através da Internet se daria a chamada *comunicação*. Porque, se assim se concluir, certamente poderemos daí extrair uma série de conseqüências.

Claro que para iniciar essa discussão seria necessário procurarmos nos situar sobre qual é o alcance da palavra *comunicação*, na medida em que a Constituição estabeleceu, como competência dos Estados, a instituição de imposto sobre operações relativas à circulação de mercadorias e à prestação de *serviços de comunicação*.

O que seria *comunicação* para efeito da incidência deste imposto e em que medida se faz comunicação através da Internet?

Podemos buscar, desde logo, uma primeira definição de comunicação através dos dicionários. Se pesquisarmos o dicionário Aurélio, ele nos traz: "Comunicação – ato ou efeito de emitir, transmitir e receber mensagens por meio de métodos ou convenções, quer através da palavra escrita, quer através de outros sinais, signos, símbolos, quer através de aparelhos técnicos especializados, sonoros ou visuais".

Neste sentido, comunicação tem uma abrangência bastante grande. Seria este o conceito de comunicação acolhido pelo texto constitucional? Se for, então teremos um largo espectro no sentido da palavra *comunicação*.

Na verdade, aqueles que se dedicaram ao estudo da teoria da comunicação fazem abordagens bastante interessantes, que muito embora não sejam abordagens tipicamente jurídicas, nos ajudam a compreender o conteúdo e alcance do termo para subsumilo, ou não, à tributação.

Dizem esses estudiosos da comunicação que é impossível alguém não se comunicar, ou seja, mesmo quando alguém, tentativamente, procura não se comunicar, está de fato se comunicando, até mesmo quando não se utiliza de expressões sonoras, não se utiliza de palavras. Todos nós já vivemos esta situação, quando por qualquer razão tomamos um avião e nos sentamos ao lado de uma pessoa, e esta pessoa ao nosso lado, mal se senta, inclina a cadeira, fecha os olhos e dorme – ou finge estar dormindo. Por mais que se diga que essa pessoa não está se comunicando, ela está, ela está mandando a seguinte mensagem: não me perturbem, eu não quero conversa, não quero ser incomodada. Ela está se comunicando.

Portanto, toda vez que alguém tem um comportamento positivo ou negativo, ainda que tentativamente de não se comunicar, dizem esses estudiosos da comunicação, esse alguém está se comunicando.

Por isso, chegam até ao absurdo – nem sei se seria um absurdo – de afirmar que uma pessoa sozinha também se comunica, no mínimo, com os seus pensamentos, com as suas fantasias, mas se comunica.

É claro que aqui se pode seguir com exemplos de situações para se demonstrar o sentido e o alcance que a palavra comunicação pode ser tomada.

Estes aspectos preliminares para identificação do conteúdo da palavra comunicação são importantes. Desde logo coloco uma questão, para a qual não tenho resposta: se comunicar é transmitir, voluntária ou involuntariamente, direta ou indiretamente, com desígnio determinado ou não, um certo comportamento, toda vez que alguém difundir alguma mensagem, ainda que não destinada diretamente a um receptor determinado, estará realizando uma comunicação.

Se isso é verdade, fica a seguinte questão: toda vez que uma emissora de televisão coloca no ar um anúncio publicitário, está ela prestando um serviço de comunicação, ainda que ninguém ligue a televisão, ainda que uns poucos assistam e outros não, ainda que não haja intelecção total do conteúdo da mensagem transmitida? Se estiver fazendo comunicação, já temos de ver onde vamos enquadrar no texto constitucional essa atividade.

Claro que poderíamos – e acho que devo, para não alongar – levantar algumas questões mais próximas, mais terra-a-terra, a respeito de possíveis problemas que temos de enfrentar nesta nova fase da comunicação.

Com relação ao ICMS, é importante que se diga que a venda física de mercadorias através da Internet, não vai, à primeira vista, causar grande mudança na vida das empresas que comercializam mercadorias, porque a Internet seria apenas um facilitador, uma estratégia de venda daquela empresa que vende mercadorias. Essa história de dizer que comprar mercadoria sem sair de casa é uma coisa nova, não é bem verdadeira. Claro, que sem a Internet já se comprava, desde 1893, nos Estados Unidos, mercadorias através de catálogos.

Comprar através da realidade virtual, isto, sim, é uma coisa nova.

A doutrina erigiu o conceito do aspecto material da hipótese de incidência do ICMS como sendo a realização de uma operação envolvendo circulação de mercadoria, assim entendida a efetivação de um negócio jurídico de natureza mercantil, que impulsiona, que movimenta um bem – um bem físico, mercadoria – das mãos do produtor até o consumidor, através de sucessivas transferências de titularidade.

Com a Internet este conceito começa a mudar. Por que? Essas sucessivas transferências de titularidade que dão operatividade à regra constitucional da não cumulatividade, podem sofrer alguma mudança quando se opera através da Internet. Se através da Internet não temos mais fronteiras espaciais, porque conectamos o nosso computador a um fornecedor situado em qualquer outro país, e se este fornecedor já é um segundo ou terceiro nessa cadeia e, depois, essa mercadoria já passou para uma outra empresa brasileira, que já a repassou para outra, enfim, em todas essas transferências, em todas essas etapas, a circulação tende a desaparecer porque, na verdade, se salta por cima das diversas etapas da circulação. Portanto, o conceito de circulação talvez tenha de ser repensado. Mas isto se considerando a compra e venda de uma mercadoria física.

Mas e se estivermos diante de uma mercadoria virtual? Por exemplo, se eu for comprar um *software* – daqueles conhecidos como *software* de prateleira –, se eu o fizer através de uma compra e venda normal, vou a uma loja, compro o *software*, o disquete, e instalo no meu computador. Mas, e se eu comprar através da Internet? Basta que conecte o fornecedor, aperte um botão, que no linguajar do pessoal de informática é "dar um *download*" e pronto, esse programa está no meu computador e efetuo o pagamento – eventualmente, através de uma ordem que dou, pela própria Internet e é debitado na minha conta-corrente, no meu cartão de crédito, seja lá o que for.

Será que não devemos pensar numa reformulação do conceito de mercadoria física, bem físico, para agregar novas noções para os chamados bens virtuais?

Se, portanto, esta é uma questão a ser debatida, como é que ficam os próprios provedores da Internet, isto é, as próprias empresas que promovem, que permitem que eu faça aquisição de mercadoria ou serviço através da Internet? Seriam eles contribuintes do imposto sobre comunicações? Praticariam eles uma comunicação, no sentido do texto constitucional? Ou seriam apenas instrumentos provedores, ferramentas facilitadoras, portas de acesso para que o adquirente, através do provedor, percorrendo as linhas telefônicas colocadas à disposição, faça a aquisição? Quem prestou serviço de comunicação desta informação? O provedor? A empresa telefônica?

Portanto, esta é uma questão que coloco em debate aqui neste plenário.

Com relação à prestação de serviços, quero crer, um problema bastante interessante que poderá ocorrer, através da existência dessas empresas de serviços prestados pela Internet, diz respeito ao problema do aspecto espacial da hipótese da incidência, ou seja, onde o serviço foi prestado. Efetivamente, poderia, naquele exemplo que dei, comprar um programa de computador de uma empresa nacional situada em outro Município ou de uma empresa estrangeira situada em outro país. Portanto, onde o serviço foi prestado? Eu até figuraria uma hipótese um pouquinho mais específica: tenho no meu escritório um programa de acompanhamento de processos, como todo mundo tem. Aí, contato com uma empresa de software pela Internet e digo a eles, através da Internet, que preciso de uma atualização do meu programa. Eles examinam o programa que mando através da Internet, sugerem modificações no meu programa, que está no meu computador, aprovo as modificações, concordo com o preço, eles fazem as alterações do programa, aperto um botão e o programa já está no meu computador, alterado, modificado. O serviço foi prestado no meu computador, no meu escritório que fica em São Paulo ou no local onde se situa a empresa que fez a atualização do meu programa? A identificação desta situação, dependendo do entendimento adotado, poderá gerar um problema para resolver para saber qual Município será competente para tributar pelo ISS essa atividade.

Eu disse que não ia falar muito e já falei demais. Encerro por aqui esta minha manifestação, pedindo escusas se me estendi um pouco mais do que pretendia. Obrigado. (*Palmas*)

PRESIDENTE DA MESA – Com a palavra agora a Profa. Anna Emília Cordelli Alves.

PROFA. ANNA EMÍLIA CORDELLI ALVES – Senhores Professores que integram esta Mesa, colegas: Parece que a discussão que estamos fazendo aqui é típica de uma Mesa de debates. Isso porque para a matéria a ser cuidada dificilmente se terá uma resposta pronta, absoluta, isto é uma resposta definitiva. Na verdade estamos diante de uma realidade muito nova, cujos aspectos jurídico tributários que nos interessam – e é claro que existem outros tanto aspectos jurídicos – começam a ser pensados desde há pouco tempo.

Os números que o Prof. Marrey traz aqui, no início da sua exposição, já demonstram a responsabilidade que temos na fixação de critérios de tributação para essas operações. Na verdade, vamos estar definindo se essas operações são tributadas e, se forem tributadas, qual o ente tributante responsável por essa tributação. A competência tributária é do Estado, através do ICMS? É do Município, através do ISS?

Nessa medida, temos de nos aprofundar e tentar buscar, dentro da Teoria Geral do Direito, dentro dos conhecimentos que já temos, que todos os professores trazem a esta Mesa, um norte para que possamos fixar os parâmetros dessa tributação.

Quando falamos em "pager", em Internet, em TV a cabo, estamos falando, antes de mais nada, em tributação de telecomunicação.

E quando se fala em telecomunicação, fala-se em parte da comunicação, este um conceito mais abrangente que aquele primeiro.

O Estado possui, pelo artigo 155 da Constituição Federal, competência para tributar a prestação de serviços de comunicação.

Por outro lado, o Município tributa todo e qualquer outro serviço, que não seja prestação de serviço de comunicação, transporte intermunicipal e transporte interestadual.

A Constituição de 1988 deixou muito claro: não existe mais conflito de competência possível entre Estados e Municípios. Por que? Está muito claro: todo e qualquer serviço, que não sejam aqueles três serviços (transporte intermunicipal, transporte interestadual e prestação de serviço de comunicação) é da competência do Município. Resta-nos saber de que tipo de serviço estamos falando.

Como nós lemos que cabe ao Estado tributar prestação de serviços de comunicação, surge a dúvida, levantada, inclusive, pelo Prof. Marrey, sobre o conteúdo e alcance da expressão "comunicação".

O que a Constituição pretendeu que os Estados tributassem, ao dizer que serão tributadas prestações de serviços de comunicação?

Quando falamos em comunicação, verificamos que não há um consenso, porque na verdade o conceito geral de comunicação é muito amplo. O Prof. Marrey até coloca aqui que quando estamos conosco mesmo também existe uma espécie de comunicação. Qual foi a abrangência pretendida pelo legislador constitucional?

O Prof. Marco Aurélio Greco, quando trata, em artigo publicado, da tributação da comunicação, entende a comunicação como um tipo de relação fática, pela qual são transmitidas mensagens a um destinatário, que assume participação ativa e que, por sua vez, pode também transmitir mensagem ao outro partícipe da relação. Nessa definição de comunicação temos, na verdade, que a comunicação é sempre bilateral, ou seja, alguém transmitindo mensagens, outra pessoas recebendo essas mensagens e tendo condição também de passar outras mensagens, de retornar a mensagem.

Vejam que aí chegamos a uma estreiteza do conceito de comunicação. Na verdade, estamos apartando o conceito de comunicação do conceito de difusão, que é também um serviço público da União previsto na Constituição.

Dependendo do alcance que se dê à expressão "comunicação", ela pode ser entendida pura e tão somente como a transmissão e a recepção, não se falando em retorno de mensagem. É mais ou menos o que a lei das telecomunicações fez.

A Lei 9.472, que organizou os serviços de telecomunicações e criou o órgão regulador, que é a Anatel, na verdade acabou por adotar um conceito de telecomunicações no sentido de transmissão e recepção, muito embora me pareça que o conceito correto de comunicação é aquele bilateral no sentido de que as partes envolvidas possam se interrelacionar e trocar informações.

Na medida em que temos de partir da Constituição – e a análise constitucional nós já fizemos – para analisar a legislação infraconstitucional e tentar buscar o tratamento tributário que deve ser adotado, me parece necessário irmos à Lei 9.472, de julho de 1997, que organizou os serviços de telecomunicações e criou o órgão regulador, nos termos da Emenda Constitucional n. 8, de 1995.

Verificamos assim, que o artigo 60 essa lei nos dá o conceito de serviço de telecomunicações. Como já dito, essa lei regulamenta telecomunicações, ou seja, uma parte da comunicação propriamente dita. Portanto, a competência do Estado para instituir imposto sobre comunicação não está restrita ao serviço de telecomunicação.

Mas vamos nos ater, porque é na verdade a proposta que está sobre a Mesa de debates, ao "pager", "Internet" etc. – está sempre relacionada com o conceito de telecomunicação.

Vamos analisar essa lei: no artigo 60, o conceito de *serviço de telecomunicação* é: o *conjunto de atividades que possibilita a oferta de telecomunicação.*

Esse conceito de serviço de telecomunicação nos demonstra que, na verdade, o imposto incide, e aqui no caso estou falando sobre ICMS, não sobre a comunicação propriamente dita, mas, no dizer do Prof. Roque Carrazza – que para nossa alegria está nesta Mesa e vai com certeza, tornar isto um pouco mais claro –, *que o ICMS não incide sobre a comunicação propriamente dita, mas sobre a relação comunicativa, isto é, a atividade de, em caráter negocial, alguém fornecer a terceiros condições materiais para que a comunicação ocorra.*

Portanto, não é a comunicação propriamente dita o núcleo da hipótese de incidência do ICMS, mas, sim, a relação comunicativa.

É interessante para esta nossa análise destes serviços de Internet, de TV a cabo, analisar o conceito legal do artigo 61 dessa mesma lei que organizou a telecomunicação, que é o conceito de serviço de valor adicionado. O que é para a lei o serviço de valor adicionado? *É a atividade que acrescenta ao serviço de telecomunicações* – que lhe dá suporte e com o qual não se confunde – *novas utilidades relacionadas ao acesso, armazenamento, apresentação, movimentação ou recuperação de informações.*

Vejam que interessante: na verdade, esse serviço de valor adicionado não é um serviço de telecomunicação; é um serviço que é efetivado através da comunicação, mas que acrescenta algo à comunicação. Na definição legal, é um serviço de valor agregado.

Inclusive, neste Congresso foi apresentado um trabalho a esse respeito, de autoria dos advogados Márcia de Freitas Castro e Hamal Nazrallah, que diz que sempre que a comunicação – e é muito bom esse trabalho, por sinal, que vocês receberam com a sua pasta no início deste Congresso [N. da R. – artigo publicado na *RDT* 73] – se apresentar apenas como suporte à prestação de outro serviço, teremos a incidência de ISS sobre este último serviço e não ICMS.

Portanto, me parece – e isso nós vamos estar debatendo – que quando se tratar de serviço de comunicação, por determinação constitucional, teremos a incidência do ICMS necessariamente, porque está lá previsto como competência do Estado. Mas toda vez que tivermos um serviço de valor agregado, ou seja, aquele serviço que, muito embora se utilize da comunicação, mas acresce algo, agrega algo à comunicação, nós teremos sobre este serviço a incidência eventual, a possibilidade de incidência do ISS. Aí, claro, vamos cair naquela discussão: é serviço previsto na lista? O rol constante da lista de serviço é ou não taxativo?

E bem verdade que os professores que compõem esta Mesa, com certeza, por força do princípio federativo, por força do princípio da autonomia do Município, não podem aceitar a taxatividade da lista – e eu me incluo entre eles.

Mas do ponto de vista do dia-a-dia do direito, sabemos que essa taxatividade foi aceita pelo Supremo, muito embora numa decisão meio duvidosa, porque o Supremo diz que a lista é taxativa, mas que comporta interpretação extensiva. Então, não sabemos se ela é ou não é taxativa.

Enfim, levando em conta a lista de serviços que hoje está aí, em alguns casos vamos verificar que, muito embora tenhamos uma verdadeira prestação de serviços sujeita ao ISS, não vamos ter nela essa previsão. Em alguns casos vamos ter, mas em outros casos não vamos ter.

Postas essas premissas e analisando especificamente a operadora de TV a cabo, vamos verificar que na lei que cuida da TV a cabo, que é a Lei 8.977, de 1995, que dispõe sobre serviços de TV a cabo, o conceito de serviço de TV a cabo é o seguinte, conforme o artigo 2º da lei: *O serviço de TV a cabo é um serviço de telecomunicações e consiste na distribuição de sinais de vídeo e/ou áudio a assinantes, mediante transporte por meios físicos.*

Por esse artigo 2º nós concluímos: bom, se o serviço é de telecomunicações, então não há que se falar sobre a incidência de ISS, porque é um serviço de comunicação e porque telecomunicação estaria sujeito ao ICMS.

Só que o parágrafo único desse mesmo artigo 2º diz: "incluem-se nesse serviço a interação necessária à escolha de programação e outras aplicações pertinentes ao serviço".

Então, vemos que o serviço de TV a cabo, muito embora a lei fale, num primeiro momento, que é um serviço de telecomunicação, ele não é um serviço de telecomunicação puro. Ele, na verdade, se utiliza da comunicação para transmitir uma programação, utiliza-se do serviço de tele para oferecer uma programação específica, mediante a instalação e manutenção dos equipamentos necessários à recepção dos sinais, não sendo, pois, entendo – e coloco isto a vocês e aos integrantes da Mesa – passível de tributação pelo ICMS, porque não é um serviço de comunicação, e sim pelo ISS, em tese, lembrando que não existe na lista, hoje, um item que possibilite essa tributação.

Parece-me que a transmissão da TV a cabo não é uma mera transmissão de sinais, mas a recepção desses sinais com o seu conseqüente armazenamento, apresentação, movimentação e recuperação de informações, que é o conceito de serviço de valor agregado que está lá na lei das telecomunicações para fins de elaboração de uma programação televisiva própria e dirigida a um serviço específico.

Ao contrário da TV aberta, que na verdade não tem um destinatário específico e embora tenha uma programação própria não se compõe de diversas possibilidades de programa, como é o caso da TV a cabo.

Não coloco isto como uma afirmação definitiva, mas me parece que teríamos, no serviço de TV a cabo, a par de um serviço de comunicação, um serviço específico de TV a cabo, sim, até porque, é interessante notar, que essa lei que regulamenta o serviço de TV a cabo distingue muito claramente entre o operador de TV a cabo e a concessionária de telecomunicações. Fica muito clara essa distinção entre os dois tipos de serviços, inclusive quando a lei regulamenta a relação entre o operador de TV a cabo e o concessionário de telecomunicações.

Nesse sentido, parece-me que não caberia falar em ICMS sobre a telecomunicação, mas em ISS sobre o serviço de TV a cabo.

Claro que estou apenas colocando idéias para que venhamos a discutir.

O que o Prof. Marrey coloca, dos negócios e serviços executados dentro da Internet, me parece que é muito relevante. Essa atividade precisa ser muito bem definida, bem como a sua tributação, e me parece que os critérios até hoje adotados para se definir a tributação pelo ICMS, se estivermos diante e uma operação relativa à circulação de mercadoria, ou ISS, se for uma prestação de serviço via Internet, é válida, desde que levadas em conta as necessárias adaptações a esta revolução das telecomunicações, digamos assim.

Agora, o serviço prestado pelo provedor de acesso, este sim é passível de tributação pelo ISS. O serviço de provimento de acesso, a meu ver, não se confunde com outros serviços prestados na rede, como, por exemplo, a criação de um *site*. A criação de um *site* é, na verdade, prestação de um serviço, pura e simplesmente, só que via Internet.

É interessante notar que ainda nesta semana, no jornal *O Estado de S. Paulo*, no Caderno Informática, há a declaração de um proprietário de uma empresa especializada em produção gráfica, que define o serviço de criação de *site* da seguinte maneira, ele diz o seguinte: "para mim, o processo de criação de um *site* não difere da de um folheto. Eu contrato alguém que saiba a linguagem, como contrato o *bureau* para fazer o fotolito e uma gráfica para fazer a impressão".

Portanto, ele define, em última análise, que não importa o meio pelo qual se dê a prestação do serviço. O que importa é a característica de prestação ou não de serviço. Ainda que pela Internet, quando pudermos constatar a presença de todos aqueles requisitos que a doutrina clássica coloca para a existência de prestação de um serviço, estaremos diante de sua tributação pelo ISS. Não importa o meio pelo qual o serviço seja prestado, este será, necessariamente, tributado pelo ISS.

Para terminar, vou colocar uma dúvida com relação ao *pager*. Não cheguei a uma conclusão com relação a sua tributação. Se incide tributo, qual tributo incide no serviço de *pager*?

Nesse trabalho que mencionei a vocês, da Dra. Márcia e Dr. Hamal, diz o seguinte, definindo o serviço de rádio-chamada: "o serviço de rádio-chamada ocorre da seguinte forma: a pessoa interessada em comunicar-se com um assinante, utiliza-se de uma central, onde será efetuada a anotação dos recados, através de uma secretaria, que se encarregará da transmissão dos mesmos ao assinante, através dos sinais de chamada". Eles entendem que o serviço, essa secretaria, esse recebimento e anotações, é apenas uma atividade-meio, sendo o serviço-fim a transmissão dos sinais de chamada, incidindo, portanto, única e exclusivamente, o ICMS.

Na verdade, diante daquela definição legal do que seja aquele serviço de telecomunicação e do que é serviço de valor agregado, confesso que fico em dúvida com relação ao *pager*, e gostaria de ver isso discutido isso pelos colegas e pelos professores que estão comigo nesta Mesa.

Poderíamos entender também que o serviço de comunicação, no caso do *pager*, é mero suporte para a prestação de um serviço de valor agregado. Que serviço de valor agregado seria esse? Seria a coleta e a distribuição de mensagens.

Evidente que não tenho uma posição firmada nesse sentido. Acho que isso merece muito debate, a solução de muitas dúvidas para que possamos firmar uma posição a esse respeito.

Estas eram as colocações que gostaria de fazer a vocês, para que vocês pensassem a respeito; e tenho certeza de que os professores que me sucederão acrescentarão informações muito valiosas para que possamos sair daqui com maior clareza a respeito da tributação deste serviço.

Muito obrigado. (*Palmas*)

PRESIDENTE DA MESA – Antes de passar a palavra ao Prof. José Eduardo Soares de Melo, como está todo mundo aqui fazendo perquirições, vou fazer também a minha: é o seguinte: tudo isso está sendo examinado do ponto de vista de uma bipolaridade: ISS e ICMS. Mas enquanto esperava pela exposição do Prof. Marrey, que através desse veículo Internet se fazem transações do Exterior com o país, veio-me à lembrança que também temos a incidência do imposto de importação. Principalmente se toda elaboração internacional do imposto de importação, o conceito de valor, de valoração, inclui também bens incorpóreos. Quer dizer, o conceito de mercadoria, embora no ICMS seja a compra de um bem para revenda, do ponto de vista do imposto de importação, a Constituição fala em produto. Vem a legislação aduaneira tanto no imposto de importação, quanto no imposto de exportação, e mencionou a palavra mercadoria. Então, alguns autores disseram: produto é tudo aquilo que é produzido e mercadoria é o que é produzido para revenda, que já tinha sido conceito fixado pelo Supremo. Entenderam alguns autores que quando a legislação escolheu a palavra mercadoria para a definição da hipótese de incidência, restringiu o conceito de produto. E os Tribunais Superiores – acho que isso não chegou ao Supremo, mas ao antigo Tribunal Federal de Recursos – consideraram que na área dos tributos aduaneiros o conceito de mercadoria era semelhante ao de produto, tudo aquilo que é produzido.

Ora, se considerarmos que são produzidos bens corpóreos, mas também bens incorpóreos susceptíveis de estimação pecuniária, é óbvio que a transmissão de *software*, via a Internet, fica submetido ao imposto de importação, porque está sendo introduzido como um bem valioso no país, ainda que de difícil apreensão física e determinação. O problema vai ser da administração tributária conseguir determinar o valor desses bens que sejam importados.

Mas, então, passo a palavra ao Prof. José Eduardo Soares de Melo.

PROF. JOSÉ EDUARDO SOARES DE MELO (*sem revisão do autor*) – Em primeiro lugar, quero dizer da minha honra e imensa satisfação de estar aqui em mais um Congresso Brasileiro de Direito Tributário, como disse o Aires, hoje cedo, inspirado pelo Prof. Geraldo Ataliba, e que, sem dúvida alguma, com a participação de todos vocês, enriquecerá o cenário jurídico nacional.

Para mim é uma dose de ousadia dupla e, até, de constrangimento falar depois do Marrey, da Anna Emília; mas ainda bem que falo antes do Roque e do Aires, porque, senão, não ia sobrar mais nada. A outra ousadia é eu vir falar sobre a Internet. Eu demorei a entrar no computador. Os mais jovens têm mais facilidade. Aqueles um pouco mais experientes, diria eu, têm um pouco mais de dificuldade. Se nem entrei na Internet, quanto mais conhecer os problemas jurídicos da Internet.

Procurei pinçar alguns artigos que foram escritos, a legislação tratada sobre a matéria e não vou aqui repetir o que o Marrey e a Anna Emília falaram, porque existem outros pontos a serem abordados.

Concordo com as colocações que eles fizeram, lembrando o seguinte: essa figura – pelo que se pode ler – do provedor de informações, do provedor de acesso, é claro que ela tem uma participação na comunicação. Na verdade, ele é intermediário. O provedor de acesso, pela análise que pude fazer, tem a participação, a fisionomia jurídica, mais ou menos, de um publicitário, ou seja, ele capta informações, dados e até realiza o *home page*, no sentido de que seja enriquecida a Internet, mas a prestação do serviço de comunicação estaria afastada.

Foi bem lembrada aqui pela Anna Emília, não só a Lei 9.472, como também já uma antiga Portaria do Ministro das Comunicações, a Portaria 148, de maio de 1995, que oferece os conceitos da Internet, os conceitos básicos do serviço de valor adicionado.

Nós sabemos que muitas vezes os legisladores estaduais têm interesse em que ocorra a incidência nessa comunicação via Internet – e que estejam, até, cobrando dos provedores de informação e dos provedores de acesso. Mas esse serviço de valor adicionado, como está colocado na legislação, ele não participa integralmente, ele não é da essência do contexto do serviço de telecomunicação.

Esse assunto já foi abordado pelos dois colegas anteriores, de maneira que vou também dar aqui a minha primeira opinião, porque aqui viemos, também, para refletir e, nessa troca de idéias com o público, chegarmos a alguma conclusões.

A minha primeira idéia é que eles não são efetivamente prestadores do serviço de telecomunicação. Eles são intermediários, mas não estariam, em princípio, sujeitos à incidência do ICMS. Tenho sérias dúvidas com relação também ao ISS, porque em primeiro lugar, deixando de lado a taxatividade da lista de serviços, verifico que a Lei

Complementar 56, de 1987, embora ela tenha sido recepcionada pela Constituição de 88 – isso me parece indiscutível – ela foi recepcionada, evidentemente, na medida em que essa incidência, essa materialidade do serviço de comunicação já existia no âmbito federal, mas não com todas as tintas, com todas as expressões jurídicas. Então, tenho uma certa dificuldade em aceitar não como serviço de comunicação, mas como serviço de intermediação.

Vou abordar aqui um ponto que não foi tratado, e nem sei se está dentro do temário, mas é um ponto que me parece relevante, que é sobre o serviço de telefonia. Sabemos que de julho para cá passou a existir uma grande controvérsia, isso também em razão, não sei se por causa das privatizações, mas pelo volume do valor envolvido, com relação aos serviços de telefonia.

Três ou quatro atos ditos *normativos* criaram uma grande confusão no sentido da incidência do ICMS.

Primeiro, veio o convênio ICMS 69, de julho de 1998, que tratou da inclusão, na base de cálculo do serviço de comunicação, de diversos valores que são cobrados por essas entidades. Então, fala no acesso, adesão, ativação, habilitação, assinatura, utilização, bem como serviços suplementares e facilidades adicionais. Em seguida, veio o Convênio 74, dois dias depois, em que os Estados disseram que estavam renunciando à cobrança desse ICMS relativamente ao serviço telefônico público e móvel celular, fatos geradores que teriam ocorrido até 30 de julho de 1998. Nesse Convênio 74 também se dizia que havia uma revogação (Convênio 2, de 1996), que exemplificativamente houvera tratado desse serviço de telefonia. Posteriormente, como o Estado de Pernambuco rejeitou esse convênio com uma série de fundamentos, principalmente calcados no princípio federativo; rejeitado o convênio, seguiu-se uma nova deliberação dos representantes dos Estados, através do Ato Cotep 51, de 10 de agosto de 1998, e perdeu a sua eficácia, ou seja, deixou de projetar efeitos o Convênio 74.

Posta essa questão, faço aqui as seguintes meditações: em primeiro lugar, tudo é questão de duas ordens. A primeira ordem – será que convênio é instrumento, é veículo normativo para tratar de base de cálculo de ICMS seja em quaisquer atividades, sejam mercantis, serviços de transporte ou de telefonia? Se formos olhar a Constituição – que temos de olhar em primeiro lugar – sabemos que há uma competência para os Estados celebrarem convênios que vão dispor sobre incentivos, sobre isenções, sobre reduções de base de cálculo e quaisquer outras vantagens financeiras que possam ser auferidas pelos Estados. Mas aí já há uma certa perplexidade: podem tratar de redução de base de cálculo, de percentual. Numa determinada operação, a exigência não será de 100%, da codificação do tributo, da sua base imponível, e sim 70 ou 80 por cento. Agora, definir o que integra a base de cálculo, não é o veículo competente, me parece, *data venia* – e também teria sérias dúvidas com relação à lei complementar.

Vejam o seguinte: o artigo 146 da Constituição estabelece que compete à lei complementar, entre outras atividades, dispor sobre fatos geradores e base de cálculos de tributo. É evidente que se olho a Constituição, e aí já tenho matéria muito rica sobre o ICMS, que diz qual é a materialidade – aqui, no caso, a prestação de serviço de comunicação – e é evidente que a base de cálculo, isto aqui é até cediço, só pode ser extraída daquela materialidade do serviço de comunicação, do valor da comunicação, ou seja, o preço do serviço.

Qualquer lei complementar, e no caso a Lei Complementar 87/97, que veio dispor mais recentemente sobre a matéria, diz que a base de cálculo do serviço de comunicação é o preço desse serviço, e, mais adiante, diz que também se inclui nessa base de cálculo o seguro, juros e demais importâncias.

O tempo é curto e não vou questionar essas outras inclusões.

Em primeiro lugar, tenho receio muito grande que essa exigência assentada no convênio seja desprovida de juridicidade, porque o veículo competente seria lei complementar respaldada na Constituição.

Mas não é só esse o ponto que merece uma reflexão mais acurada. Vou verificar também se essas atividades, que são desenvolvidas, que são exercitadas pelo serviço de telefonia – basicamente o acesso, adesão, ativação e habilitação – se enquadram nessa moldura da prestação de serviço de comunicação. Também tenho sérias dúvidas. Por que?

A Lei Complementar 87, a lei das telecomunicações, a matéria legislativa que regra o serviço de telefonia, incluem as atividades efetivas, a prestação efetiva desse serviço e não as atividades que antecedem esses serviços. Então, tenho matérias que são tratadas, que são tipificadas como serviços. O que é utilizado antes não é serviço.

Nem é o caso de ler a Lei Complementar, devido à clareza do texto. Na medida em que faço uma assinatura, em que faço uma adesão, em que procedo a uma transferência, essas são atividades preliminares, que não se confundem com a atividade preferencial, a atividade básica, o fato gerador do tributo.

Portanto, acho que não é o caso de ocorrer a incidência do ICMS.

A própria legislação que trata do sistema móvel celular, dos serviços públicos restritos, distingue a tarifa de acesso, que pode ser serviço de outra natureza, com o preço do serviço. E mais: como sabemos que estamos no Estado de Direito, em que devemos observar todos os princípios constitucionais, inclusive aqueles das dobras da constituição e fundamentalmente o princípio da segurança e da certeza, que inspiram o princípio da tipicidade cerrada, não posso entender que quando vou ler a Lei 8.792/96, no seu artigo 13, II, "a", posso ter um preceito aberto que permita a ingerência do legislador de qualquer natureza. Esse artigo 13, II, "a", em que se inspira o convênio, diz o seguinte: que na base de cálculo também se incluem importâncias pagas, recebidas ou creditadas.

Vejam o seguinte: sabemos que a base de cálculo – isso em qualquer tributo – não tem, vamos dizer, um nítido enquadramento ou visualização nas meras entradas financeiras, ou seja, é necessário que haja no caso a materialidade, a prestação de serviço.

Por esses argumentos, eu teria sérias dúvidas quanto à eficácia desses convênios que tratam da base de cálculo do serviço de telefonia.

Como temos aqui mais três ou quatro minutos, também não vou deixar de abordar a questão da TV a cabo, por assinatura.

Além do que a Anna Emília já falou, com bastante precisão, o que se deve verificar é o seguinte: nós, advogados, evidentemente vamos à lei, vamos à Constituição e temos de conhecer exatamente a matéria que trata do assunto. É fácil verificar que nessa matéria da televisão, a imagem e o som, são tratados como serviço de radiodifusão. Esse serviço de radiodifusão é prestado, até em decorrência da própria legislação, à comunidade em geral. É um serviço gratuito. Isso não se enquadra dentro dos serviços tributados, das prestações de serviços que vamos buscar lá na Teoria Geral do Direito, nas obrigações de fazer. A nota característica é a remuneração, é o consentimento – e o Prof. Roque diz que não vai mais falar na relação comunicativa, a não ser que ele mude de opinião, nesse minuto.

Vejam o seguinte: todas essas características da obrigação de fazer, da prestação de serviços, desse negócio jurídico, não se encaixam no serviço de radiodifusão. É o que se dá, na hipótese contrária, com relação ao serviço de TV a cabo, onde todos sabemos, mesmo aqueles que não trafegam pelo caminho jurídico, que temos um contrato com essas TVs e que só com aquelas mensagens, com aquela descodificação, recebo aquele serviço, aquela prestação de serviço – e aí, então, ocorre aquela incidência tributária.

Vou deixar para os demais colegas da Mesa, que com mais brilho tratarão da matéria.

Muito obrigado a vocês. (*Palmas*)

PRESIDENTE DA MESA – Com a palavra, agora, o Prof. Roque Carrazza.

TRIBUTAÇÃO DOS SERVIÇOS DE COMUNICAÇÃO. GENERALIDADES. CASOS PRÁTICOS

PROF. ROQUE CARRAZZA – Colegas debatedores, colegas congressistas.

Antes de mais nada, quero dizer que estou muito feliz por também poder participar deste XII Congresso Brasileiro de Direito Tributário. Ouvi atentamente os ilustres expositores que me procederam, o Prof. Pedro Luciano Marrey Jr., a Profa. Anna Emília Cordelli Alves e o Prof. José Eduardo Soares de Melo, e embora concorde com o que foi por eles dito, também desejo trazer a minha contribuição, para um melhor entendimento da tributação dos chamados "serviços de comunicações".

Até agora foram levantados, nesta Mesa de debates, acima de tudo, aspectos práticos. Peço vênia, a esse Egrégio Plenário, para trazer minha argumentação um pouco mais para o campo teórico. Conta-se que, certa feita, Hegel estava proferindo uma conferência, quando um de seus ouvintes interrompeu-o, dizendo: "Perdão, Mestre, mas a sua teoria é contrariada pelos fatos", ao que Hegel teria retrucado: "Tanto pior para os fatos". (*Risos*)

Então, vamos ver se a teoria que vou apresentar-lhes está em harmonia com os fatos, se os explica adequadamente ou se, pelo contrário, não é útil à compreensão daquilo que é simples ou, pelo menos, não é tão complicado quanto parece.

Geraldo Ataliba insistia que, embora a Constituição não tenha criado nenhum tributo, ela apontou a *regra-matriz*, o *arquétipo genérico*, a *norma-padrão de incidência*, de cada espécie e subespécie tributária. Daí o saudoso Mestre dizer que a Constituição, direta ou indiretamente, sempre indica a *hipótese de incidência possível*, o *sujeito ativo possível*, o *sujeito passivo possível*, a *base de cálculo possível* e a *alíquota possível*, de cada imposto, de cada taxa, de cada contribuição.

De fato, embrionariamente, atomicamente, todos os tributos já estão estruturados na Carta Constitucional. O legislador ordinário – seja da União, seja dos Estados, seja dos Municípios, seja, agora, do Distrito Federal –, enquanto tributa, ou seja, enquanto cria em abstrato tributos, em última análise desdobra comandos constitucionais.

O átomo, a essência, de cada tributo está na Constituição.

Estamos, pois, notando, que a classificação constitucional dos tributos é, a um tempo, nominal e conceitual. Nominal, porque, sem dúvida, a Constituição rotulou os tributos: chamou uns de *impostos*, outros de *taxas*, outro de *contribuição de melhoria*; chamou um imposto de *imposto sobre a renda*, outro de *IPI*, outro de *ICMS*, outro de *ISS*; chamou uma taxa de *taxa de serviço*, outra de *taxa de polícia*. Mas, a Constituição foi além: também apontou o *regime jurídico* que cada espécie e subespécie tributárias deverão necessariamente observar. Isso nos protege enquanto contribuintes. Passamos a ter o *direito subjetivo* (portanto, o *Direito Constitucional subjetivo*) de só sermos tributados, segundo os moldes, ou, se preferirmos, os arquétipos constitucionais.

Estamos hoje falando basicamente do ICMS. O ICMS, como ninguém ignora, vem genericamente previsto no artigo 155, II, da Carta Suprema: compete aos Estados e ao Distrito Federal instituir impostos sobre operações relativas à circulação de mercadorias e sobre prestações de serviço de transporte interestadual e intermunicipal e de comunicação, ainda que as operações e as prestações se iniciem no exterior.

Estamos, pois, percebendo, num primeiro súbito de vista, que o ICMS é um imposto de competência estadual e distrital. Realmente, os Estados-membros e o Distrito Federal, em seus respectivos territórios, podem instituir este imposto e sobre ele dispor.

Mas no fundo, no fundo, o ICMS é apenas um *rótulo*. Um *rótulo* que serve para designar, pelo menos, cinco impostos diferentes, a saber: o imposto sobre operações mercantis; o imposto sobre serviços de transporte transmunicipal; o imposto sobre serviços de comunicação; o imposto sobre a importação, a produção, a circulação, a distribuição e o consumo de lubrificantes, de combustíveis líquidos e gasosos e de energia elétrica; e o imposto sobre a importação, a extração, a circulação, a distribuição e o consumo de minerais.

São cinco impostos diferentes porque têm hipóteses de incidência diferentes e bases de cálculo diferentes. Sabemos que o que distingue um tributo do outro não é a denominação que recebe, nem a destinação dada ao produto de sua arrecadação (o que de resto vem estabelecido no artigo 4º do CTN). Não. O que distingue um tributo do outro é a sua hipótese de incidência, confirmada por sua base de cálculo.

Pois bem, o binômio hipótese de incidência/base de cálculo revela que, na sigla *ICMS* hospedam-se pelo menos cinco impostos diferentes. Digo *pelo menos cinco impostos diferentes*, porque, a rigor, nada impediria considerássemos o imposto sobre a importação de lubrificantes diferente do imposto sobre a circulação de lubrificantes, diferente do imposto sobre a produção de lubrificantes, diferente do imposto sobre o consumo de lubrificantes. Se fizermos uma verdadeira análise combinatória, se a cada verbo juntarmos um complemento, teremos não cinco, mas mais de cinqüenta impostos diferentes, todos rotulados *ICMS*.

Essa prática de chamar tributos diferentes com o mesmo nome, além de não ser das mais científicas, acaba causando grandes confusões. É que o legislador, nem sempre afeito à melhor técnica, acaba dispensando o mesmo tratamento científico a fatos que juridicamente não são iguais. Não há como dispensar-se o mesmo tratamento científico às operações mercantis, que, como ensina o Prof. Aires Barreto, envolvem *obrigações de dar* e às prestações de serviço, que envolvem *obrigações de fazer*.

Prazerosamente prosseguiria nas minhas considerações a respeito deste assunto, mas tenho um outro rumo a seguir.

Apenas quero frisar que todos esses *ICMS* possuem, digamos assim, um *núcleo central comum*, que permite venham estudados em conjunto. Mais que isso: todos esses ICMS devem obedecer aos mesmos princípios constitucionais, dentre os quais sobreleva o *princípio da não-cumulatividade*.

Eu fiz esse intróito exatamente para pôr em destaque que a lei complementar, em matéria de ICMS, pouco pode fazer. O ICMS já está estruturado, com retoque à perfeição, na própria Constituição. Fora da Constituição, não se conhece ICMS.

A Lei Complementar 87/96, há pouco mencionada, também conhecida como *Lei Kandir*, não veio resolver todos os problemas do ICMS. Não é a panacéia de todos os males do ICMS. Longe disso. Essa lei complementar vale na medida em que explicita comandos constitucionais. Mas ela não pode redefinir a *regra-matriz* desse imposto, nem, muito menos, alterar os princípios que sobre ele incidem e que defluem diretamente da Constituição. O que estou tentando expressar é que a Lei Complementar 87/96 não tem o condão de buscar, nela própria, *fundamento de validade*. Não. Essa lei complementar só é válida, se, e enquanto, está dentro da *pirâmide jurídica*, em cuja cúspide, em cujo patamar mais elevado, situam-se as normas constitucionais, verdadeiras matrizes de todas as manifestações normativas do Estado, como queria o grande Hans Kelsen.

Essa é uma verdade evidente, que não pode ser afastada.

Muito bem, entrando agora realmente no tema central de minha exposição, o ICMS também pode incidir sobre prestações de serviços de comunicação. É o que depreendemos dos seguintes trechos do artigo 155, II, da Constituição: "compete aos Estados e ao Distrito Federal instituir impostos sobre... prestações de serviços... de comunicação..., ainda que as... prestações se iniciem no exterior".

Só para registro, este ICMS descende, por assim dizer, do antigo imposto federal sobre serviços de comunicação, salvo os estritamente municipais. Esse imposto vinha previsto na Carta de 67/69, em seu artigo 21, VII. Era imposto, evidentemente, de competência da União; imposto federal, pois. Com o advento da Carta de 88, passou para as hostes dos Estados e do Distrito Federal e foi rotulado ICMS.

Muito bem, a *hipótese de incidência possível* deste ICMS é "prestar serviços de comunicação". Não é simplesmente realizar a comunicação. Portanto, esse imposto só pode nascer do fato, da circunstância, de uma pessoa prestar a terceiro, em caráter negocial, isto é, mediante contraprestação econômica, um serviço de comunicação.

Eu já adianto, seguindo na esteira da Profa. Anna Emília, que os serviços de propaganda não são alcançáveis por este ICMS, justamente porque não se enquadram na regra-matriz constitucional do imposto que ora faz nossos cuidados.

Observo ainda que, em princípio, os serviços alcançados por esse ICMS são os prestados sob regime de direito privado, que se caracteriza, como ocorre magistério, pela igualdade das partes contratantes e pela autonomia das vontades dessas mesmas partes contratantes. O serviço público de comunicações é imune ao ICMS, se por mais não fosse, em decorrência do que estabelece o artigo 150, VI, "a", da Constituição, a menos que enseje contraprestação ou tarifa, agora a teor do § 3º, do artigo 150, sempre da Constituição. Em suma, o serviço público de comunicações só abre espaço à tributação por meio deste ICMS, se possibilita remuneração por parte do tomador.

Eu não poderia deixar de repetir aquilo que proficientemente os Professores José Eduardo e Anna Emília disseram: esse ICMS não incide propriamente sobre a comunicação, mas, sim, sobre a *relação comunicativa*, sobre o fato de alguém colocar, à disposição de terceiro, mediante contraprestação econômica, os meios necessários para que a comunicação se realize. Mas, não apenas isso: é mister, ainda, que a mensagem seja captada pelo destinatário (pelo fruidor) do serviço. Isso tudo pressupõe a instalação de telefones, de centrais telefônicas, de redes elétricas, de satélites, de microfones, de câmaras, enfim de todos os meios e modos necessários para que a comunicação se realize.

Então, já estamos percebendo que o serviço de comunicação tributável por meio deste ICMS exige, preliminarmente, a colocação à disposição do usuário, dos meios e modos necessários à transmissão e à recepção de mensagens e, depois, que a mensagem seja efetivamente recebida (ou, pelo menos, que esteja potencialmente apta a completar-se), porque, afinal, o que se tributa, no caso, não é a simples contratação do serviço. Estamos percebendo que só quando o destinatário assume papel ativo, contratando o serviço de comunicação e dele participando, por meio do envio e do recebimento de mensagens, é que o ICMS pode incidir. O que se tributa, por meio deste ICMS, é a efetiva execução do serviço de comunicação (não simplesmente sua estipulação).

O fato imponível, o fato gerador em concreto, deste ICMS ocorre no momento em que é prestado (e, portanto, fruído) o serviço de comunicação, ainda que se inicie no exterior.

Permitam-me teorizar mais um pouco: sei que a doutrina de um modo geral entende que os serviços de comunicação só são tributáveis pelos Estados, por meio de ICMS e que, portanto, os Municípios não podem tributar serviços de comunicação.

Com o devido acatamento, eu não concordo. Acho que os Municípios podem tributar os serviços de comunicação estritamente locais. Alguns dizem: mas não existem serviços de comunicação estritamente locais, porque o serviço de comunicação depende de ondas elétricas, de ondas magnéticas ou eletromagnéticas, e essas não respeitam fronteiras. Eu diria que a maioria dos serviços de comunicação realmente envereda por essa trilha. No entanto, podemos figurar exemplos de serviços de comunicação estritamente municipais, vale dizer, que se esgotam nos lindes de um único Município.

Vejam: uma empresa é contratada para instalar um sistema de música ambiente dentro de uma loja de departamentos. Eis aí um serviço de comunicação que se vai esgotar dentro do próprio estabelecimento comercial e, portanto, dentro do território de um único Município. É um serviço de comunicação estritamente municipal.

Uma outra empresa é contratada, por um partido político, para preparar um comício, e instala microfones, palanque, cordões de isolamento, alto-falantes, tornando possível a realização dessa atividade político-partidária, que vai desenvolver-se, por hipótese, numa praça. Eis aí um outro serviço de comunicação estritamente municipal.

Então, penso que não procede o argumento de que não há serviços de comunicação estritamente municipais, até porque estes dois exemplos que acabo de dar-lhes revelam o contrário.

Mas alguém poderia acrescentar: a Constituição, quando tratou do ICMS sobre prestações de serviços de transportes, ela os qualificou: serviços de transporte interestadual e intermunicipal. Já, quando tratou das prestações de serviços de comunicação, não os adjetivou. Aludiu, pura e simplesmente, às prestações de serviços de comunicação.

É verdade. Mas, daí a concluirmos que *todos* os serviços de comunicação são tributáveis pelos Estados, por meio do ICMS, é dar excessiva força às palavras da lei, desconsiderando o princípio da autonomia municipal, desconsiderando a regra pela qual compete preferencialmente aos Municípios tributar serviços: os serviços de qualquer natureza realizados em seus territórios. Sabemos que os princípios orientam até a interpretação dos mandamentos constitucionais. Sempre que um mandamento constitucional tiver pluralidade de sentidos, deve ser interpretado e aplicado em consonância com o princípio que lhe for mais próximo. Assim, o princípio da autonomia municipal pode, a meu ver, afastar as dubitações que esse tópico do artigo 155, II, da Constituição, suscita.

De qualquer maneira, submeto à douta apreciação dos colegas esta idéia: se o serviço de comunicação for estritamente municipal, ele pode e deve ser tributado pelo Município (por meio de ISS) e, não, pelo Estado (por meio de ICMS).

Falou-se muito na Internet. Confesso que não entendo muito deste assunto. Sou da época da caneta tinteiro, da régua de cálculo e demorei para entrar na Internet. Aliás, só entrei na Internet pelas mãos das minhas filhas. A propósito, a propaganda que se faz, a respeito, é essa: "navegar na Internet é tão simples, que você nem vai precisar pedir explicações para o seu filho; você mesmo, por incrível que parece, vai conseguir fazer". (*Risos*)

Mas, por aquilo que consegui entender, a Internet é uma interligação entre as grandes redes de computadores, que permite a troca de informações em âmbito mundial.

Como a maioria sabe, o usuário que quiser acessar a Internet deve estar conectado, por um sistema de telefonia, ao provedor de acesso, que é o computador ligado à rede mundial.

Segundo estou convencido, a utilização da Internet não é tributável por meio de ICMS. Este imposto alcança, apenas, a prestação do serviço telefônico que a viabiliza.

É o caso, agora, de perguntarmos: o provedor de acesso presta o serviço de comunicação de que aqui se cogita? Entendo que não. Ele apenas possibilita o acesso à Internet, via um canal aberto (a linha telefônica). Esse serviço é, em tese, tributável por meio de ISS (é, nos termos do artigo 156, III, da CF, um serviço de qualquer natureza, não compreendido no artigo 155, II). É preciso, apenas, que a lei do Município, concernente ao ISS, preveja este serviço, independentemente de ele estar, ou não, arrolado na *lista de serviços* da Lei Complementar n. 56/87. Filio-me, a respeito, à corrente liderada pelo Prof. Aires Barreto, no sentido de que a lista de serviços tem caráter sugestivo, não sendo nem exemplificativa, nem taxativa. Ela apenas *declara* que alguns serviços estão dentro do campo tributável municipal. E quando a declaração é inconstitucional (caso da locação de bens imóveis, que não é um serviço, mas uma cessão de direitos), deve, é claro, ser rejeitada pelos Municípios.

Ainda a respeito da Internet, é comum o usuário desta rede de computadores contratar terceiro, para que este lhe crie uma *home page* (para, por exemplo, disponibilizar informações, na rede, sobre o produto que vende). Este serviço tanto pode ser prestado pelo próprio provedor de acesso, como por uma empresa autônoma.

Também neste caso não se dá nenhuma prestação de serviço de comunicação (na acepção que lhes dei), mas um mero serviço de propaganda ou publicidade, tributável, agora sim, por meio de ISS.

Eu havia trazido uma série de questões práticas para serem levantadas, mas não quero maçá-los. Não quero que digam: "além de tudo, não parava mais de falar". (*Risos*)

Quero só levantar mais uma questãozinha: a tributação, por meio de ICMS, do ato de habilitação do aparelho celular. Penso que, neste caso, a tributação é inconstitucional. De fato, não há, aí, nenhum serviço de comunicação, mas mera providência que viabiliza o acesso do usuário potencial, ao serviço público de telefonia. Mal comparando, o ato de habilitação do aparelho celular equivale à aquisição da ficha telefônica, que permite que se utilize o serviço de comunicação, mas não se confunde com sua efetiva prestação.

De sorte que andou mal o Convênio 69/98 quando incluiu os valores cobrados a título de habilitação, na base de cálculo do ICMS. Até porque convênio não pode criar tributos, nem definir suas bases de cálculo. Em matéria de ICMS, o convênio pode apenas conceder ou revogar isenções. Portanto, ainda que a habilitação do aparelho telefônico fosse tributável por meio de ICMS (com o que, repito, não concordo), o instrumento para a criação deste imposto é inadequado. Só a lei ordinária, dos Estados-membros e do Distrito Federal, é que pode criar novas incidências de ICMS (sempre, é claro, com apoio na Constituição, o que não seria o caso).

Mas ainda que a criação desse esdrúxulo ICMS tivesse se dado por meio de lei ordinária, essa lei – vejam até onde pode ir o raciocínio –, por injunção do princípio da anterioridade, só poderia incidir no próximo exercício financeiro.

Como vêem os colegas, são tantas as inconstitucionalidades que cercam a tributação, por meio de ICMS, do ato de habilitação do aparelho celular, que fica até difícil dizer qual é a principal. Mas, uma coisa é certa: cada uma delas tem força bastante para espancar essa tributação.

Só para encerrar, tudo isso me faz lembrar uma história: conta-se que Leonardo Da Vinci foi um grande enxadrista, aliás, o primeiro campeão mundial de xadrez da era moderna (o primeiro campeão mundial histórico de xadrez teria sido Lázaro, aquele que Cristo ressuscitou depois de três dias sepultado). Mas, deixando de lado a história bíblica, o primeiro campeão mundial de xadrez dos tempos modernos foi Leonardo Da Vinci. Muito bem, uma noite, em Florença, Leonardo Da Vinci estava voltando para casa, quando uma mulher, postada à porta de uma igreja, convidou-o para jogar uma partida de xadrez. Como era só para jogar uma partida de xadrez (dizem que Leonardo Da Vinci não era muito afeiçoado ao sexo feminino), aceitou a proposta. Entrou na igreja com essa mulher, que era, na verdade, o demônio travestido de mulher, e começou a jogar. A horas tantas, Leonardo Da Vinci anunciou: "mate em dois". Os colegas que jogam xadrez sabem que os grandes enxadristas conseguem antecipar os lances e conseguem dizer: "seja qual for o movimento que você fizer no próximo lance, você sofrerá mate no lance seguinte". Este é o "mate em dois". Muito bem, a mulher – ou o demônio, como quisermos – perguntou a Leonardo Da Vinci: "Com base em que peça você me anuncia o 'mate em dois'?" E Leonardo Da Vinci: "Com base na minha dama, a dama branca". A mulher então, num passe de mágica, transformou aquela dama branca em dama negra. E Leonardo Da Vince, impassível: "'mate em dois', porque, apesar da transformação que acabo de ver, este outro peão me garante o mesmo resultado". Diante disso, a estranha mulher teria desaparecido em meio a uma nuvem de fumaça, como geralmente acontece nas histórias demoníacas.

Voltando ao tema, na tributação, por meio de ICMS, do ato de habilitação dos aparelhos celulares, poderá haver essa mesma nuvem de fumaça, tantas as inconstitucionalidades que a cercam. Se não for por uma, a inexigibilidade do imposto será por outra. Se não for por esta outra, será por uma terceira.

Por ora, agradeço a atenção com que me ouviram. (*Palmas*)

Presidente da Mesa – Após todas essas exposições, estou-me lembrando, ainda que se fale na matriz constitucional e mesmo no aspecto material da hipótese de incidência, que não conheço nenhuma hipótese de incidência que seja auto-suficiente em si mesma. Sempre se procura uma norma de intermediação no ordenamento jurídico. Ou mesmo uma incidência simples de IPTU, é preciso buscar o conceito de propriedade no Direito Civil. O que ocorre com essa incidência sobre o serviço de comunicação, que é um serviço tradicional, mas com o seu desenvolvimento, é conseguir-se pinçar no retro-ordenamento jurídico os elementos para a determinação efetiva do alcance da expressão "comunicação" na Constituição.

Uma outra coisa que leva a certas confusões é que, dentro do espectro incidência de uma norma tributária, pode-se ter vários fatos não homogêneos. Não há nada mais heterogêneo, que só tem uma identidade no preço, que a TVA francesa ou IVA que estão querendo trazer aqui para o Brasil, que consolida, num único tributo, o fornecimento ou venda de mercadorias e a prestação de serviços.

Então, para se compreender, com um mínimo de racionalidade e interesse de solucionar os problemas, é imaginar um plexo de incidências dentro da técnica de tributo, porque se cada tipo de incidência tiver um imposto específico, vamos superar os países que têm tributação tradicional, como a Alemanha, que tem 230 tributos, a França 160. Há que pensar em tributo de caráter unitário e nessa característica de que as hipóteses de incidência, ainda que tenha matriz constitucional, é muito nebulosa. A definição específica vai ser buscada não só na doutrina, mas basicamente com a retributibilidade existente no retro-ordenamento jurídico. O elemento nuclear de uma hipótese de incidência não é auto-suficiente na norma tributária. Você tem de ir buscar norma de remessa ou norma de intermediação, do contrário não se resolvem os problemas tributários.

Com a palavra para resolver tudo isso, ao final, o Mestre Aires Barreto.

Prof. Aires Barreto – Para mim também é um privilégio estar aqui, nesta oportunidade, se mais não fosse pela circunstância de que, por força de uma doença, há um ano, eu sequer poderia pôr os olhos em qualquer literatura jurídica, muito menos numa restrita que cuidasse de "pager" de "courier", de "Internet" etc.

Ouvi com atenção as exposições do Prof. Marrey, da Profa. Anna Emília, do Prof. José Eduardo, do Mestre Roque Carrazza e li, ademais disso, o que escreveram Fernanda Dollabella Camano, Márcia Freitas Castro Leme, Hamal Ibrahim Nasrallah e dessa leitura me senti, de certa forma, como o economista: conta-se que determinado cidadão estava numa ilha e de repente viu alguém num balão e esse alguém do balão diz para o que estava na ilha: "onde é que eu estou?" A pessoa que estava na ilha respondeu: "Você está num balão." (*Risos*) "Ah! O senhor é contador, não é?" "Como é que o senhor adivinhou a minha profissão?" "Bem, é que o senhor responde as perguntas e não explica nada." (*Risos*) "Ah! E o senhor deve ser economista, não é?" "Como é que o senhor também adivinhou a minha profissão?" "Bem, é que o senhor saiu sem rumo, não sabe onde está e não tem os pés no chão". (*Risos*)

Maldosos há que dizem haver nessa ilha uma segunda pessoa, que seria uma advogado, que indagado por ambos a dizer quem é que estava com a razão, respondeu: "Bom, primeiro eu preciso saber quem é o meu cliente" (*Risos*)

Em suma, sinto-me um pouco como o economista, porque eu vinha com algumas idéias, com muitas dúvidas e algumas certezas. Continuo com algumas idéias, ampliaram-se as dúvidas e agora não tenho nenhuma certeza. (*Risos*)

De toda sorte, gostaria de consignar que os pressupostos da minha fala consistem no seguinte: é preciso tomar em conta que o Município é ente político constitucional, que ocupa posição paritária em relação a Estados membros, em relação à União e em relação ao Distrito Federal. Quer dizer, a lei federal não é maior, não é mais forte, nem mais significativa que a lei estadual, nem que a lei municipal, e vice-versa.

Não há níveis de governo entre nós, como ensinava o Prof. Geraldo Ataliba e como menciona, com grande proficiência e reiteradamente, o Prof. Roque Carrazza.

O Município, dizia Geraldo Ataliba, é ente político constitucional autônomo. E essa sua autonomia se expressa especialmente pela competência que tem para arrecadar tributos, para instituir tributos conferidos à sua competência. E, dizia ele, citando Kelsen: se a importância de uma norma jurídica ou de um princípio está na exata medida da sanção que corresponde à sua não observância e se a não observância da autonomia municipal implica intervenção da União Federal no Estado recalcitrante, no Estado que nega a autonomia do Município, já se vê que não se pode desprezar, para a interpretação do direito, essa posição altaneira do Município, de igualdade em relação à União e em relação ao Estado-membro.

Então, parece-me que é nesse contexto que há de ser interpretada a cláusula final do artigo 156, inciso III, quando diz competir aos Municípios instituir impostos sobre serviços de qualquer natureza, exceto os do artigo 155, II, definidos em lei complementar.

Penso que esse "definidos em lei complementar" só pode prevalecer na hipótese de conflitos de competência ou para regular limitações constitucionais ao poder de tributar.

Não me parece possa a lei complementar, sem amesquinhar o Município, sem negar a autonomia municipal, dizer que os serviços tributáveis são esses ou aqueles, a não ser que o faça apenas sugestivamente, como aqui registrou o Prof. Roque Carrazza.

Se fosse possível à lei complementar pura e simplesmente listar serviços, temos de admitir que ela poderia, como faz hoje, listar 99 serviços, voltar a listar os 66 que existiam ao tempo do Decreto-lei 406 ou listar 20, 5, 2 um ou nenhum. Quer dizer, temos de admitir que a lei complementar pode suprimir, aniquilar, esvaziar integralmente a competência do Município, o que é um rematado despautério. E esse despropósito é visível até mesmo da perspectiva literal porque a Constituição diz "que ao Município compete tributar serviços de *qualquer natureza*", não são serviços de determinada natureza, de certa natureza, de determinada espécie. Não. São serviços de qualquer natureza, exceto os conferidos à competência dos Estados, que são os serviços de transporte interestadual e intermunicipal e o serviço de comunicação.

O segundo pressuposto é o de que a prestação de serviços implica necessariamente obrigação de fazer, não incluindo qualquer obrigação de dar.

Terceiro pressuposto: mesmo admitindo, só para argumentar, possa prevalecer a existência de uma lista de serviços que eventualmente subordine o Município, é preciso que tenhamos presente que não podemos chegar ao extremo de admitir que essa lista deva dizer: serviços de "Internet", serviços de "courier", serviços de "pager", serviços de TV a cabo. Isso seria pretender demais. É preciso que verifiquemos se esses serviços específicos não estão contidos numa categoria geral, numa categoria genérica dessa lista de serviço, como, por exemplo, serviços de agenciamento, serviços de intermediação, e por aí afora.

É preciso verificar, portanto, se esses serviços não se contêm dentro desses grandes gêneros, dessas grandes modalidades de serviço.

Outro pressuposto é o de que estejamos cuidando aqui de situações onde a onerosidade esteja presente. Claro, não haveremos de cogitar aqui do serviço de comunicação gracioso, altruístico, sem remuneração, porque faltaria aí um dos elementos para a tipificação do tributo, isto é, o critério quantitativo estaria mutilado pela ausência de base de cálculo.

Postas essas observações, resumidamente, quero dizer quanto ao "pager" – denominação dada ao serviço de rádio-chamada, que se utiliza de aparelhos de recados conhecidos como "bip" ou "pager" – que quem se dedica a essa atividade não é prestador de serviços de comunicação, de competência dos Estados, mas é intermediário entre pessoas que querem se comunicar, portanto, prestador de serviços de intermediação, de competência dos Municípios. Poderiam esses serviços não estar listados e, ainda assim, seria devido o ISS; mas no caso específico até estão listados. É atividade, portanto, sujeita ao ISS.

Não se dá o mesmo com relação à locação do aparelho, à locação do "pager' ou do "bip". Como descreveu o Prof. Sidney Saraiva Apocalypse, não cabe aí cogitar da incidência de ICMS, primeiro porque se trata de uma obrigação de dar, tendo locação por objeto; segundo, também não se pode cogitar da incidência de ISS porque como este imposto só incide em face de obrigação de fazer, e locação de bens móveis é protótipo de obrigação de dar, também não caberia a incidência do tributo municipal, nada obstante conste da lista de serviços.

Gostaria de consignar o meu pensamento sobre "courier". Entendo que nesse caso estamos diante de serviço de transporte de documentos e papéis e não há serviços de comunicação. Há serviços de transporte de documentos e papéis. Esses serviços podem ser de natureza estritamente municipal ou podem envolver transporte intermunicipal ou interestadual. Nesta última hipótese, ficam sujeitos ao ICMS. Na primeira, ao ISS.

Para quem julgar que essa posição é esdrúxula quero consignar que Pontes de Miranda, nos seus *Comentários à Constituição de 1967*, ensina – e ele cuidava especificamente do Correio – que Correio significa serviço de transporte de cartas e encomendas postais (entendendo-se por encomendas postais aquelas que não sejam cartas).

A própria lei, refletindo o texto constitucional, cuida do monopólio postal, referindo sempre "recebimento, transporte e entrega de carta, cartão postal e telegrama", que são as três figuras constitutivas do monopólio do Correio.

O Prof. Geraldo Ataliba, em parecer de mais de uma década, no qual colaboramos, conceituou "courier" como designação reservada às atividades de recebimento, transporte e entrega de objetos (que não constituam missiva, cartão postal ou telegrama) tais como impressos, periódicos, amostras comerciais, conhecimento de carga, títulos de crédito, efeitos comerciais em geral, cheques, valores, dinheiro etc. O que prevalece é o objeto do contrato, que é o transporte desses papéis ou documentos. A coleta e posterior entrega são meras atividades-meio viabilizadoras do serviço de transporte.

Cuido, agora, rapidamente de alguns aspectos ligados à "Internet". Há uma autora americana que diz que é mais fácil explicar o que a "Internet" não é, do que dizer o que ela é. De qualquer sorte, os autores conceituam a "Internet" como rede que possibilita a interligação de computadores no mundo inteiro, com auxílio de uma linha telefônica ou outro suporte dessa espécie. Outros dizem que "Internet" é uma infovia, isto é, um caminho digital, na qual transitam informações transformadas em "bites". Já alguém observava que "Internet" é como um cão sem dono, não é propriedade do governo, não é propriedade de nenhuma empresa. Antônio Carlos, refletindo o pensamento de Eurípides Alcântara diz que a "Internet" "cresce espontaneamente, como capim, e qualquer corporação venderia sua alma para tê-la a seu serviço e ensina que seria o maior negócio do mundo se alguém pudesse dominá-la sozinho".

Como cão sem dono que é, como é que vamos exigir tributos do cão sem dono? Então, sobre a "Internet" *strito sensu*, não cabe nem ICMS, nem ISS. Não temos aí o sujeito passivo e não temos base de cálculo, porque em relação à "Internet" *strito sensu* não há nem a figura do sujeito passivo, porque a "Internet" não é de ninguém, e nem o preço, critério fundamental para a instituição e exigência do tributo.

Diferentemente ocorre com os provedores da "Internet". Aí é preciso distinguir desde logo duas espécies distintas de provedores: os chamados provedores de informação, que são os que alimentam a rede de informações e os que se limitam a conectar alguém a essa rede e por isso são denominados de provedores de acesso.

Os provedores de informação, como já se consignou nesta Mesa, prestam serviços similares àqueles que são desenvolvidos por publicitários: planejam, introduzem "sites", "home pages" etc., tal como se produz uma campanha de publicidade, independentemente de qualquer vínculo com a "Internet". Dedicam-se, portanto, à propaganda e à publicidade e como tal prestam serviços dessa espécie, sujeitos ao imposto sobre serviços de qualquer natureza.

O mesmo não se pode cogitar na hipótese da veiculação desse planejamento, de produção desse "site", desse "home page", porque a veiculação e a divulgação, penso, aí, sim, refletem serviço de comunicação e, nesse caso, sujeitos ao ICMS.

Além dos provedores de informação, que são aqueles que alimentam a rede com informações, há o provedor que viabiliza a conexão de alguém à rede, que é o provedor de acesso. Neste caso, ele é intermediário entre o usuário e a Embratel, esta sim prestadora do serviço de comunicação. O meio físico é dado pela Embratel, ela é que permite a transmissão dos vários dados, mensagens ou outros tipos de informações.

O provedor de acesso intermedeia essa necessidade do usuário com o prestador de serviços de comunicação, que é a Embratel. Ele se utiliza do sistema de comunicações existentes, mas ele não presta serviços de comunicação. É a opinião, de Plínio José Alarcón, com a qual eu comungo. Ele é prestador de serviços de intermediação de negócios, sujeito ao imposto sobre serviços de qualquer natureza.

Entendo que o ISS é devido no local onde o serviço é prestado. É dizer, onde estão os recursos humanos e materiais, equipamentos viabilizadores da prestação desse serviço, pouco importando onde está o usuário, onde está domiciliado o usuário.

Por fim, penso que no caso de TV a cabo por assinatura, há serviços de comunicação, da espécie telecomunicação, sujeitos ao ICMS. E, ainda que pudéssemos imaginar a incidência do ISS (supondo que essas atividades fossem serviço) haveria a prevalecer a Lei Complementar 56/87, que prevê a exclusão da incidência para rádio e televisão.

Eram estas as considerações que tinha a fazer, pedindo escusas se pouco acrescentei às expectativas que tinham. Muito obrigado. (*Palmas*)

PRESIDENTE DA MESA – Já tenho algumas perguntas distribuídas e pediria ao Prof. Marrey que resuma as que lhe foram dirigidas e lhes dê a resposta.

PROF. LUCIANO MARREY JR. – Fico contente por ter recebido estas perguntas porque vejo que as minhas dúvidas são as dúvidas do Plenário e, por isso, quero desde logo dizer que não sei se tenho as respostas. Enfim, vejamos se é possível encaminhar algumas respostas para estas dúvidas.

Na primeira pergunta é questionado o seguinte: o senhor está dando excessiva importância ao conceito qualificante de comunicação e se esquecendo do qualificado – prestação de serviço –, o que implicaria dizer que a hipótese de incidência do ICMS, no caso, seria o ato de intermediar a recepção da mensagem, ou seja, há a prestação de serviço de comunicação, quando o prestador põe o tomador de serviço em contato com a mensagem ou com uma informação qualquer.

Quero crer que o colega que apresentou esta questão está dizendo que haveria prestação de serviço de comunicação pelos provedores da Internet, a que me referi.

Acho que a resposta a esta questão está realmente centrada naquilo que foi dito no início. Não se trata de emprestar maior ou menor relevância ou maior ou menor importância ao conceito comunicação, em detrimento do conceito de prestação de serviços. O que importa é identificar o conteúdo e o alcance da comunicação. É claro que poderia aqui fazer um discurso bastante longo a respeito dos limites etimológicos da palavra comunicação, mas não creio que seja essa a questão a ser discutida no momento. Exatamente porque comunicação pode ser entendida como a transmissão de informações de um ponto a outro, ou pode ser entendida como a transmissão de informações de um comunicante para um comunicado ou, ainda, a comunicação pode ser entendida como a divulgação de uma determinada mensagem. O que causa perplexidade é saber qual o seu exato conteúdo e alcance. Porque se entendermos que comunicação é a transmissão de mensagens, independentemente do seu receptor, teremos que difusão é comunicação e se difusão é comunicação, haverá a incidência do imposto sobre comunicações. Se entendermos que só é comunicação a transmissão pré-ordenada entre emitente e receptor, seguramente a difusão está fora deste conceito.

Portanto, não creio que seja o caso de dar maior ou menor relevância ao conceito de comunicação. No meu modo de ver, falou-se mais na comunicação e na prestação de serviço, porque o conceito de prestação de serviço certamente é um conceito mais conhecido e muito bem explicitado, inclusive por ilustres professores que estão aqui na Mesa. Todos conhecem o conceito de prestação de serviços que o Prof. Aires Barreto adota, em tudo e por tudo o melhor conceito de prestação de serviços que eu conheço.

Seguramente não conheço o conceito de comunicação que cada um destes integrantes da Mesa têm e, portanto, aqui me coloco como um discípulo dos professores presentes, e por isso dei ênfase ao conceito de comunicação.

Tentando, portanto, responder à indagação que foi feita, não acho que neste caso, ainda que se agregue igual peso à locução "prestação de serviços" de comunicação, ainda assim, como já foi dito por outros professores que me antecederam, entendo que o provedor de acesso da Internet certamente não faz comunicação, apenas facilita, interage, possibilita, liga, conecta as pessoas que desejam se comunicar com o sistema de comunicação, este, sim, provido, colocado à disposição pelas empresas de telecomunicações, seja a Embratel, seja a Telesp, seja qualquer empresa de telecomunicações. Estas, sim, prestam serviços de comunicação ou de telecomunicação, espécie do gênero comunicação. Mas o provedor da Internet, o provedor de acesso, não quero crer que preste esse tipo de serviço.

Portanto, não creio que seja possível se tributar pelo ICMS esse tipo de atividade de provedor de acesso, porque, na verdade, ele não presta serviço de comunicação, nem de telecomunicação, mas simplesmente propicia os meios necessários para que os serviços sejam prestados.

Vocês conhecem o trabalho do Prof. Aires e do Prof. Roque, em que claramente demonstram que a atividade meio – necessária para o desempenho da atividade fim – não é aquela alcançada necessariamente pela regra impositiva da tributação. Quero crer que neste caso os provedores de acesso da Internet se colocariam como aqueles provedores de atividade meio necessária à prestação de serviços de comunicação, mas que em si mesmo serviços de comunicação não prestam.

Por isso, entendo que não haveria incidência do ICMS neste caso.

PRESIDENTE DA MESA – Doutora Anna Emília.

PROFA. ANNA EMÍLIA CORDELLI ALVES – Com relação a uma questão que me foi endereçada, pergunta o colega: se a Lei 8.977, de 1995, diz expressamente ser o serviço de TV a cabo serviço de telecomunicação, como o Executivo estadual pode-se abster de cobrar o ICMS?

Eu comungo do mesmo entendimento do Prof. Marrey, que na verdade devemos nos ater ao conteúdo da expressão *comunicação*, porque, realmente, o conteúdo de prestação de serviço é o que está mais solidificado em termos jurisprudenciais, o que não acontece com *comunicação*.

A minha posição – e aqui coloco como minha, portanto, pode não ser necessariamente aceita – é que comunicação, e adoto aquele conceito do Prof. Marco Aurélio Greco, em que ele distingue a difusão da comunicação, ou seja, a comunicação é sempre bilateral, em que aquele que recebe a mensagem, recebe o sinal, pode retransmitir, pode-se comunicar, assume uma posição ativa na relação comunicativa. Portanto, a difusão, onde existe apenas uma transmissão e mera recepção, sem o destinatário ativo, sem o destinatário definido, não configuraria, portanto, serviço de comunicação.

A minha posição pessoal é no sentido de que seria até duvidoso, no caso da TV a cabo, o conceito de serviço de TV a cabo como serviço de comunicação propriamente dito. Mas, enfim, essa é uma posição que eu adoto, mas que implica uma análise mais profunda da legislação para poder responder à sua questão. Porque, de fato, quando o colega diz que a lei classifica o serviço de TV a cabo como serviço de telecomunicação, isso é verdade. A lei, apesar de dizer expressamente que o serviço de TV a cabo é um serviço de telecomunicação, na verdade não restringe a esse conceito o serviço de TV a cabo, ou seja, dizendo que esse serviço não é meramente um serviço de telecomunicação. É um serviço de telecomunicação mais a interação necessária à escolha da programação.

Portanto, o parágrafo único, quando fala que inclui-se nesse serviço a interação necessária à escolha de programação e outras aplicações pertinentes ao serviço, na verdade acaba por dizer que o serviço de TV a cabo é algo mais que um mero serviço de telecomunicações.

Se ficarmos exclusivamente com o *caput* do artigo 2º, diríamos que o serviço de TV a cabo é um serviço de telecomunicações. Mas não é possível uma análise jurídica absoluta e exclusivamente literal.

Por outro lado, quando se diz que o serviço de TV a cabo é um serviço de telecomunicações, temos, lá na lei que organizou o serviço de telecomunicações, no artigo 60, § 1º, que telecomunicação é a transmissão, emissão ou recepção de símbolos, caracteres, sinais etc.

Quando voltamos a Lei 8.977, que disciplina o serviço de TV a cabo, vamos verificar, no artigo 5º, muito claramente definida quem é a concessionária de telecomunicações – que é a empresa que detém a concessão para a prestação de serviços de telecomunicações – e, em apartado, como uma outra figura, a operadora de TV a cabo – que é a pessoa jurídica de direito privado que atua mediante concessão, por meio de um conjunto de equipamentos e instalações que consiste na recepção, processamento e geração de programação. Vejam que enquanto o serviço de telecomunicação consiste na transmissão, emissão ou recepção, o serviço de operação de TV a cabo é diferenciado e consiste na recepção, processamento e geração de programação. É um serviço, portanto, diferenciado. Aí, não podemos confundir a telecomunicação, ainda que entendamos que o serviço de TV a cabo se dá através do serviço de telecomunicação – temos necessariamente o serviço de telecomunicação como serviço base, serviço meio, digamos assim, como serviço suporte – e o serviço, propriamente dito, de TV a cabo, que consiste numa série de atividades, ou seja, atividade de programação – essa programação necessariamente é colocada à disposição de um usuário determinado, este usuário determinado só tem condições de receber aquela programação mediante contrato, mediante pagamento e mediante a colocação na sua residência, ou onde for recebido esse serviço de TV a cabo, de determinados equipamentos específicos de recebimento.

Portanto, esse é o serviço da operadora de TV a cabo, que se dá através de sinais de telecomunicação.

Gostaria também de lembrar que essa colocação que faço, do serviço de valor adicionado. Quando eu disse a vocês, no início, que o serviço de valor adicionado não se confunde com o serviço de telecomunicação, é porque o serviço de valor adicionado, na verdade, se vale do serviço de telecomunicação, mas com ele não se confunde, ele é, na verdade, uma prestação de serviço.

Diz mais o § 1º, que o provedor desse serviço é o usuário do serviço de telecomunicações. Portanto, como diz o Prof. Marrey o provedor de acesso, no caso da Internet, é usuário do serviço de comunicação e me parece que a operadora de TV a cabo é provedora desse serviço de TV a cabo e, portanto é ela – empresa operadora de TV a cabo – a usuária do serviço de telecomunicação.

Então, me parece que fica clara a distinção entre o serviço de comunicação propriamente dito e o serviço da operadora da TV a cabo, este sim, a meu ver, sujeito, em tese, à incidência do ISS.

Presidente da Mesa – Com a palavra o Prof. José Eduardo.

Prof. José Eduardo Soares de Melo (*sem revisão do autor*) – Apenas para arrematar e responder às questões colocadas. Parece-me que o ponto central aqui é a questão que diz respeito aos provedores.

Conforme o Prof. Aires colocou, por mais que a gente leia artigos doutrinários, por mais que a gente se detenha na legislação, é muito difícil precisar quem são os titulares desses serviços, quem são aqueles que podem cobrar, aqueles que realizam a prestação do serviço de comunicação.

Tenho para mim que o provedor – tanto o provedor de acesso, quanto o provedor de informações – participa de uma comunicação, isso ninguém discute, mas a comunicação por si só não é fato gerador da materialidade do tributo. É necessário a prestação daquele serviço de comunicação, que é a percepção de todos aqueles meios que fornecem a formatação do sistema da rede Internet. Então, embora se possa, a meu ver, pelo menos num primeiro exame, fazer um esforço muito grande para que se enquadre essa atividade dentro da prestação de serviços sujeita ao ICMS, me parece que não sendo os prestadores de serviços de comunicação, de telecomunicação – que exatamente não são, mas apenas criam condições, ele são o suporte, eles são os veículos, eles participam, evidentemente, de ações que fornecem essa comunicação –, eles ficariam a salvo, seriam excepcionados desse ICMS.

Também não vislumbro aqui a incidência nítida do ISS nesse tipo de prestação de serviço. Quer dizer, estamos tentando enquadrar a figura do provedor de informações dentro do aspecto do publicitário, do aspecto daquele que promove a publicidade, o que é um esforço. É claro que isso vai ainda depender um pouco da interpretação que dermos à lista de serviços que resistir a esta Constituição.

Apenas para terminar: parece-me que de forma alguma – *data venia* do Aires –, num primeiro exame, essa incidência, essa exigência, essa titularidade passiva do provedor de acesso, é um pouco discutível, porque de qualquer forma ele é um intermediador. Mas estou vendo aí um intermediador dentro de um serviço mais amplo, de uma atividade mais ampla; evidentemente se eu interpretar a lista como exemplificativa, sugestiva, acolhendo aí a figura da autonomia do Município, posso encaixar; mas se estou com o princípio da tipicidade cerrada eu terei dificuldades.

Esse é um ponto de vista sujeito a maiores considerações.

Presidente da Mesa – Com a palavra o Prof. Roque.

Prof. Roque Carrazza – Também fui honrado com algumas perguntas, que responderei com a possível brevidade.

A primeira delas já começa assim: "Ora, conforme preceituado de início, a comunicação, a prestação de serviço, compreende a disponibilização dos meios e não é exatamente isso o que ocorre com o provedor de Internet?"

Sem querer polemizar, na verdade o que foi por mim afirmado é que o serviço de comunicação tributável por meio de ICMS exige, preliminarmente, é certo, a colocação à disposição do usuário dos meios e modos necessários à transmissão e recepção de mensagens. Preliminarmente. E, depois, que a mensagem seja efetivamente recebida, porque o que se tributa no caso é a execução do serviço, não sua mera contratação. O fato imponível desse ICMS ocorre justamente no momento em que é prestado o serviço de comunicação. O provedor de acesso, neste sentido, não presta nenhum serviço de comunicação, mas simplesmente, viabiliza o acesso à rede mundial de informações. No mais, em relação ao provedor da Internet, peço vênia para endossar as palavras do Prof. Marrey, que além de grande jurista, é, sem favor, um dos maiores advogados tributaristas de São Paulo.

Tenho uma segunda questão muito interessante: o jornal transmitido via Internet é imune aos impostos, assim como o jornal veiculado em papel? Nunca havia pensado nisto, mas me atrevo a responder que sim. Quando a Constituição, em seu artigo 150, VI, "a", estabeleceu serem imunes a impostos, os livros, os jornais e os periódicos, ela na verdade quis facilitar a livre difusão do pensamento, a liberdade da imprensa, a divulgação das idéias. Pouco importa a *base material* do livro, do jornal ou do periódico. O chamado livro eletrônico é tão imune aos impostos, quanto o livro convencional impresso em papel. Portanto, salvo melhor juízo, o jornal transmitido pela Internet também é imune a impostos.

É uma questão nova. Eu mesmo tive a oportunidade de fazer alguns estudos, nos quais procurei demonstrar que o *cd-rom*, o *disk laser,* a fita de vídeo, que reproduzem em seu interior o conteúdo de livros, são alcançados pela imunidade da alínea "d", do inciso VI, do artigo 150, da Constituição. O jornal transmitido via Internet, também.

Uma última pergunta, que até já foi respondida: a TV a cabo enseja tributação por meio do ICMS?

Apenas para registro: esta TV contrapõe-se às de canal aberto, que remuneramse junto aos anunciantes e, não, como no caso, junto aos assinantes.

Confesso que tenho minhas dúvidas, mas acho que não. Porque, na verdade, o assinante da TV a cabo apenas tem acesso a uma programação preestabelecida. Não participa da comunicação. Ele apenas tem condições de assistir algo que está sendo transmitido, mas não interfere na programação; apenas *assiste* à programação; não se comunica na acepção, a meu ver, que a Constituição exige para que o ICMS específico incida. O único tributo possível, penso eu, nesse caso, seria o ISS, desde que previsto na lei local, na lei do Município.

Eram essas as perguntas que me chegaram às mãos.

PRESIDENTE DA MESA –Antes de passar a palavra ao Prof. Aires Barreto, relembro que quando ele responder, com a brevidade que lhe é característica, a pergunta que lhe é dirigida, iremos para o café e logo depois teremos a conferência do Prof. Horácio Bercún, sobre conflitos tributários no Mercosul.

Prof. Aires Barreto, com a palavra.

PROF. AIRES BARRETO – Pergunta: empresa de assessoria econômica, que fornece informações ao cliente via computadores, informações econômicas etc., cobrando uma assinatura mensal por tais serviços estaria sujeita ao ICMS ou ao ISS?

Eu penso que estaria sujeita ao ISS; trata-se de obrigação de fazer, consistente em assessoria econômica. O fato de ser via computador, o computador está atuando como mero instrumento, equipamento de suporte para a assessoria econômica, que poderia ser feita por fax, por xerox ou por qualquer outro veículo. Ninguém diria, se feita por fax, que fosse um serviço, sei lá, de fax, xerocópia, reprodução de documentos etc. ICMS não cabe porque (a) não há obrigação de dar e (b) não há serviços de transporte interestadual ou intermunicipal ou de comunicação, únicos serviços tributáveis pelo ICMS.

A pergunta prossegue: Uma parte do preço do serviço é cobrada em função da locação de equipamento.

Primeiro, defendo que o preço do serviço é a receita bruta a ele correspondente, sem quaisquer deduções. É irrelevante que, eventualmente, em determinados contratos, sejam estabelecidas parcelas de pagamento em função da ocorrência de determinados eventos, que eventos em si mesmo considerados configurem ou não prestação de serviço. Não se trata aqui de uma relação jurídica autônoma. Caso fosse, todavia, reiteramos aquilo que havíamos dito anteriormente: entendemos que não há incidência do ISS sobre a locação de bens móveis, porque aí existe a obrigação de dar, e o imposto sobre serviços de qualquer natureza só pode incidir relativamente a obrigações de fazer.

PRESIDENTE DA MESA – Adotamos, para manutenção do horário, o critério seguinte: vamos suspender a sessão. Como a maior parte das questões é endereçada a cada um dos professores, especificamente, no intervalo o professor pode explicar para a pessoa que fez a pergunta. Então, interrompemos agora para o café e às 17h teremos a conferência do Prof. Bercún.

MESA DE DEBATES "C"

MERCOSUL

Presidente: PROF. PAULO DE BARROS CARVALHO

Participantes: PROFESSORES HORÁCIO BERCÚN (ARGENTINA), JUAN ZORMOZA (ESPANHA), LUÍS EDUARDO SCHOUERI E ROBERTO QUIROGA

PRESIDENTE DA MESA (PROF. PAULO DE BARROS CARVALHO) – Bom dia a todos.

Dando prosseguimento ao XII Congresso Brasileiro de Direito Tributário, temos a satisfação de receber, para compor a presente Mesa, o Prof. Horácio Bercún, que já ontem nos brindou com magnífica palestra, uma conferência espetacular, e hoje atuará também nesta Mesa de debates sobre o Mercosul; o Prof. Juan Zormoza e o Prof. Luís Eduardo Schoueri.

Primeiramente, falará o Prof. Horácio Bercún, que já foi apresentado ontem pelo Prof. Osiris Lopes. Ele é ex-Professor de Direito Constitucional da Faculdade de Direito e Ciências Sociais da Universidade Nacional de Buenos Aires, especialista em direito regional e multilateral, Presidente da FENADI – Fundação para Desenvolvimentos de Espaços Econômicos Integrados e, como todos puderam perceber ontem, um expositor de primeira grandeza e grande conferencista.

Sem mais delongas, passo a palavra ao Prof. Horácio Bercún.

PROF. HORÁCIO BERCÚN – Nestes minutos que me são concedidos vou limitar-me a levantar a bola, depois da vitória de ontem do Brasil. E levantar a bola significa para mim contar-lhes um pouco do desenvolvimento do Mercosul, desde o ano de 1991 até agora. Basicamente, e vou continuar insistindo nisto (do ponto de vista dos advogados), de 1991 até agora participei de muitíssimos seminários – na Argentina, no Brasil, no Uruguai, na Europa, nos Estados Unidos. E de forma geral creio que um dos erros cometidos nesses seminários é crer que estamos destinados a pontificar sobre questões que não vão alterar a vida de nenhum de nós.

Por isso minha tarefa vai ser, do ponto de vista prático, reconhecer que estou à frente de uma platéia de advogados que trabalham, e que deixaram de trabalhar três dias para tirar algum proveito disto; que têm escutado muito sobre o Mercosul, mas creio que basicamente o Mercosul é um tema que os senhores sabem que têm que conhecer, mas que com certeza conhecem menos do que precisam.

***

Em 1991 é assinado o Tratado de Assunção. O Tratado de Assunção é um acordo jurídico, não um acordo político – e é um excelente tratado. Tem vinte e tantos artigos, nada mais. Não vou aqui recitar o Tratado de Assunção, porque vocês podem tê-lo consigo e certamente o terão. Mas quero lembrar o que aconteceu com o ele e seu desdobramento.

Basicamente o Mercosul é um carro de quatro rodas. A primeira delas consistiu (e estou falando do Tratado de Assunção) de uma redução tarifária intra-Mercosul. Em 1991 foi imposta até dezembro de 1994, semestralmente, uma redução tarifária tal que faria com que nessa data estivéssemos com tarifas intra-Mercosul zero, excetuados alguns regimes especiais, que se chamaram regimes de readequação, que para a Argentina e o Brasil ficaram em suspenso até dezembro de 1998, e para o Uruguai e o Paraguai até um pouco mais tarde.

Mas a nota característica desta "roda", desta redução tarifária intra-Mercosul, era a queda linear e automática. Nada havia a discutir: depois do Tratado de Assunção se pactuou uma agenda de redução das tarifas intra-Mercosul.

A segunda "roda" desse carro é uma tarifa externa *comum*, que significa basicamente três coisas: a primeira é que é igualitária; a segunda, que é comum (no sentido de que se paga uma vez só; isto é, se na Argentina se importa uma mercadoria com uma tarifa externa de 15%, quando a mesma mercadoria passa para o Brasil não deveria voltar a pagar esses 15%); a terceira, que é comum, porque parte da tarifa é aproveitada de forma conjunta pelos quatro países, para dotar a organização dos fundos necessários para poder existir. O que se viu foi que a tarifa externa acabou sendo igualitária e não comum; igualitária porque, salvo algumas exceções que vão convergindo até o princípio do próximo século, todas as mercadorias têm a mesma tarifa externa comum; mas o montante das tarifas se eleva a 100% no País em que a mercadoria ingressa; ele não é repartido nem mesmo em uma pequena porção, como se faz na Comunidade Européia. E, além disso, essa tarifa pode ser paga duas, três e até quatro vezes se essa mercadoria começar a transitar no Mercosul: a mercadoria não se *mercosuliza*. Se uma mercadoria pagar 15% entrando pela Argentina e depois passar ao Brasil poderá voltar a pagar 15%, e se depois passar ao Paraguai poderá pagar os 15%, o mesmo podendo acontecer se depois passar ao Uruguai. Estamos falando de mercadoria extra-Mercosul.

Essa é a segunda "roda", que não funcionou bem.

Terceira e quarta "rodas", importantes: o Tratado de Assunção diz que, concomitantemente com a redução tarifária intra-Mercosul, deve-se avançar na coordenação de políticas macroeconômicas e na harmonização legislativa. Isso significa que, sim, até dezembro de 1994 as operações intra-Mercosul teriam uma redução linear e automática, e que a coordenação das políticas macroeconômicas e a harmonização legislativa deveriam correr concomitantemente com a redução tarifária intra-Mercosul; por conseqüência, em dezembro de 1994 deveriam ter Estado harmonizadas as legislações em sua maior parte, e coordenadas as políticas macroeconômicas. Isso simplesmente não aconteceu.

Então, temos um carro de quatro rodas cuja primeira roda girou muito bem e agora avança a 200 km/h porque não há virtualmente tarifas intra-Mercosul; cuja segunda roda caminhou mal porque a tarifa externa comum não é comum, mas apenas igualitária; e cujas duas últimas rodas não caminharam.

Por isso o Mercosul tem os problemas que tem.

***

A partir daí (e até 1995 participei da idéia) se dizia que esse era o Mercosul possível, e nós o comparávamos com o Pacto Andino, que tem excelentes estruturas e não funcionou. O Tribunal de Solução de Controvérsias do Pacto Andino foi despejado por falta do pagamento do aluguel! E, assim, tiveram argumentos aqueles que não queriam mais instituições. Explicavam que essas quatro rodas caminhavam em velocidades diferentes. A princípio participei da idéia, porque via os esforços, mas também disse que se é bom partir do Mercosul possível para chegar ao Mercosul sonhado também é certo que os obstáculos são superáveis com o tempo.

***

O que aconteceu, depois, ao Tratado de Assunção? Em 17 de dezembro de 1994 veio um protocolo que foi uma desgraça para o Mercosul: o de Ouro Preto, que descristalizou o cumprimento do Tratado de Assunção. Hoje sofremos as conseqüências do Protocolo de Ouro Preto. E isso não foi tudo, porque três dias depois, em 20 de dezembro de 1994, estourou a crise da Argentina. E aconteceu então que, no princípio de 1995, aquela União Aduaneira nascida dias atrás mostrou não funcionar como União Aduaneira, com políticas macroeconômicas comuns. Cada país trabalha na base do salve-se quem puder. O Brasil desatende a tarifa externa comum por volta de fevereiro/março de 1995, sancionada alguns meses antes. O grave não foi que o Brasil fez isso, mas que nos outros três países nenhuma instituição do Mercosul soube colocar um freio à violação da tarifa externa comum. Não creiam, porém, que o Brasil foi o único país que fez isso: a Argentina também. A Argentina reintroduz então a taxa de estatística de 3%, violando não apenas a tarifa externa comum, com os sócios do Mercosul, mas também os acordos com a OMC, que impediam a reintrodução de tarefas já eliminadas.

Sabem como ficou a Argentina, principalmente em relação aos têxteis, por causa da reintrodução dos 3% da taxa de estatística? Mal, muito mal! Hoje a indústria têxtil argentina está passando por uma das crises mais ferozes da sua história, porque estão entrando todos os produtos têxteis que devem entrar de intrazona, mais todos os que não entraram, como conseqüência de medidas de proibição para os têxteis que se importavam antes da restauração da taxa de estatística.

***

Creio que o mais grave, no princípio de 1995, foi não ter havido uma solução jurídica, uma postura jurídica que impedisse aos governantes de plantão fazer o que bem lhes parecesse com as normas jurídicas. E assim, em maio de 1995, tive a oportunidade de falar na FIESP prevendo a crise, que se chamou a "crise dos automotivos", que explodiu em junho/julho daquele ano. E nada aconteceu. Não há no Mercosul nenhuma entidade que seja capaz de colocar um freio a alguma decisão de um funcionário subalterno que decida violar o Tratado. Enquanto isso há clientes dos senhores que estão sendo prejudicados, ou beneficiados – isso não tem muita importância. Mas se há um cliente que esteja sendo beneficiado ilegitimamente, do lado de lá há outro, de outro advogado, que está sendo prejudicado ilegitimamente...

Em 1996 multiplicaram-se as violações ao Tratado de Assunção, e não houve freio. Não foi só o Brasil que o violou. Por isso ontem eu comentava que, depois de haver aceito deixar sem efeito as discriminações judicantes, o Uruguai disse: "Não vou ser o único país a colocar as coisas em ordem". E então se criou uma comissão técnica para resolver as pendências relativas às políticas públicas que afetam a competitividade. Foi a grande coisa que se imaginou para resolver a questão tributária das violações. Sabem o que aconteceu com a comissão técnica? Dissolveu-se... Hoje não funciona mais.

***

E assim chegamos a 1998. No ano passado, quando começou a crise asiática, houve uma reunião em um salão ao lado do Maksoud, 24 horas depois que o Presidente Cardoso havia baixado as 51 medidas de proteção: veio uma delegação argentina acompanhando o Presidente Menen, para apoiar as medidas brasileiras. Estive na reunião, e pensei que naquele momento as políticas macroeconômicas (aquela roda que não funcionava) finalmente iam começar a funcionar. Parece que as últimas notícias não nos dão razão: os países voltaram aos procedimentos anteriores.

Para terminar, quero fazer uma distinção. Uma coisa é a interpretação da lei *de lege lata* e outra é a lei *de lege ferenda.* Nós podemos dizer que gostamos ou não do Tratado de Assunção, que queremos ou não a integração. Pediremos aos nossos representantes que derroguem ou que mantenham o tratado do Mercosul. Mas quanto à norma *em se* nossa função é fazer com que ela seja cumprida, independentemente de agradar-nos ou não. Neste momento há empresas que estão sendo prejudicadas ilegitimamente por essas violações, assim como outras que estão sendo ilegitimamente beneficiadas por elas. Não há um tribunal de controle supranacional das normas. Isso não significa que o Mercosul não exista. Criamos um filho com dificuldades, vamos ter que continuar a mantê-lo porque não queremos matá-lo – matá-lo significa denunciar o Tratado. É uma interpretação que podemos fazer a respeito de ele agradar-nos ou não, mas como advogados que defendemos os clientes devemos continuar a assisti-los.

O que proponho é algo relativo à sinapse, teoria referente ao desenvolvimento dos espaços econômicos integrados. É um procedimento físico-químico que comanda o movimento das células. Eu lhes proponho: façamos sinapse em conjunto para ver como... (inaudível)... em defesa dos nossos clientes.

Muito obrigado! (*Palmas*)

PRESIDENTE DA MESA – Agradecendo, mais uma vez, as palavras do Prof. Horácio Bercún, passo imediatamente a palavra ao Prof. Juan Zormoza, Professor da Universidade Carlos III, de Madri.

PROF. JUAN ZORMOZA – Agradeço a oportunidade que me é dada, de estar nesta Mesa para falar sobre suas experiências tão distantes e diferentes entre si. Porque o processo da criação da União Européia e da solução desses problemas que agora se apresentam ao Mercosul é um processo que vem de muitos anos, e que tem características distintas. É possível que a experiência da atual União Européia possa servir só como referência, já que não é fácil transplantar tais coisas de um lugar para outro e comparar situações econômicas totalmente diferentes, como as de agora e as da época em que a Comunidade Econômica Européia foi fundada.

Há matéria, que acho que possa servir-lhes, tratando de quatro ou cinco pontos, para verificar quais as exigências que se apresentam para a constituição daquilo que pretende ser um mercado comum.

Que instrumentos, e que instrumentos jurídicos requer a criação desse mercado comum? Como se concretizam tais instrumentos a partir de uma perspectiva tributária? A partir daí, como tais instrumentos têm garantida sua aplicação, não só pelos Estados-membros mas, sobretudo e fundamentalmente, pelos cidadãos desses Estados, seus empresários e consumidores, que se vêem atingidos por normas, por regras, por regulações e por tratados que não são simples acordos entre Estados, mas que incidem, e de forma muito direta, sobre tais cidadãos?

A primeira condição, pois, para que seja possível falar de mercado comum deve ser a livre circulação de mercadorias e serviços entre os Estados que se candidatem a constituir tal mercado. E para garantir que essa livre circulação de mercadorias e serviços não tenha obstáculos, ou que a concorrência entre produtos semelhantes que circulem livremente dentro do mercado comum não seja distorcida, é preciso que se proíba a adoção de medidas fiscais que distorçam essas liberdades fundamentais. É preciso que os Estados-membros do mercado comum se abstenham de baixar medidas fiscais que prejudiquem a livre circulação de mercadorias e serviços, ou que distorçam a concorrência entre elas.

Essas medidas podem apresentar-se como de tipos diferentes, e não basta que se unifiquem as tarifas, não basta adotar medidas estritamente tributárias; à margem dessas medidas os Estados sempre têm a possibilidade de adotar aquilo que, em termos técnicos, se conhece, no Direito europeu comunitário, como medidas de efeito equivalente. São medidas que terminam, tecnicamente, com uma tarifa que existia no momento da nacionalização da mercadoria, da introdução da mercadoria no espaço econômico de que se trate, mas que produzem praticamente os efeitos contrários, e que, por isso, têm de receber exatamente o mesmo tratamento para evitar que, mediante medidas não estritamente tarifárias, ou bem se limite a circulação de bens ou serviços ou bem se distorça, na perspectiva fiscal, a concorrência. E juntamente com esses são necessários mecanismos de controle que permitam garantir o cumprimento dessas regras, os quais podem adotar várias configurações e ser mecanismos centralizados de controle ou mecanismos de controle difuso. Esses são imprescindíveis para o mercado comum poder existir enquanto tal.

Em conseqüência, é preciso dispor de instrumentos jurídicos adequados.

Se o Dr. Bercún insistia ontem e hoje em que o processo de integração, aqui, passa por problemas de falta de instrumentos para o aperfeiçoamento da eficácia econômica para a integração de setores e mercados, e que condicionam seu desenvolvimento, é que não houve, em suas origens, uma preocupação eqüivalente com a criação de estruturas jurídicas sólidas, que dêem guarida a esses processos de constituição de mercados, que são processos puramente econômicos.

E esse é um grave problema, pois, para atender às exigências próprias de um mercado comum, é imprescindível dispor dos instrumentos jurídicos adequados. Por um lado eles estabelecem as regras que todos os países integrados – neste caso, o Mercosul – devem cumprir, pois é muito comum que essas regras façam parte só dos tratados constitutivos das instituições, principalmente um tratado tão breve como esse do Mercosul, que em termos de qualidade do produto jurídico pode ser bom mas que, sem dúvida alguma, permitirá atender a alguns problemas através de novas regras dele derivadas.

É preciso fazer avançar o Tratado, desenvolvimento esse que dificilmente se pode conseguir mediante o próprio Tratado... Por isso é preciso gerar regras constitucionais que permitam criar novas normas – o Direito derivado. Este Direito trata de aplicar a problemas concretos as soluções globais consideradas no Direito original dos tratados.

Além de criar essas regras do Direito derivado é necessário haver um controle do cumprimento das regras, não tanto por cada sócio, mas efetuado pelos sócios restantes.

Esses processos de criação de mercados comuns não são processos interestatais, entre organizações estatais que, autonomamente, decidem ter mais espaço, avançar ou frear, na área da integração. São processos que interessam diretamente aos cidadãos desses Estados; aos empresários, que trocam seus bens ou serviços, aos consumidores que os consomem ou usam, etc. Por isso o cumprimento dessas regras do mercado comum não pode ser confiado só à vontade dos sócios, à vontade exclusiva dos Estados: é necessário defender os mecanismos de controle pela vontade política e pela intenção política de cada Estado. Em lugar de insistir no cumprimento, cada Estado pode decidir que seus próprios sócios participem de uma organização que vigie o descumprimento. Mas isso não constitui solução...

Os mecanismos de controle do cumprimento não podem ser só estatais: têm que compreender também seus cidadãos. Dito de outra forma, não basta que um sócio possa exigir dos sócios restantes o cumprimento. A mim me parece imprescindível que os cidadãos que se vejam prejudicados pelas regras ou pelos descumprimentos de alguma delas por algum Estado, possam de forma direta atuar através de alguma organização jurídica.

***

Se adotarmos agora a perspectiva tributária, veremos que os mercados comuns, para conseguir a livre circulação de mercadorias e serviços sem distinções fiscais, têm sempre que começar pela integração aduaneira, nos termos que os senhores conhecem de sobejo. É necessário primeiro um desarmamento tributário interno, a criação de um espaço em que circulem livremente, sem barreiras tributárias, as mercadorias e serviços. Além disso, posto que se trata de um único espaço econômico, é necessário que, como tal, o mercado comum opere frente ao exterior, de forma que haja uma única tarifa aduaneira comum. O problema é que a fixação dessa única tarifa aduaneira comum gera distorções financeiras para os Estados que participam do mercado comum, porque o lugar das importações de mercadorias, o lugar das fronteiras pelas quais as mercadorias entram no mercado comum, determina que Estado se apropriará da arrecadação do tributo. De maneira que dispor dos melhores corredores ou zonas portuárias e infraestrutura de transporte se convertem em fator decisivo para a respectiva arrecadação. Um fator que leva os Estados a adotar reduções estratégicas. Por isso, para evitar essas reduções estratégicas de uma tarifa única, se passa a uma tarifa comum aplicada *n* vezes, tantas vezes quantas se passa por uma fronteira. É conveniente, a meu ver, uma boa decisão técnica (a exemplo do que se fez no âmbito do Mercado Comum Europeu) para esses direitos tarifários constituírem um recurso próprio da organização que se cria; que eles sejam a forma de financiar as tarefas comuns; organização essa que não tem porque ser enorme, dar lugar à aparição de grandes corpos burocráticos, mas que inevitavelmente faça surgir instituições comuns. Poder-se-á discutir sua atuação, sua existência, poder-se-á discutir seu poder, mas dificilmente se poderá discutir a necessidade de sua existência.

Uma vez superada a fase puramente tributária, para que não surjam outras distorções em relação à livre concorrência, e para que se verifique esse princípio que desde...(inaudível)... tem Estado presente no âmbito da imposição direta, respeita-se o princípio do gravame no destino. É preciso ampliar o âmbito da tarefa harmonizadora, da convergência das legislações. Isso para que cada produto, mercadoria ou serviço sofra, no momento do seu uso ou consumo pelo destinatário final, um gravame idêntico, em função de suas características, e não em função de sua origem, de outro Estado-membro.

É imprescindível que haja sistemas automáticos e objetivos de ajustes fiscais na fronteira, que permitam que quando uma mercadoria sai de um país com destino à exportação se produza de forma automática a devolução dos impostos indiretos que tenham gravado essa mercadoria no interior do país em que tenha sido produzida e ao passar a fronteira do país onde vai ser objeto de consumo (ou pela qual transite, dá no mesmo), aplicando-se mecanismos que têm que ser estruturalmente idênticos, se consiga que essa mercadoria pague o tributo, no âmbito da imposição indireta, como o faria se tivesse sido fabricada no interior do país de destino. Para isso surgiu no âmbito de mercado comum, na Europa, o sistema comum do imposto sobre o valor agregado. Um sistema comum que permitiu, em primeiro lugar, fazer ajustes fiscais nas fronteiras de forma singela e automática. Com isso, as aplicações da imposição indireta, da imposição sobre o volume dos negócios, sobre o volume das vendas, não dará lugar ao aparecimento de medidas de efeito equivalente, que distorçam a liberdade fundamental, a livre circulação de mercadorias e serviços.

Para que não existam discriminações, em função da origem das mercadorias e serviços, é necessário fixar algumas regras comuns. Faço aqui duas advertências: primeira, esses processos são processos amplos e complicados; e convém não deixar-se levar pela personalidade dos abordados. O processo de harmonização no âmbito europeu, do imposto sobre o valor agregado, começou na década de 60, com a aprovação da primeira diretiva; em 1977 foi aprovada a sexta diretiva, que é o texto fundamental nessa matéria. Mas naquele momento nem sequer todos os sócios já dispunham de um sistema de imposto sobre o valor agregado. Praticamente nenhum deles havia cumprido os passos iniciais; muitos sofreram sanções por falta de cumprimento antes de dar algum passo em direção à criação de um sistema comum de imposto sobre o valor agregado.

Trata-se de um processo lento e custoso, sobretudo quando se parte (como era o caso da Comunidade Européia) de culturas jurídicas diferentes e de posições fiscais diferentes; os sistemas fiscais dos Estados-membros eram muito diferenciados entre si, no âmbito da imposição indireta.

Cito o caso que conheço melhor, o espanhol. O sistema fiscal espanhol, quanto à imposição indireta, teve que começar a ser construído quando foi sepultado, felizmente, o regime franquista, dando-se aí a aprovação da Constituição, num longuíssimo período decorrido após a aprovação da Constituição da Espanha como um Estado democrático, de 1979 a 1985, que é quando se aprova a primeira lei espanhola de imposto sobre o valor agregado, já para permitir o ingresso da Espanha na União Européia.

Esses processos de adaptação de estruturas diferentes entre si, que obedecem tanto a condicionantes culturais e econômicas como a culturas jurídicas diferentes, são complexos de analisar. Os processos podem apresentar-se de duas formas. Uma dessas formas tem estado em moda nos últimos anos: a convergência espontânea. Outra tem sido conhecida em alguns casos como a harmonização pelo mercado; a harmonização conforme as exigências dessa mão invisível que parece movimentar os mercados no mundo inteiro. Tenho a impressão de que a experiência da União Européia manifestou claramente a inconveniência de adotar-se esse tipo de lógica, porque o que se chama "harmonização conforme o mercado" termina por traduzir-se numa concorrência fiscal entre Estados-membros que é indesejável nos processos de concorrência. É, como se supõe facilmente, uma concorrência fiscal necessariamente nivelada por baixo; e por muito que nos agrade qualquer redução de imposto, parece ter toda lógica pensar que um processo de integração não pode deixar esses indefinidos "mercados" substituírem as decisões dos Estados soberanos a respeito dos níveis de carga tributária que costumam assumir – sobretudo no âmbito da imposição indireta; mas nem sequer, tampouco no âmbito da imposição direta, como mostraram os sucessivos fracassos na harmonização das rendas de capital, no caso europeu.

A convergência espontânea não parece ser solução. Por isso parece imprescindível acudir a essas normas derivadas, a esse Direito derivado para harmonizar, de acordo com as regras dos tratados, as disposições internas de cada um dos Estados-membros que possam prejudicar o bom fim do processo. Isso se pode fazer partindo de diferentes técnicas, em alguns setores. É possível empregar normas internacionais diretamente aplicáveis em cada um dos Estados-membros sem necessidade de os Estados-membros adotarem qualquer decisão. Isso se faz no caso da União Européia através de disposições denominadas... (inaudível)... que são regras obrigatórias em todos os extremos, em todos os Estados-membros. São as normas que foram editadas no âmbito aduaneiro, no âmbito tarifário. Enquanto em outros âmbitos, nos quais a convergência tem que ser mais pausada, e nossa convergência não tem motivo de ser absoluta, utilizam-se técnicas de pura direção do processo, através de normas conhecidas como "diretivas", que só comprometem ao alcançar determinado resultado, mas não entram em quais sejam as vias pelas quais cada parte do tratado as adota ou caminha a conseguir seus efeitos. São normas menos constrangedoras, que não obrigam mais do que conseguir determinado resultado, mas não entram nas particularidades da situação interna de cada Estado – pelo que apresentam uma vantagem: adaptam-se a todas as estruturas políticas de cada um dos Estados implicados; isso parece coisa que no caso do Mercosul tem certa importância.

Finalmente é preciso voltar ao assunto dos controles. A vontade convergente não basta. Seguramente é indispensável harmonizar, seja através de normas diretamente aplicáveis seja através de disposições que precisem ser expressamente incorporadas ao ordenamento interno pelos sócios, pelos Estados. É indispensável que haja um controle na aplicação dessas normas; controle que pode ser centralizado mas muito reduzido. Controle centralizado no sentido de ser encomendado a órgãos próprios, surgidos por força dos tratados; a uma comissão ou tribunal que não têm motivo para ser muito grandes, ter enormes funções ou grandes corpos de funcionários; que ao menos possam pagar seu aluguel e dispor do pessoal suficiente para cuidar dos problemas que lhes sejam apresentados.

Há um dado que permite que as decisões e os controles aplicados nesta matéria operem também como controles difusos. Cabe a nós considerar que as normas dos tratados internacionais que tenham sido aprovados por cada um dos Estados-membros, e as normas derivadas desses tratados, são também diretivas de seus cidadãos. O Mercosul não é só um tratado internacional; é também uma norma interna dos argentinos, dos uruguaios, dos paraguaios e dos brasileiros – de todos os sócios. É uma norma que tem de ser aplicada, o que cada Estado busca através de seus mecanismos constitucionais próprios. Mas é uma norma jurídica cujo cumprimento é exigível. Não vou entrar nas particularidades de cada estrutura constitucional no Mercosul, sobretudo porque as conheço muito mal. No âmbito europeu isso é conduzido pela jurisprudência do Tribunal de Justiça da Comunidade Européia e também, o que é mais importante, pela jurisdição interna de cada Estado. As normas da organização, neste caso as da União Européia e, em julho, as do Mercosul, são também Direito interno, fazem parte do ordenamento jurídico de cada um desses países, e têm efeito direto. Dessa forma não só os restantes Estados-membros da organização podem reclamar seu cumprimento, mas também os cidadãos dos Estados-membros podem reclamar ante os tribunais. De forma que o empresário que se sinta prejudicado em uma operação de importação, pela aplicação de uma tarifa contrária às regras do tratado, pode impugnar ante os tribunais este ato tributário, este ato de lançamento, por infringir uma norma do próprio Direito interno que é o tratado internacional correspondente. E há esse efeito direto, que no caso europeu surgiu como fruto da construção, que também foi bastante ampla. É um processo custoso, o do reconhecimento da prevalência do Direito comum frente às regras internas. É uma prevalência que em termos teóricos também se pode justificar perfeitamente, pois não há problema de hierarquia entre o Direito da União Européia e o Direito interno de cada país: não é que uma diretiva seja hierarquicamente superior à lei, não! O que existe é um problema de competência. Há determinadas matérias em cuja regulação os Estados-membros não podem entrar, porque outorgaram a competência para efetuar essa regulação à organização internacional de que se trata, a União Européia ou o Mercosul, que são levados a ter de adotar soluções técnicas diferentes para cada caso, mas que são teoricamente coerentes e, sobretudo, permitem esse controle do custo por parte de todos os cidadãos, de uma regra que eles já cumprem decisivamente na sua vida econômica.

***

A última reflexão que queria fazer refere-se às dificuldades que esses problemas apresentam nos Estados federais, os Estados fortemente descentralizados. Porque... (inaudível)... assumem os compromissos resultantes do tratado internacional e respondem ante as instituições correspondentes por esse cumprimento. No âmbito europeu se apresentaram problemas porque determinada república federal – digamos a alemã, ou a espanhola, ou a austríaca, que possuem comunidades autônomas parecidas – adota um compromisso internacional, que obriga à introdução de determinadas regulações que ela não pode introduzir, por tratar-se de matéria que é da competência dos Estados; é uma matéria de competência estadual! Além disso, a distribuição das competências entre os Estados federais, ou os Estados descentralizados, não segue nunca parâmetros idênticos. Cada Estado se organiza de forma diferente, em função de suas tradições, de sua história, geografia, etc. Tais fatores são variáveis e dão lugar a resultados constitucionalmente muito diferentes. E esses resultados constitucionalmente muito diferentes supõem-se constituírem um obstáculo ao cumprimento de tais compromissos. Obstáculo esse para cuja solução também existem normas técnicas. Na Federação e nos Estados federados a autoridade central, a não ser em outros modelos de descentralização, deve estar em condições de garantir o cumprimento desses compromissos internacionais, e para isso há que admitir o inevitável; é preciso introduzir regras constitucionais especificamente destinadas à solução desses conflitos. Este é um problema que se tem apresentado na Espanha; não é sensato que enquanto se convergem com outros países da mesma área econômica e cultural determinados espaços, cuja integração é cada vez maior também da perspectiva fiscal, no âmbito interno se vá produzindo o fenômeno da...(inaudível)... Não é sensato admitir, e é inviável, como acabou de ser dito, que não se resolva esse problema. Por isso é imprescindível que essas regras se traduzam de forma diferenciada, em função das particularidades constitucionais de cada situação também na área interior, para que o Estado ou Federação seja responsável pelo cumprimento dessas regras (e a quem o Tribunal de Justiça da União Européia responsabiliza sempre de forma exclusiva) tendo a obrigação de alcançar o resultado imposto pela normativa comum, quaisquer que sejam suas especificidades internas e, sobretudo, sem que o Estado possa amparar-se, ante a falta de cumprimento, na sua falta de competência para atuar em determinada matéria. De forma que, por exemplo, a Federação, no caso brasileiro, não poderia amparar-se na competência estadual ou na competência municipal a respeito do imposto sobre o consumo, para explicar sua falta de cumprimento das normas respectivas.

Esses processos de harmonização têm que ser conferidos em termos tais que tornem possível chegar a definir, a partir de posições de partida que são distintas, umas poucas regras (não há motivo para serem muitas), mas essas regras indefectivelmente têm que ser comuns, se se pensa só numa primeira fase, que é a do mercado comum.

***

Para os senhores se animarem, pensem que o propósito do mercado comum na Comunidade Econômica Européia não foi atingidos senão em uma fase muito posterior à fundação. É possível que no momento atual fatores puramente econômicos, ao mesmo tempo que em alguns casos impulsionam esses processos de convergência em outros os contêm. Mas o que há é falta da vontade de convergir para que esses processos, que começam como processos de pura constituição de mercados comuns, evoluam da forma como o fizeram no processo da constituição européia, em que hoje existe uma União Européia que nada tem a ver com suas origens no mercado comum; e que foi afinando paulatinamente mecanismos de integração, que é imprescindível que comecem a funcionar. Mas só o tempo pode levar a consolidá-los.

Muito obrigado! (*Palmas*)

PRESIDENTE DA MESA – Agradecendo a brilhante exposição do Prof. Zormoza, passo a palavra ao Prof. Luís Eduardo Schoueri, Professor Livre Docente da Universidade de São Paulo, onde ministra Direito Tributário internacional e Professor da Fundação Getúlio Vargas.

PROF. LUÍS EDUARDO SCHOUERI – Muito obrigado, Paulo.

Queria cumprimentar todos os integrantes da Mesa, minhas senhoras e meus senhores. Pediram-me que conversasse um pouco sobre as etapas da harmonização tributária no Mercosul. A proposta, aqui, seria tentar discutir se é possível um raciocínio matricial – e é isso que vou propor – entre cada uma das etapas de integração que se propõe para o Mercosul, de um lado, e, de outro, as etapas daquilo que se entende por harmonização tributária.

Vou começar falando um pouco sobre o que seria harmonização e quais são os três conceitos que posso ver nessa harmonização, e que começam a se desenhar na doutrina. Depois, examinando as etapas de integração no Mercosul, pretendo propor um raciocínio matricial e espero que possamos concluir, para cada tipo de imposto, em que etapa nós estamos e o que estamos esperando.

Começo, então, discutindo essa questão da harmonização. Harmonização está longe de ser um termo claro, um termo que se auto-explica. Na verdade, quem tivesse lido, nos idos de 1970-1971, os estudos de [Henry] Tilbery, notaria que para ele a harmonização tributária seria um termo auto-explicativo, que todos compreenderíamos o que seria a harmonização tributária. Hoje, já passadas quase três décadas, ainda temos alguma dificuldade e vemos que cada pessoa fala em harmonização pensando num fenômeno um pouco diferente.

Nesse contexto, gostaria de propor o que entendemos por harmonização, quais são os três conceitos que a ela se relacionam. Deve-se dar um nome distinto a cada um deles, para, de algum modo, a partir dali, avançar nas etapas de integração econômica.

O que encontramos hoje, no Direito Tributário, são três etapas. Uma etapa, que alguns chamam de harmonização, que vou tratar como "coordenação". Como etapa de coordenação estou pensando somente em estratégias comuns. Os Estados passam a tomar decisões com um objetivo comum.

A visita do Presidente Menem ao Brasil, quando vem discutir o que vamos fazer, se vamos adotar uma política comum para determinado caso, não é harmonização, mas mera coordenação.

"Vamos começar a pensar do mesmo modo. Tenhamos objetivo comum". Não se discutem os meios a que se chega a esse objetivo comum. O importante é que esse grupo de países tenha uma idéia parecida, que exista algum tipo de uniformidade e que terceiros, quando olhem para eles, saibam que esses países, de algum modo, costumam enfrentar os problemas da mesma forma. Então, estamos falando de uma coordenação de políticas, apenas.

Na segunda etapa – e para essa vou reservar o termo "harmonização" – já estou pensando não mais em políticas comuns. Estou pensando, já, em princípios legislativos comuns. Estou pensando em sistemas parecidos, comparáveis. A harmonização traz em si a comparabilidade. Quando penso em sistemas harmonizados, sei que há diferenças, mas consigo identificá-las, consigo tomar a minha decisão. Por outro lado, enquanto investidor estrangeiro, conheço os sistemas, conheço as diferenças mas sei que os princípios são comuns. Certamente há diferenças de alíquotas, há algumas diferenças de isenções, de exceções fiscais ou o que seja, mas, de algum modo, eu diria que o sistema é esse, os impostos que existem têm nomes diferentes, mas o sistema é muito parecido. Eu consigo comparar.

Na coordenação eu não tinha comparabilidade. Na harmonização trago esse novo ingrediente a meu caldo e digo, agora, que são situações comparáveis, o sistema já tem princípios senão idênticos, comuns.

A terceira fase fala em "uniformização". Agora, sim, passo a ter um texto de lei comum. Eu já tenho a mesma lei, a mesma norma valendo para quaisquer dos sistemas. Sobre essa uniformização vou querer depois tratar um pouquinho, já aproveitando o gancho do início da nossa reunião de hoje, quando se falava sobre tribunal comum. Na verdade, a minha proposta, hoje, vai ser discutir se, realmente, a uniformização é possível, sem que se tenha um tribunal comum. Mas esse é o ponto final.

Por enquanto, portanto, ficamos com essas três etapas: coordenação, harmonização e uniformização.

Se pelo menos concordamos com esses termos, vamos adotá-los a partir de agora. Começamos a pensar, nessa integração econômica, quais etapas que já estão previstas? Isso já é clássico e não sei se vale a pena ficar discutindo muito com os senhores, todos já tendo de algum modo lido, certamente bastante, sobre o Direito Internacional.

Mas vamos tentar só resumir. Em primeiro lugar, costuma-se falar em zona de livre comércio, quando o único objetivo é permitir que as mercadorias circulem de um país para o outro sem encargos aduaneiros.

A união aduaneira é o passo seguinte, em que se passa a falar em tarifa externa comum. No Mercosul, mal chegamos a ter uma zona de livre comércio, porque já partimos para uma união aduaneira. Embora estejamos ainda caminhando para a união aduaneira perfeita, porque existem listas de exceções e de adequações, eu diria que já não podemos falar que no Mercosul exista uma mera zona de livre comércio. É uma união aduaneira, ainda que imperfeita, e é essa a etapa em que ainda estamos.

Na terceira etapa, temos já o mercado comum, e todos já conhecemos a experiência européia, em que se pode falar em livre circulação de mercadorias, de pessoas e de serviços.

Finalmente, a quarta etapa, e esperamos assistir de camarote à experiência européia, quando já não se fala mais em mercado comum e quando já se fala em união econômica.

A última etapa, e não se sabe se haverá alguma experiência prática, seria a união política. Aí não se sabe o que vai acontecer, mas já seria futurologia e, certamente, não um debate jurídico.

As quatro etapas já são conhecidas e, de algum modo, pelo menos previstas. Então, sobre elas podemos tratar.

Se conhecemos essas quatro etapas – a zona de livre comércio, a união aduaneira, o mercado comum e a união econômica – e se conhecemos agora os termos coordenação, harmonização e uniformização, a proposta é discutir, para cada uma dessas etapas, em que ponto devemos chegar, por tipo de imposto.

Começamos a enxergar a matriz que estamos tentando montar. A minha idéia é examinar, para cada tipo de imposto, para cada etapa, o que seria necessário do ponto de vista tributário, num raciocínio matricial, que possa, talvez, facilitar um raciocínio nosso, até para ser debatido e discutido em cima disso.

Podemos começar com os tributos sobre o comércio exterior: imposto de importação e imposto de exportação.

Na zona de livre comércio, na etapa que já passamos, me parece que o único fenômeno necessário seria a mera coordenação de políticas; certamente a eliminação de barreiras alfandegárias, porque na zona de livre comércio não é necessário qualquer passo adiante.

Na união aduaneira, na qual já estamos, ainda que de maneira imperfeita, já se pula a idéia de harmonização e se vai direto para a uniformização, porque temos de partir para tarifas idênticas. Temos de partir, e estamos partindo, para o código aduaneiro comum. Se eu quiser realmente falar em união aduaneira, é necessário um código aduaneiro comum.

O mercado comum é mais do que nunca uniformização e a união monetária também é uniformização.

Eu diria que nós pulamos a harmonização e temos de partir, se quisermos realmente falar na união aduaneira, da uniformização. Não me parece que a mera existência de tarifas externas comuns implique a existência e uma união aduaneira, como se propõe. É necessário também que toda a legislação, que dá base à aplicação dos impostos, seja idêntica.

Se eu estiver pensando nos impostos sobre o consumo, aqui seria, claro, a cogitação do IVA no caso do Mercosul. Vamos examinar também cada uma das etapas.

Na zona de livre comércio não vejo nenhuma razão para que se pense sequer em qualquer tipo de coordenação. Importante é que não haja discriminação de produtos estrangeiros que possam entrar no país, da Argentina para o Brasil e do Brasil para a Argentina e que não haja incidência tributária para essa operação. Mais que isso não seria necessário.

Mas se falo em união aduaneira, já passo a ter de pensar, pelo menos, que haja uma coordenação de regime de tributação. Nós todos sabemos que existe aquela tributação que pode ser feita com regime da origem ou com regime do destino. É necessário aqui que os países se coordenem para, afinal de contas, saberem: como é que vamos agir. Todos adotamos tributação de destino? Todos adotamos de origem? No caso do destino seria uma solução mais interessante, para o caso do Mercosul, mas o que penso é que aqui tenho de falar em coordenação. Não dá para encarar uma união aduaneira perfeita – e enfim estamos naquela imperfeita – sem que se exija, pelo menos, a coordenação sobre o regime. Não estou aí falando em sistema, mas pelo menos qual o regime que se vai adotar: o regime de destino ou de origem.

Quando eu falar em mercado comum, aquele passo ao qual esperamos chegar, já preciso ter, além daquela visão do regime destino/origem, uma harmonização da legislação tributária. Para que eu tenha um mercado comum, não me parece que precise ter uma uniformização dos tributos, ou seja, nada impede que na Suécia eu pague impostos, com alíquotas, se não me engano, de 22%, enquanto que na Grécia eu pague uma alíquota de 14%. Aliás, se não for isso, é algo próximo disso. Grécia com 14% de IVA e Suécia com 22%. Então é mercado comum e a uniformização não é necessária. Mas os sistemas têm de ser completamente comparáveis. Aqui tenho aquela harmonização, onde os impostos são comparáveis; portanto, tenho uma comparabilidade plena e eu, como investidor estrangeiro, sei onde estou chegando, sei qual é o cenário que estou encontrando para esse mercado comum.

E a união monetária? Seria necessário para a união monetária – que não é o caso do Mercosul, por enquanto, pelo menos, mas já é na Europa –, uma uniformização no caso dos impostos sobre o consumo? Penso que também não. Não me parece requisito para a união monetária que haja essa uniformização dos sistemas tributários idênticos, essas alíquotas. Não vejo essa necessidade.

Finalmente, falo de um terceiro grupo de impostos, que são aqueles impostos que incidem sobre a renda. Na zona de livre comércio ou na união aduaneira não me parece que seja necessário se discutir coordenação entre as políticas fiscais relativas à renda. Não há qualquer tipo de discussão. Na verdade, a união aduaneira não deixa de existir porque cada país adota tributos diferentes.

Quando falo em mercado comum, a situação é bastante diferente. Quando falo em mercado comum, quando estou pensando em livre circulação de pessoas, bens e serviços, preciso, no mínimo, de uma harmonização: preciso, no mínimo, ter condições de decidir onde é que vou investir.

Uma discussão a que venho assistindo, e no curso de pós graduação da USP vimos tratando um pouco disso, sobre se seria necessária a harmonização, ou já uma uniformização; ou seja, se seria compatível com o mercado comum que eu mantenha políticas extrafiscais, que continue incentivando investimentos através do que seria aquela própria guerra entre os países com alíquotas mais baixas ou mais altas. Este é um problema que merece, pelo menos, ser discutido, ou seja: como fica a extrafiscalidade, que é própria de uma harmonização, mas não de uma uniformização? Como fica essa extrafiscalidade quando já falo em mercado comum?

Na prática, no único mercado comum que conhecemos, vemos diferenças de alíquotas, e não temos visto problemas por isso. Mas pergunto: será que essa existência de alíquotas diversas, de regimes tributários preferenciais em certas regiões, é compatível mesmo com uma livre circulação? O mercado comum não exige, não implica uma neutralidade tributária? Essa questão merece ser tratada. Diria, na prática, que o que conhecemos é que o imposto sobre a renda não é neutro no mercado comum, que é o nosso único laboratório, o nosso campo de experiências. O imposto sobre a renda não pode ser tido como neutro. O único mercado comum que existe não está uniformizado no imposto sobre a renda – está harmonizado.

Certamente, no caso do imposto sobre a renda, o que deve aparecer em qualquer etapa, e é sempre bem-vindo, é um acordo de bitributação, porque vem impedir que decisões de investimentos possam a ser afetadas por influência de uma dupla incidência tributária, ou seja, procura impedir que o tributo seja causa para impedir um investimento no Exterior. Então, um acordo de bitributação poderia entrar em qualquer das etapas, embora não seja exigência dessas etapas.

Concluída esta matriz, vou à questão que propus antes, que seria se realmente essa uniformização – que preguei para o imposto sobre o comércio exterior, pelo menos –, se essa uniformização é possível sem a existência de um tribunal comum. Na verdade, estou buscando um gancho com a palestra anterior, para tentar fazer alguma relação sobre isso.

Como é a situação no Brasil? No Brasil parece ser ainda entendimento dominante que os acordos de bitributação prevalecem sobre as normas internas. Estou falando do artigo 98 do Código Tributário. Se formos examinar a jurisprudência, encontramos um caso em que não houve essa prevalência e se reconheceu que a lei posterior poderia modificar um tratado internacional, mas não era caso de matéria tributária. Quem examinar essa decisão do STF vai verificar que, mesmo os ministros que admitiam, em princípio, que pudesse haver uma lei posterior brasileira, revogando, contrariando o tratado, diziam: exceto em matéria tributária, quando há o artigo 98. E começa-se a verificar que o artigo 98 do Código Tributário parece dar, pelo menos em matéria tributária, alguma tranqüilidade. E principalmente nessa decisão do Supremo Tribunal Federal encontramos um ponto para o qual temos de chamar atenção: o nosso Tribunal, com acerto ou com erro, adotou uma diferença entre os chamados tratados-contratos e os tratados-leis. A doutrina já não aceita essa diferença. Na verdade, o internacionalista se arrepia quando vê essa diferença entre tratado-contrato e tratado-lei. No entanto, o nosso STF adotou essa diferença e há inúmeras decisões do Superior Tribunal de Justiça que seguem essa linha, separando o tratado-contrato do tratado-norma, do tratado-lei.

Só para tentar entender a diferença, o tratado-contrato tem uma idéia de reciprocidade: eu dou e você me dá; é um compromisso assumido com a relação de troca.

O tratado-lei, o tratado-norma, tem muito mais a idéia de adoção de princípios internacionais. Exemplo de tratado-lei seria o que fala sobre tráfico de drogas, por exemplo, em que todos adotam aquele princípio comum: que pacto vamos adotar como norma sobre tráfico de drogas; e que isso valeria como um tratado-norma para qualquer país que passasse a adotar aquele tratado. Tratado-contrato típico é um acordo de bitributação: eu dou porque você dá.

Então, diz o Supremo, o tratado-lei – e o caso examinado foi exatamente a lei uniforme sobre cheque – que implica uma adoção, é somente trazer para o país uma lei, uma norma internacional, para que ali também valha uma norma como essa; mas não implica, por parte de outros países, algum compromisso, alguma renúncia. Ou seja, quando um país adota um tratado-lei, ele não está exigindo uma contrapartida do outro país, diferente do tratado-contrato, onde há a relação de reciprocidade.

Com base nessa diferença, por exemplo, já se classificou isso no STJ, que o GATT seria muito mais tratado-lei, que tratado-contrato. São somente princípios comuns do comércio, segundo a posição do STJ.

Não há uma definição expressa com relação ao acordo de bitributação, mas na própria definição do que se pode entender como tratado-contrato não tenho dúvida em dizer que quando Brasil e Argentina celebraram o acordo de bitributação, foi na base do que dizemos toma lá, dá cá, ou seja, uma relação de completa troca.

E no Tratado de Assunção, como é que fica o Mercosul? Seria um tratado-lei ou um tratado-contrato? Quer me parecer que se a distinção for possível – com todas as restrições da distinção –, que ele está muito mais para uma base de troca entre os países; os países dão concessões esperando algo em troca. Eu concedo que você venha ao meu mercado, eu abro o meu mercado para você, porque você abre o seu mercado para mim. Então, se eu puder adotar essa diferença, estou num tratado-contrato. E nesse sentido já posso esperar pela prevalência também do tratado do Mercosul sobre o Direito interno.

A segunda questão que foi proposta: e com relação aos tributos estaduais, como é que ficam?

Estamos numa federação aqui, na Federação brasileira, onde essa discussão é bastante atual: será que o Mercosul pode impedir que o Estado de São Paulo crie uma discriminação a um automóvel importado da Argentina? A pergunta é pessoal, porque comprei um carro, e para minha surpresa, ele foi fabricado na Argentina. Eu não sabia, porque o carro era da Ford, e no caso, hoje, pago IPVA – imposto sobre veículos automotivos – a uma alíquota superior ao do meu vizinho que tem outro carro da Ford, só que fabricado no País. E pago um IPVA superior. Então, é possível que o Estado de São Paulo não respeite o Mercosul? Não vou entrar com essa ação, porque pago 300 reais e ainda não me convenci de que deveria entrar em Juízo por causa disso.

Mas o País, a República Federativa do Brasil, se obrigou, perante seus parceiros, quando se comprometeu a não discriminar os produtos oriundos de outros parceiros do Mercosul. E quem se obrigou não foi a União; foi a República Federativa do Brasil, que é a única que tem competência para celebrar tratados internacionais.

Os que se opõem a essa idéia vêm dizendo: desculpem-nos mas você não leu a Constituição Federal, porque a Constituição Federal proíbe a chamada isenção heterônoma. A Constituição Federal proíbe que a União conceda isenções de tributos que não os federais. A resposta é que não estamos diante de uma isenção. O poder de isentar anda junto com o poder de tributar. Aquele que pode tributar, pode isentar. Quando o Brasil celebra um acordo em que diz: não vou tributar, não vou discriminar os produtos da Argentina, o que eu tenho é renúncia ao poder de tributar, que é um momento anterior à própria existência do poder de tributar. Foi bem citado aqui que é uma questão de competência. O Brasil renunciou à sua competência de tributar diferentemente os produtos oriundos da Argentina, que é o nosso exemplo. É renúncia ao poder de tributar. Ou seja, pelo menos do ponto de vista lógico, antes mesmo de um Estado poder tributar um automóvel ele teve esse poder cortado por uma renúncia que o Estado brasileiro fez àquele poder. Insisto com isso: é próprio do Direito Internacional admitir que o Estado renuncie a parte da sua soberania numa relação em que outro Estado também está renunciando. Se não, não haveria Direito Internacional. Eu renuncio porque outros renunciaram. Claro, posso a qualquer momento retomar a minha soberania, denunciando o tratado, dizendo: volto a exercer o poder pleno. Mas, enquanto não denunciar esse tratado, renunciei ao exercício desse poder. Então, notem: não é isenção. Só pode isentar, quem pode tributar. Só podem isentar os impostos estaduais, os Estados. Mas não é isenção, é renúncia. É algo anterior. É renúncia pelo Estado brasileiro. Nunca o Estado chegou a ter o poder de tributar aquele automóvel argentino, diferentemente do automóvel brasileiro. Ele não pôde tributar porque não houve competência para tanto. Então, é uma fase anterior.

Uma terceira questão, agora tentando caminhar um pouco mais, seria sobre essa uniformização. Volto à questão e digo: o tratado prevalece sobre a lei interna. Então, não tenho preocupação em acreditar que, em última instância, eu, cidadão, eu, contribuinte, posso, sim, ir ao meu tribunal exigir a aplicação do tratado como algo válido no meu ordenamento. Não vou dizer como lei interna, porque tenho dualistas aqui no meio. Então, não vou dizer com lei interna, mas algo que vale como meu ordenamento, com o que concordamos. E, mais do que isso, como algo que vale e algo que prevalece sobre a própria lei interna. Portanto, não me preocupa o tratado. O que me preocupa é um outro ponto: pode acontecer de o meu tribunal, em última instância, que vai resolver e emitir parecer sobre a questão – seja o Supremo, seja o STJ, conforme o caso – que esse tribunal decida, leia a norma uniforme de um modo e que outro tribunal, de outro país, leia a mesma norma de outro modo.

Portanto, eu diria: se penso em uniformização, é pouco eu pensar em normas idênticas. Eu preciso ter uma solução de controvérsias idêntica.

E aqui consigo imaginar dois caminhos. Um caminho, seria uma corte internacional, uma corte do Mercosul, que é o caminho mais natural. Um segundo caminho, com os instrumentos que tenho, passa a ser o que Klaus Vogel vem definindo como harmonia decisória, ou seja, haveria algum mandamento implícito no tratado internacional exigindo que um Estado, ao adotar um tratado tome conhecimento das decisões de outros Estados.

Vamos tentar enxergar um pouco isso, porque é importante: não tenho um tribunal comum, mas o que Vogel diz sobre os acordos de bitributação, e estendo para os tratados em geral, é que se um tratado é aplicado em dois países, ele deve ser aplicado no máximo possível de forma coerente. Ele diz: não é que um tribunal se esteja submetendo à decisão do outro. O que ele diz é algo além. Ele fala: se uma parte traz ao tribunal conhecimento de que em outro país o tratado se interpreta de modo diverso, o primeiro país deve pelo menos tomar conhecimento dessa decisão e justificar e fundamentar porque ele não segue a mesma posição. Ele diz: pelo menos isso é exigência de um sistema uniformizado. Não posso admitir que simplesmente um tribunal desconsidere que em outro país se interprete de outro modo. Ele deve tomar conhecimento daquela decisão e, no máximo possível, buscar uma decisão coerente. Se não for coerente, exige-se toda uma fundamentação.

Só lembrando, estamos muito acostumados com isso. É a questão do precedente. Quer dizer, para que um tribunal vá contra precedente do próprio tribunal, se eu trago uma jurisprudência em sentido diferente, é claro que o tribunal tem de, no mínimo, tomar conhecimento: desculpe-me, esse precedente não posso aplicar por tal e qual razão – mas ele não pode desconsiderar o precedente. Então, pelo menos enquanto não tenho um tribunal comum, eu diria: é necessária esta harmonia decisória, que implica, pelo menos, tomar conhecimento de decisões tomadas em outros países e se procurar uma harmonia, dentro do possível.

Era o que tinha a dizer. (*Palmas*)

Presidente da Mesa – Parabenizo o Prof. Luís Eduardo Schoueri pela sua claríssima exposição e imediatamente passo a palavra ao Prof. Roberto Quiroga Mosquera. O Prof. Roberto Quiroga é Mestre em Direito pela PUC, Professor de Direito Tributário da PUC e também na Fundação Getúlio Vargas.

Prof. Roberto Quiroga Mosquera – Bom dia a todos.

Agradeço o convite de poder estar, primeiro, com grandes amigos, que já são especialistas em termos internacionais e, também, para falar de um tema, Mercosul, que para mim é profissionalmente algo em que me iniciei há cinco anos, num trabalho com empresas brasileiras e empresas argentinas, uruguaias e paraguaias, dentro desse fluxo de capitais. Só que gostaria de dizer que na verdade não estava escalado para esta Mesa. Infelizmente, o Prof. Marcelo Luque ficou adoentado e a coordenação do Congresso me pediu que viesse, de uma certa forma, não fazer uma palestra, mas expor aos senhores algumas experiências que tive como advogado dentro desse mercado comum.

Essa experiência surgiu há mais ou menos cinco anos, quando na Argentina criou-se, como se fosse uma câmara de comércio; mas, na verdade, esse grupo – que foi e continua sendo um grupo de grande importância denominado Grupo Brasil – na Argentina, – hoje, basicamente, se constitui de 300 a 400 empresas de capital nacional, brasileiro, com interesses no território argentino. O que pude perceber, de lá para cá, é que há necessidade de a empresa brasileira, e esse fluxo de capitais, bens, serviços e pessoas, passar por um processo bastante difícil, como quer o Prof. Schoueri, numa etapa de coordenação, numa etapa de harmonização ou mesmo numa etapa de uniformização legislativa.

Mas não é só uma uniformização legislativa. Recordo-me que esse processo de mercado comum, se pensarmos apenas em regra jurídica, em norma jurídica, realmente não consegue terminar como o seu espectro de importância. Eu me recordo, quando fui à Argentina, justamente quando esse grupo Brasil iniciava o processo de conhecimento da comunidade portenha, a Sadia, que todo mundo conhece e tinha uma propaganda bastante interessante lá, dizia o seguinte: como é que vou me "argentinizar", como é que vou conseguir, dentro do território argentino, vender os meus produtos e, de uma certa forma, iniciando por aí o comércio entre os dois países? A Sadia começou a lançar toda uma estratégia de *marketing*. Recordo-me que na estratégia de marketing dela, o seu *slogan* era: Sadia *mucho gusto*.

O Dr. Bercún, aqui presente, sabe que na Argentina – como aqui falamos: "oi! tudo bem?" – lá, a primeira coisa que se fala, quando as pessoas se cumprimentam, é "*mucho gusto*".

Uma segunda coisa que percebi – e aí vou pedir desculpas ao Dr. Horácio, porque não é nenhum chiste, nenhuma "piada" com relação aos argentinos, e no Brasil se faz muita "piada" de português e no Sul já se começa a fazer "piadas" de argentinos – é que a "piada" que existia à época – hoje já é bem diferente – era a seguinte: que o paraguaio pensava o Mercosul de minuto a minuto, enquanto que o uruguaio pensava o Mercosul dia sim, dia não; o argentino pensava o Mercosul mês a mês e o brasileiro uma vez por ano.

Isso, na verdade, refletia uma coisa que na época, sem dúvida, era verdadeira, que eram as economias. As economias paraguaia, uruguaia, brasileira e argentina eram totalmente diferentes em tipo de fluxo de capitais e de mercadorias e, portanto, o que se verificava à época era que o Mercosul se restringia a dois países: Argentino e Brasil.

Claro que isso mudou muito de lá para cá. Ainda, infelizmente, as duas economias menores têm realmente problemas de adaptação, mas Brasil e Argentina, queiram ou não queiram, desenvolveram um trabalho bastante grande de fluxo de capitais, de mercadorias e de pessoas.

Aí começaram os problemas na área jurídica propriamente, com os clientes que pretendiam se dirigir à Argentina, instalar determinada fábrica, ou argentinos que vinham ao Brasil.

Só para citar três tipos de problemas seriíssimos dentro desse processo de mercado comum recordo-me que um deles, onde tivemos mais problema era o problema da uniformização da legislação de expatriados, ou seja, um argentino para constituir uma sociedade, uma empresa no Brasil, tinha, necessariamente, de ter um diretor residente no país. E para se conseguir um visto permanente para realmente se instalar no Brasil, seguramente demora senão seis meses, mas um ano, um ano e meio, ou então três meses, quando se faz algum trabalho perante o consulado etc.

Mas esse era o problema crítico que tínhamos, ainda sem falar em tributação, mas só para citar a magnitude de um problema de uniformização ou mesmo de uma harmonização.

Outro problema que tínhamos, e muitos clientes brasileiros passaram por isso, era o seguinte: eles diziam que no Brasil temos violentíssimas regras do consumidor: "Tenho de colocar na embalagem XPTO, tenho de fazer isso e aquilo, enquanto que na Argentina (e essa era uma crítica do empresário brasileiro) não temos um código do consumidor" e a legislação restritiva nesse ponto era muito pequena. Então, já começava a existir não uma neutralidade. Na verdade, a legislação argentina, por não prever esse sistema à época – hoje já se caminha para isso –, fazia com que o brasileiro se sentisse um pouco prejudicado dentro dessa uniformização *lato sensu* legislativa.

Outro exemplo crítico de que me recordo, entre vários, eram os problemas relacionados à qualidade do produto. O Brasil tinha todo um conjunto de normas relacionado à qualidade dos produtos, que os outros países do Mercosul não tinham.

Esses exemplos, que na vida prática eu tive e venho tendo nesses cinco anos, na verdade refletem a dificuldade de se conseguir um processo, dentro daquilo que o Prof. Schoueri colocou, iniciando por um processo de coordenação e culminando com um processo de uniformidade.

Recentemente, alguns dos aqui presentes estiveram em Portugal, numa Jornada Latino-Americana de Direito Tributário e lá tivemos a exposição de um professor português, que comentava a experiência recentíssima da uniformização da moeda, que se pode dizer é quase que um dos últimos processos desse fenômeno de globalização. Ele dizia o seguinte: para uniformizar a moeda, a União Econômica teve de estipular quatro critérios, para que todos os países respeitassem esses critérios, caso contrário não poderiam adotar o Ecu. Vou trazer só isso como exemplo para depois passar a discutir a parte tributária.

Ele dizia o seguinte: esses países que pretendem ter a mesma moeda necessariamente não poderão ter uma taxa de inflação superior a X por cento. Então, um dos critérios para que todos pudessem adotar a moeda era uma variação inflacionária limitada. Um segundo critério era uma variação cambial. Não dava para os países adotarem sistema monetário idêntico, sem que as suas moedas tivessem uma variação cambial dentro de um determinado delta, dentro de um determinado padrão. O terceiro requisito eram as taxas de juros. Normalmente Espanha e Portugal vinham com taxa de 14 ou de 12% e tiveram de reduzir as suas taxas de juros para em torno de 2 ou 3% ou ainda 4%, não me recordo bem o número. Mas necessário seria, para essa adaptação ao Ecu, também uma identificação com relação a parâmetros de moeda. Por fim, era uma relação de PIB e de dívida externa que eles deveriam respeitar.

Essa experiência que agora verificamos em termos de União Econômica Européia, realmente creio que refletem aquilo que os meus antecessores expuseram e que talvez o Prof. Schoueri tenha colocado de uma forma separada – as três etapas nesse processo de globalização, que seriam a coordenação, a harmonização e a uniformização.

Qual o sistema em que o Brasil se encontra hoje em relação ao Mercosul – não só o Brasil, mas o nosso mercado comum?

Basicamente, em termos de harmonização acho que já caminhamos bastante. Vou dar alguns exemplos práticos para os senhores. Não sei se vocês se recordam, mas o Brasil tributava dividendos; quando eu pagava dividendos eram tributados em 15 %. Logo que começou o Mercosul, me recordo que algumas empresas brasileiras queriam ir, e foram, para a Argentina, justamente porque lá o sistema relacionado ao imposto de renda era muito mais benéfico. Lá não se tributavam os dividendos. Os dividendos eram isentos. Vem o Brasil e pela Lei 9.249 isentou os dividendos, de uma certa forma criando uma similitude de cargas.

Outro item importante no Brasil, com relação ao imposto de renda, foi a diminuição da carga tributária. Na Argentina, o lucro da empresa era tributado em algo em torno de 30 a 32%, enquanto que o Brasil tributava, na época, algo em torno de 45% entre imposto de renda e contribuição social sobre lucro; e o Brasil reduziu justamente esses parâmetros, de certa forma não necessariamente uma semelhança, como disse o Prof. Schoueri, mas adequando a legislação brasileira a uma carga de 33%, quando na Argentina também é algo dentro desse nível.

Por que não estou falando em Uruguai e em Paraguai? Porque esses países estão extremamente atrasados dentro desse processo de harmonização, não de uniformização. Realmente existe um processo bastante difícil por parte desses dois países, até pela sua economia.

Agora culminam dois problemas, a meu ver, de uniformização, absolutamente necessários dentro da área do imposto de renda, que é uma harmonização com relação à valoração aduaneira, o *transfer pricing*. O Brasil, todos sabem, caminhou muito nessa área nos últimos dois anos. Tivemos a introdução de um sistema de preços de transferência, tanto nas importações e nas exportações, quanto no chamado *transfer pricing* financeiro, de mútuos, de obrigações financeiras de empresas vinculadas, que faz com que o empresário brasileiro, nas suas relações internacionais tenha de tomar um cuidado extremo no controle de preços entre empresas vinculadas, evitando subfaturamento e também superfaturamento.

Hoje, no Brasil, qualquer importação que não atenda aqueles métodos estipulados pela legislação para o *transfer pricing*, todo valor excessivo de custo é considerado dedutível, enquanto que todos os valores aquém, nas exportações, serão considerados receita e, portanto, tributados pelo imposto de renda.

Portanto, temos uma legislação bastante rígida, ainda que a Secretaria da Receita Federal não esteja apta, tendo em vista a sua estrutura, para a aplicação dessas normas; mas ela começa a se estruturar, criando, por exemplo, a Delegacia de Comércio Exterior, aqui em São Paulo e no Rio de Janeiro. Mas o que vemos em termos de Mercosul é que se o brasileiro tem essas normas bastante fortes, bastante precisas, vamos dizer, Argentina, Uruguai e Paraguai ainda estão um pouquinho afastados desse controle bastante rígido de *transfer pricing*, o que faz com que o brasileiro também perca um pouco de competitividade.

No caso de valoração aduaneira, no Brasil, temos hoje a famosa linha ou zona cinza, que é, na verdade, um critério para identificar subfaturamento nas importações; temos seis métodos hoje dentro da valoração aduaneira – o tradicional é o valor da operação da importação – e aqueles que não se enquadram dentro de uma banda que está sendo criada pela Secretaria da Receita Federal, se um produto acaba superando uma determinada banda de preço, ele entra numa zona de fiscalização, que impede, praticamente, a liberação da mercadoria em termos de entrada no país.

Esse sistema de valoração aduaneira – e ainda estou falando no processo de harmonização de legislações, de similitude, de identidade, que, obviamente, não é perfeito – cria alguns problemas para o Brasil, dentro dessa competição junto ao Mercosul.

Se eu pudesse tecer alguns comentários práticos, hoje, no Mercosul, em termos de legislação tributária e no tocante ao imposto de renda, diria que é urgente, hoje, uma harmonização dos Estados participantes desse mercado no que diz respeito a *transfer pricing* e valoração aduaneira, sendo que, sem dúvida alguma, o Brasil, hoje, independentemente dos outros Estados, tem uma legislação muito mais complexa e muito mais rígida para os empresários brasileiros.

O Brasil, de uma certa forma, dentro desses critérios de harmonização sofre uma competição, tendo em vista as suas legislações, não só na tributária, como comentei, como no Código do Consumidor. Mas temos os nossos problemas também, que o Prof. Horácio Bercún disse, das ilicitudes que os Estados acabam por perpetrar, justamente desrespeitando o Acordo de Ouro Preto, e todo o Tratado, e todas as legislações que regulam o Mercosul. O Prof. Schoueri já colocou aqui o caso particular – e me coloco à disposição dele para o exercício de uma ação, se for necessário, para o seu IPVA de 500 reais (*risos*) –, mas na verdade, no Brasil, identificamos problemas seriíssimos de necessidade de caixa, como foi agora nesse final de ano – e tudo o que o Brasil fez de adaptação da legislação interna para tentar harmonizar com as outras legislações, acaba jogando quase fora, por problemas emergenciais como esse do final do ano.

Eu não quero aqui molestá-los com isso – e prometo só mais dois minutos, dentro dos meus comentários práticos, tendo em vista o convite muito rápido para aqui estar – mas, por exemplo, o Brasil agora, neste final de ano, por problemas emergenciais, na verdade criou alguns empecilhos até ao desenvolvimento dessa competição, prejudicando todo um processo de que, antes, ele vinha, de uma certa forma, cuidando, com a diminuição do imposto sobre dividendos, com a adequação da alíquota do imposto de renda, com normas de *transfer pricing* e de valoração aduaneira; justamente nesse pacote que tivemos, de final de ano, tivemos o aumento das contribuições da Cofins e a ampliação da margem de cálculo da Cofins com relação a receitas financeiras.

Portanto, o Brasil, que antes caminhava num processo de harmonização razoável, tendo em vista um problema emergente de caixa acaba, praticamente, por desbalançar esse equilíbrio, com a criação e ampliação da base de cálculo dessa contribuição que nós temos.

Além do quê, vejo realmente, em termos de Brasil, alguns problemas sérios. Por exemplo, tudo aquilo que no Brasil tende a ser provisório, passa a ser permanente. Isso nem é preciso dizer, porque todos sabem. A CPMF, que era provisória, passa a ser permanente. A medida provisória passa a ser medida permanente. O Fundo de Estabilização Econômica, que era para ser provisório passa a ser permanente. Este não é um discurso político. Apenas acho que é questão de analisar o problema dentro desse processo de harmonização, em que o Brasil tinha conquistado muita coisa. Acho que nesse final de ano, em termos de harmonização de legislação, o Brasil realmente causou alguns descompassos no caminho que seguia.

E digo mais, relacionado ao IR – porque até o Prof. Horácio disse que quando o Brasil tomou a atitude dos automotivos houve uma comoção do Mercosul. Recordo-me que estava na Argentina naquela época e todos os jornais publicaram; enfim foi uma discussão muito grande, com o Brasil recebendo protestos violentos de todos os seus parceiros. Corrigiu, acho que em dois ou três dias, o problema dos automotivos. Mas quando o Brasil altera a sua legislação, não de impostos sobre o consumo, mas de impostos sobre a renda, nesse particular, ou impostos sobre receitas, como é o caso de contribuições sobre receitas, como é o caso da Cofins, a coisa fica de uma certa forma inalterada, e não há grandes discussões, grandes alardes.

Eu acho que esse tipo de mudança é uma mudança que prejudica o sistema, mas de toda forma as empresas brasileiras continuam tendo fluxo de recursos, nesse mercado, bastante forte.

Peço desculpas a vocês se não tratei efetivamente de assuntos jurídicos e teci mais comentários práticos sobre o tema, mas isso se deve ao convite surpresa. Obrigado. (*Palmas*)

PRESIDENTE DA MESA – Agradeço ao Prof. Roberto Quiroga, que mais uma vez demonstrou estar preparado para enfrentar qualquer tema e compor qualquer Mesa, ainda que convidado de última hora.

Estamos um pouco atrasados e pediria aos professores que, de forma rápida e sucinta, pudessem responder pelo menos uma das questões que lhe foram formuladas.

Passo a palavra ao Prof. Horácio Bercún.

PROF. HORÁCIO BERCÚN – Diz a primeira pergunta:

Considerando as características de cada país integrante do Mercosul a harmonização tributária recairia sobre tributos incidentes sobre o consumo, e não sobre a produção?

Creio que a harmonização dos tributos sobre o consumo é muito mais fácil, porque pouco a pouco foram convertendo-se algumas diferenças. O grande problema no tributo sobre o consumo é seu caráter estadual, e às vezes municipal, no Brasil. Neste caso creio que vamos ter de assumir que cada Estado federal é responsável pelo que suceda dentro do País e dentro de sua legislação interna, ou entrar em uma modificação soberana em cada um dos países.

A segunda parte da pergunta é se um percentual de incidência tributária recai sobre a produção, sobre a harmonização, ou sobre o imposto pago pela mercadoria exportada.

Isso não vou responder, seria exercício de futrologia. Mas creio que vale a inquietude.

Perguntam também se acho imprescindível a criação de um tribunal supraconstitucional para a existência do Mercosul. E, comenta-se, se vale a pena recordar que até agora não houve a instalação de um órgão de arbitragem no âmbito do Mercosul. Pelo que se sabe, um tribunal arbitral só foi constituído uma vez a procura de solução amigável, na área do papel, entre a Argentina e o Uruguai.

Até quando a acordo seria um recurso possível?

Desculpem-me, vou fazer um comentário tragicômico. Fui expositor do World Economic Forum de 1995 e de novo no de 1996. O primeiro realizou-se em Buenos Aires. O Pres. Menen, disse, tendo ao lado o Pres. Cardoso (e o Pres. Cardoso assentiu com um sorriso) que quando há problemas no Mercosul eles dois conversam pelo telefone e os resolvem tomando um café juntos. Para aqueles senhores esse é um sistema para a solução de controvérsias. (*Risos*) Nos últimos dias o Pres. Menen está vendo o Pres. Cardoso enfrentar problemas muito sérios, e os dois não estão tomando café... (*gargalhadas gerais*)

Sou um dos oito árbitros argentinos do tratado do Mercosul. Somos 32 árbitros. Por isso, cada vez que surge algum comentário sobre algum assunto, abstenho-me de dar sobre ele minha opinião pessoal, para não comprometer a situação da arbitragem.

Creio que o sistema de solução de controvérsias está correto, mas o sistema de solução das controvérsias por arbitragem não tem nada a ver com a criação de um tribunal supranacional só para controlar a legalidade da normas supranacionais. São duas coisas diferentes. Creio que o sistema de solução das controvérsias, bem como alguns mecanismos parecidos que adotem os princípios da OMC, sejam mais que bons. Não atribuamos a culpa só ao governo por não incentivar a solução das controvérsias. Parte da culpa cabe ao setor privado, às empresas, que têm medo do sistema de solução das controvérsias simplesmente porque ele ainda não foi iniciado.

Faço ainda um comentário rápido. Falamos da harmonização e da uniformização das normas. Acho que o primeiro passo é não criar novas assimetrias, novas faltas de cumprimento. Temos notícias sobre incentivos estaduais no Brasil; em Brasília, São Paulo, Paraná, Rio de Janeiro, Rio Grande do Sul, Bahia, Espírito Santo, Minas Gerais e Goiás. Não podemos estar falando de uniformização se no mesmo momento infringimos os acordos do Mercosul. E isso não é descumprimento exclusivo do Brasil, porque a Argentina foi denunciada pelo Brasil por haver prorrogado o regime de promoção na Patagônia, no mesmo momento em que a Argentina denunciava o Brasil por todos esses incentivos estaduais.

O primeiro passo antes da harmonização, que não é tão difícil, tem mais a ver com a vontade política, onde se poderia ter avançado muito mais; é aí que estão surgindo realmente os conflitos. Trata-se de não criar novos descumprimentos, enquanto se resolvem os que existem.

Despeço-me agradecendo a quantos tiveram a paciência de ouvir-me. Participo de muitos seminários e há muito tempo. Poucas vezes tive a felicidade de falar a um auditório desta categoria, que foi ao fundo dos problemas; uma concorrência respeitosa, com perguntas sobre pontos específicos. E se estamos atrasados no horário é porque este tema é central em matéria de Direito Tributário. Espero que seus pontos de grande importância se vejam esclarecidos com as reflexões do auditório.

Muito obrigado. (*Palmas prolongadas*)

PRESIDENTE DA MESA – Passo a palavra ao Prof. Juan Zormoza.

PROF. JUAN ZORMOZA – Temos aqui algumas perguntas sobre a harmonização. O processo é complicado, porque os órgãos decisórios são órgãos intergovernamentais. É o Conselho de Ministros – que vai cedendo seu lugar ao Conselho de Chefes de Estado e de Governo – quem adota as diretivas propostas pela Comissão Européia, que um órgão comunitário no concerto econômico e social juntamente com o Parlamento, que tem funções puramente deliberativas.

A harmonização, então, é feita pelo Conselho; e aí há o problema do progresso relativo da harmonização nos últimos tempos. A harmonização está no âmbito fiscal, limitada pela regra da unanimidade. Não havendo unanimidade entre os membros não é possível a aprovação de diretivas que façam a harmonização avançar mais do que o avanço atualmente previsto

Nesse sentido, respondendo à última pergunta que me foi formulada, digo que embora a harmonização tenha tido lugar, fundamentalmente, no âmbito da imposição indireta, nos impostos de consumo, além de nas tarifas aduaneiras, nos últimos anos, e em particular a partir da perspectiva da construção da união econômica e monetária, ela se pôs a abranger aspectos diferenciados, que são fundamentais para o funcionamento de uma empresa européia que possa intervir na produção de bens e serviços, em qualquer local do âmbito europeu.

Por isso, ficam de fora matérias como a dupla imposição de dividendos entre filiais e matriz de diferentes Estados-membros, processos de reestruturação empresarial, fusões, aquisições, etc., etc., entre estabelecimentos localizados em diferentes Estados-membros, bem como problemas de razões fiscais internacionais repetidas. Inclusive o Tribunal de Justiça das Comunidades Européias, que fizera também sua harmonização, já levou essa comunicação por via da aplicação do princípio da não-discriminação à imposição sobre a renda das pessoas físicas, dando um passo a mais, ainda de conseqüências dificilmente previsíveis, mas que conduz, indefectivelmente, a que cada nova fase do processo da constituição européia seja acompanhada de novas medidas e novas atenções dos processos de harmonização.

Muito obrigado. (*Palmas prolongadas*)

PRESIDENTE DA MESA – Com a palavra o Prof. Luís Eduardo Schoueri, por dois minutos (*Risos*), para responder às perguntas que lhe foram formuladas.

PROF. LUÍS EDUARDO SCHOUERI – Vou tentar utilizar somente um minuto, dada a bondade dos dois minutos. (*Risos*)

Na verdade, das três perguntas que me foram encaminhadas, duas vão no mesmo caminho e uma no caminho que o Prof. Quiroga fez, e eu diria que foram dirigidas a mim porque ainda não tinham ouvido o Prof. Quiroga. Pergunta formulada por Cristiano Viotti Filho, indaga como eu encaro a prescrição do crédito presumido do IPI sobre produtos importados e a proposta do deputado Kandir sobre o fundo de compensação de perda de competitividade decorrente do novo pacote fiscal. E, depois, uma outra pergunta a respeito da competitividade de mercadoria exportada, tendo em vista os tributos internos, que incluem o que chamamos hoje de custo Brasil, ou seja, vamos imaginar aqui a leitura da inserção de PIS, Cofins etc., que cria uma distorção no nosso sistema, quer dizer que estamos ainda muito longe daquela harmonização que foi pleiteada para que exista o mercado comum.

Na questão da coordenação, aqui nem isso tem clareza, ou seja, a união aduaneira pede essa cooperação. Concordo com o Prof. Quiroga que as medidas que vêm acontecendo ultimamente, emergenciais, vêm nos afastando do nosso objetivo, vêm nos afastando do objetivo do Mercosul, e com isso merecem, sim, as nossas críticas.

Uma terceira pergunta, da Profa. Betina Kluger, da Universidade Federal do Paraná, sobre se a minha idéia de que temos no plano internacional uma renúncia à competência tributária não seria uma inconstitucionalidade do próprio Tratado, diante do princípio da irrenunciabilidade da competência tributária consagrado pelo sistema.

Não me parece, Professora. Parece-me que esse princípio da irrenunciabilidade deve ser medido dentro do sistema, isto é, o que existe aqui é a impossibilidade de renúncia de um ente da Federação em favor de outro ente da Federação. Quando falei em renúncia, pensei no momento pelo menos lógico, anterior à própria competência. Não é um Estado, ou um Município, que está renunciando algo. Disse que o Estado brasileiro, nesse sentido de pessoa jurídica de Direito Internacional Público, é que renunciou. Não existe, ou não conheço, no sistema um princípio que impeça essa renúncia no âmbito internacional. É completamente diferente de delegação de competência, que é algo interno. Portanto, não é como eu encaro a questão.

Ela também pergunta se eu não poderia usar o raciocínio de lei especial com relação aos tratados e lei interna: que o tratado seria lei especial e, por isso, prevalecente. É a solução européia, em que se verifica, na grande maioria dos países, o argumento da lei especial, segundo o qual o tratado prevalece sobre a lei interna, não porque tenha hierarquia superior, mas porque trata de matéria específica. O risco que teríamos com isso, que também se aceita na Europa, é que se o tratado é uma lei especial pode ser revogado por outra lei especial, ou seja, bastaria que uma lei interna explicitamente dissesse: "não se aplica o tratado" para que o tratado deixasse de ser aplicado. Isso é o que se verifica na Alemanha, por exemplo, em que uma lei interna pode dizer "não se aplica para esse caso o tratado". Ele era lei especial, mas não pode prevalecer diante de uma lei que diz que ele não se aplica. Não é o nosso sistema, pelo que eu encaro. (*Palmas*)

PRESIDENTE DA MESA – Muito obrigado pelo cumprimento do tempo, pelos dois minutos. Agradeço a participação de todos, especialmente dos Professores Horácio Bercún, Juan Zormoza, Luís Eduardo Schoueri e Roberto Quiroga Mosquera e convido a todos para estarem aqui dentro de cinco minutos para a próxima sessão.

Está encerrada esta Mesa de debates. (*Palmas*)

MESA DE DEBATES "D"

IMPOSTO SOBRE A RENDA – ASPECTOS ATUAIS

Presidente: PROF. OSIRIS DE AZEVEDO LOPES FILHO
Participantes: PROFESSORES JOSÉ ARTUR LIMA GONÇALVES,
MISABEL ABREU MACHADO DERZI, NATANAEL MARTINS E SIDNEY SARAIVA APOCALYPSE

PRESIDENTE DA MESA (PROF. OSIRIS DE AZEVEDO LOPES FILHO) – ...(inaudível)... Profa. Misabel Abreu Machado Derzi, Dr. José Artur Lima Gonçalves, a minha esquerda aqui Dr. Natanael Martins e finalmente, na extrema esquerda, o Dr. Sidney Saraiva Apocalypse.

O imposto de renda no Brasil é um imposto que corresponde, sob o ponto de vista cultural, à tese hegeliana da alienação. Os grandes países do mundo, na tributação das empresas, usam imposto sobre corporações, imposto sobre pequenos negócios etc. No Brasil se concebeu o imposto de renda que na sua estrutura básica está disciplinado ainda pelo Decreto 1.598, conjugando à nova lei de 1976, que disciplina a sociedade por ações. Pelos dados do Sebrae existem hoje no país cerca de 4 milhões e 500 mil unidades econômicas. E o imposto de renda, inspirado na leis das S.A., criou o lucro real que é uma forma complexa de apuração.

Para superar uma disciplinação voltada para 15 mil empresas, que são as S.A. do país – que leva a uma forma custosa de apuração do lucro das empresas – começaram a ser estabelecidos uma série de mecanismos para simplificar o cálculo do imposto de renda – lucro estimado, lucro presumido, lucro arbitrado.

Então, temos o principal imposto do país, sob o ponto de vista federal, com essa característica. Daí a tendência, ainda que a Constituição estabeleça um tratamento privilegiado para a pequena e média empresa, que a única tentativa de tributação adequada para a pequena e microempresa foi essa última disciplinação, vencedora aí, ainda que, com a característica do atual governo, com várias inconstitucionalidades no seu bojo. Mas como realmente foi a única forma que privilegiou um tratamento distinto para pequena e média empresa, emplacou o Simples, ainda que com todas essas deficiências.

O grande problema do imposto de renda – e acho que o Sidney vai falar sobre isso – é que ele tem avanços normativos, mas que não correspondem à sua aplicação na realidade. Ora, na minha opinião a lei tem um plano prático, ela é feita para ter eficácia. Por exemplo: introduziu-se no país, em 1995, o conceito de preço de transferência – *transfer price* –, mas não se dotou a administração tributária da estrutura necessária para calcular o *transfer price*, nem foram estabelecidos os contatos com as administrações tributárias estrangeiras para harmonizar o cálculo do *transfer price*; porque se o tributo é do outro país ou se se tributa dos dois lados, as empresas multinacionais ficam com um problema seríssimo.

Quer dizer, então nós fomos muito normativos e nominalistas, fazemos as grandes reformas na lei, acho que para o FMI ver – antigamente era para inglês ver –, a banca internacional ver que estamos nos modernizando; mas não têm eficácia.

O problema central hoje do imposto de renda é sua baixa eficácia e a impossibilidade de a administração tributária conferir efetivamente os resultados apresentados pelas empresas. Então, isso criou uma distorção, no mercado, fantástica; os mais ousados, os temerários sobrevivem com maior facilidade; os que cumprem adequadamente a lei perdem poder de competição. Daí eu pensar que reforma tributária tem de ser não só alteração da lei, mas também alteração da administração tributária, para torná-la efetiva, lei igual para todos. O instrumento da efetividade da lei é a administração tributária adequada. E mudar a consciência do contribuinte. Quer dizer, essa voluntariedade, espontaneidade de pagar o tributo tenha um melhor nível de cumprimento.

Então, para iniciar os debates passamos a palavra ao Prof. José Artur Lima Gonçalves.

PROF. JOSÉ ARTUR LIMA GONÇALVES – Doutor Osiris, demais componentes da Mesa, colegas participantes deste Congresso, meus cumprimentos. É uma honra estar aqui e vou tentar tirar proveito da circunstância de que um Congresso é o local adequado para enfrentarmos as diferenças de opinião; enfim, dar ensejo ao debate, coisa que não temos oportunidade no dia-a-dia.

A posição, por exemplo, do Prof. Osiris, que é conhecida de todos, é uma posição mais preocupada com a lei como uma referência de comportamento; ao longo da vida ele tem colocado a sua extraordinária inteligência para desenvolver a preocupação com o aspecto da praticabilidade, que também é uma preocupação que a Profa. Misabel desenvolve nas suas obras, nos seus livros. No seu extraordinário livro sobre o tipo tributário, ela enfatiza essa questão da praticidade. E acho que este é um ambiente adequado para colocarmos as nossas diferenças. É que, para mim, muito embora devamos considerar essa questão da praticidade, no mínimo não posso "só" pensar nessa questão (da praticidade). Então, a minha maneira de compreender o sistema normativo – aqueles que conhecem os meus esforços intelectuais sabem –, implica na busca, dentro do contexto da Constituição, de todas as regras de contenção do exercício deste extraordinário poder que é o poder de tributar.

Feitas essas colocações iniciais, estou alertando, porque delas queremos sacar conseqüências que, espero, não descambem para o lado físico com o Prof. Osiris, porque ele é maior do que eu, passemos ao tema. (*Risos*) Então, vou me preocupar um pouco mais...(inaudível)... outro dia estávamos num debate da Academia no qual o Souto [Maior Borges} estava dizendo que esse negócio de princípio da não-cumulatividade não é bem assim, não é bem assado, e, como debatedor, fiz uma pergunta ao Prof. Souto Maior Borges. Ele disse assim: José Artur, eu pensei que a nossa amizade poderia durar um pouco mais. (*Risos*)

Vamos para o aspecto normativo, que é aquele com o qual me preocupo declaradamente. Pediram para falarmos um pouquinho sobre atualidades. Para falar de atualidade – estamos quase no ano 2000 – gosto de voltar para as meditações desenvolvidas lá na década de 60 – já que é para falar de atualidade – pelo Prof. [Alfredo Augusto] Becker (agora que o seu *Teoria Geral* está sendo reeditado, todos podemos ter acesso a uma edição baratinha, não precisamos mais pagar aqueles absurdos nos sebos). E o Prof. Becker, já ali na metade do século, estava propondo que se procedesse a uma revisão do estudo do Direito Tributário, a partir de uma volta ao sistema dos fundamentos óbvios. O que ele queria dizer com isso? Queria dizer: escuta, vamos parar de tomar certas coisas como óbvias e vamos fazer uma revisão desses fundamentos óbvios, e talvez as nossas conclusões sejam redirecionadas. Ele propunha que esclarecer um determinado objeto seria explicitar premissas.

Muito bem. Nós tivemos aqui aquela extraordinária conferência do Prof. Celso Antônio Bandeira de Mello, que com toda aquela veemência e aquele extraordinário domínio de retórica fixou aspectos básicos do momento histórico que estamos vivendo. Ficou na minha mente, quer dizer, ele verbalizou preocupações minhas que se resumem no seguinte: temos um fortalecimento extraordinário do Poder Executivo, neste momento; e não é deste mandato, esta é uma coisa histórica que vem ocorrendo sistematicamente no Brasil. Por outro lado, este fortalecimento tem um complicador técnico, que é a possibilidade de um repreenchimento do Supremo Tribunal Federal dentro de um mandato presidencial, contando a reeleição. E esta conclusão, esta consideração que o Prof. Celso Antônio fez aqui me deixou ainda mais preocupado do que eu já estava, porque efetivamente teremos uma concentração, dentro do Supremo Tribunal Federal, de pessoas que, no fim das contas, são indicadas, e por conta disso devem ter alguma identidade, eu não diria ideológica, porém alguma identidade com aquele que os indicou.

Isso me fez mudar um pouquinho o rumo do que vinha pensando para conversar com vocês. Gostaria de aproveitar esta oportunidade para referir alguns exemplos de atualidades jurídicas que saíram do Supremo, que vão demonstrar que temos de ter redobrada, triplicada cautela, um carinho especial no trato das nossas instituições, traduzidas em categorias constitucionais. Aparentemente, pelo andar da carruagem – como se diz por aí – o respeito pelas categorias constitucionais (que já não é uma coisa muito forte no Brasil, em face da inexistência de uma experiência constitucional mais efetiva, aqui), parece estar a cada dia e a cada decisão um pouquinho mais abalado.

Em matéria tributária a primeira das gravíssimas contenções que a Constituição impõe é o primado da legalidade. Atrás disso vem representatividade, vem consentimento do tributo, enfim, as razões estruturais para que a legalidade seja posta no nosso sistema constitucional tributário com aquela veemência, aquela autoridade que a Constituição faz.

Aqui peço licença para invocar a primeira "pérola" que me ocorreu na pesquisa noturna, de ontem, que é o Recurso Extraordinário 203.954-3 do Ceará, onde o Supremo Tribunal Federal, analisando o artigo 237 da Constituição, que dispõe que compete ao Executivo fiscalizar e controlar certas operações, afirma categoricamente que este poder de fiscalização e controle do comércio, que a Constituição atribuiu ao Executivo, autoriza que, por meio de portaria, seja impedido o ingresso no país de uma determinada mercadoria.

Eu não estou aqui preocupado com o mérito deste assunto. O que me preocupa é que o Supremo Tribunal Federal, que está contemplando um ato administrativo, que é a manifestação de vontade do Poder Executivo, está afirmando que sem lei prévia e válida o ato administrativo pode criar uma restrição de direito do cidadão. Isto é a maior barbaridade que se pode cometer olhando para a nossa Constituição. O Prof. Celso Antônio esgotou este assunto no sentido de que ato administrativo nenhum vai poder, validamente, criar uma modificação, restrição ou extinção de direito, senão com base em lei prévia e válida.

Esta é uma primeira atualidade, que tem profundo reflexo em matéria de imposto sobre a renda, porque toda a estrutura do nosso imposto sobre a renda – o Prof. Osiris já mencionou – esta sistemática atual, veio com base na Lei 6.404, da Lei das Sociedades Anônimas, foi concebida e votada a partir do modelo norte-americano.

O Decreto-lei 1.598, que vem fazer a adequação geral no plano contábil sobre aquelas categorias da lei societária, também tem as suas disposições calcadas na experiência norte-americana. Porém, esquece-se que o padrão constitucional norte-americano é diferente do nosso. Portanto, não posso simplesmente importar aquelas regras de comportamento, que fui buscar na experiência norte-americana, e querer fazer a sua aplicação no Brasil, sem fazer o teste de sua compatibilidade material com a Constituição. Lá, por razões técnicas que o tempo não permite desenvolver aqui, temos uma participação muito mais ativa e válida do ato administrativo, até mesmo na definição de aspectos do critério quantitativo da regra matriz do imposto sobre a renda – o que não pode ocorrer aqui, porque a Constituição brasileira, da forma como foi amarrada, exaustivamente, não permite esta interferência do ato administrativo na quantificação do tributo, seja para completar, seja para alterar a regra matriz de incidência, em face do primado da legalidade, em conjugação com a amarração da chamada repartição da competência tributária impositiva, que está na Constituição, e que já pressupõe um determinado âmbito semântico de todas aquelas materialidades que estão nos arts. 153, 155 e 156.

Então, a conseqüência de uma tal interpretação, no sentido de prestigiar o ato administrativo com um conteúdo desta natureza para o imposto sobre a renda, é trágica, é terrível, e impõe uma meditação nossa no sentido de exigir uma prática constitucional diferente desta que vem sendo adotada subliminarmente.

Uma segunda "pérola" da atualidade, para manter o nosso tema, é objeto do Recurso Extraordinário 213.396 de São Paulo, no qual se discute a substituição tributária no caso do ICMS. Perceba-se que mesmo antes da Emenda n. 3 (que enfiou "goela abaixo" do ordenamento jurídico aquele famigerado § 7º do artigo 150), e esse caso se refere a uma hipótese anterior a essa Emenda, três ministros do Supremo já votaram tranqüilamente pela possibilidade de tributação de fato futuro.

Quando você tem uma decisão desta natureza, antes mesmo da introdução desse famigerado § 7º do artigo 150, você percebe uma tendência que vai desembocar em matéria de imposto sobre a renda, na eventual consolidação daquelas regras abertas que existem. Por exemplo, o artigo 51 da Lei 7.450, que diz: qualquer operação, qualquer coisa que vocês fizerem que por acaso, direta ou indiretamente, puder vir a dar a impressão de levar à conclusão de que exista renda, isso é matéria tributável.

Quer dizer que, tecnicamente, o que temos aqui é a benção do Supremo Tribunal Federal para a tributação com base em presunção ou ficção, o que, na minha maneira de entender, não é, de forma nenhuma, possível de sequer ser cogitada, em face das disposições do sistema constitucional tributário brasileiro.

Muito embora estas amarrações constitucionais aparentemente venham a comprometer as preocupações do princípio da praticidade, elas têm de ser observadas. Quer dizer: a praticidade vai ser resolvida dentro de um contexto de coerência interna com o sistema constitucional tributário brasileiro. Fora daí não é possível cogitar de praticidade, de facilitação do funcionamento da regra de tributação.

Então numa decisão como essa, que reconhece a validade da tributação com base em fato futuro, que pode até vir a não acontecer, o Supremo diz: não se preocupem, temos regras, se não acontecer o fato a gente devolve; se a base for diferente, a gente dá um jeito de acertar na frente. Ora, a Constituição não permite este tipo de mecanismo. Então, teremos de enfrentar, e vamos enfrentar, esta questão, porque o Supremo está dizendo, em outra hipótese, que isto é possível.

Então, amanhã, em matéria de imposto sobre a renda, se o Supremo mantiver coerência com este precedente, vamos ter uma gravíssima complicação, que vai, inclusive, desembocar na questão do *transfer price*, que hoje está toda calcada em presunção e ficção, na medida em que não se asseguram os mecanismos práticos de viabilização da verificação da ocorrência da transferência e dos seus efeitos tributários.

Para continuar na nossa "listinha" de atualidades, temos a decisão que já é famosa – essa em matéria do imposto sobre a renda – que é o Recurso Extraordinário 194.612 de Santa Catarina, na qual o Supremo volta àquela sua posição anterior, que nós já tínhamos, com muita luta, conseguido superar, segundo a qual a lei aplicável para a quantificação da base de cálculo é aquela vigente no período de apresentação da declaração.

Isto é uma barbaridade que não tem precedentes. O imposto sobre a renda pressupõe aquela noção de período dentro do qual vão ocorrendo ingressos e saídas relevantes para um dado confronto no termo final. Dizer que a lei aplicável para o regime jurídico dessas entradas e saídas é aquela vigente no exercício da apresentação da declaração implica dizer que, posteriormente à ocorrência desse fato e à organização do particular na sua programação diária, o efeito jurídico, em termos de relevância (destas entradas e saídas) para a quantificação da base de cálculo do imposto sobre a renda, poderá vir a ser alterado.

Esta decisão equivale a dizer que imposto sobre a renda prescinde da noção de período, o que até hoje não vi escrito em lugar nenhum do mundo, nem por jurista, nem por economista; todos, à unanimidade, dizem: renda pressupõe a consideração de um dado período. Então, isto não é possível de ser considerado sob o nosso sistema constitucional tributário – mas quem está dizendo isso é o Supremo, não sou eu; então nós todos vamos estar às voltas com este tipo de coisa.

Para não tomar muito mais tempo só vou fazer uma referência rápida a outro Recurso Extraordinário, que é o 182.737, no qual aparece uma outra "pérola" da atualidade, que consiste no seguinte: discutiu-se a constitucionalidade da cobrança de uma taxa de registro das pessoas jurídicas de capital aberto na comissão de valores mobiliários, e, obviamente, como a base de cálculo dessa taxa era o tamanho do capital ou do patrimônio do interessado – não me recordo –, os contribuintes que pensavam que estavam num país civilizado procuraram seus advogados e disseram: mas, Doutor, eu aprendi na escola de administração que essa base de cálculo não corresponde à grandeza do serviço prestado, essa é uma base de cálculo de imposto.

Posta a matéria à apreciação do Supremo Tribunal Federal ele disse que a taxa é instruída pelo princípio da capacidade contributiva, e deu por válida esta exação.

Por aí vamos percebendo os exemplos práticos e objetivos que existem. Nós estamos detectando o comprometimento de aspectos fundamentais do sistema constitucional tributário. Estamos percebendo o comprometimento dos princípios que informam o sistema constitucional tributário, e na hora que permito o comprometimento dos princípios, estou fazendo desmoronar todo o edifício – na linguagem do Prof. Roque Carrazza, que compara os princípios aos alicerces de um edifício. Estou permitindo que todo este edifício venha abaixo.

Isto quer dizer – o meu tempo já está se encerrando – que em matéria de imposto sobre a renda (todas as definições básicas que encontro exigem a constatação de um *plus*, de um acréscimo no patrimônio, no acervo líquido de direitos do particular, que pressupõe uma noção de período) estou comprometendo todos os fundamentos constitucionais se passar a aceitar essas premissas que o Supremo Tribunal Federal está colocando por meio dessas decisões.

Então, fora desses fundamentos constitucionais, a prevalecer as premissas que estas decisões do Supremo estão adotando, só posso estar diante de insegurança, de admissão de confisco, de comprometimento de representatividade, e, o que é mais grave, do consentimento à tributação que a representatividade implementa dentro do nosso sistema.

Isto tudo é muito complicado e eu gostaria de, para terminar, lembrar que neste domingo, dia 15, fez três anos da morte do Prof. Geraldo Ataliba, que nos ensinou, por meio da publicação do seu *República e Constituição*, a respeitar e a dar importância para a práxis constitucional, que faz com que nós exijamos das autoridades e do Poder Judiciário um posicionamento que mantenha a coerência interna do sistema constitucional tributário, sem a qual vamos estar na mão do arbítrio.

Então, a praticidade é necessária e deve ser prestigiada, mantida, porém, a coerência interna do sistema constitucional tributário brasileiro.

São essas as minhas considerações, Prof. Osiris. (*Palmas*)

PRESIDENTE DA MESA – Com a palavra a Dra. Misabel, que dada a sua condição feminina terá 20 minutos para expor (*risos*), enquanto os dois jovens aqui à minha esquerda terão só 15 minutos. Não há isonomia, aqui, no caso.

PROFA. MISABEL DERZI – Vou fazer um esforço para falar apenas em 15 minutos. (*Ri*)

É uma grande alegria estar aqui, nesta Mesa presidida pelo Prof. Osiris e ao lado de meus colegas que tanto admiro, e falando a esse público deste tradicional Congresso de Direito Tributário em nosso País, do Instituto Geraldo Ataliba – IDEPE.

Gostaria de lhes falar brevemente – como os senhores vêem as nossas considerações vão ser pequenas e superficiais – sobre a impossibilidade de se tributarem os ganhos de capital de mortos, falidos e outros sinistrados, que no entanto lei recente, de n. 9.532, de 1997, contemplou como fatos geradores do imposto sobre a renda.

Na verdade para nós o infortúnio, a ruína e a desgraça não são fenômenos de realização de ganho de capital, mas configuram, ao contrário, perda, desapossamento do bem ou do patrimônio.

O legislador pensa diferente; fala, sim, em ganhos em relação à falência, no artigo 60 da Lei 9.430, de 1996, e fala, sim, em relação aos ganhos de capital de doadores, na Lei 9.532, de 1997, artigo 23. Parte da doutrina também entende ser viável a incidência.

Quero lhes dizer que a incidência é absolutamente inconstitucional, absolutamente injusta, inclusive. Ela veio acompanhada de um fenômeno de heranças e doações, por exemplo, atrelada a um fenômeno de herança, que não tem nada a ver com a incidência em si, e que perturba um pouco o raciocínio, sem dúvida nenhuma.

Se entendermos que efetivamente existe ganho de capital com a morte do titular do bem, amanhã pode haver incidência sobre qualquer outro desgaste. Quem quer que tenha um bem qualquer, que se perde por um incêndio, uma calamidade pública, uma inundação, de acordo com o princípio dessa lei realizou o ganho. Neste caso deve pagar imposto sobre a renda. É isso que está dito na Lei 9.532.

Isso me parece absolutamente inaceitável. Todos nós sabemos que o imposto sobre a renda, não importam as correntes econômicas e doutrinárias diversificadas que adotemos, sempre foi considerado incidente sobre riqueza nova. Riqueza nova, acréscimo de riqueza produzido por um patrimônio qualquer. Essa teoria está implantada em nossa Constituição.

A Carta não diz como se apreende, como se apura esse acréscimo de riqueza. O Código Tributário Nacional também não diz como é que se apura efetivamente esse acréscimo, essa riqueza gerada por um patrimônio determinado. Por isso as nossas leis ordinárias, há muitos anos – e a doutrina não tem estado atenta para essas diferenças –, têm consagrado modos distintos de apurar a renda, na pessoa física e na pessoa jurídica.

Doutrinadores estrangeiros classicamente explicam a diferença: nas pessoas jurídicas, por conquista das empresas comerciais e industriais, obteve-se a apuração do ganho como lucro comercial, de acordo com princípios próprios da contabilidade comercial. As justificativas residem no fato de que as atividades empresariais estão mais sujeitas às oscilações econômicas e, em segundo lugar, em que, para desenvolver qualquer atividade econômica, é necessário separar um patrimônio e afetá-lo à exploração da atividade.

Então, é preciso proteger – sempre se disse isso – esse patrimônio de modo que ele não se perca, ele não se reduza, sob pena de se inviabilizar a atividade econômica.

Com isso, sempre se apurou o lucro na pessoa jurídica a partir daquilo que se chama de teoria do balanço, por meio da contabilidade comercial. No início de um período levanta-se o patrimônio líquido, que é o valor dos ativos menos o passivo, menos as amortizações e as provisões justificadas na lei, e compara-se com o patrimônio líquido no encerramento do mesmo período. Se há uma diferença a maior, evidencia-se o lucro ou renda tributável; se há perda de patrimônio líquido, constata-se prejuízo.

Na pessoa jurídica, independentemente do fluxo dos rendimentos que entram e que saem, em razão da atividade operacional da empresa, podem ser registradas, independentemente desse fluxo, perdas do patrimônio, de bens do ativo que se tornaram inservíveis ou obsoletos ou que foram alienados por preço inferior ao custo e, por isso mesmo, não só ganhos de capital relativamente a esses bens do patrimônio, como os prejuízos deles advindos são considerados.

Se, na pessoa jurídica se tributam os ganhos de capital, igualmente se leva em conta o prejuízo, para fins de dedução, advindo da mesma fonte. Na pessoa jurídica essa é a forma de se apurar.

Na pessoa física o fenômeno, o mecanismo de apuração, classicamente entre nós, tem sido muito diferente. Nós temos que entender que temos consentido nisso por determinadas razões. Então, não se apura o excedente acompanhando-se o valor do patrimônio líquido, de modo algum. Apura-se o excedente só pelo fluxo dos rendimentos que entram e dos rendimentos que saem. E mais, as despesas dedutíveis (recursos que saem) são despesas padrão. Não se tributa alguém de acordo com a despesa que essa pessoa pode fazer, mas de acordo com aquilo que o contribuinte padrão médio tem que gastar para si e sua família.

Assim, no imposto sobre a renda não são dedutíveis as despesas feitas por uma pessoa física, acima dos padrões medianos, legalmente admitidos. Se alguém pode gastar, pode mandar o filho estudar em Harvard, ou numa universidade européia, nem por isso essas despesas serão dedutíveis.

Entretanto todas as despesas, inerentes à atividade, ligadas à competitividade e à livre concorrência, devem ser dedutíveis na pessoa jurídica. Quanto mais rica uma empresa, mais ela pode investir, mais ela pode gastar, ter empregados bem remunerados, porque ela requisita os melhores. Nós não tributamos as pessoas jurídicas pelo padrão médio. Por exemplo, somente são dedutíveis salários até 500 reais por mês. Isso não se admite na pessoa jurídica. Na pessoa física nos tributamos, e somente autorizamos as despesas de acordo com o padrão de vida do contribuinte médio.

Em relação à renda das pessoas físicas, só tributamos, até hoje, os ganhos realizados, que se converteram em dinheiro. Por quê? Porque há uma contrapartida para o legislador; ele só tributa os ganhos da pessoa física, jamais manda deduzir os prejuízos nos ganhos de capital. Se alguém tem bens patrimoniais imóveis e perde esses bens, onde é que está a autorização para deduzir essas perdas? Inexistem.

Então, não se leva em consideração, na pessoa física, o patrimônio líquido. Por meio da tributação das pessoas físicas, o imposto atinge a renda de um pai que sustenta os filhos, de um pai que sustenta a família, o que exige, eminentemente, liquidez. Portanto, na pessoa física é inconcebível tributarmos ganho de capital, a não ser quando esse ganho se converte em dinheiro, ou seja, quando ele entra para o fluxo.

Da pessoa física só tributamos o fluxo dos rendimentos que saem, reduzido das despesas. Então, é a diferença no fluxo. Não se admite ganho de capital tributado, na pessoa física, apenas potencial, não realizado. Por esse aparente benefício, o contribuinte paga caro, porque ele não tem direito de deduzir os prejuízos, quando se apresentam.

Imaginem os senhores alguém que tem um imóvel em um edifício que desmorona. Perde tudo. Para uma pessoa jurídica tudo seria levado em consideração, mas se estamos falando de pessoa física, esse pobre coitado, que ganha salário e aufere acima do mínimo legal, apesar da perda, ainda haverá de pagar imposto sobre a renda. Houve substancial prejuízo, como perda de patrimônio líqüido, mas o excedente, tratando-se de pessoa física, apura-se de acordo com o fluxo.

O nosso modo de tributar a pessoa física é diferente – qualquer ganho de capital tem que entrar no fluxo do dinheiro, não se admite tributação meramente potencial do ganho de capital. Não se admite e se paga muito caro por isso.

Então, o que eu lhes queria dizer é que o legislador não pode, injustamente, equiparar e aproximar o imposto de renda da pessoa física ao imposto de renda da pessoa jurídica sem fazer uma aproximação total, sem dar à pessoa física o direito de deduzir os prejuízos. Não obstante, é o que está acontecendo entre nós: considera-se que alguém tem um bem, segundo o custo de aquisição registrado em sua declaração de bens, e que tal valor está oscilando no mercado. Se essa pessoa morre, embora não entre dinheiro algum – ao contrário, o morto é desapossado dos bens, desapossado da vida –, o ganho é inexistente, e, no entanto entende-se que ele auferiu renda. Isso é uma verdadeira aberração! Por que tributar ganho potencial que não entrou no fluxo e que não se realizou?

Quero dizer aos senhores que não estou justificando esta diferença de tratamento entre pessoa física e pessoa jurídica; só estou lhes dizendo que ela existe, nós trabalhamos com ela há muito tempo. Na verdade, precisamos refletir mais profundamente sobre estas diferenças e verificar se elas são corretas ou não, são justas ou não. Essa é uma outra questão.

O que me parece profundamente injusto é transformar uma perda em ganho, por uma ficção do legislador em entender que, com a morte, houve o ganho, com a doação – que é afastamento do bem, saiu um bem e não entrou nada para esse bem –, houve ganho. E criarmos a ficção de que, portanto, o espólio deve alguma coisa, como se fosse um imposto, em nome do *de cujus*.

Depois o legislador, como se fosse um favor, autoriza que os herdeiros, legatários e donatários recebam o bem pelo mesmo valor que constava na declaração de bens do *de cujus*. Isso não é favor, isso é uma ficção contra o sujeito passivo, contra o contribuinte. Aquele que recebe uma herança, recebe um bem, tem o direito de aferir-lhe e registrar-lhe o valor real. No Direito Tributário prevalece o princípio da verdade material. Se o contribuinte recebeu o bem por cem, ele deverá ser registrado por cem. Não há nenhum ganho de capital a pagar, porque o bem está entrando para o patrimônio do herdeiro por cem e vale cem.

Ganho de capital potencial, assim como prejuízo potencial do patrimônio do *de cujus* não chegaram a realizar-se, pois se extinguiram com a morte. Então, não há o que ser tributado.

Com essas considerações muito superficiais, devo dizer-lhes que essa questão não se confunde com herança... trata-se de matéria diferente. O Supremo Tribunal Federal em várias ocasiões afastou as tentativas da União, que se fizeram durante muitos anos, para se alcançar heranças e doações por meio do imposto de renda.

Ninguém nega que, quando se recebe alguma coisa por meio de herança, doação ou legado, há acréscimo patrimonial. Ninguém nega que economicamente isso existe. Mas o acréscimo não decorre de fonte do próprio patrimônio, mas de fonte estranha.

A Constituição houve por bem separar em dois impostos diferentes: imposto sobre a renda, como acréscimo patrimonial ou excedente produzido pelo próprio patrimônio. Heranças e doações, um outro imposto, de competência dos Estados, incide sobre acréscimos patrimoniais e excedentes produzidos por transferências de outros patrimônios.

Mas o que está em jogo aqui é algo muito mais profundo, é a destruição da idéia de renda propriamente dita, pois a Lei 9.532 chama de "ganho de capital" perdas provocadas pela morte, falência, sinistro e outros infortúnios. Para mim, ganho de capital do morto ou falido é absolutamente inalcançável. Se a Lei 9.532 tributasse os ganhos advindos da herança e doação, teria de eleger, como base de cálculo, o valor total do bem (invadindo o campo de competência do Estado). O que ela está fazendo é: tributando ganho de capital do morto, do falido, do sinistrado, do arruinado, do infortunado.

Muito obrigada. (*Palmas*)

PRESIDENTE DA MESA – A Profa. Misabel introduziu um aspecto interessante no debate, que é o da tributação da pessoa física. Na minha visão o imposto de renda da pessoa física já deixou de ser um imposto sobre conceito de renda, passando a ser um imposto sobre rendimentos brutos, porque o conceito de renda do Código Tributário é a disponibilidade, depois de se deduzirem as despesas necessárias. Só que pela Constituição, pela atuação do princípio da personalização do tributo – e o imposto mais suscetível de personalização do tributo é o imposto de renda – tem que ser considerados não só os elementos para a renda economicamente disponível, mas também outros elementos fundamentais à sobrevivência da pessoa humana – despesas de dependentes, despesas médicas, despesas educacionais etc.

Então, na medida em que a tendência da legislação é de reduzir a limites ridículos as chamadas deduções, porque também houve um maquiavelismo de separar... antigamente esses conceitos eram separados: dedução era vinculada à despesa necessária para recepção do rendimento e os abatimentos eram aquelas outras despesas socialmente incorporadas para diminuir a renda tributável, consideradas relevantes.

Ora, uma Constituição que adota explicitamente o princípio da personalização do tributo obviamente tem de considerar uma pletora, uma gama elevada de elementos a diminuírem a base de cálculo do tributo, quer dizer, a renda finalmente disponível, a renda líquida, ou como queiram chamar.

O problema na realidade é a tendência de se disciplinar rendimento bruto e não renda líquida. Além disso, é um dos fatos interessantes, acho que esse imposto de renda da pessoa física entra numa contramão constitucional fantástica. Vejam, a última lei vigente antes da nova Constituição tinha nove faixas de renda tributáveis, de 5 a 45%; tinha chegado antes a 55% a última alíquota. Veio a nova Constituição e com o macaquismo de copiar a legislação americana adotou as alíquotas de 10 e de 25% hoje, de 15 e 27,5%. Mas vamos pegar a tributação mensal, que é mais fácil de avaliar: até 900, isento; acima de 900 a 1.800 alíquota de 15%; e acima de 1.800 alíquota (que estão querendo eternizar) de 27,5%.

Ora, são tão exíguos os dois limites inferiores da isenção e da alíquota de 15%, que a alíquota efetiva tende a 27,5%. Quer dizer, enquanto a progressividade do imposto de renda era legal, avaliando a capacidade produtiva etc., a personalização do tributo levou a uma pletora de alíquotas. No momento em que a Constituição tornou a progressividade constitucional, houve a inversão do sistema.

Eu acho que o grande vencedor disso é o PFL (*Risos*). O PFL tem...(inaudível)... a problemática seguinte: o imposto de renda tem que ser proporcional. O imposto brasileiro na prática virou imposto de renda proporcional, cuja alíquota efetiva, dependendo do rendimento da pessoa, tende a 27,5%. Então, é um desrespeito total.

Com relação à pessoa jurídica que o Prof. Artur estava expondo – e me lembrei que ele é muito preocupado com essa matriz constitucional da renda etc. – há uma inovação, que é um absurdo, na minha opinião: ela foi feita na época em que se acabava com a correção monetária e também numa vertente política que dizia o seguinte: não tem muito sentido considerar despesas na pessoa jurídica os juros pagos a terceiros e não forçar a capitalização da empresa.

Então, a Lei 9.530, ao acabar com a correção monetária das demonstrações financeiras, possibilitou que se atribuísse juros ao capital próprio, desde que a empresa tivesse lucros.

Eu me lembro que no segundo semestre do ano passado um grande banco do país teve um resultado excepcional no imposto de renda da pessoa jurídica. Ele distribuiu 370 milhões desse resultado apurado, não como dividendos, porque a tributação como dividendo ia pegar no imposto de renda de 25%, mais 18% da contribuição sobre o lucro líquido; ele aplicou a alíquota relativa à distribuição de juros ao capital próprio, uma alíquota de 15% – que é um duplo benefício, uma alíquota menor do que a normal no mercado para os dividendos, e além disso isso é computado para abater do lucro real. Quer dizer, um duplo benefício.

Daí eu ter defendido, há muito tempo, que se o governo quer aumentar a arrecadação do país, o que ele tem de fazer em primeiro ponto, além de combater a evasão, é verificar os furos tributários, os drenos, os *links*, aí, de que os americanos falam, e cortá-los. É muito mais racional.

O conceito de orçamento de gasto tributário surgiu nos EUA – e hoje é praticado por toda a OCDE – durante a guerra do Vietnã. Com as crescentes perdas da guerra do Vietnã o Presidente Lindon Johnson resolveu fazer, como sempre, uma reforma tributária para aumentar a arrecadação, e deu a um professor americano essa incumbência. Ele era imaginativo e falou: ao invés de fazer uma reforma tributária aumentando a carga tributária de todo o mundo, vamos estudar as perdas de arrecadação, isto é, os incentivos, as isenções, as reduções de base de cálculo, as reduções de alíquota etc., e aquilo que não for mais eficaz, não tiver mais utilidade, vamos revogar isso.

Aqui no Brasil leio diariamente a *Gazeta Mercantil* e nela vem sempre anúncios de cursos de planejamento tributário. Ora, onde há o planejamento tributário? Quando a carga tributária é muito elevada e quando há uma variedade de leis que torna incompreensível o sistema.

Se fosse um governo sério e trabalhador, não fosse esse governo vagabundo que está aí, o que ele faria? Mandava os seus funcionários para ver o planejamento existente, seja para mudar a sua orientação, seja para reformular a legislação. É um negócio evidente, quer dizer, é um sistema tributário doentio porque agride a Constituição, a matriz fundamental. É um sistema doentio porque altera a competição no mercado. Os mais temerários prosperam e ficam impunes.

Com o palavra o Dr. Sidney.

TÍTULOS DA DÍVIDA PÚBLICA. EXTINÇÃO DE OBRIGAÇÃO TRIBUTÁRIA

PROF. SIDNEY SARAIVA APOCALYPSE – A todos bom dia. Perdão, boa tarde, já passamos do meio dia; na minha terra bom dia só se dá até a hora do almoço; como não almocei, continuo dizendo bom dia.

O tema que me foi sugerido diz respeito ao imposto de renda: *transfer price*. É um tema, no meu modo de ver, maçante e, por outro lado, um tema, posso dizer aos senhores sem nenhum pejo, com o qual não simpatizo; e ao mesmo tempo tenho uma grande dificuldade em entender. Até porque, em 1994, o Prof. Osiris, representando o governo brasileiro, eu e mais o Prof. Ives [Gandra Martins] tínhamos de ir a Seul, na Coréia, para discutir, exatamente, esse tema dentro da OCDE. Lá estive e pude ver, no debate entre as diversas nações, que esse é um tema sobre o qual ninguém tem uma opinião formada e para o qual ninguém tem uma solução.

O legislador brasileiro adotou um critério aparentemente simples para controlar o preço de transferência, mas impraticável, absolutamente impraticável. Vou dar um exemplo: um dos conceitos para apurar o preço de transferência diz respeito ao preço praticado na praça atacadista, onde o produto deva ser comercializado.

Algumas empresas brasileiras exportam laranja, suco de laranja, e até aí admito ser possível estabelecer um parâmetro para verificar a existência ou não do fenômeno do *transfer price*, ou a exportação do lucro para um país de tributação mais favorável, enfim. Mas uma empresa da área de siderurgia enfrenta uma dificuldade terrível ao vender, por exemplo, aço plano. O aço plano é identificado por um leigo, depois de alguma explicação, e imagina ser aquela peça, aquela bobina de aço plano igual a qualquer outra que ele vá ver no chamado estoque da companhia, etc. Só que no momento de comparar o preço do aço plano vendido pela Companhia Siderúrgica Paulista ou pela Usiminas, ou por qualquer uma das siderúrgicas brasileiras, vamos encontrar uma dificuldade, porque aquilo que está colocado na lei como critério de aferição do preço de transferência é impraticável, porque o aço plano não é um aço plano só – ele tem uma composição; entra no seu processo industrial uma série de variáveis para estabelecer a qualidade do aço, a textura do aço, a finalidade do aço e tudo o mais. Aquela mesma bobina aparentemente idêntica à que ao lado se encontra é um produto absolutamente diverso.

Então, hoje, a Receita Federal – e é atual isto – criou uma Delegacia Especial de Assuntos Internacionais (não sei se o nome é bem esse), e essa delegacia está – o Natanael é que me deu a informação – com o mesmo dilema: como aplicar a legislação do *transfer price*, a despeito de existir até mesmo uma instrução normativa – como de hábito não poderia deixar de ser. A informação que se tem, passada pelo Prof. Natanael, é de que a Receita também não tem muita preocupação quanto a isso, porque, afinal de contas, ela tem cinco anos para estudar o problema e depois nós vamos ver.

Então, essa questão do *transfer price*, que eu não domino, e nem o Brasil e nem o governo a dominou, a despeito de sobre ela legislar, me parece maçante tratar neste momento.

Uma questão que me parece também atual, mas que não diz respeito propriamente ao imposto de renda, diz respeito a tributos, é a propalada possibilidade de pagamento de dívida tributária com título da dívida pública, assunto que nos incomoda sobremaneira, até porque, em algumas ocasiões, e eu penso transmitir aqui o sentimento de vários colegas, parece que aquilo que aprendemos nos livros e ouvimos dos professores está jogado por água abaixo, e devemos rever algumas posições que me pareciam sedimentadas.

Eu estou me referindo, especificamente, aos títulos emitidos na República Velha, até mesmo no Império. Outro dia me caiu na mão um deses títulos emitidos entre 1902 e 1926, segundo a minha anotação.

O que se vê por aí é uma propalada afirmação de que é possível pagar dívida tributária com tais papéis.

Quanto a ser pagamento esta modalidade de extinção da obrigação tributária já pesa alguma dúvida, e os professores falarão melhor. Não me parece ser pagamento, parece ser, quando muito, uma compensação, uma forma de extinção da obrigação tributária mediante compensação. Mas a expressão pagamento me parece ser apenas um título de *marketing* para permitir esse tipo de planejamento. O que ocorre na realidade, e no meu modo de ver não tem sido tratado com o devido carinho nos foros mais representativos, como é este Congresso, por exemplo, é uma distorção de alguns preceitos legais.

Em 1967 surgiu um decreto-lei que autorizou o resgate desses títulos que lá estavam com o público ou que constituíam o passivo da União, do Tesouro; e surge um decreto-lei, não se sabe bem como e por que, para dizer que esses papéis seriam resgatados em determinado período. Papéis esses que tinham um prazo de resgate, um termo para resgate ligado à conclusão de determinadas obras. Na maioria das hipóteses eram obras voltadas à construção de estradas de ferro, assunto que dominava a época: 1900. Esses papéis surgiram, entretanto, de empréstimos públicos voluntários.

Então, estamos falando de papéis emitidos em 1900 que tinham lá um prazo de resgate que chegava a 200 anos, porque o prazo de amortização deles era de 0,5% ao ano, após a conclusão da obra. Como este termo não se realizara até então, em 1967 o governo achou por bem baixar o decreto lei e deu um prazo de seis meses, ao final do qual declarava-se, em outras palavras, que estariam prescritos tais créditos.

Fixou-se, através de uma resolução do Banco Central, um período em que os portadores de tais papéis pudessem ir ao Banco Central e resgatá-los. Aparentemente poucos foram, porque esses papéis estão aqui, vivendo entre nós.

No findar do prazo, em dezembro de 1968, o governo baixa um outro Decreto-lei, de n. 396, alterando o prazo de resgate para 12 meses. E, da mesma maneira, declara, utilizando a mesma fórmula legislativa do decreto anterior, que findo esse prazo os créditos estariam prescritos.

O que se discute hoje, e é bom que se diga, é a questão da prescrição ou não desses papéis, em primeiro lugar. Há alguns pareceristas que cuidaram desse assunto, a matéria está em Juízo e, por enquanto, não se tem uma definição do Judiciário quanto a essa questão.

Posteriormente foi suscitada a possibilidade – e nisso há de se convir, houve uma certa criatividade do governo – do pagamento de dívidas tributárias, ou pelo menos de dívidas previdenciárias, com terras expropriáveis de interesse do INCRA e tudo o mais. A Revista *Veja* trata muito bem dessa matéria e acho que com ela não devo me preocupar por ora.

A questão que coloco é quanto à possibilidade de compensação de dívida tributária mediante utilização daquele crédito, que, volto a repetir, surgiu de um negócio de mútuo entre o particular e o Estado – não estamos falando aqui de um depósito obrigatório, de um empréstimo compulsório por natureza; estamos falando de um título originado numa relação com voluntariedade. No meu modo de ver esta questão tem de passar, necessariamente, pelo exame daquilo que diz o Código Tributário, ao menos como um norte, no artigo 170, no que diz respeito à compensação.

A compensação entre créditos e débitos tributários é possível desde que lei autorize. E vamos, imediatamente, para a lei ordinária: e temos na Lei 9.430 a seguinte disposição: "Observado o disposto no artigo anterior, a Secretaria da Receita Federal, atendendo requerimento do contribuinte, poderá autorizar a utilização de créditos a serem a ele restituídos ou ressarcidos para a quitação de quaisquer tributos e contribuições sob sua administração".

Parássemos aqui e não haveria dúvida alguma de que a extinção do crédito tributário seria possível mediante a compensação operada com estes papéis. Ocorre que o artigo anterior a que se refere o artigo 74, que acabo de ler, diz o seguinte: "Para efeito do disposto no artigo 7º, do Decreto-lei n. 2.287, de 23 de julho de 1986, a utilização dos créditos do contribuinte e a quitação de seus débitos serão efetuados em procedimentos internos à Secretaria da Receita Federal, observado o seguinte...". E vem uma regra praticamente contábil.

No meu modo de ver estes dispositivos já apresentam o primeiro problema: o que a lei está a autorizar aqui é a compensação de créditos e débitos de natureza tributária, não a autorização que permitiria extinguir a obrigação tributária mediante compensação com estes títulos que, como frisei no início, têm a sua origem num empréstimo voluntário.

Isso tudo, evidentemente, superada a questão da prescrição, que a dívida não está prescrita.

O artigo 7º referido no artigo 73 – nessa maneira de legislar usando remissões – diz o seguinte: "A Secretaria da Receita Federal antes de proceder à restituição, ao ressarcimento de tributos, deverá verificar se o contribuinte é devedor da Fazenda Nacional".

Então, no meu modo de ver, se utilizarmos estes preceptivos dos arts. 73, 74, e 7º, a norma jurídica sobre a qual estaremos trabalhando diz respeito única e exclusivamente, no meu pensar, na compensação de *créditos* e *débitos tributários*. A partir do momento em que a natureza desses títulos da dívida pública federal fundada não seja tributária, não entendo, pelo menos por estas razões, que são razões invocadas por aqueles que defendem a possibilidade da compensação até o momento, ser possível caminhar no sentido de dizer aos nossos clientes que podem comprar esses papéis para liquidar as dívidas tributárias que eventualmente possuam.

Agora, recentemente, tomei conhecimento de um trabalho do Prof. Eduardo Jardim, apresentado no Congresso Internacional realizado na cidade de Vitória, em que ele cuida da questão do empréstimo compulsório, e traz para o seu trabalho exatamente a questão dos títulos da dívida pública. Ele diz o seguinte: a partir do momento em que o governo não devolveu aquilo que, voluntariamente, o particular a ele emprestou, transformou, transfigurou aquilo que era um empréstimo voluntário num empréstimo compulsório e, portanto, esses títulos representam agora o certificado, o diploma do pagamento de um tributo à Receita Federal, e que, conseqüentemente, dada a natureza tributária assumida pelo então empréstimo voluntário, que por obra do governo tornou-se compulsório em face da sua não restituição no prazo e de acordo com as avenças então firmadas, passa a ter natureza tributária, a permitir, então, a sua compensação.

É claro que este aspecto, esta questão, que não me parece ainda ter sido levada ao Judiciário, pelas ações até então conhecidas, é inovadora. Para mim é um aspecto novo, é um aspecto intrigante; mas que no meu modo de ver não afasta, ainda, a afirmação de que nossos clientes não devem tomar como certeza absoluta, de possibilidade irrefutável, a compensação mediante a entrega ao governo de títulos da dívida pública. Nós temos ainda que superar essas questões judiciárias para sairmos atrás desses papéis a fim de comprá-los, por menor que seja o preço.

É só isso que acho que deveria falar a respeito. Obrigado. (*Palmas*)

Presidente da Mesa – Há uma pergunta aqui ao Prof. Artur. Querem saber qual é o recurso extraordinário que tratou da proibição administrativa a importações. O Recurso Extraordinário é o de n. 203.954-3, do Ceará.

Com a palavra o Prof. Natanael.

Prof. Natanael Martins – Bom dia, senhores. Agradeço ao Idepe pelo convite que me foi feito. Tentarei substituir o Prof. Luciano falando alguma coisa sobre o imposto de renda da pessoa jurídica. Mas antes, pegando o que foi dito pela Misabel, eu me convenço que o manejo do imposto de renda das pessoas jurídicas, cada vez mais, é tão maltratado, apesar de ser o tributo que mais possibilita a personalização da carga tributária. Ele não é possível sem que nos debrucemos sobre pelo menos os grandes conceitos que norteiam a contabilidade.

Por que? Porque é do dado que se extrai da contabilidade que buscamos a base de cálculo, a formação do *quantum* sobre o qual incidirá a alíquota do tributo. E, mais ainda, todos os princípios que norteiam a contabilidade estão juridicizados. O contribuinte não pode, a seu bel-prazer, ou escolhendo uma técnica x, y ou z, determinar o *quantum* tributável pelo imposto de renda. Pelo contrário, o legislador cuidou de remeter a disciplina da quantificação da base àqueles princípios fundamentais que norteiam a ciência contábil. Portanto, sem conhecê-los verdadeiramente não estamos tratando ou não poderemos tratar do imposto sobre a renda.

Segundo o que já foi dito nesta Mesa de debates, o constituinte instituiu o tributo sobre a renda sem cuidar de defini-lo. Mas, qualquer que seja a teoria que adotemos, vamos sempre desembocar no conceito de que o tributo só pode incidir sobre o acréscimo patrimonial efetivamente verificado num dado período.

Isso está magistralmente exposto, dentre outras obras, mais recentemente no livro *Fundamentos Constitucionais do Imposto de Renda*, do meu colega José Artur Lima Gonçalves, numa belíssima abordagem que fez desses fundamentos constitucionais. Não se trata, aqui, de nenhuma propaganda ou publicidade; não, efetivamente. Principalmente porque – e aí a grande dificuldade do José Artur – ele foi buscar os fundamentos doutrinários em Bulhões Pedreira, Rubens Gomes de Souza e Gilberto de Ulhôa Canto.

Vejam então os senhores que o imposto de renda, até doutrinariamente, está sendo relegado pelos estudiosos do Direito Tributário.

Pois bem, se o imposto de que tratamos incide sobre a renda, o legislador não tem outra opção senão tributar a renda efetiva. Pode o legislador induzir comportamentos? Sim, claro que pode, e um deles é a técnica da tributação com base no lucro presumido. Até então o legislador travava essa opção para "n" atividades. Na recente medida provisória, que, hoje me foi dito, já foi convertida em lei, abriu-se a possibilidade do lucro presumido a novas situações, a começar pelo montante da renda, que era de 12 milhões e passou a 24 milhões. Por outro lado, as empresas que exploravam a atividade de construção civil, que não podiam optar pelo lucro presumido, agora já podem.

Mas a técnica de tributação pelo lucro presumido foi sempre uma opção, e não pode ser de outra forma. Já que se o que se tributa é a renda efetiva, o contribuinte, ainda que induzido, irá para a técnica do lucro presumido se ela evidentemente lhe for vantajosa.

Mas essa medida provisória, não obstante ter tido o mérito de alargar as possibilidades de opção pela técnica do lucro presumido fez, do que era opção, um contrato, porque o contribuinte no início do ano calendário, se optar pelo lucro presumido, não mais poderá retornar. Todavia, a irretratabilidade não se compadece com a estrutura constitucional do tributo, porque o que era uma opção do contribuinte passa agora a ser um contrato; e a relação tributária não é uma relação contratual – ela deriva do poder outorgado pela Constituição à pessoa política competente para o trato da matéria. E a pessoa política hauriu da Constituição tributar a renda. Se o contribuinte ao término do ano calendário, verificar que não teve renda, ele não tem de pagar o tributo; ou, se teve renda em montante muito inferior ao que a técnica do lucro presumido lhe impôs durante o ano, ele tem o direito de reverter aquela opção anteriormente feita. Essa é uma novidade que o texto legislativo trouxe e que no futuro trará grandes problemas.

Outra grande novidade foi o acréscimo da Cofins de 2 para 3%, e cuja materialidade parece ser não auferir lucro tributável em montante tal que proporcione uma arrecadação, de contribuição social sobre o lucro, em montante igual a esse acréscimo de um ponto percentual. Então, a hipótese de incidência é efetivamente não auferir lucro – porque aquele que tiver lucro em montante tal que proporcione uma arrecadação de contribuição social sobre o lucro, que absorva esse aumento da Cofins, a rigor perde apenas no tempo, porque depois compensará o tributo.

É intrigante, porque se trata de um verdadeiro planejamento tributário, só que agora do governo, dizendo o seguinte: "apure lucro, não planeje porque você perderá um ponto percentual do Cofins"; "ou, se você tiver o azar de ter prejuízo, sinto muito, o acréscimo será efetivo e real".

Só para concluir, dado o adiantado da hora, (não quero absorver além do tempo que me foi dado e que já se vai tarde) concordo com José Artur e com Misabel, quando eles dizem (Misabel ao vivo e Artur em seu livro) que na percepção da renda tributável o legislador ordinário, mesmo querendo – e ele o faz freqüentemente – não pode impedir a dedução dos custos, das despesas ou das cotas de depreciação, amortização ou exaustão. Por que?

Porque na percepção da renda tributável toda despesa, todo custo necessário, inerente, conseqüente, ou decorrente do objeto da pessoa jurídica é dedutível, não importa qual o tamanho. O que não estou a dizer é que o tributo incide sobre a poupança eventualmente feita pelo contribuinte, seja ele pessoa física ou pessoa jurídica. Não, o tributo incide sobre a renda, sobre o lucro – daí porque o legislador ordinário pode e deve traçar os nortes do que se entende por despesa dedutível. Mas sem jamais ofender o conceito.

Pode o legislador ordinário dizer que as doações voluntárias feitas pela pessoa jurídica não são dedutíveis na apuração do lucro real? Pode, porque elas não são necessárias para a obtenção de renda. Daí porque o legislador, atendendo a certas peculiaridades, admite apenas a dedutibilidade de contribuições e doações de caráter social, de caráter filantrópico.

Mas não pode, jamais, o legislador – pelo menos no sistema constitucional hoje posto – dizer, por exemplo, que despesas de viagens são dedutíveis até determinado limite, e, conseqüentemente, não dedutíveis acima de determinado limite.

Não existe um tipo fechado quanto ao conceito do que é dedutível e do que não é dedutível para efeitos de determinação da base de cálculo do imposto de renda; a dedutibilidade se afere a cada caso. E é curioso que a jurisprudência do tribunal administrativo, já há vários anos se inclinou para essa concepção de que a dedutibilidade da despesa não se faz rotulando-as; se faz analisando-as dentro do contexto em que elas se inserem.

Num Congresso recente, de que participei, o próprio coordenador do evento, Dr. Fugimi [Yamashita] me fez uma indagação, que dependendo do contexto tornaria a despesa dedutível ou não. Eu, na oportunidade, dava o seguinte exemplo: toda despesa de viagem assumida pela empresa no giro dos seus negócios é dedutível, pouco importando se o empregado ou o diretor vá de primeira classe ou de classe econômica, de barco ou navio, pouco importa. Mas, dizia eu, não é dedutível a despesa com familiares do empregado, porque não se coaduna com a necessidade da empresa. Diriam então vocês: mas e se no contrato de trabalho do empregado isso tivesse sido estipulado? Bom, mas então isso não se trataria de despesa de viagem, seria salário.

Colocou-me o Prof. Fugimi no evento de que lhes falei: "às vezes, na contratação de um palestrante, este exige que também se dê estadia e passagem para esposa e filhos". Eu disse: neste caso estaremos diante de despesa dedutível, sim. Por que? Porque para o exercício daquela atividade, ou seja, exploração de eventos, de palestras, o dono da empresa julgou necessário a presença do José Artur, de Misabel ou de quem quer que seja, que tem exigências que vão além daquelas meramente comuns. Tais exigências incorporam o *pro labore* que estaria sendo pago, perfeitamente dedutível, então, na apuração do lucro real e da contribuição social sobre o lucro.

PRESIDENTE DA MESA – Não encerre já... aproveite e responde a esta pergunta que lhe dirijo. (*Risos*)

Qual sua opinião acerca da Medida Provisória 1.724/98, convertida em lei, que atribuiu novos conceitos de receita bruta e faturamento, ambos definidos na legislação de IRPJ, e comercial, incluindo em tais conceitos receitas financeiras, variações monetárias, receitas não-operacionais etc., para fins de incidência do Pis e Cofins?

PROF. NATANAEL MARTINS – Na verdade o conceito do que vem a ser o faturamento *vis a vis* receita bruta já é matéria que vem sendo posta a o Poder Judiciário, no que tange ao Pis das instituições financeiras.

A Constituição fala que o Pis e a Cofins incidem sobre o faturamento. O Supremo Tribunal Federal já teve oportunidade de dizer que o conceito de faturamento equivale ao de receita bruta, em mais de uma oportunidade. O que não me parece ter sido dito é em que contexto se insere esse conceito de receita bruta.

O legislador do imposto de renda, desde a Lei 4.506, fala que receita bruta é a decorrente da venda de mercadorias, ou da prestação de serviços, ou a obtida nas operações de conta alheia. A discussão é tormentosa e eu, particularmente, ainda não tenho uma opinião formada, porque a legislação do imposto de renda sofreu profundas transformações a partir do Decreto-lei n. 1.598, que trouxe novos conceitos, ainda não totalmente depurados.

PRESIDENTE DA MESA – Vou fazer um apelo, para que a resposta às perguntas seja mais breve e incisiva.

PROF. NATANAEL MARTINS – Não é propriamente uma resposta a uma pergunta, é uma inovação legislativa e merece certa reflexão.

Por aqui me despeço. (*Palmas*)

PROF. SIDNEY SARAIVA APOCALYPSE – Senhor Presidente, tomando a palavra para ser breve, conciso e atender ao regulamento, gostaria de já responder às minhas perguntas. Antes que V. Exa. leia as perguntas para mim, gostaria de ter as minhas já respondidas. (*Risos*)

Ao palestrante cabe muitas vezes apresentar a questão e na Mesa de debates, suscitado o tema, enfrentar a questão posta.

Quero colocar a seguinte questão: "Uma vez que o senhor falou sobre o trabalho do Prof. Eduardo Jardim, no que tange à mudança jurídica dos títulos da dívida pública em empréstimo compulsório e, dessa forma, tornando-se tributária, o que permitiria a compensação do débito tributário vincendo, qual o seu entendimento quanto ao referido trabalho, dado que juntamente com os decretos leis pelo senhor mencionados houve também dotações orçamentárias para o resgate de tais títulos? De que empréstimo compulsório podemos falar, se o portador do título teve oportunidade de resgatá-lo?"

Eu me referi ao trabalho do Prof. Eduardo até mesmo por honestidade profissional, porque até então eu desconhecia o trabalho dele e a minha posição era – e ainda se mantém – no sentido de que não é juridicamente permitida a compensação que se pleiteia.

Não estou bem certo, mas a Constituição de então – e estamos falando de 1967 – sequer previa a figura do empréstimo compulsório, quando se deu a tal transmutação desse empréstimo que até então era voluntário, em compulsório. Entendo que houve uma medida confiscatória; entendo que o governo, ao não devolver, pelo mecanismo que tem adotado, aquilo que do particular tomou por empréstimo, ofendeu o Direito de Propriedade, ofendeu uma série de preceitos; mas com isso não permitiu a transmutação da natureza jurídica daquilo que estabelecera com o particular no passado.

Então, no meu modo de ver, o Professor – e respeito o trabalho do Prof. Jardim – traz uma questão para meditar; devemos, diante deste debate, firmar uma posição e não me sinto ainda convencido daquilo que o Prof. Jardim coloca com muita propriedade.

A segunda questão na verdade é uma observação que complementa aquilo que vinha sendo falado.

"Na linha de suas considerações sobre o uso dos títulos públicos do início do século, gostaria de lembrar aos congressistas que o uso de títulos públicos pode garantir execuções fiscais" – com o que estou de pleno acordo; é um bem como outro qualquer. "E para isso deve respeitar a previsão legal e o valor de mercado. Quanto ao valor de mercado (diz o colega Renato Lopes) deve-se substituir os pareceres, inclusive da Fundação Getúlio Vargas, que é um parecer que valora este papel à moeda agora vigente, por uma folha de jornal diário de circulação irrestrita, que demonstre o valor de mercado. Não tendo os títulos valor de mercado, não podem ser utilizados em execução fiscal".

Essa questão do valor de mercado, esse requisito que aqui é colocado pelo congressista Renato, parece discutível; mas o ponto de vista da possibilidade de se garantirem execuções fiscais, ou coisa que o valha, com esses papéis, não tenho absolutamente nenhum reparo a fazer, desde que o papel seja reconhecido como um direito ou a causa de um direito que ainda possa ser exigido.

PRESIDENTE DA MESA – Eu ia iniciar com a Dra. Misabel, mas como a esquerda é sempre mais agressiva, o Prof. Sidney tomou a palavra. (*Risos*) Tem uma pergunta aqui para mim, mas acho que a pergunta é maior do que a resposta.

"Em relação à dedução e à alíquota diferenciada incidente sobre juros calculados sobre o patrimônio líquido, sabemos que tal sistemática foi criada para compensar a extinção da correção monetária de balanço, o que efetivamente levou a uma redução das demandas judiciais decorrentes dos reflexos da inflação no patrimônio. Assim, como equalizar a revogação da dedução a nível diferenciado dos juros sobre o patrimônio líquido, com a inflação ainda existente, seja pelos seus maléficos efeitos no balanço, ou pela impossibilidade de correção monetária nos prejuízos fiscais".

O que estou pretendendo é a pura e simples revogação de um benefício que está atingindo apenas algumas empresas, que têm patrimônio líquido e tem lucros, e que gozam desse privilégio, principalmente as instituições financeiras, de pagar a tributação sobre a renda de uma maneira global, com alíquota privilegiada.

Se o momento é de escassez de recursos do Tesouro, é óbvio que aquelas perdas de arrecadação não são prioritárias – e a regra que vai viger no ano que vem, na prática, é prejuízo diversificado e generalizado na economia brasileira –, um mínimo de decência governamental era revogar isso.

Além disso, foi conversa p'ra boi dormir que a criação desse tributo, dessa alíquota diferenciada fosse para substituir a extinção da correção monetária. Foi para agradar as grandes empresas, que têm importância política e econômica fundamental no país – tem que ser dito isso!

Com a palavra a Dra. Misabel.

PROFA. MISABEL DERZI – Quero lembrar aos presentes que estou a sua esquerda. É tudo uma questão de ângulo. (*Risos*)

Vou responder rapidamente a seguinte questão:

"Tendo em vista o princípio cesáreo (?) vigente no direito das sucessões, pelo qual o patrimônio é transferido para o herdeiro no momento da morte do *de cujus*, antes portanto que haja partilha, pode o Fisco tributar a herança testamentária antes de os bens serem partilhados em processo de inventário? E, caso positivo, há ofensa ao fluxo de dinheiro?"

De fato ele não pode, em momento algum, nem antes da partilha e nem depois da partilha; o que falamos foi isto. A escolha do legislador, é claro que se explica logicamente: quando há dívidas anteriores, ou que nascem com a morte, é claro, essas dívidas são primeiro pagas, devem ser satisfeitas pelo espólio, para que se possa proceder à partilha. Então, é mais ou menos esse o raciocínio do legislador: ora, houve um ganho de capital com a morte, porque infortúnio virou realização de ganho. Se houve um ganho de capital, nesse raciocínio, o espólio vai pagar imposto sobre a renda, recolher o imposto sobre a renda, e depois vai haver a partilha.

O que estamos afirmando, exatamente, é que não importa o momento; exatamente isso: que morte, infortúnio, desgraça, ruína, sinistro, não são fatores de realização de ganho de capital.

Obrigada.

PRESIDENTE DA MESA – Não havendo mais perguntas sobre a Mesa...

PROF. NATANAEL MARTINS – Duas respostas rapidíssimas: claro que um tributo, exatamente por ser uma obrigação legal, é dedutível na apuração do lucro real. É inconcebível, nesse contexto, dizer-se que a contribuição social não é dedutível na apuração do lucro real.

Relativamente a esse aumento da Cofins, a indedutibilidade para efeitos da apuração do lucro real não me espanta e não vejo nenhuma inconstitucionalidade. Dado que você recolheu o tributo mas se este foi objeto de compensação, na verdade se estaria auferindo uma espécie de receita. Então, tanto faz dizer-se que essa compensação geraria uma renda tributável ou que a despesa anteriormente contabilizada virará uma despesa indedutível.

Não vejo nenhuma inconstitucionalidade nessa indedutibilidade dita pelo legislador.

PRESIDENTE DA MESA – Estou recebendo um recado aqui dizendo que a comida está esfriando e o sorvete está derretendo. De forma que está encerrada a sessão. (*Palmas*)

MESA DE DEBATES "E"

DIREITO PENAL TRIBUTÁRIO – INFRAÇÕES E SANÇÕES

Presidente: PROF. AIRES BARRETO

Participantes: PROFESSORES EDEVALDO BRITO, JOSÉ CARLOS DIAS, SACHA CALMON NAVARRO COELHO E EUGÊNIO DOIN VIEIRA

PRESIDENTE DA MESA (PROF. AIRES BARRETO) – Vamos começar os trabalhos do dia de hoje com a primeira Mesa de debates, que tem como tema "Direito Penal Tributário – Infrações e Sanções".

Esta é uma Mesa que me gratifica particularmente, porque é uma Mesa composta de amigos diletos.

Tenho à minha direita o Prof. Edevaldo Brito, que é livre docente da Faculdade de Direito da Universidade de São Paulo, Professor Titular de Direito Tributário da Universidade Mackenzie e, também, Professor na Faculdade de Direito Tributário da Universidade Federal da Bahia e Livre Docente e Doutor em Direito Tributário pela Universidade de São Paulo-USP. É autor de vários livros; mas, sobretudo, o Prof. Edevaldo Brito é um amigo muito querido. Há um ditado popular, segundo o qual "quem beija os nossos filhos adoça a nossa boca". E há muito, na primeira viagem que meu filho fez, com pouco dinheiro e não obstante muito tempo, teve de passar pela Bahia. O dinheiro já escasso, hospedado na casa do estudante, quão feliz ficou na hora em que Mestre Edevaldo Brito disse: "venha para minha casa", que, por mais não dizer, é uma casa com piscina, num lugar aprazível... (*risos*) O único inconveniente era que Paulo Aires não queria voltar mais. (*Risos*)

Então, desde essa oportunidade os nossos laços de amizade foram se estreitando cada vez mais e, a par do meu respeito, apreço e admiração intelectual pelo Professor, tenho esta gratificação de tê-lo visto cuidando do meu filho, como se fosse próprio.

Tenho a seguir o Prof. José Carlos Dias. (*vozes no plenário)* Ele não é Professor, é Mestre, que conheci em circunstâncias profissionais, mas que se revelou, sobretudo nessas atividades profissionais, como um excelente amigo e portador de identificações até no campo da culinária, no campo da degustação dos bons vinhos e é, nesta Mesa, quem focalizará o tema não da perspectiva tributário penal, mas da perspectiva penal tributária, uma vez que, não é preciso enfatizar, ele é um dos mais conspícuos criminalistas do nosso país.

Subseqüentemente, temos o Prof. Sacha Calmon Navarro Coelho, Professor titular da Faculdade de Direito da Universidade de Minas Gerais, autor de livros dos mais bens sucedidos e conhecidos por todos, como *O Sistema Tributário na Constituição de 88*, que tem feito tanto sucesso e já está em não sei em qual edição. O que posso garantir é que é mais de uma edição por ano. Cada ano que passa pelo menos duas edições, dá o sucesso que o livro tem produzido, não só aqui como lá fora. Isso pude sentir numa viagem que fizemos juntos a Portugal, em que a obra do Professor era conhecida de figuras, como Canotilho, Jorge Miranda, que são os mais ilustres constitucionalistas da terra portuguesa. Mas sobretudo o Prof. Sacha me lembra de um episódio. Numa fase difícil da minha vida, participei de um evento em Buenos Aires. E exatamente porque era uma fase difícil, os colegas, presididos por Sacha Calmon –

eram Geraldo Ataliba e Américo Lacombe – disseram: vamos abrir mão de uma parte da nossa verba para custear a estadia do Aires...

Então, vejam que por razões diferentes, mas todas igualmente significativas, eu tenho, realmente, o privilégio de presidir esta Mesa.

E para não tomar-lhes o tempo de ouvir esses grandes mestres, tenho a satisfação, o prazer e a alegria de passar a palavra ao Prof. Edevaldo Brito.

NÃO HÁ DIREITO PENAL TRIBUTÁRIO, NEM DIREITO TRIBUTÁRIO PENAL

PROF. EDEVALDO BRITO – O tema, tratando de sanções tributárias e de infrações tributárias no contexto de Direito Penal, adjetivado esse contexto de "Direito Penal Tributário", já de saída, leva-me a anunciar que as pesquisas, até aqui realizadas por nós, fazem com que reafirmemos a não existência do Direito *Penal* Tributário, nem o Direito Tributário *Penal*.

Para nós, partindo da relação jurídica tributária, cujo objeto é uma obrigação, verificamos que o descumprimento da respectiva *prestação* não implica sanção penal. Sabemos: *a*) que a relação jurídica é uma relação social à qual a ordem jurídica atribui um efeito; *b*) que esta relação jurídica tem elementos: subjetivo, objetivo e fato propulsor e *c*) que, no caso, a relação jurídica tributária tem todos esses elementos. Destaquemos, entre eles, exatamente, o elemento objetivo, qual seja, o bem jurídico que está sendo submetido ao *regime* que o legislador estabeleceu e, examinando esse *regime*, vemos que ele disciplina o objeto dessa relação como sendo o vínculo jurídico que une os seus pólos ativo e passivo.

Depois, vemos que este vínculo, exatamente, faz-se para que um dos pólos cumpra um *dever* – óbvio, que é o pólo passivo – agindo ou omitindo-se perante o pólo ativo, que tem, portanto, a prerrogativa de exigir esse cumprimento. E aí temos, no pólo ativo, um titular ou a titularidade – para sermos mais amplos – a titularidade de um direito a que denominamos de *direito subjetivo de crédito*. Então, vemos que ao nascer o *direito subjetivo de crédito*, com ele nasce a *pretensão* (*anspruch*), a que se refere Windscheid, ou seja, o poder jurídico de exigir, de modo coativo, o cumprimento do dever jurídico que, espontaneamente, não o foi.

Aí, então, sabemos que essa *pretensão* fica latente e somente aflora se o dever jurídico não for cumprido, se a *prestação*, portanto, que é, em termos obrigacionais, exatamente, esse dever jurídico, não for satisfeita de modo voluntário. Logo, quando isso acontece do lado passivo, todos sabemos, ocorre o que se denomina de *inadimplemento* da *prestação*.

Inadimplida, repita-se: aflora a *pretensão* – e é por isso que somente com essa ocorrência pode-se falar em termo inicial de contagem do prazo prescricional. Essa é a circunstância da ofensa ao *direito subjetivo de crédito*. Essa ofensa é o termo inicial da contagem do prazo de prescrição.

Mas, como não é este o tema, voltemos ao que nos interessa.

Se há *inadimplemento*, a questão agora é indagar: é possível que um *inadimplemento* de uma *prestação* pecuniária seja caracterizado como uma infração punível com sanção penal? Naturalmente, que teríamos, até, de dizer que pode. O *inadimplemento* é uma ilicitude; até afirmemos, em tese, que sim, porque há ilicitude, existe ilicitude, toda vez que alguém descumpre um dever jurídico.

Mas, voltemos à pergunta: esse *inadimplemento* – infração, se quiserem, ilicitude, se quiserem –, pode ser apenado? Obviamente, não. A natureza da relação jurídica e do seu objeto – ambos até aqui descritos – não permitem, os dois – a natureza dela e a natureza do respectivo objeto –, que estabeleçamos uma sanção do tipo *pena* para quem ofende, portanto, o direito subjetivo respectivo.

Se é assim, então, não encontramos um Direito Tributário *Penal* e, aí reafirmamos, nem mesmo o Direito *Penal* Tributário, o que significa que as ilicitudes que são *apenadas*, elas têm características idênticas em qualquer situação em que elas se desenvolvam, ou seja, se alguém, portanto, pratica uma fraude, não importando que ela tenha sido no campo tributário. A fraude é fraude em "Oropa, França e Bahia".

A questão, então, consiste em examinarmos que as ilicitudes dessa natureza tributária, tendo tal característica, levam-nos para o seu regime jurídico, plasmado a partir da Constituição de 1988, o qual, no texto, revela, de logo, que *somente lei complementar pode estabelecer normas gerais sobre obrigação tributária* (art. 146, inciso III, alínea "b").

Verificamos, então, que, se somente lei complementar é o veículo, teremos de considerar inconstitucional a Lei n. 8.137 de 27 de dezembro de 1990 e tantas quantas são as leis ordinárias editadas neste país para *criminalizar* o Direito Tributário.

Então, já expusemos, até aqui, dois aspectos relevantes: 1º) quanto à materialidade das normas sancionatórias do Direito *Penal*: se a circunstância envolve ilicitude reparada por uma *pena*, não importa se ela foi praticada em âmbito tributário – por isso entendemos que qualquer dos aspectos ou das circunstâncias agravantes e atenuantes, que podem ser apreciadas no campo do Direito Penal, em outras circunstâncias, também, não têm porque não sejam apreciadas em relação às circunstâncias tributárias; 2º) quanto ao aspecto formal, vale repetir, todo o regime jurídico da obrigação tributária, inclusive o do *inadimplemento* de sua *prestação*, tem de ser disciplinado mediante *lei complementar*.

Conseqüentemente, defendemos a tese da existência de *um único* Direito Penal e recusamos, assim, a existência de um Direito *Penal* Tributário ou, mesmo, de um Direito Tributário *Penal*.

Defendida, pois, a tese da *unidade do Direito Penal*, temos de enveredar, então, pelo caminho da *extinção da punibilidade*, para postular que seja idêntica quando as circunstâncias forem tributárias. Logo, se admitíssemos a legitimidade da Lei n. 8.137/90, e das suas congêneres, teríamos de concluir, porém, que elas jamais teriam essa legitimidade quando regem a *exclusão da extinção da punibilidade*, em matéria tributária. Até arriscamos dizer que se ela tivesse legitimidade – que, repetimos, não tem, por não ser lei complementar e por desrespeitar a Constituição, porque trata, portanto, de ilicitude, infração ou inadimplemento (o nome que queiram dar), em uma relação jurídica obrigacional, em que o objeto, a *prestação*, é um *dar* e o conteúdo dessa *prestação* é *pecuniário*, é o tributo – então, se ela tivesse legitimidade, ela cometeria um outro deslize constitucional, que é o de desrespeitar o princípio da isonomia.

Por que só em matéria tributária pretende-se *apenar*, sem que haja dosimetria decorrente de todas aquelas circunstâncias que se poderiam ter, em qualquer outra hipótese?

Ainda se houvesse legitimidade à Lei n. 8.137/90, e se aceitássemos essa questão de que ela poderia afastar a *extinção de punibilidade*, restaria reafirmarmos que, em matéria tributária, a *extinção de punibilidade* nunca deixou de ser presente.

Dizemos, então, aqui, que o artigo 2º da Lei n. 4.729/65 dispunha que a *punibilidade extinguia*-se quando se pagasse o tributo antes do início da ação fiscal própria na esfera administrativa. Continuamos nós: edita-se, a seguir, o §2º do artigo 18 (não nos esqueçamos disso) do Decreto-lei n. 157, de 10 de fevereiro de 1967. Desloca-se, com ele, a *extinção*, para antes do início da ação penal. Portanto, mais favorável. Depois vem o artigo 14 da Lei n. 8.137/90 e estabelece que, para os crimes regulados por essa Lei n. 8.137, o momento em que se poderia configurar a *extinção* da *punibilidade* seria aquele no qual se efetuasse o pagamento do tributo antes da denúncia ser recebida pelo juiz. Portanto, poderia, até, ser feita a denúncia, mas, o juiz precisaria recebê-la. Continua, em tais circunstâncias, melhor o tratamento da matéria.

Surge, então, primorosamente, o artigo 98 da Lei n. 8.383, de 30 de dezembro de 1991, e estabelece: revogam-se o artigo 2º da Lei n. 4.729/65 e o artigo 14 da Lei n. 8.137/90.

Perguntamos nós: e o resto? Esqueceram, portanto, do § 2º do artigo 18 do Decreto-lei n. 157/67, que, para nós, teve vigência até o advento da Lei n. 9.249 de 26 de dezembro de 1995. É que, com a Lei n. 8.383/91, apenas foram revogados os dispositivos por ela mencionados e não a disciplina da matéria, em si; logo, a matéria, tal como se encontrava no referido § 2º do artigo 18 do Decreto-lei n. 157/65, esteve vigente até essa última Lei (9.249/95) que reintroduziu a disciplina da *extinção* de *punibilidade*, nos seguintes termos, no seu artigo 34: "extingue-se a punibilidade dos crimes definidos na Lei n. 8.137, de 27 de dezembro de 1990, e na Lei n. 4.729, de 14 de julho de 1965, quando o agente promover o pagamento do tributo ou contribuição social, inclusive acessórios, antes do recebimento da denúncia". Em face do exposto, reafirmamos, sempre, que não houve a exclusão da *extinção da punibilidade* por esse emaranhado legislativo, ainda que todo ele inconstitucional, também, no plano formal, porque nunca a matéria foi veiculada por lei complementar.

Em resumo: primeiro, diante de uma relação jurídica tributária, na qual destacamos o elemento objetivo como sendo uma obrigação – portanto, é uma relação jurídica obrigacional –, encontramos a possibilidade de aquele sujeito, que deve cumprir a *prestação*, vir descumpri-la. Em o fazendo, tem o legislador de limitar-se a tratá-lo como *inadimplente* de uma *prestação*, objeto de uma obrigação, à qual se comprometeu ao participar do nascimento de um *vínculo* entre os dois pólos, antes referidos: o ativo e o passivo.

Segundo: se, ao inadimplir, ele pratica atos que possam ser *tipificados*, como situações que o legislador *apenou*, então, tem de tratar-se disto como tal, ou seja, submetendo a situação ao regime jurídico próprio, porque são diversos o do *inadimplemento* puro e simples de uma prestação e o dos atos tipificados como crime. Este último aplicável em todos os seus aspectos, que o legislador estabelece para quem, assim, proceda, seja qual for a ambiência da conduta. Destaquemos, dentro tantos desses aspectos, que é abrangente, o *Direito Penal da culpa*.

Terceiro: trazendo para o plano formal do nosso direito positivo, lembremos a questão constitucional, pois todas as leis mencionadas são ordinárias, ofendendo, dessa forma, a Constituição, *ex-vi* do seu artigo 146, III, "b", combinado com o seu artigo 69.

PRESIDENTE DA MESA – Passo a palavra agora ao eminente Prof. Sacha Calmon Navarro Coelho.

Quero, antes, registrar que temos à Mesa, que nos honra com essa presença e com a sua participação, o Prof. Eugênio Doin Vieira, que é Professor titular de Direito Tributário na Faculdade de Direito da Universidade Federal de Santa Catarina e que foi meu colega de bancos escolares no mestrado da PUC, em São Paulo.

PROF. EDEVALDO BRITO – Com licença, Sr. Presidente e Prof. Sacha, para fazer um anúncio, que as pessoas poderão não entender: ao meio da exposição do Prof. Sacha eu terei de me ausentar, porque tenho compromisso oficial às 10 horas e não há outra solução.

PROF. SACHA CALMON NAVARRO COELHO – Senhor Presidente, digníssimos membros da Mesa, dileto Auditório.

Permitam-me, antes de adentrar o tema, fazer umas ligeiras reflexões, que precedem a importância do ilícito dentro da ordem jurídica, ilícito esse que foi reabilitado por Kelsen, com profundas repercussões na Teoria do Direito.

Fico eu a pensar nos grandes pensadores que abalaram este Século que se finda. Primeiro, Karl Marx, que, adotando a dialética grega de Heráclito, implantou no mundo uma maneira nova de ver a História, deslocou-a dos feitos dos grandes homens e dos grandes episódios para situá-la no plano humilde das pessoas que viveram e conviveram ao longo do devir histórico. De fato, para Marx a história é dialética, a tese é o homem como *homo necessitudines*, a antítese a natureza, de onde ele colhe a sua sobrevivência, e a história mais nada é que o fazer dos homens ao longo dos tempos: é a síntese. É dos modos como produzem os homens as coisas para sobreviver, que nascem a história e a sociedade.

Essa virada do pensamento marxista, colocando de cabeça para baixo a lógica Hegeliana, teve profundas repercussões em nosso Século. A Teoria da História de Marx, me parece, foi uma das grandes revoluções do pensamento humano.

Em seguida, Freud, com o seu *O mal-estar da civilização*, mostrando que o Direito, a Religião e a Moral nada mais são que sistemas repressivos e que dão importância demasiada ao sexo (o que aparentemente era um escândalo) gerou uma reviravolta no pensamento humano: a civilização é repressão, o homem social é um ser natural reprimido e se não fosse Freud talvez não tivéssemos Marcuse, misto de economista e psicólogo, com o seu livro fantástico *Eros e Civilização* e nem tão pouco esse livro que recomendo a todos, principalmente às mulheres, *A Cama da Varanda*, da paulista Regina Navarro Lins. Não fossem Marx nem Freud, não teríamos talvez essas obras, porque, aberto o sendero, enveredamos todos por ele a descobrir novas paragens.

O mesmo aconteceu com Kelsen. Antes dele, o Direito só valorizava a Moral, os valores, o lícito. A ilicitude era colocada no quarto dos fundos da Teoria Jurídica, como subproduto. Pois bem, Kelsen reabilita o ilícito ou a ilicitude e coloca-os como fenômeno central da história do Direito, a ponto de, como todos sabem, dividir as normas jurídicas em primárias e secundárias. Primárias seriam todas aquelas normas que previssem uma sanção determinada para uma dada conduta, a dizer, inclusive, que todas as outras normas eram secundárias porque, dessas primárias, se poderiam deduzir os seus enunciados.

Por exemplo: matar alguém, pena de X; daí posso extrair a norma: é proibido matar. Não é permitido matar. Esta a norma secundária. Ou, no campo do Direito Tributário: não pagar imposto de renda no dia X, multa de Y. Então, é obrigatório pagar imposto de renda. A norma principal, a norma primária, seria a norma sancionante. Dela poderíamos extrair a norma de dever, que era, por hipótese, a antítese da norma sancionante. Se não pagar imposto de renda ocasiona a implantação de uma sanção, é porque pagar imposto de renda é uma conduta obrigatória.

É verdade que o reducionismo kelseniano foi severamente combatido, inclusive, por Hart: não é possível reduzir as normas jurídicas tão somente a primárias e secundárias e no Direito Tributário é evidente a fantasia, o exagero de Kelsen, a dizer que, legislativamente, a norma secundária é até dispicienda. Sim, porque no Direito Tributário a norma por ele considerada secundária é extremamente complexa. Não basta deduzir que o imposto de renda é obrigatório seu pagamento. Eu tenho de colher, da lei, uma série infinda de procedimentos para poder realizar essa simples conduta de pagar o imposto de renda.

Então, legislativa e logicamente, a norma por ele tida por secundária, é primária, é a que impõe o dever.

Mas embora essas críticas possam ter sido feitas a Kelsen, e efetivamente ainda o são, a grande importância da sua teorização é realmente a colocação do ilícito como fenômeno central do Direito. E, conseqüentemente, das sanções jurídicas.

Eu, pessoalmente, acho que o Direito é repressivo, antes que libertário, é um sistema de sanções e sem o que o Direito não se sustenta, em absoluto (sem o guante pesado e poderoso da sanção). O Direito é a mais alta técnica de dominação da conduta e das consciências e tem servido, com idêntica serventia, a Hitler e a Santo Agostinho. A Hitler, com o seu Reich de mil anos e a Santo Agostinho com a sua *Civitas Dei*. O Direito é radicalmente instrumental. As pendengas e aspirações de Justiça pertencem à luta política dos homens.

Dito isto, vamos pelo menos, para iniciar a minha fala propriamente dita, a um conceito amplo, abrangente e indiscutível de sanção, ausente daí a nulidade ou o prêmio. Ou melhor, vamos, antes de sanção, ao conceito de ilícito.

Ilícito é, *lato sensu*, todo o rompimento da ordem jurídica, é todo o descumprimento do dever legal ou contratual. É isso que é o ilícito.

A sanção é exatamente a resposta do Estado ao descumprimento de algum dever legal ou contratual. E os espaços da sanção são todos os espaços do Direito. Todo orbe jurídico está penetrado pelas sanções. Existem ilícitos administrativos, penais, civis, eleitorais, tributários, assim como existem sanções fiscais, penais, administrativas, eleitorais.

As sanções são variadas, de conformidade com a leveza ou peso do ilícito. Elas começam por atingir aquele valor supremo do homem, que é a vida – a pena de morte, infamante ou não, por esquartejamento ou por gás. Depois, atinge a liberdade com as penas privativas da liberdade. Existem também as penas que atingem o Estado civil das pessoas. Os apátridas são aqueles destituídos de *status* civil. Há também as penas que reduzem o *status* político, a *capitis deminutio* política. Exemplo de um decapitado político é o ex-presidente Collor, impedido de se candidatar a cargo eletivo por 8 anos. As sanções podem implicar em deveres obrigatórios, como prestação de serviços à comunidade e, finalmente, as sanções podem ser multas, sanções pecuniárias que atingem os órgãos mais sensíveis dos seres humanos nesta quadra da civilização, quais sejam os bolsos.

Em Direito Tributário não se admite, de forma alguma, pena de morte, nem a prisão ou perda de liberdade por dívida, inclusive fiscal, custas ou multas. Não se admitem outros deveres de prestação gratuita, como prestação de serviços à comunidade, não se admite a perda da propriedade, o confisco, não se admitem restrições à liberdade, à liberdade de negociar ou de exercer ofícios e profissões, consideradas constrições oblíquas ou políticas pelo Supremo Tribunal Federal, interdição de estabelecimento, apreensão de veículos ou de instrumentos de trabalho etc.

Em Direito Tributário – não há que falar em Direito Penal, nem me aventuro a tanto, tendo ao meu lado esse grande Mestre – só admitimos penas pecuniárias ou multas. E a multa fiscal é de uma simplicidade franciscana: ou ela é substancial ou é meramente formal. Ela é substancial quando apena, sanciona, os procedimentos seguintes: não pagar, não ter pago tributo, tê-lo pago a menor ou tê-lo pago a destempo. Descumprimento de obrigação principal. Essa é a multa substancial.

Não sendo substancial, a multa fiscal é formal, porque sanciona o descumprimento de deveres instrumentais de fazer ou não fazer no interesse da administração. E para logo adianto que a denúncia espontânea, a ponte de ouro de von List do Direito Penal, o arrependimento eficaz, atinge tanto o descumprimento da obrigação principal, como das ditas acessórias. Se quem não pagou ou não cumpriu algum dever tributário, como, por exemplo, emitir nota fiscal, se arrepende, se denuncia e, no caso de não ter pago, paga, é-lhe tirada qualquer responsabilidade e é impossível apená-lo. Não há como se interpretar a denúncia espontânea do Direito Tributário com as restrições descabidas e absurdas da administração. Até porque vulneraria esse princípio de política, não apenas criminal mas também fiscal, que é o arrependimento eficaz e o apagamento do erro pelo próprio agente.

Dizem e redizem, com muita ênfase, que a multa fiscal, a pena pecuniária de natureza tributária é de tipo objetivo. Essa é a questão tormentosa da objetividade do ilícito fiscal.

O tipo, que nós entendemos – os penalistas, os tributaristas – não é bem o tipo, já o disse Misabel Derzi. O conceito de tipo, ao contrário do que pensamos, é cambiante, é variante. Quando dizemos: vamos nos encontrar tipo 9 horas, ou tal mulher é linda, é um tipo alourado, eu quero dizer que ela não é absolutamente loura e que vamos nos encontrar não exatamente às 9 horas. Nós vamos nos encontrar mais ou menos às 9 horas; ela, que é mais ou menos loura, é um tipo louro, porque o tipo louro admite variações cambiantes.

Na verdade, o tipo deveria ser conceito fechado. Mas como a palavra já transitou nos arraiais da teoria penal, aqui e na Alemanha também, vamos considerar o tipo como um conceito fechado, intratável, exauriente na lei.

Dizer que o ilícito fiscal é objetivo é uma heresia. No tempo em que o Direito Civil caminha para a responsabilidade objetiva e o Direito Penal para a intensa subjetividade, nós, no Direito Tributário, ficarmos com a teoria do ilícito puramente objetivo, que não levaria em conta a intenção do agente, a gravidade ou repercussões do fato ilícito, é absurdo.

Mas assim é por razões de política fiscal. De fato, o ilícito tributário é, em princípio, objetivo no seu eclodir. Não interessa; não podemos admitir que uma pessoa tenha deixado de emitir nota fiscal por dolo ou por culpa, por ser negligente, imprudente, imperito. O moço não sabia que tinha de emitir nota fiscal. Ou então se a pessoa não emitiu por dolo. Isso não interessa ao Direito Tributário, porque a conduta "transitar mercadoria sem documentação fiscal e idônea" é um ilícito fiscal por si só, independentemente da intenção do agente.

Mas se o ilícito tributário é objetivo – essa é a distinção interessante – a aplicação da sanção já não o é. Porque no momento da aplicação da sanção levo em conta a intenção do agente e as conseqüências do fato e as circunstâncias materiais que envolvem o fato. Tanto é que temos, claramente expresso no CTN, o *in dubio pro contribuinte*. Em caso de dúvida quanto à imputabilidade, responsabilidade, enquadramento do fato, seus efeitos, diz o CTN, deve-se julgar de maneira favorável ao contribuinte (julgar administrativa e judicialmente).

A própria gradação da pena ou sua oclusão depende da consideração dos elementos subjetivos envolvidos no ilícito fiscal – e estou ainda na esfera administrativa, não estou ainda entrando na parte penal. Dou dois exemplos: o menino pagante e o motorista esquecido. O menino pagante foi um fato acontecido em São Paulo. No dia X, uma pequena empresa ou média empresa do Brás mandou o boy pagar o ICMS. Ele foi acidentado perto da praça da Sé. Aproximou-se a ambulância. Ele estava um pouco machucado e disse: "Mas eu não posso! Eu tenho de pagar. Hoje é o último dia e o meu patrão disse que eu tenho de levar ao banco e pagar". Isso foi há bastante tempo, quando não havia tanto trombadinha nas ruas de São Paulo. Hoje isso não aconteceria. Mas aí um sujeito disse: "Olhe, você tem de cuidar primeiro da sua família". Outro se aproximou e perguntou: "Você vai pagar para quem? Qual é a empresa? Onde é?" E o menino foi recolhido, não foi ao banco e não pagou o ICM naquele dia. No outro dia, um daqueles perguntantes compareceu na empresa, olhou e disse: "Quero a guia de recolhimento do imposto, porque ontem era o último dia para pagar". Evidentemente não se tinha a guia e ele aplicou uma multa de 100%, porque decorrente de ação fiscal.

Mas a parte se defendeu alegando fato imprevisto e, o que é mais, que o agente fiscal agira com torpeza e ninguém pode alegar em seu prol a própria torpeza. O TIT reduziu a multa, me parece a 0,5% ou 1%, porque não fora intenção do agente elidir o pagamento. Fato de terceiro impeditivo havia ocorrido.

Assim também o motorista esquecido que deixa a nota fiscal em cima do balcão e sai com a mercadoria. O posto fiscal o para: "Cadê a nota?" Não tem nota. Apreende o caminhão. Descarrega a mercadoria. Multa de 100%. Mas o imposto foi lançado nos livros também e será no dia azado recolhido o imposto. Portanto, aquela multa não pode subsistir, porque ainda não há a intencionalidade de não pagar, eis que *dies interpelat pro homine*, ainda não é dia de pagar. Só pode subsistir, evidentemente, a multa dita isolada por descumprimento de obrigação acessória e, mesmo essa, pode ser reduzida.

Portanto, se o ilícito fiscal é objetivo, a sanção fiscal leva em conta os elementos subjetivos.

Outra característica da multa fiscal é a sua personalização. No Direito Penal, nenhuma pena pode passar da pessoa do infrator, mas no caso da multa fiscal é só o que ela faz, passar da pessoa do infrator para outras pessoas, mormente porque ela também não respeita a pessoalidade infracional; a multa fiscal incide sobre pessoas jurídicas, que se fusionam, transformam, são adquiridas, desaparecem e reaparecem.

Mas tudo isso foi dito para abordar, e*n passant* a Lei 9.613, de 3 de março de 1998, que trata do crime de lavagem de dinheiro, onde alguns juízes estão a rondar os contribuintes, ameaçando-os com a tal lei, o que para mim é absolutamente impossível. Diria que se trata da teoria do crime geminado, onde um crime chamado conseqüente exige outro necessariamente antecedente. E aqui, vejam, já não estou no campo do ilícito fiscal. Estou no campo do ilícito penal – peço licença ao Prof. José Carlos Dias – mas ilícito penal de fundo fiscal... ou melhor, não tem fundo fiscal, mas querem que tenha.

Os crimes contra a ordem tributária, principalmente fraude e sonegação, estão bem tipificados. Quando se editou a lei contra lavagem de dinheiro, na exposição de motivos ficou bem claro que essa lei não atingiria os crimes de sonegação, cujo imo, o objeto, o âmago mesmo do crime é a ocultação criminosa e dolosa de um fato lícito, que é ter realizado o fato gerador. Crime de sonegação é exatamente a ocultação de um fato lícito. A ilicitude do crime de sonegação está exatamente aí, em ocultar uma licitude, a realidade do fato gerador.

Na exposição de motivos, diz o legislador (Projeto de Lei 2.688, que gerou a Lei 9.613): "observe-se que a lavagem de dinheiro tem como característica a introdução na economia de bens, direitos ou valores oriundos de atividade ilícita e que representaram, no momento do seu resultado, um aumento de patrimônio do agente. Por isso que o projeto não inclui nos crimes antecedentes aqueles delitos que não representem agregação, ao patrimônio do agente, de novos bens, direitos ou valores, como é o caso da sonegação fiscal".

Quer dizer, o crime de sonegação fiscal não agrega ao patrimônio valores, bens, dinheiro. Ele os tinha. Pelo fato de tê-los legalmente, licitamente, é que há sonegação. Ele oculta a existência de direito, bens, valores, dinheiro. O crime de lavagem é o inverso. A pessoa obtém os bens ilicitamente e procura lavá-los, torná-los alvos, brancos, imaculados. Lava o dinheiro obtido ilicitamente.

Tanto que o seu objeto está no artigo 1º: ocultar ou dissimular a natureza, origem, localização, disposição, movimentação ou propriedade, direta ou indiretamente, de crime de tráfico ilícito de substâncias entorpecentes ou drogas afins, de terrorismo, de contrabando ou tráfico de armas, munições e material destinado à exportação, de extorsão mediante seqüestro contra a administração pública etc. etc., peculato, contra o sistema financeiro nacional, praticado por organização criminosa.

O problema de alguns juízes é que eles estão entendendo que o item VII, "praticado por organização criminosa", pode abranger alguns delitos contra a ordem tributária, quando na verdade essas organizações criminosas eu só as posso entender como a Máfia, as tríades chinesas, nunca os escritórios de planejamento tributário. Essas não são organizações criminosas, essas são organizações lícitas. Por aí, a se pensar que a ocultação de fato gerador, a sonegação, pode gerar inclusive confisco de bens do contribuinte é um absurdo inominável, porque, antes de haver tributo, já havia uma propriedade lícita. O que se ocultava era exatamente o dever de contribuir por se ter alguma propriedade, alguma renda gasta no consumo ou renda obtida do trabalho ou do capital.

E não é dispiciendo aqui voltar ao artigo 3º do Código Tributário Nacional: "toda prestação pecuniária, compulsória, instituída em lei, que não seja sanção de ato ilícito". Quem paga uma multa está cumprindo um dever, cuja natureza é pecuniária. Quem paga um aluguel, também. Quem paga um tributo, também. Eu só posso distinguir um tributo, se ele estiver baseado na realização de um fato lícito. Se o fato é ilícito, o que se paga é multa. Se o fato é lícito, o que se paga é tributo. Lícito, previsto unilateralmente, não contratualmente, como seria o caso do aluguel.

Conclusões – já terminando –, a tributação dos atos ilícitos não é possível. Não é possível a tributação dos atos ilícitos. Portanto, o perdimento de bens não é aplicável em Direito Tributário, muito menos em Direito Penal de fundo... fiscal. E não considero o descaminho e o contrabando como ilícitos fiscais.

Mas há uma distinção a fazer entre a tributação da renda em si e a tributação da renda obtida ilegalmente, vamos dizer, pelo contraventor: é que se alguém declara que obteve dinheiro, renda, de outras fontes sem ser necessário mencioná-las, e a declaração do imposto de renda tem um lugar para essas declarações de outras fontes, a autoridade pública não sabe de onde veio aquele dinheiro e nesse caso, realmente, a renda não cheira. Mas se a autoridade pública sabe que a renda é obtida através de atividade ilícita, ela não pode tributar. Não há tributo a pagar, porque o tributo baseia-se no fato lícito. Se o fato é ilícito, cabe persecução penal e até o perdimento de bens.

Agora, é possível uma tributação autônoma, apartada dos aspectos penais. Quero aqui me referir ao rábula e ao falso médico. Conheci um caso em que um psiquiatra competentíssimo não tinha diploma, por sinal argentino. E exerceu durante vários anos a profissão, ilegalmente, porque não tinha diploma. Descoberto, se colocou a questão se ele teria direito à restituição do ISS que pagara e do imposto de renda que sempre recolhera. A conclusão foi que, por exercer ilegalmente a medicina, ele estava sujeito à persecução penal e não poderia mais exercer a profissão, mas que o imposto pago o fora devidamente, porque não se tributam os fatos ilícitos nesses casos, mas apenas o resultado lícito de uma atividade lícita, porém, exercida ilegalmente. Então, não se está tributando o ilícito.

Com essa distinção perturbadora, dou por encerrada minha fala. (*Palmas*)

PRESIDENTE DA MESA – Com a palavra agora o Dr. José Carlos Dias.

PROF. JOSÉ CARLOS DIAS (*sem revisão do autor*) – Meu querido amigo, Prof. Aires Barreto. Toda vez que participo com Aires Barreto de um evento como este, eu me sinto ao lado de dois amigos: dele propriamente dito e daquele que foi o padrinho da nossa amizade, e que o nosso guru, Geraldo Ataliba. Este Congresso respira a alma do Geraldo, do talento daquele homem, cuja presença continua fazendo tanta falta a nós.

Meus amigos, acho que poderia sintetizar as poucas palavras que pretendo proferir, com uma frase que pode ter assim um gosto de escândalo. O que pretendo dizer, realmente, é que é um absurdo que eu, advogado criminal, esteja a falar num Congresso Tributário. (*Não apoiado!*) É um absurdo, porque o Direito Penal não tem nada a ver ou não deveria ter nada a ver com o Direito Tributário.

Eu aqui deveria estar para aprender, para tentar aprender alguma coisa com vocês, porque na realidade hoje nós vivemos cada vez mais naquela situação pendular entre a obsessão de ver imperar a chamada ideologia, ou movimento, da lei e da ordem e a procura de estabelecer o Direito Penal mínimo de Ferraiuolli e Alessandro Baratta, dentro dos princípios do garantismo.

A tentativa de caminhar por políticas públicas novas, que dêem ao cidadão a tranqüilidade de viver em segurança e, ao mesmo tempo, lhe dê a tranqüilidade de não ser um réu em expectativa, esta procura deve ser o grande desafio dos juristas, de todos os cientistas sociais.

E nós, os chamados operadores do Direito – que é uma nomenclatura nova que se criou para nós –, que trabalhamos no ramo jurídico, cada vez devemos nos convencer mais que o problema do Direito não é um problema dos juristas, exclusivamente, e é um problema a ser debatido e ventilado por todos aqueles que tentam encontrar soluções para a paz e soluções para a boa relação entre as pessoas.

É de Alessandro Baratta a advertência quanto ao grande risco do Direito Penal, cada vez mais, ir-se assenhoreando do Direito Administrativo, ocupando espaços, como se a sua presença, dentro dessa área, que é própria do Direito Administrativo, fosse mais confortante para garantir a estabilidade do Estado e a moralidade do erário, a moralidade pública.

O que precisamos – e aqui ouvimos duas belíssimas palestras analisando a questão do lícito – é cada vez mais dar a ênfase a que não é possível encontrarmos o Estado bipartido, tripartido, estabelecendo formas absolutamente contraditórias na visualização do caráter de ilicitude de uma conduta.

Isto nós vemos presente no cotidiano do julgamento dos nossos tribunais, quer quando analisando processos de natureza tributária, quer quando analisando processos relacionados ao Direito Financeiro, quando o Poder Judiciário se antagoniza com aquilo que foi decidido na esfera administrativa, no campo tributário ou se coloca em posição absolutamente oposta àquilo que foi assentado em processo administrativo pelo Banco Central.

Se é indiscutível que é possível afirmar-se a ilicitude do ponto de vista administrativo e, aí, vai-se perquirir se completa o tipo no campo penal ou o contrário, não dá para compreender que se entenda o fato como sendo ilícito do ponto de vista penal e lícito do ponto de vista administrativo.

A nossa experiência profissional – acredito que a de muitos e muitos colegas aqui presentes – nos leva a estas situações de enfrentar processos em que o Banco Central afirmou, por decisão em processo administrativo ou em grau de recurso, pelo Conselho Financeiro nacional, a inexistência de infração administrativa; enquanto isso o Poder Judiciário reconhece, afirma a existência do crime previsto na Lei 7.492.

Às vezes chega-se ao cúmulo de se ter uma decisão administrativa em que é expressamente afirmada a existência da conduta, mas negado o elemento subjetivo, negado o dolo – que é o único elemento subjetivo que se admite nos crimes previstos na Lei 7.492, em que não existe modalidade culposa –, em que no processo administrativo se afirma que houve negligência exclusivamente, não houve dolo, por isso caber a multa somente, e o Ministério Público insistir em oferecer denúncia, que resulta, muitas vezes, numa condenação criminal.

Retomando, quando falávamos desse movimento pendular – e quando eu dizia, e aqui o meu amigo me aparteou dizendo que não, não apoiado, e eu dizia que era um escândalo – não seria o caso realmente de dizer: estas questões não devem ir para a Justiça criminal! Mas, dir-se-á, no mundo inteiro, ou na maior parte dos países, existem crimes contra a ordem tributária e existem também crimes contra o sistema financeiro; aqui também têm de existir. Não nego situações excepcionais. Mas aquelas condutas que estão plenas de uma tecnicalidade rebuscada, e que não ferem a sensibilidade da pessoa comum, um empréstimo vedado entre empresa coligada ou uma troca de chumbo entre duas instituições financeiras, para situar posições no *ranking*, o que é que isso diz respeito à moralidade da cidadania. Agora, que merecem punição, não tem dúvida. Que isso vai ferir a hegemonia ou a tranqüilidade do sistema financeiro; e não há dúvida que merece uma severa punição. Para isso existem as instâncias próprias na esfera da administração.

A questão tributária, quando surgiu o artigo 83 da Lei 9.430, de 27 de dezembro de 1996, imaginávamos que estávamos diante do reconhecimento de um fato concreto. Primeiro diz a Administração, o Estado-Administração, para depois manifestar-se o Poder Judiciário. Primeiro é necessário que diga: há obrigação tributária, há um débito a ser cobrado; depois vamos ver se existiram todos aqueles outros elementos que revestem de ilicitude penal a dívida para com o erário.

O artigo 83 da Lei 9.430 disse que "a representação fiscal para fins penais relativa aos crimes contra a ordem tributária definidos nos arts. 1º e 2º da Lei n. 8.137, de 27 de dezembro de 1990, será encaminhada ao Ministério Público após proferida a decisão final, na esfera administrativa, sobre a exigência fiscal do crédito tributário correspondente".

Então, quando foi aprovada essa lei, iniciou-se a grande discussão: qual seria o objetivo? Estaríamos diante de uma norma que cria uma condição de procedibilidade? A discussão seria uma questão prejudicial? O debate tomou fôlego. Logo, na primeira decisão, talvez, o Tribunal Regional Federal [da 3ª Região], num *habeas corpus* em que fui um dos impetrantes, decidiu que efetivamente estávamos diante de uma condição de procedibilidade. Logo em seguida, um magnífico acórdão da desembargadora Silvia Steiner foi mais além, enfrentando a alma da questão, ao conceituar que não se tratava de condição de procedibilidade, mas condição de punibilidade. Com isto, a Silvia se reportou a ensinamentos de grandes Mestres para demonstrar que, na realidade, era o debate do Direito Tributário e do Direito Penal, era o debate em torno da justa causa e da materialidade do crime.

O desembargador Marcelo Fortes Barbosa, do Tribunal de Justiça de São Paulo, num primoroso artigo, diz que nunca foi necessário esse artigo da lei para que precisássemos ficar dependendo do esgotamento da esfera administrativa para que se processasse criminalmente alguém pelo crime de sonegação fiscal. Por que? Porque assim como o Código de Processo Penal diz que é necessário o exame de corpo de delito quando o crime deixa vestígios, o auto de infração, primeiro passo, e todo o processo administrativo, é o caminho pelo qual se vai afirmar, se averiguar a materialidade do delito. Assim como não é possível cogitarmos de homicídio sem uma morte contemporânea, não é possível pensarmos num crime de sonegação fiscal se não temos como evidente a obrigação tributária.

Realmente, se são outros os pressupostos para o estabelecimento do caráter de ilicitude no campo administrativo, no campo penal este pressuposto é indispensável. Francisco de Assis Toledo e Vicente Cernicchiaro, são grandes figuras do direito pretoriano e também da doutrina, que sustentam a importância desta unidade do injusto; o Estado que afirma, então, pelas suas instâncias, do ponto de vista administrativo: é isto. Aí, sim, agora, vamos verificar os outros elementos que integram o tipo penal para ver se há uma adequação, para ver se houve crime, quer dizer, se o agente agiu de acordo com a norma penal, porque para a caracterização do crime é preciso que a ação do gente esteja de acordo com a descrição da norma penal, obedeça à descrição do tipo penal.

O debate continua de uma forma acirrada. E é interessante que imaginávamos que este processo da exegese do artigo 83 iria amadurecendo neste caminho; mas, ao contrário disto, os nossos tribunais, Tribunais Regionais Federais e o STJ, estão recuando desta posição, que, de início, se presumia iam assumir. Ainda permanece em suspenso a decisão proferida na ação direta de inconstitucionalidade pelo Ministério Público, quando o Ministério Público pleiteou a concessão de liminar para a suspensão da vigência dessa lei, sustentando que isso feria a privatividade do Ministério Público no que se refere à exclusividade quanto à titularidade da ação penal. O ministro Néri da Silveira, que foi o relator, negou a liminar, contra o voto do ministro Carlos Velloso. Ao negar a liminar, na realidade a sua decisão é terrível, porque disse: não se preocupem... absolutamente esta lei não fere a independência total do Ministério Público. O que seria a representação fiscal para fins penais, relativa aos crimes contra a ordem tributária, será encaminhada ao Ministério Público após proferida decisão final – é o que diz a lei. Não impede, à vista do que dispõe o artigo 129, a atuação do Ministério Público Federal. Quer dizer, o que foi decidido, num longo despacho, é que qualquer um do povo pode chegar ao Ministério Público e dizer: olhe, ocorreu aqui uma sonegação fiscal; trate, portanto, de tomar as providências como Ministério Público para estabelecer o direito à pretensão punitiva do Estado, independentemente do pronunciamento do Estado-Administração.

O artigo 83 seria apenas uma norma regulando um procedimento que deve ser tomado pelo Estado para encaminhar ao Ministério Público, naquele momento, dando total independência ao Ministério Público para promover o que bem entender, independentemente do pronunciamento do Estado-Administração.

Então, o que parece – fechando aqui a minha participação – é que devemos realmente refletir muito sobre esta necessidade de, tomando como exemplo o crime tributário, tomando como exemplo os crimes financeiros, reservar, ao campo do Direito Penal, aquelas condutas que precisam, que merecem uma criminalização exemplar. Absolutamente não adianta à paz social. É uma ilusão dizer que os sonegadores vão para a cadeia punidos, apenados por 2 anos de reclusão, porque isto é a garantia da impunidade. Como estas penas exacerbadas para crimes previstos no Código do Consumidor, na lei que define os crimes ambientais. Nós não podemos fazer a ordem através da demagogia, do panfletarismo. O nosso sistema penitenciário não suporta albergar aqueles que não podem conviver conosco na rua porque é risco físico para nós. Temos de criar formas de penalizar aqueles que violentam a economia popular, a ordem econômica, aqueles que usam os seus cargos, as suas funções em instituições financeiras ou na administração, e penalizá-los de tal maneira que eles fiquem estiolados, realmente que eles sejam exemplarmente afastados de uma atividade normal das pessoas sérias, mas que isso não signifique cadeia. Vale muito mais multas altas, ou a interdição de direitos: impedir o exercício de função pública ou o exercício de direção em instituição financeira, por exemplo, durante tantos anos; isto tem peso muito maior que indiciar essa pessoa – porque o indiciamento no Brasil virou uma pena – e ameaçar com uma prisão que nunca vai ocorrer.

Eu desafio os grandes advogados criminais deste país, de São Paulo e de outros Estados, que atuam nesta área, intensamente, em Direito Penal Econômico, no sentido geral, que digam quantos clientes seus estão presos. Serão todos grandes advogados, ou serão todos os clientes inocentes?

Esta pergunta leva a uma inquietude: algo está errado. Pessoas precisam ser penalizadas. Os juízes muitas vezes sentem que não podem penalizar, porque seria um absurdo, um contra-senso enjaular uma pessoa, que pode, fisicamente, estar solta, mas que tem de ser penalizada para não exercitar aquela função que é nociva à sociedade.

Ouvimos há pouco ainda o Prof. Sacha falando sobre o crime de lavagem de dinheiro. O Brasil acabou por adotar uma das opções que foi seguida por muitos países, que é de considerar lavagem somente a limpeza feita sobre dinheiro com referência a alguns delitos, deixando de adotar a posição mais abrangente, que na realidade seria considerar a lavagem crime quando se refere a qualquer crime anterior, como seria no caso da receptação. A diferença entre o dinheiro sujo e o dinheiro negro se estabeleceu.

É interessante mostrar que o Brasil tem características próprias, é o único que tem a maior organização criminosa, que não é criminosa, é contravencional. Por isso, lavagem de dinheiro do jogo do bicho não é crime, porque é contravenção penal.

Finalmente, enquanto ouvia o final da sua magnífica palestra eu me lembrava que recentemente, há poucos dias, assisti ao julgamento anterior ao caso em que eu oficiava, no Superior Tribunal de Justiça, negando um *habeas corpus* impetrado em favor de uma pessoa acusada de fraude ao INSS e que, além do crime contra o patrimônio, responde ao crime de sonegação fiscal, porque não recolheu o imposto sobre aquela importância que ilegitimamente auferira...

São essas coisas que acontecem no nosso país, e que realmente impressionam, quando vemos a falta de seriedade e de coerência com que isso tudo é tratado. A minha participação aqui, portanto, muito mais de provocação, tem um sentido de reflexão: aqui está um advogado criminal que não quer trabalho nessa área e que trabalha muito nessa área, porque há uma obsessão de levar ao campo da criminalização condutas que deveriam ficar exclusivamente dentro da esfera do Estado-Administração.

Agradeço a honra de participar desta Mesa. (*Palmas*)

PRESIDENTE DA MESA – Agradecendo a brilhante exposição do Dr. José Carlos Dias, passo a palavra agora, com grande satisfação, ao Prof. Eugênio Doin Vieira.

PROF. EUGÊNIO DOIN VIEIRA (*sem revisão do autor*) – Caros colegas congressistas. A ditadura pior de todas é, sem dúvida, a do coração – e é ela que nos traz a esta tribuna para completar, eventualmente, uma Mesa tão ilustre como esta, onde ouvimos exposições substanciosas de José Carlos Dias, de Sacha Calmon e de Edevaldo Brito, cuidando do Direito Penal Tributário e do Direito Tributário Penal, suas infrações e suas sanções.

Após tudo quanto foi dito, e usando como gancho, inclusive, as últimas considerações do Prof. José Carlos Dias, faremos uma referência específica, usando o adjetivo de modo, com a referência pontual, a um tema que é atual, que é definido e que tem preocupado também aos advogados e aos empregadores, porque envolve a questão da liberdade. Eu me refiro ao dispositivo legal que equipara à apropriação indébita, para os efeitos penais e sancionatórios, a retenção e o não recolhimento, na época devida, da contribuição previdenciária descontada do salário dos empregados. É o artigo 95, letra "d", da Lei 8.212, de 1991, a Lei Orgânica da Previdência Social, com as suas freqüentes e posteriores alterações.

Faremos um primeiro registro quanto à conceituação que se deu, ampliando por via legislativa o conceito de apropriação indébita.

Podemos nos debruçar sobre fenômenos assemelhados e logo, sem dúvida, encontrar uma profunda diferença entre aquele que cobrou o imposto sobre produtos industrializados do seu cliente, do seu comprador, e o reteve no seu patrimônio, no seu caixa, não o transferindo para o cofre público, e aquele outro que, não tendo disponibilidade financeira, pagou ao seu empregado, ao seu operário, mas não recolheu a rubrica contábil relativa à incidência da contribuição previdenciária. São duas figuras nitidamente distintas. E a exacerbação, a que bem se referiu o Prof. José Carlos Dias, do dispositivo, levou, inclusive, o Poder Judiciário a uma certa construção jurisprudencial, amenizando e abrandando os conceitos dessa norma.

Assim é que os Tribunais Regionais Federais, da 1ª, da 3ª e da 4ª Regiões, têm decisões, e unânimes, no sentido de que, em casos excepcionais de crise financeira, de ausência de disponibilidade de caixa, a situação se caracteriza como atípica e, por isso, é possível, num fulcro novo (artigo 386, inciso V, do Código de Processo Penal), absolver o empregador da imputação de apropriação indébita e, conseqüentemente, evitar que ele tenha a perda da liberdade.

É evidente que essa construção demonstra e reflete bem esse espírito de moderação e de equilíbrio a que se referiu o Prof. José Carlos Dias, porque a lei há de ser um reflexo do pensamento da comunidade, da ideologia dominante, como diria o Prof. Tércio Sampaio Ferraz. De outra forma, ela, indo na contramão dos valores da sociedade, acaba sendo rejeitada e excluída e não é recepcionada, não é cumprida, não é acatada, não é respeitada, não é vivida e não é sentida.

Essa decisão dos juízes foi o termo, o abrandamento *modus in rebus* dessa disposição radical.

Temos, inclusive, diversas dessas decisões publicadas nas revistas especializadas. A *Dialética* publicou nos seus ns. 23, 24 e outros. Há uma decisão muito interessante, nesse sentido, do juiz Sinval Antunes, hoje aposentado, aqui do Tribunal Regional de São Paulo: nos casos de crise financeira, de gravidade da situação, entendeu o juiz como conduta atípica e absolveu o réu da imputação de apropriação indébita.

Recentemente, e a isso queremos referir aos colegas, tivemos uma ocorrência normativa assaz interessante: em maio deste ano o Congresso promulgou a Lei 9.639, do dia 26; essa lei, publicada no mesmo dia 26, em seu artigo 11, anistiava os agentes públicos, prefeitos e outros, dos crimes de apropriação indébita. E o parágrafo único estendia essa anistia aos empregadores. Conseqüentemente, apagava-se essa permanente ameaça de classificação de crime passível da perda da liberdade, que está presente na Lei 8.212.

No dia 26 sai publicada a lei com esse parágrafo único. No dia 27, essa lei foi republicada sem esse parágrafo único: apenas o artigo 11 *caput*, que anistiava os agentes públicos; e desapareceu o dispositivo que se referia aos empregadores.

Os advogados, os juristas, os estudiosos, entenderam, desde logo, dentro do espírito da própria Lei de Introdução ao Código Civil, que lei republicada é lei nova e, conseqüentemente, a lei anterior surtiu todos os seus efeitos. E se a partir do dia 27, dia da republicação, passou a ser novamente crime de apropriação indébita aqueles já citados pela Lei 8.212, todos os anteriores estariam anistiados pelo dispositivo que deixou de existir, mas que durou um dia. Com base nisso, inclusive, advogados obtiveram *habeas corpus* para os seus clientes. O fato insólito, que provavelmente a maioria dos atentos colegas acompanhou e observou, é que em decisão recentíssima, agora do dia 4 de novembro, o Supremo Tribunal Federal retirou do mundo jurídico esse dispositivo publicado na primeira edição do dia 26 de maio, declarando-o inconstitucional, por unanimidade dos votantes daquela mais alta Casa do nosso Poder Judiciário. O entendimento do Supremo foi de que não atende o dispositivo ao devido processo legislativo, porque ele não foi votado em plenário, ele foi retirado da votação do plenário, mas, por misteriosas razões – deste país maravilhoso, abençoado por Deus e bonito por natureza –, o dispositivo surgiu na publicação da lei, o parágrafo que anistiava os empregadores. (*Risos*) Surgiu na publicação da lei. E o Supremo, fundado naturalmente em que essa norma não atendera ao processo legislativo devido e disciplinado, declarou-o inconstitucional e recusou os pedidos de *habeas corpus* que lá estavam pendentes, definindo uma posição, que, sem dúvida nos preocupa, porque afirma que prossegue, em todo o seu vigor, o dispositivo da Lei Orgânica da Previdência Social, que permite que se tipifique como apropriação indébita a retenção dos valores deduzidos do salário dos empregados a título de contribuição previdenciária.

Lembramos que já há algum tempo dois Decretos-lei, de n. 2.445 e 2.449, que alteravam a alíquota de contribuição para a previdência, também sofreram essa impugnação e essa imputação de validade processual, porque a sua aprovação foi correta, mas a sua publicação nos jornais oficiais ocorreu depois que não mais era admitida a emissão de decretos-lei. Digo isso, inclusive, porque por essa, e por outras razões então levantadas, eles foram também retirados do mundo jurídico.

Fazemos essa anotação pontual, como disse, registrando, inclusive, que a anistia dos agentes públicos prossegue. O artigo 11 no seu *caput* continua e, portanto, estão anistiados e não são mais passíveis de responsabilização por apropriação indébita os agentes públicos. Mas o parágrafo único não mais está presente, lembrando aos que já conheciam o evento e alertando aos colegas que o têm como primeira notícia, que aguardamos que o sistema jurídico, sensível a ponderações de professores como os que acabamos de ouvir, altere o tipo de sanção que se aplica na área tributária, tornando-a factível, viável, racional e humana, e de conformidade com os valores e com os ideais que alimentam a sociedade brasileira.

Não me alongo mais porque pretendo abusar, sim, da paciência dos colegas à noite, e por isso termino por aqui. (*Palmas*)

PRESIDENTE DA MESA – Já avançamos 5 minutos do nosso tempo regulamentar.

Sei que existem algumas questões a serem respondidas pelo Prof. Sacha, mas em homenagem à necessidade de termos uma nova Mesa de debates com a presença do ministro Carlos Velloso, com a presença da Profa. e Desembargadora Federal Diva Malerbi, do Prof. Eduardo Domingos Bottallo, do doutor e Prof. James Marins e do Prof. Valdir de Oliveira Rocha, pediria o obséquio e a gentileza de o Prof. Sacha ser objetivo e breve nas suas respostas, nada obstante seja forçoso reconhecer que o tema complexo nem sempre pode ser resolvido num súbito de vista.

PROF. SACHA CALMON NAVARRO COELHO – Há uma pergunta sobre essa lei que anistiou os prefeitos municipais pelo não recolhimento de contribuições previdenciárias: "se a lei anistiou é porque antes havia o crime". O problema, me dizia o Prof. José Carlos Dias, é que ele entendeu, num *habeas corpus*, que perdoar os agentes políticos e não os agentes econômicos quebraria o princípio da igualdade. Parece-me, porém, que o Tribunal não adotou esse entendimento.

Há uma outra pergunta, sobre a interpretação do artigo 3º do CTN em face do artigo 113, que investe as penalidades de índole tributária, feita pelo escritório Juvenil Alves, Advogados Associados, de Belo Horizonte, ilustre advogado mineiro.

O Código, realmente, contém uma impropriedade ao dizer que a obrigação acessória, pelo simples fato do seu descumprimento, gera uma multa e que essa multa se transforma em crédito tributário. Explica-se da seguinte maneira: quando o contribuinte deixa de cumprir a obrigação principal ou acessória, ele é apenado, recebe uma multa. Essa multa vai ter o mesmo tratamento, vamos dizer, numa ação de execução, que os atos e privilégios da Fazenda Pública, as mesmas garantias e os mesmos privilégios do crédito tributário decorrente da realização do fato gerador. É uma impropriedade, porque contraria o artigo *mater*, que é artigo 3º: o tributo decorre de fato lícito e não de fato ilícito. A multa sanciona um fato ilícito. O tributo é decorrência de um fato lícito. Portanto, o crédito tributário não se poderia confundir com o crédito das multas. A não ser para este fim, de serem cobrados juntos, terem o privilégio da execução, os privilégios da Fazenda Pública etc.

Uma outra pergunta, da Dra. Miriam Passos Combe: em face da legislação de regência dos tributos federais, a denúncia espontânea afasta as multas formais e substanciais? Porque a legislação federal diz que as multas moratórias se contrapõem às punitivas.

O que quero entender disto aqui é o seguinte: há um erro gravíssimo nessa postura, e ela é tradicional. Até os grandes doutrinadores de Direito Tributário insistem nisso: dizer que a multa moratória tem o caráter ressarcitório de Direito Civil, comparando-a, inclusive, à chamada cláusula penal das obrigações *ex voluntate* de direito privado. Portanto: se você não cumprir a obrigação, vai pagar uma multa de X. Mas ela é pactuada *ex voluntate*. O tributo é uma obrigação *ex lege*. Se a obrigação não é cumprida *ex lege* é punida. Toda multa é punitiva. Ela se diz moratória quando o contribuinte demora a pagar. A simples demora no pagamento é sancionada, porque o pior para o Fisco é a ultrapassagem do dia do pagamento, é a inadimplência. Então, tenho de sancionar esse ilícito. Não pode passar o dia do pagamento. Se pagou a destempo, não pagou no tempo, tem de ser punida. Essa é a multa moratória. É a demora no pagamento. É multa, é punitiva. A outra é porque não emitiu nota fiscal, não prestou declaração, são deveres... mas toda multa fiscal é punitiva. Não há espaço para ressarcimento, via multa. O ressarcimento, são os juros moratórios. E, se houver inflação, correção monetária. Multa é uma coisa, juro é outra, correção é outra.

A legislação de regência está errada e a denúncia espontânea abrange, apaga qualquer sanção por descumprimento da obrigação principal ou acessória – no meu entendimento.

"É possível a exclusão da multa moratória quando existir denúncia espontânea no pagamento por meio de parcelamento?"

Não. Porque precede ao parcelamento o débito já constituído ou o débito confessado, com as restrições que a Constituição tem em Direito Tributário.

Agora, é preciso ver se no momento de ser feito o parcelamento já foram incorporadas multas do não pagamento do débito anterior, porque muitas vezes o parcelamento, na sua compulsão, traz o tributo, uma multa por atraso, mais juros. Então, seria multa sobre multa, no momento em que se quebra o parcelamento. O parcelamento também não é um contrato. O parcelamento é uma forma legal de dilação do dia do pagamento sujeita às regras estritamente legais. Portanto, não pode. E acho um absurdo, inclusive, atingindo bem de família, a exigência de aval, de fiança, em parcelamentos tributários de terceiros.

Eu mesmo conheço um senhor de classe média, que tinha um único imóvel, ele e a mulher. A filha se meteu numa aventura comercial, pediu parcelamento, assinou o parcelamento. Ela não tem bens, o sócio também não. Tomaram a casa do pai, porque o bem de família – o *home state* da época de Sarney – excetua o IPTU, porque senão todo mundo deixava de pagar o IPTU. Por que, sendo inexeqüível aquele bem, por que se excetua em casos de aval? Porque o aval é garantia, é direito realmente burguês: acima de tudo a propriedade e os credores.

Na Justiça Trabalhista está havendo bloqueio de conta bancária... Isso é um abuso! E no Direito Tributário é absolutamente impossível, porque constrange a liberdade! A Fazenda já tem mil privilégios, tem mil maneiras de executar o seu crédito com garantias, preferências, privilégios, e ainda vai cercear a liberdade da pessoa? É constrição oblíqua, incabível no Direito Tributário.

"O empresário que deixou de recolher imposto de renda retido na fonte poderá sofrer pena de prisão?"

A pergunta admite duas respostas: *de lege lata* e *de lege ferenda*. *De lege ferenda*, acho que não. Acho que outro tipo de sanção seria mais efetivo. Agora, se a lei prevê ou equipara esse comportamento – reter dinheiro para o fisco em fonte de terceiro é apropriação indébita – a coisa muda de figura. O senhor é meu empregado, professor? Então, retiro dos seus rendimentos, de seus lautos rendimentos, retiro parte para entregar ao governo e meto no bolso; eu estou me apropriando do seu dinheiro, do dinheiro do governo. Se a lei equipara tal procedimento ao da apropriação indébita, segue-se a pena prevista na lei. Isso é *de lege lata* – parece-me que no Brasil é essa a situação.

Agora, *de lege ferenda*, acho que deveria ser outra a sanção.

Acho que respondi a todas as perguntas... (*Pausa*)

"Pode ocorrer a extinção da punibilidade, com depósito em juízo dos valores? O depósito judicial para fins de extinção da punibilidade tem o mesmo efeito do pagamento?"

Eu não acredito que é... Por que depósito? Está discutindo o débito? Porque se está sendo punido por se apropriar de valores de terceiros, deposita em juízo e está satisfazendo a obrigação? Se a lei permite, nesse caso, a extinção da punibilidade, está extinto. Se não permite, não está. Depende da política legislativa. Porque os casos de extinção da punibilidade são *numerus clausus*, penso eu.

Acho que respondi a todos? Ou não? (*Pausa*)

"Ah! Qual a sua posição sobre a extinção da punibilidade do indiciado, através de parcelamento?"

O Prof. José Carlos Dias está dizendo, com muita propriedade nesse caso, que se a pessoa requer o parcelamento e o credor o concede, se o motivo da ação penal era apropriação de bens de terceiro, é óbvio que a ação penal não pode prosseguir, porque o que foi apropriado está sendo devolvido, o que é mais efetivo que levar o homem à prisão.

PRESIDENTE DA MESA – Agradeço ao Prof. Sacha e passo a palavra ao Prof. Eugênio Doin Vieira, que tem uma pergunta para responder.

PROF. EUGÊNIO DOIN VIEIRA – A pergunta é curta e vamos ter uma rápida resposta: "qual a sua opinião a respeito da imputação do fato criminoso por parte do fiscal no ato fiscalizatório?"

Evidente que a ação do fiscal, que é uma ação vinculada, imposta por lei, não implica em afirmações definitivas. Ele faz um registro através do auto de infração ou da notificação, registro esse que será apreciado pela autoridade competente. Após o registro, ele abre prazo para que a parte se manifeste. Se é uma ocorrência que ele entende de caráter criminoso, evidente que a ele compete fazer o registro dessa ocorrência e as disposições legais que teriam sido infringidas. Fiscal – e eu já disse isso um milhão de vezes – não aplica multa. Fiscal registra o fato e indica os dispositivos legais sancionatórios que serão apreciados pela autoridade competente.

A pergunta me propicia oportunidade para uma rápida informação aos colegas, que me parece interessante: nós vimos geralmente aos Congressos com dois objetivos: um ideal e um real. O primeiro, de ouvir belas exposições jurídicas e doutrinárias. O segundo é captar algo de prático, de concreto, de real para o nosso escritório, para o nosso trabalho, para o nosso cotidiano.

Estamos registrando, ultimamente, decisões em âmbito administrativo, cancelando as notificações que estão sendo expedidas pelo Imposto de Renda aos contribuintes pelo processo eletrônico, através de computadores. É freqüente, habitual, que todos recebam um papelzinho, que diz em cima que veio da Secretaria da Receita Federal e informando que a declaração foi revisada e em função da revisão há que recolher suplementarmente tanto de tributo. As instâncias administrativas, de forma que eu até diria surpreendente, estão entendendo que esse tipo de lançamento não atende aos requisitos formais do Código Tributário Nacional, que determina que sejam feitos por agente capaz, devidamente identificado, inclusive, com a sua matrícula funcional. Esse papéis, efetivamente, não tem nenhuma forma de identificação – nem dos autos de infração, nem das notificações formalmente expedidas com esses requisitos –, mas naqueles memorandos que são habitualmente expedidos em grande quantidade pelas máquinas da Receita, informando débitos suplementares, há decisões, não só de delegacias de julgamento, portanto, de primeira instância, como inclusive do 1º Conselho de Contribuintes, o que nos surpreende agradavelmente, porque malgrado a autonomia que os Conselhos têm, eles sempre tiveram uma intenção muito maior de atender aos interesses fazendários. Essas notificações começam a ser declaradas nulas – é evidente que isso não impede que nova notificação devidamente formalizada seja emitida –, mas começam a ser declaradas nulas por não atenderem a requisitos formais do Código Tributário Nacional.

Senhor Presidente, era só o que tinha a responder.

PRESIDENTE DA MESA – Quero agradecer ao Prof. Eugênio Doin Vieira, ao Dr. José Carlos Dias e ao Prof. Sacha Calmon Navarro Coelho. Além do Prof. Edevaldo Brito, que já se retirou, por motivos ligados à sua função de Secretário dos Negócios Jurídicos da Prefeitura de São Paulo, e concitá-los a serem breves no café, para termos o privilégio de ouvir o Ministro Carlos Mário Velloso, a Profa. Diva Malerbi, o Prof. Eduardo Domingos Bottallo, Dr. James Marins e o Prof. Valdir de Oliveira Rocha.

Muito obrigado a todos e está encerrada a sessão.

MESA DE DEBATES "F"

PROCESSO JUDICIAL TRIBUTÁRIO

Presidente: PROF. OSIRIS DE AZEVEDO LOPES FILHO
Participantes: PROFESSORES EDUARDO DOMINGOS BOTTALLO, VALDIR DE OLIVEIRA ROCHA, JAMES MARINS E WANDERLEY FEDERIGHI

PRESIDENTE DA MESA (PROF. OSIRIS DE AZEVEDO LOPES FILHO) – Dando início à nossa Mesa de Debates, passamos imediatamente a palavra ao Prof. Eduardo Bottallo.

RESTITUIÇÃO DE IMPOSTOS INDIRETOS

PROF. EDUARDO DOMINGOS BOTTALLO – Proponho-me a tratar de tema que, embora não seja recente, ainda desperta muita discussão, é causa de dúvidas e de hesitações, sobretudo por parte dos nossos Tribunais, que, não raro, adotam caminhos contraditórios na sua apreciação.

Refiro-me, especificamente, à questão da repetição do indébito tributário, quando se tratam dos denominados impostos indiretos. Em outras palavras, o que trago como contribuição a esta Mesa de Debates é uma proposta para a compreensão do preceito do artigo 166 do Código Tributário Nacional, que é o mais tormentoso de todo o contexto de normas congregadas no capítulo do CTN que trata do "Pagamento Indevido" (arts. 165 a 169).

Apenas para situar, a redação desse artigo 166 é a seguinte: "a restituição de tributos que comportem, por sua natureza, transferência do respectivo encargo financeiro somente será feito a quem prove haver assumido o encargo, ou, no caso de tê-lo transferido a terceiro, estar por este expressamente autorizado a recebê-la".

Para desenvolver discussão em torno das diferentes alternativas de interpretação que o dispositivo apresenta, creio ser necessário, ainda que muito rapidamente, recordar que embora disciplinado no Código Tributário Nacional, o direito à restituição do indébito tributário não encontra nesse diploma os seus fundamentos. Na verdade, tais fundamentos estão na Constituição, especificamente no princípio que trata da estrita legalidade da tributação – do qual decorre que a atividade tributária do Estado há de conduzir-se, rigorosamente, dentro dos ditames predeterminados em lei – e daquele que veda a tributação confiscatória, cuja outra face é a regra da capacidade contributiva. Em outras palavras, o Estado quando arrecada indevidamente, viola a legalidade estrita (art. 150, I); viola, também, o princípio da capacidade contributiva (art. 145, § 1º) e age no sentido de transformar o tributo em instrumento de confisco da propriedade privada (art. 150, IV).

Estes são, em palavras muitos breves, os fundamentos do direito da repetição do indébito, que, portanto, encontra no CTN, apenas, mecanismos de viabilização.

Nesta linha de raciocínio, o artigo 165 e seguintes, do CTN, são normas a serviço desses superiores propósitos constitucionais, e assim devem ser interpretados.

A literatura que se construiu em torno desses preceitos do CTN, não raro, critica certas soluções ali adotadas, algumas vezes com procedência, e outras nem tanto.

Na verdade, não se pode perder de vista que, ao tratar da repetição do indébito tributário, o CTN teve em mira remover grande confusão que, até o seu advento, imperava nesta área, isso se refletindo nas decisões judiciais versando o tema. É que havia forte tendência em fazer com que a restituição do indébito tributário fosse encarada pela mesma ótica do Código Civil, quando trata da restituição do indébito nas obrigações voluntárias. Isto conduzia a sérios equívocos porque, embora o conceito de obrigação seja o mesmo, a obrigação tributária, como todos sabemos, tem conotações próprias que, com certeza, a colocam em posição de sensível distanciamento daquela disciplinada pelo Direito Civil.

Daí porque algumas supostas "imprecisões" que o CTN apresenta nessa área, tiveram sentido didático, propósito clarificador e muito relevante para a própria tutela dos interesses dos contribuintes. Por exemplo, quando o CTN declara no artigo 165, que a restituição do indébito se estende aos casos de pagamento "espontâneo" de tributos, alguns apontam para o "equívoco", ao argumento de que não existe pagamento espontâneo de tributos. Obviamente, não existe e, sem dúvida, Rubens Gomes de Sousa, Gilberto Ulhôa Canto e outros juristas que trabalharam na elaboração do CTN sabiam disso. Então, a expressão ("pagamento espontâneo") foi empregada com objetivos didáticos, para afastar a errônea idéia de que, tratando-se do indébito tributário, devesse prevalecer a regra que está prevista no artigo 965 do Código Civil, segundo a qual aquele que paga voluntariamente somente tem direito à restituição se provar que o fez por erro. Então, a redação do artigo 165 do CTN teve em mira proteger o contribuinte, poupando-o do penoso encargo de provar que pagou por erro, já que, tratando-se de obrigação *ex lege*, o elemento volitivo, ao qual a idéia de erro poderia estar ligada, não tem a menor significação.

Mas, não há dúvida que, em tema de restituição do indébito, o artigo 166 é o mais complicado, em razão da condição ali posta para viabilizar o exercício deste direito, a saber, a prova de que o sujeito passivo assumiu o encargo, ou de que está autorizado por terceiro a pleitear essa restituição.

Esse artigo tem uma história, que precisa ser rememorada para que se possa buscar sua inteligência.

Eu assisti, neste Congresso, a um interessantíssimo painel, sobre o polêmico tema da prescrição e decadência, durante o qual o Prof. Luciano da Silva Amaro, um pouco saudosista até, fez referência a trabalho por ele escrito ainda nos anos 70. Ele disse: "eu não tenho nada a mudar porque, nesse particular, o CTN também não mudou".

Eu me valho dessa mesma afirmação para dizer que, nos mesmos anos 70, escrevi um artigo publicado na *Revista de Direito Público* ("Restituição de Impostos Indiretos", *RDP* 22/314-332) tratando exatamente da restituição de impostos indiretos e, o que ali expus, não tenho razões para mudar. Inclusive, no volume 71 da *Revista de Direito Tributário*, que foi distribuído aos participantes deste Congresso, figura um trabalho, como sempre brilhante, de autoria do Prof. Sacha Calmon, em que ele aborda a questão do indébito tributário, adotando linha de pensamento que coincide, em tudo e por tudo, com a que eu, há 20 anos, sustentei, em termos de interpretação do artigo 166 do CTN – o que prova que aquilo que foi, naquela ocasião, escrito, tinha algum mérito.

Já assinalei que esse artigo 166 tem uma história, cujos precedentes estão assentados em dois enunciados das Súmulas do Supremo Tribunal Federal, bastante anteriores ao CTN, e que trouxeram muita confusão no tratamento da repetição do indébito de alguns tributos.

Eu me refiro especificamente aos verbetes 71 e 546. O primeiro deles, bem antigo, como revela sua numeração, declara, em essência, que, embora pago indevidamente, não cabe restituição de tributo indireto. O enunciado, pela sua formulação, já deixa claro estar baseado em pressupostos bastante peculiares. Eu tive o cuidado de pesquisar todos os julgamentos que lhe deram causa, e o resultado é que estes partiam de certas presunções, sem deixar explicado, até mesmo, o significado da expressão "tributo indireto".

Prevaleceu, nestes julgamentos, o ponto de vista segundo o qual este tipo de tributo "repercute". Assim, quem o paga, mesmo indevidamente, presume-se que não sofra nenhum prejuízo, porque transfere esse prejuízo para o adquirente do produto, do serviço ou da mercadoria. E em razão desta presunção, infere-se que ele não tem direito de pedir a restituição.

Poder-se-ia dizer: então, quem está se locupletando ilicitamente é o Estado, porque arrecadou o que não era devido. As decisões que deram origem à Súmula 71, não se furtaram em dar uma resposta a essa pergunta, sustentando que, se alguém tiver de se locupletar, é melhor que seja o Estado, em vez de ser o particular, porque de certa forma o Estado representa o interesse de todos. Como se vê, um raciocínio apto a merecer severas críticas, com todo o respeito.

Posteriormente, adveio a Súmula 546, que atenuou a rigidez da anterior. Ela dispõe: "cabe restituição do tributo pago indevidamente, quando reconhecido, por decisão, que o contribuinte *de iure* não recuperou do contribuinte *de facto* o *quantum* respectivo".

Esta nova postura trouxe inegável evolução ao tema, já que, pela primeira vez, encontramos na jurisprudência consolidada do Supremo Tribunal Federal referências aos chamados contribuintes *de iure* e *de facto*, tema que, infelizmente, o tempo disponível não permite que seja abordado, nesta oportunidade.

De qualquer forma, essa segunda súmula continuou apresentando sérias inconveniências. De um lado, ela abriu a possibilidade de acolher-se a restituição, até então negada, mas, de outro, condicionou este direito a uma prova, em regra, impossível: a prova negativa. O contribuinte ficou com o encargo de provar *que não transferiu o ônus do tributo a terceiro*, o que, na maioria absoluta das vezes, é algo que não pode ser atendido.

Quando os trabalhos de elaboração do anteprojeto do CTN começaram a ser desenvolvidos, a sua primeira versão nada dispunha, na linha das mencionadas súmulas, o que vale dizer que não se fazia nenhuma distinção entre o contribuinte "de fato" e o contribuinte "de direito" – e essa, realmente, era a posição mais adequada sob o ponto de vista científico, porque, a rigor, o contribuinte "de fato" não é figura relevante no campo do Direito Tributário. O que importa é apenas aquele que figura no polo passivo da relação tributária, vale dizer, o sujeito passivo, pois só a este haveria de ser reconhecida legitimidade para pleitear a restituição do indébito.

Essa correta omissão acabou não prevalecendo e, quando o anteprojeto foi revisto pelo Ministério da Fazenda, apareceu, então, dispositivo específico que, a final, com algumas alterações, veio a converter-se no artigo 166.

Quanto ao conteúdo e alcance deste preceito, dada a exigüidade de tempo, passo direto à minha conclusão: o artigo 166 do CTN somente terá operacionalidade com relação àqueles tributos, cuja legislação contiver preceitos específicos contemplando a transferência de um *quantum* determinado de imposto para um terceiro, também determinado. Em palavras muito singelas: somente poderá ser exigida do contribuinte a prova a que alude o artigo 166 (ou a satisfação dos demais requisitos previstos neste artigo), se a lei de regência do tributo, cuja repetição estiver sendo pleiteada, for expressa no sentido de determinar que o tributo se transfere em tantos reais para pessoas identificadas. Portanto, o que, em última análise, sustento é que quando o artigo 166 refere-se a tributos que, "por sua natureza", comportam a transferência do encargo, esta "natureza" há de ser "natureza legal", ou seja, "natureza" como sinônimo de regime legal do tributo, que possibilite, através de expediente documental que se possa identificar *a quem* esse encargo foi transferido e *quanto* de transferência ocorreu. Fora disso, não cabe a aplicação do dispositivo examinado

Cito, como exemplo, o ICMS. Existe certo consenso em aceitar-se que a restituição deste tributo sujeita-se à regra do artigo 166. Porém, naqueles casos em que a lei permite que a operação seja documentada por nota simplificada ou por cupom de caixa registradora onde não está identificado nem o contribuinte, nem o montante do tributo que poderia ter sido eventualmente objeto dessa transferência, nestes casos, repito, não se pode exigir, como condição para a repetição, a absurda prova da não-transferência do encargo financeiro, ou a autorização de terceiros, pela boa e definitiva razão de que seria inviável produzi-la ou obtê-la.

Eu peço desculpas aos colegas e à Mesa por haver excedido o tempo que me foi concedido e, se tiver chance, fico à disposição para eventuais perguntas.

Muito obrigado. (*Palmas*)

Créditos de ICMS – Hipóteses que autorizam sua apropriação

PROF. EDUARDO DOMINGOS BOTALLO – Fui honrado com muitas perguntas que, em razão da limitação do tempo, terão de ser selecionadas.

Como os demais participantes deste painel, separei duas perguntas, três, na verdade, porque duas se equivalem. A primeira delas diz respeito à possibilidade de escrituração extemporânea de créditos de ICMS, independentemente de autorização judicial, resultantes do diferencial de alíquota declarado inconstitucional pelo Supremo Tribunal Federal. Trata-se de um caso concreto aqui do Estado de São Paulo.

Recentemente, tive a honra de escrever, juntamente com o Prof. Roque Antonio Carrazza, um parecer em que nós sustentamos a manifesta possibilidade desse creditamento, baseados nos três princípios que citei no início de minha participação: os princípios da estrita legalidade da tributação, da capacidade contributiva e da não-confiscatoriedade. Incide, ainda, especificamente, o princípio da não-cumulatividade do ICMS. Sustentamos, também, neste parecer, que tal creditamento compreende, quando for o caso, a correção monetária do crédito, uma vez que este componente, de acordo com entendimento pacífico, não traduz nenhum acréscimo novo ao valor que está sendo apropriado.

Quanto à correção monetária, a questão pende de manifestação definitiva do Supremo Tribunal Federal, em casos de creditamento extemporâneo, mas a nossa convicção sobre a possibilidade de aceitação é muito forte. Não encontramos nenhuma razão capaz de abalar esse ponto de vista.

A outra pergunta envolve aqueles preceitos da Lei Complementar 87/96, que possibilitaram o creditamento do ICMS sobre aquisição de bens de uso e consumo próprio, a partir de 1998, postergando, posteriormente, o início do exercício deste direito para o ano 2000.

Questiona-se a constitucionalidade desta dilação.

Eu sigo a linha dos que sustentam que, à Lei Complementar 87/96, não caberia outorgar tal direito mas apenas explicitá-lo. Na verdade, ou ele sempre existiu, como decorrência do princípio da não-cumulatividade do ICMS traçado pela Constituição, ou então, não está contemplado no texto da Lei Maior, do que decorreria a inconstitucionalidade, nesta parte, do diploma complementar. Diante destas alternativas, não tenho dúvida em aceitar a primeira. Recordo que o saudoso Prof. Geraldo Ataliba, muito antes do advento da Lei Complementar 87/96, já havia escrito um trabalho onde demonstrava, inequivocamente, que a Constituição sempre deu ampla fundamentação à possibilidade de creditamento do ICMS decorrente de aquisições de bens destinados não apenas ao uso e consumo do adquirente, mas também à integração no ativo fixo do seu estabelecimentos.

De modo que a postergação determinada por essa legislação, para permitir o creditamento apenas a partir do ano 2000, não tem apoio na Constituição. A possibilidade foi estabelecida em lei complementar, repito, como mera explicitação de direito já contido no interior do princípio da não-cumulatividade. Em conseqüência, o direito de crédito há de ser reconhecido a partir do momento em que essas aquisições se deram, respeitado unicamente o prazo decadencial para a respectiva apropriação. Muito obrigado.

Presidente da Mesa – Muito obrigado, Prof. Bottallo.

Agora, tem a palavra o Prof. Valdir de Oliveira Rocha.

RESTRIÇÕES AO DIREITO DE DEFESA NO PROCESSO ADMINISTRATIVO E SEUS REFLEXOS NA EXECUÇÃO FISCAL

Prof. Valdir de Oliveira Rocha – Bom dia a todos.

Inicialmente, meus agradecimentos à organização deste evento, pelo convite com que fui distinguido. Saúdo a todos os membros da Mesa na pessoa do eminente ministro Carlos Mário Velloso.

Já que o Dr. Bottallo retomou algumas idéias, a exemplo do que já fizera o Dr. Luciano, vou retomar algumas coisas, com a preocupação de trazer algum elemento novo, com o propósito de, quem sabe, repetindo algumas coisas, fazer com que isso, pouco a pouco, comece a ter eco.

Eu devo falar sobre restrições ao direito de defesa no processo administrativo e seus reflexos na execução fiscal.

Quero tocar em algumas obviedades, que me parecem muito importantes, porque, até onde tenho apurado, andam esquecidas.

Primeira obviedade: há um Direito Constitucionalmente assegurado a um processo administrativo. Esse processo administrativo se põe com uma roupagem nova na Constituição de 1988. Então, não é benesse, não é favor, não é privilégio, não é alguma coisa que se conceda ao contribuinte, dizendo assim: "vai; se não conseguir nada, tudo bem, está aberta a via do Judiciário". Não. É um direito e esse direito não é posto simplesmente como um favor, não. É preciso, então, que haja rigor nessa questão de ampla defesa e de contraditório num processo administrativo.

Sei que algumas coisas que vou colocar são objeto de polêmica.

A segunda obviedade é tão interessante que praticamente não se fala mais nisso (dá-se a impressão de que isto tinha alguma importância enquanto vivíamos num período de exceção constitucional): quero me referir ao inciso XXXVII do artigo 5º, que diz, com todas as letras, que não haverá tribunal ou juízo de exceção. Isso não se refere apenas aos órgãos judiciários, mas a quaisquer órgãos, quaisquer juízos, quaisquer pessoas que individualmente ou colegiadamente devam decidir a sorte de qualquer pessoa.

O que significa que não haverá juízo ou tribunal de exceção? Parece que é uma exigência de se observar o devido processo legal. Esse processo legal, muitas vezes, é absolutamente maculado no processo administrativo, porque o órgão decididor não conhece de determinados argumentos de defesa; não porque a defesa não foi bem formulada, não porque ela tecnicamente não está bem aparelhada, mas por uma razão: este órgão administrativo estaria impedido de decidir sobre questionamento de legalidade ou de constitucionalidade. Isto incumbiria apenas a órgãos outros, que não este.

Pois bem. Se assim é, não se está tendo ampla defesa.

É importante observar que quando se fala em processo administrativo, há litígios, sim, porque há uma resistência. O contribuinte recebeu uma notificação de lançamento, não se conformou com essa notificação e quer fazer valer o seu direito de se defender no processo administrativo. Só que ali ele encontra pela frente essa barreira: "não, aqui não se conhecem de determinados argumentos". Ora, se assim é, essa defesa, na verdade, é um mero rótulo. Isso não existe.

Quero trazer-lhes uma terceira obviedade, também bastante esquecida – essas obviedades estão, como vêem, colocadas no texto da Constituição. Diz a Constituição, no inciso LIII que ninguém será processado, nem sentenciado, senão pela autoridade competente.

Ora, se a autoridade administrativa julgadora, decididora, não tem competência para conhecer do assunto, o que vou poder levar? Vou poder levar apenas a minha "defesa", uma coisa aparentemente que me aproveite, mas que na realidade vai significar no máximo um pequeno retardamento na solução do meu litígio? A autoridade competente tem de conhecer, sim, de toda a matéria. Não vou falar daquelas competências que já estão desenhadas pelo próprio texto constitucional, mas eu tenho uma notificação de lançamento e essa notificação de lançamento diz que eu não observei a Portaria do Ministro da Fazenda, número tal, de tal data. Muito bem. Mas estou ancorado, estou apoiado no texto da lei, no texto da própria Constituição, que é a Lei Maior, que todos estão obrigados a observar, e eu levo justamente esse argumento.

O órgão administrativo diz: "não conhece este órgão de argumentos de ilegalidade ou de inconstitucionalidade". E no entanto confirma a notificação de lançamento. Parece que aí há alguma incoerência.

Quero trazer ainda uma outra obviedade, esta muitas vezes lembrada, especialmente pelas autoridades administrativas julgadoras, que diz que a lei não excluirá da apreciação do Poder Judiciário lesão ou ameaça de direito. Diz: "se não se conforma o contribuinte com a decisão, de qualquer modo pode ir ao Judiciário para ver preservado o seu direito".

Eu queria tirar destas obviedades citadas algumas conclusões: primeira, se o contribuinte é notificado por lançamento, ele tem algumas alternativas. Ele pode dá-lo como bom e simplesmente recolher; ou esperar que haja transcurso do tempo, venha a execução e pague, deposite ou nomeie bens à penhora. Se ele não se conforma com aquilo, pode se colocar na posição de litigante. Como litigante em processo administrativo ou em processo judicial?

Se tem direito a um processo administrativo, pode-se valer desse em toda a sua integralidade. Observem, então, que se o lançamento é contestado – e se há essa possibilidade de se contestar o lançamento, é porque o lançamento não tem essa marca de definitividade. Ele é provisório. Pode ser definitivo se o contribuinte o aceita ou se, afinal de contas, depois de um processo regular administrativo aquilo vem a ser confirmado.

É preciso insistir muito neste rótulo de regularidade do processo administrativo. O que visa o processo administrativo? Essa marca vai indicar a sua natureza jurídica. O processo administrativo é confirmador ou invalidador da notificação de lançamento, ou do próprio lançamento, se preferirem. É importante que se carimbe muito fortemente que o processo administrativo vai resultar na formação de um título executivo extrajudicial, vale dizer: é a própria Administração que formaliza o título que vai levar ao Judiciário.

Se assim é, não vejo alternativa para não se decidir em torno de determinadas matérias colocadas diante do órgão administrativo. O órgão administrativo pode até confirmar a notificação de lançamento, mas na medida em que ele diga, ou simplesmente se omita, não decidindo em torno de pontos fundamentais, capitais, de legalidade e de constitucionalidade, postos, não vejo como tirar disso certeza e liquidez suficientes para que aquele título inscrito na dívida ativa seja levado à execução fiscal.

Esse é o grande problema. Sei que há um discussão muito grande: "ora, imagine, o órgão administrativo decidindo sobre constitucionalidade? Isso cabe ao Judiciário". Alguns dizem: "cabe apenas ao Supremo Tribunal Federal". Não me parece que seja assim.

Claro que declarar a constitucionalidade é só o Judiciário que pode fazê-lo, mas aqui se trata da aplicação da própria Constituição ao caso concreto. Não me parece que é mero jogo de palavras, mas uma coisa fundamental, que leva a conseqüências muito importantes. Se não tenho a certeza, porque conheceu-se apenas de meia-verdade no âmbito do processo administrativo, a grande questão que vamos ter pela frente é justamente essa: não haverá certeza e liquidez daquele título.

Nesse momento, então, é fundamental que lembremos o artigo 204 do Código Tributário Nacional, aliás, praticamente repetido no artigo 3º da Lei 6.830. Essa repetição não traz nenhum elemento novo, mas é bom até que isso tenha acontecido, porque deixa o disposto um pouco mais conhecido. O artigo 204 do CTN diz: "A dívida regularmente inscrita goza da presunção de certeza e liquidez e tem o efeito de prova pré-constituída. Parágrafo único: A presunção a que se refere este artigo é relativa e pode ser ilidida por prova inequívoca, a cargo do sujeito passivo ou de terceiro a que aproveite".

Busquei os comentaristas desse dispositivo e observei parcimônia de palavras. Praticamente não há comentários a ele. Talvez porque ele fosse de uma pobreza franciscana; mas na realidade ele é muito rico na sua significação. O dispositivo refere uma dívida regularmente inscrita. Ora, se há uma dívida regularmente inscrita é porque há uma outra que pode não ser regularmente inscrita e essa dívida, quando não regularmente inscrita, nunca vai ter essa presunção de liquidez e certeza.

De qualquer modo, é importante pensar-se que essa presunção é de todo relativa. E se é relativa, cabe impugná-la, justamente porque não se atendeu a toda uma conformação.

Então, como essas situações são muito freqüentes, e temos um órgão administrativo julgador aparelhado e que não pode ser mera figura decorativa, não pode significar meramente também um simulacro de defesa, com vistas, sim, a um objetivo maior, que pode ser o da Administração, mas que não é o do Estado. Há de se inscrever aqui: "débito da dívida ativa" e com isto poupar-se a ida ao Judiciário para se formar um título condenatório, que vai habilitar a execução? Então, temos aqui uma situação que é de todo muito diferente.

Qual é a solução diante disto? Recebida a notificação da autoridade a quem incumbe cobrar, ainda administrativamente, aquele débito (entre aspas) "confirmado" no âmbito do processo administrativo, o interessado contribuinte pode impetrar mandado de segurança contra essa autoridade. Ou mesmo – e vejam como isto aqui é muito interessante e não tenho visto colocações nessa direção – diante (e vou sustentar isso) do procurador da Fazenda, que tem a obrigação de proceder ao controle da regularidade da inscrição do débito na dívida ativa e, se não o faz, despe-se dessa sua condição de advogado da Fazenda e passa a atuar como coadjuvante da autoridade administrativa nessa sua função executiva. E aí me parece que cabe, sim, mandado de segurança preventivo contra esse ato que está na iminência de acontecer.

Mais uma coisa: tenho visto este assunto tratado em compartimentos estanques. Administrativistas e tributaristas estudam o processo administrativo e os magistrados se ocupam apenas do processo civil, como se aquilo que acontecera antes não fosse pertinente, não fosse importante para se conduzir a uma solução do litígio, aí sim posto diante do Poder Judiciário.

É preciso haver essa possibilidade de se defender, a possibilidade de se fazer valer, com toda a sua extensão, as vicissitudes do processo administrativo. Para isso, temos de contar com a devida participação do Poder Judiciário, não mais na discussão do mérito, mas na preservação do processo administrativo em toda a sua inteireza.

Aí, então – e já vou concluir, antes que receba aqui um comunicado de que estou ultrapassando o meu tempo –, quero dizer que as restrições indevidas à defesa no processo administrativo vão fazer irregular a sua decisão e, como tal, não habilitarão a inscrição dos débitos na dívida ativa, vale dizer, não possibilitarão execução fiscal.

Era isso o que tinha a dizer aos senhores e às senhoras. Muito obrigado. *(Palmas)*

PRESIDENTE DA MESA – A exposição do Dr. Valdir é muito interessante em face de um procedimento que está sendo adotado pela administração tributária federal. Os senhores sabem que existe a DCTF – Declaração de Contribuição de Tributos Federais – em que as pessoas, entre vários produtos, dão informações sobre a Cofins e, com base na apresentação dessa DCTF, o fisco federal tem mandado diretamente para a Procuradoria para fazer inscrição na dívida ativa.

A exposição do Dr. Valdir é muito esclarecedora porque mostra que tem de haver um lançamento. Quanto o contribuinte presta informações sobre determinado tributo e o fisco toma providências a respeito, ele tem de fazer um lançamento chamado, no nosso Código Tributário, de declaração. Aí o contribuinte, ainda que tenha prestado informação, pode ter errado na informação ou descoberto algum problema nessa informação, pode querer discutir no processo administrativo tributário. Mas o procedimento hoje adotado pela administração tributária federal e as procuradorias da Fazenda Nacional é de aceitarem esse crédito tributário como apoiado numa confissão de dívida, e escrevem na dívida ativa e começa a execução fiscal.

Eu acho que os fundamentos do Prof. Valdir mostram a clareza da improcedência e da ilegalidade do procedimento adotado pelo fisco federal.

Com a palavra o Prof. James Marins.

PROF. JAMES MARINS (*sem revisão do autor*) – Ilustre Presidente desta Mesa de debates, Dr. Osiris; Excelentíssimo Senhor Ministro Carlos Mário Velloso; eminentes Professores Bottallo, Valdir e Wanderley.

O Prof. Valdir terminou a sua exposição, cometendo uma responsabilidade ao Poder Judiciário, no sentido de que se torne efetiva a participação dos juízes no controle do devido processo legal administrativo. E que seja, portanto, efetiva a tutela jurisdicional em matéria tributária.

O tema pelo qual termina o Prof. Valdir de Oliveira Rocha é o tema pelo qual inicio a minha exposição de hoje.

Tenho, sempre que possível, manifestado a minha preocupação com o rumo que tomam os estudos e os precedentes jurisprudenciais e administrativos em matéria de processo tributário.

Tenho sempre enfatizado, em minhas exposições, a necessidade de um estudo, tanto quanto possível sistemático, apropriado à matéria processual tributária. Tenho invocado para isso lições que vêm desde o Prof. Francesco Carnelutti, em magnífico trabalho publicado em 1932, na Itália, quando ele já suscitava a necessidade de que, em face de nos defrontarmos com uma lide diferenciada, a lide tributária, tivéssemos a preocupação de construir um processo diferenciado também – o processo tributário.

Ao Prof. Carnelutti, seguiram-se estudos extraordinários, como da Profa. Loris, do Prof. Saenz de Bujanda, da Espanha, que com muita propriedade foi retirar, de um estudo muito profundo, a substantividade do Direito Processual Tributário. O eminente Professor espanhol dizia, então, em seu magnífico trabalho *Sistema de derecho financiero* que o processo tributário se apresentava tão substantivo quanto o processo civil. Aí começam as raízes das necessárias diferenças que precisam ser feitas a estas duas disciplinas.

O nosso eminente Prof. Rubens Gomes de Souza – que desde a década de 40 se debatia pela necessidade da codificação do nosso Direito Tributário, tarefa que só logrou alcançar quase 25 anos depois de que começou a manifestar as suas preocupações, com a aprovação pelo Congresso Nacional da lei que consubstanciou o nosso Código Tributário Nacional, em 1966 – já dizia o Prof. Rubens Gomes de Souza que a necessidade da disciplina do processo tributário era tão premente quanto a necessidade da disciplina do próprio Direito Tributário.

Até hoje ainda não conseguimos alcançar um disciplinamento adequado do processo e permanecemos presos aos princípios e pressupostos criados pelo nosso Código de Processo Civil de 1973, que se destina, como disse o Prof. Arruda Alvim, para o trato judicial das lides civis.

Nós tratamos o nosso processo tributário, até hoje, em Varas das Fazendas Públicas estaduais em Varas Cíveis da Justiça Federal. Nós tratamos o nosso processo judicial tributário à luz de cânones criados e desenvolvidos nos primeiros cinqüenta anos deste Século, precipuamente para as lides individualistas de cunho civil e pouco evoluídos. O Prof. Rubens Gomes de Souza dizia que havia necessidade – desde 1940 ele já dizia – de que harmonizássemos o processo tributário administrativo e o processo tributário judicial. Até hoje não logramos essa tarefa.

Essa preocupação não é só do Brasil. Essa preocupação vem sendo manifestada reiteradamente na Itália por alguns dos mais eminentes juristas, vem sendo manifestada reiteradamente na Alemanha, vem sendo manifestada também em Portugal, vem sendo manifestada também, recentemente, na Espanha.

O eminente Prof. Juan Zormoza Perez, que está no Brasil por estes dias e que nos brindou com a possibilidade de estar conosco no curso de pós-graduação em Direito Tributário e Processual Tributário, da PUC do Paraná, disse que já não há mais espaço para as teses que defendem que o processo tributário ora se assemelha ao processo civil, ora se assemelha ao processo penal. Disse o Prof. Zormoza que é preciso que se estude o processo tributário como uma forma diferenciada de se tratar de questões diferenciadas. Reiteradamente tem dito, de uma forma ou de outra, de uma forma direta ou de uma forma oblíqua, que a obrigação tributária assume contornos peculiares, peculiaridade essa que em verdade decorre do próprio moto de formalização da obrigação tributária, que é absolutamente diferenciada de qualquer outra forma de formalização das obrigações da vida civil ou, mesmo, das obrigações do direito público.

Esta obrigação tributária, pelas suas diferenciações e por aquilo que o eminente jurista português, Soares Martinez, diz de regime especial de segurança constitucional e infraconstitucional em matéria tributária, deve refletir quando se trata de um momento muito especial, que é o momento da crise do Direito Tributário.

Temos dito que mais que nunca o Direito Processual Tributário precisa estar sendo vislumbrado à luz de três dimensões fundamentais do próprio Direito Tributário. São elas: a dimensão estática, que é onde residem as normas de Direito Tributário material; a dimensão dinâmica, que é onde residem as normas do Direito Tributário formal ou, como preferem alguns, de Direito Tributário administrativo e a última dimensão, que é a dimensão processual, é a dimensão da crise, é o momento em que o percurso entre o nascimento da obrigação tributária e a sua formalização sofre o impacto da lide. Esse momento pode ser dado tanto na esfera administrativa, quanto na esfera judicial e precisa ser adequadamente compreendido entre nós. É preciso que tenhamos mecanismos adequados, que tenhamos adequada compreensão deste fenômeno, que não tratemos o processo como se fosse um fenômeno absolutamente desligado da realidade, da própria formalização, do próprio percurso da própria obrigação tributária, em face dos contribuintes.

Infelizmente, entretanto, o que assistimos, via de regra, são discussões ora calçadas em princípios úteis para o Direito Processual Civil, mas inúteis para o Direito Processual Tributário, ora calçada em uma realidade que já não se coaduna com a necessidade de proteção do contribuinte, em face de uma época de terríveis restrições econômicas como a que vivenciamos, e esta, repito, não é uma tendência que só encontramos aqui, é uma tendência que generalizadamente encontramos na Europa.

O assunto que vamos tratar especificamente, superada esta pequena introdução propedêutica do Direito Processual Tributário, diz respeito às liminares em matéria tributária.

Cumpre-nos aqui fazer uma breve análise de alguns aspectos cruciais dos problemas das liminares, que diz muito respeito com o problema do lançamento, da suspensão da exigibilidade do crédito tributário, naturalmente, para chegarmos, ao final, a um rápido exame das recentíssimas Súmulas 212 e 213 do Superior Tribunal de Justiça, que, com certeza, devem ter causado perplexidade em todos aqueles que trabalham no processo judicial tributário.

A primeira referência que precisamos fazer diz respeito a um pequeno ensaio comparativo entre a liminar de um mandado de segurança e a liminar da antecipação de tutela. Muitos tomam a antecipação de tutela – da forma como consubstanciada em 1994 pela reforma do Código do Processo Civil e que introduziu alterações no artigo 273 desse mesmo Código – como uma novidade no nosso sistema. Não é verdade. A novidade é que ela tenha sido disciplinada, porque não havia novidade alguma nas liminares antecipatórias do direito pleiteadas pela parte. Aliás, poucos se lembram que um dos exemplos clássicos de antecipação de tutela, no Direito brasileiro, é o próprio mandado de segurança, cuja disciplina constitucional já existe há mais de Século e a disciplina infraconstitucional a partir da Lei 1.533, de 1951; o nosso mandado de segurança, que é um desdobramento da nossa doutrina brasileira do *habeas corpus*, e que se presta, com muita freqüência, a tutelar relações entre Fisco e contribuinte.

Mas o nosso mandado de segurança obteve esta feição antecipatória justamente porque ele se destina a exercer a proteção *in natura* de direitos e garantias do cidadão – no nosso caso específico, do contribuinte.

Normalmente, quando o mandado de segurança, através de medidas liminares, protege, efetiva uma determinada garantia legal de um cidadão, ele o faz de forma a antecipar uma futura e provável sentença definitiva de mérito naquele assunto.

Na antecipação de tutela, o fenômeno é exatamente o mesmo, muito embora possa-se tratar não apenas da garantia de direitos que estão sendo violados ou que estão sob ameaça de violação. A tutela antecipada pode se dar em processos que permitem a dilação probatória, coisa que não ocorre no mandado de segurança. Mas existem, sem dúvida alguma, pontos de contato bastante próximos entre a antecipação de tutela e o mandado de segurança. Isso foi reconhecido por eminente juiz federal, o Prof. Albino Zavascki, do Rio Grande do Sul, e também pelo Prof. Arruda Alvim.

O relevante fundamento previsto no artigo 7º da Lei 1.533, de 1951, assemelha-se, de alguma forma, à verossimilhança da alegação presente no artigo 273 do Código do Processo Civil. A prova pré-constituída, considerada um dos requisitos essenciais à obtenção de tutela por via do mandado de segurança, se aproxima de forma inequívoca da chamada prova inequívoca do artigo 273 do Código do Processo Civil. E a ineficácia da medida, presente da Lei 1.533, também tem uma pertinência muito grande com o fundado receio de dano irreparável, que encontramos no artigo 273 do Código do Processo Civil.

Os regimes, em verdade, muito se aproximam e se distanciam das medidas cautelares. E aqui vai uma referência também bastante importante: as medidas cautelares têm por destinação proteger o processo e não o direito da parte diretamente considerada. As medidas cautelares, portanto, por protegerem o processo e não o direito da parte especificamente, permitem que com pressupostos menos rigorosos os magistrados possam conceder medidas liminares de natureza cautelar.

Não é assim na antecipação de tutela e não é assim no mandado de segurança. A distorção houve, e há, por conta daquelas chamadas cautelares satisfativas, que nada mais eram, como explica o brilhante Prof. Arruda Alvim, que antecipações de tutela no bojo de processos cautelares.

Com a disciplina do artigo 273 do CPC, clareou-se esta situação e houve, efetivamente – a doutrina e a jurisprudência têm atestado –, um esvaziamento das medidas cautelares satisfativas em prol da utilização do instrumento mais específico, que é o da antecipação de tutela. Porque a antecipação de tutela destina-se efetivamente à realização antecipada de um bem da vida pleiteado pela parte, ela, muitas vezes, acaba sendo confundida com a antecipação jurídica desse direito.

Este é um erro jurídico imperdoável. Não pode a antecipação de tutela, nem nos mandados de segurança, nem nas chamadas cautelares satisfativas, nem no regime do artigo 273 do Código do Processo Civil, satisfazer juridicamente um direito. O que se faz é, apenas, antecipar a produção de efeitos fáticos que viessem a decorrer de uma futura, plausível e provável decisão posterior de mérito.

Em matéria tributária, como é que isso se dá? Seja em ação anulatória, seja em ação condenatória, onde, necessariamente, se passa pelo reconhecimento, pela carga declaratória de que um determinado tributo é inexistente ou inexigível por falta da existência da relação jurídica tributária ou até mesmo por erro na tipificação de qualquer dos elementos da obrigação tributária, passa-se pela declaração de que o contribuinte, de alguma forma, nada deve ao Estado naquela situação. Esta declaração pode gerar um conteúdo condenatório, como é o caso da repetição de indébito, como pode simplesmente gerar uma sentença judicial de conteúdo declaratório.

Estas sentenças, tanto as declaratórias quanto as condenatórias, têm um efeito prático, e é que no momento em que elas passam a surtir efeito, elas permitem ao contribuinte comportar-se de uma determinada maneira, e, por outro lado, impedem que a administração tributária comporte-se, na esfera jurídica, em atingimento desse contribuinte.

Então, é perfeitamente possível que essas antecipações de tutela se dêem em ações declaratórias. O efeito da ação declaratória, que não tem conteúdo condenatório, porque não se busca a condenação, porque não se busca um título executivo extrajudicial como resultado daquela ação, é justamente o de chancelar um determinado comportamento do contribuinte. É o caso das compensações de indébitos tributários. É perfeitamente possível se buscar a compensação por via declaratória como forma de se chancelar o comportamento do contribuinte com relação a sua escrita fiscal. Nesses casos, não há necessidade de comando condenatório, cominatório, porque está na esfera jurídica do contribuinte. O caso dos tributos, cujo lançamento se dá por homologação e nos quais o contribuinte faça aquilo que se chama, comumente, de auto-lançamento, é a permissão para que ele se comporte legitimamente e sob a proteção de uma decisão judicial de uma determinada forma.

Essa antecipação é fática e assim se têm pronunciado os estudiosos de processo civil de todo o Brasil, como Theo O. Vasques e Ovídio Batista da Silva, no Rio Grande do Sul, como Luiz Fernando Belinetti, Egas Muniz de Aragão e Víctor Marins, no Paraná, como Arruda Alvim, Cândido Dinamarco, Nelson Néri Jr., em São Paulo, como Barbosa Moreira e Carreira Alvim, no Rio de Janeiro e Ernani Fidélis dos Santos e Humberto Theodoro Jr., em Minas Gerais. Entretanto, não é assim que o STJ vem enfrentando essas questões.

Há uma diferença substancial que precisa ser dita – já pedindo perdão ao Sr. Presidente da Mesa por estar avançando um pouco no nosso tempo – entre satisfatividade e irreversibilidade. Estão errada todas as decisões judiciais que afirmem, de alguma maneira, que a satisfatividade é impeditiva de antecipação de tutela, seja em mandado de segurança, seja no regime do artigo 273, pois que a satisfatividade é da essência da própria antecipação. Não há antecipação, se não se satisfaz, integral ou parcialmente, um direito.

Por conta da emissão das Súmulas 212 e 213 do Superior Tribunal de Justiça, me parece, houve um equívoco bastante grande no trato destas questões. É fato que, tenha-se assente desde logo, estas súmulas do STJ têm em conta, via de regra, processos propostos de compensação tributária sob a égide da Lei 8.383, antes do artigo 273 do CPC, que trouxe uma luz sobre esses problemas antecipatórios e satisfativos.

Mas o que eu queria dizer, Sr. Presidente, já para partir para as nossas conclusões, é que esta Súmula 212 do STJ, que diz que a compensação de créditos tributários não pode ser deferida por medida liminar, e a Súmula 213 do STJ, que diz que o mandado de segurança constitui ação adequada para a declaração do direito à compensação tributária, encerram, entre si, um paradoxo irrecusável que precisa ser sanado pela interpretação que se dê a essas mesmas súmulas.

Se formos fazer um exame dos acórdãos que foram referentes, que supedanearam a edição dessas Súmulas, vamos descobrir o seguinte: no Recurso Especial n. 158, com relação à Súmula 212, entenderam os Ministros do STJ pela imprestabilidade da liminar em cautelar para afirmar suficiência, certeza e liquidez dos créditos

No Agravo Regimental 152.397, de São Paulo, entenderam que o mandado de segurança é o meio hábil para a compensação, mas não por via de liminar que é satisfativa. Vejam: está-se tentando evitar que as liminares de antecipação, como é o caso do mandado de segurança, sejam satisfativas. Praticamente não existem liminares em mandado de segurança que não sejam satisfativas, exceto aquelas cuja natureza é de medida cautelar, porque as cautelares não são satisfativas, via de regra.

O Recurso Especial n. 121.315 diz que a extinção de crédito, por via de liminar, tem caráter satisfativo e ainda acrescenta: há o esgotamento do objeto da ação. O Recurso Especial n. 137.489 diz que não tem o juiz como verificar a existência de débitos e créditos, sua liquidez e certeza, por via de liminar. No Recurso em Mandado de Segurança, n. 4.970, a compensação operaria efeitos definitivos.

E assim, via de regra, que os acórdãos do Superior Tribunal de Justiça tem enfrentado, sob esse aspecto. Diria aos senhores, com toda a segurança: todas estas decisões do STJ, em verdade, referem-se a pedidos liminares que têm um conteúdo material específico: a parte pede um determinado valor do direito para ser compensado; e aí reside o erro. Em tutela antecipada em mandado de segurança, o pedido tem de ser com relação à possibilidade da compensabilidade de determinados créditos, reservado o direito de fiscalização da administração.

Com esta provocação, Sr. Presidente da Mesa, encerro, para que possamos efetivamente buscar dar eficácia ao nosso sistema processual civil da melhor forma possível dentro do Estado de Direito, que se pauta pelo respeito aos dois fatores fundamentais do ser humano, com os quais o Direito Tributário se debate: a liberdade e o patrimônio.

Muito obrigado. (*Palmas*)

Presidente da Mesa – Prof. James, agradeço pelas duas coisas: a provocação e o encerramento da sua brilhante fala. (*Risos*)

Quero anunciar que está sendo lançado hoje, pela Editora Max Limonad, o livro do Prof. Aires Barreto, na sua segunda edição, *Base de cálculo e alíquota – e princípios constitucionais*. O livro está disponível no saguão e o Prof. Aires também para os autógrafos.

Com a palavra o Ministro Carlos Mário da Silva Velloso, Ministro do Supremo Tribunal Federal e Professor Titular da Universidade de Brasília.

PROCESSO JUDICIAL TRIBUTÁRIO: MEDIDAS JUDICIAIS QUE O INTEGRAM E A LEGITIMIDADE DO MINISTÉRIO PÚBLICO PARA A AÇÃO CIVIL PÚBLICA QUE TEM POR OBJETO O NÃO PAGAMENTO DE UM TRIBUTO

MIN. CARLOS MÁRIO DA SILVA VELLOSO – Senhor Prof. Osiris de Azevedo Lopes Filho, presidente do Congresso, senhores Professores Eduardo Domingos Bottallo, James Marins, Valdir de Oliveira Rocha e Wanderley Federighi, Srs. Congressistas, Senhoras e Senhores. As minhas primeiras palavras são de louvor aos organizadores deste XII Congresso Brasileiro de Direito Tributário, que está sendo realizado na linha preconizada pelo inesquecível patrono do IDEPE, o Prof. Geraldo Ataliba, de tão gloriosa e saudosa memória.

Cabe-nos dissertar a respeito do Processo Judicial Tributário, que se integra e se constitui de medidas judiciais que podem ser propostas pelo sujeito ativo da obrigação tributária, o Poder Público, e pelo sujeito passivo, o contribuinte.

Menciono, como exemplo de medidas judiciais, que podem ser aforadas pelo Poder Público:

a) a cautelar fiscal, regida pela Lei 8.397, de 1992, com a redação da Lei 9.532, de 1997, artigo 65. Mediante a cautelar fiscal, o Fisco, sujeito ativo da obrigação tributária, pode obter a indisponibilidade patrimonial dos devedores; e,

b) a execução fiscal, de grande importância, regida pela Lei 6.830, de 22 de setembro de 1980.

São várias, de outro lado, as ações judiciais de que se pode valer o sujeito passivo da obrigação tributária, ou o contribuinte: começo por mencionar os embargos do devedor, que são opostos na execução fiscal, com base na Lei 6.830, de 1980. O mandado de segurança é outra medida judicial largamente utilizada pelos contribuintes, desde que os fatos que dão origem ao direito subjetivo sejam incontroversos. A cautelar inominada é outra medida judicial utilizada pelos contribuintes (CPC, arts. 798 a 803), como também a ação de consignação em pagamento (CTN, art. 164, CPC, arts. 890 e seguintes).

No que concerne ao mandado de segurança, quero deixar expressa a minha adesão às considerações feitas pelo Prof. James Marins, a respeito da liminar. É que, em certos casos, a não concessão da liminar, embora satisfativa, implica perecimento do direito. A Súmula que proíbe a concessão dessa liminar, de ilustre Tribunal Superior, é ofensiva, portanto, em certos casos, ao disposto no artigo 5º, inciso XXXV, da Constituição Federal.

Prossigo. Seguem-se as ações ordinárias: a ação declaratória (CPC, art. 4º, incisos I e II); a ação anulatória de débito fiscal (CTN, art. 169, CPC, art. 271, inciso I); a ação de repetição de indébito (CTN, arts. 165 e 166, Súmulas 71 e 546, do Supremo Tribunal Federal); a ação rescisória, que também pode ser aforada pelo Poder Público (CTN, art. 165, inciso III, CPC, art. 485), e a tutela antecipada (CPC, art. 273, com a redação da Lei 8.952, de 1994).

Este é o quadro em que se desenvolve e se realiza o Processo Judicial Tributário; essas as medidas judiciais que compõem esse instituto.

Cada uma dessas ações pode ser objeto de uma palestra. A tutela antecipada, por exemplo, tem ensejado debates. A extensão à tutela antecipada das restrições das liminares em mandado de segurança tem gerado discussões. Isto tudo poderia ser discutido aqui. Mas não vamos fazê-lo.

É que gostaria de trazer ao debate uma questão a respeito da qual pouco se tem dito. Gostaria de colocar à reflexão dos Congressistas esta indagação: os direitos dos contribuintes, decorrentes de obrigações tributárias, poderiam ser tutelados no âmbito dos interesses difusos ou coletivos, ou no âmbito dos direitos individuais homogêneos amparados pela ação civil pública – Lei 7.347, de 1985?

Mais: tratando-se de direitos individuais homogêneos – de tributos que devem ser pagos por um grupo de contribuintes, o IPTU, por exemplo – teria o Ministério Público legitimidade ativa para propor ação civil pública com o intuito de tutelar o direito desses contribuintes?

Essas são as questões que gostaria de abordar. Vou fazê-lo, evidentemente, a vôo de pássaro, porque o tempo de que disponho não é longo e desejo ser obediente ao presidente Osiris de Azevedo Lopes Filho, inflexível no relógio – e sigo um velho anexim popular, muito caro aos mineiros: manda quem pode, obedece quem tem juízo. (*Risos*)

Vamos aos temas, que examinei, recentemente, no Supremo Tribunal Federal, em voto que proferi no RE 195.056-PR, cujo julgamento está pendente de pedido de vista formulado por um dos eminentes Colegas.

A Lei n. 7.347, de 1985, que disciplina a ação civil pública de responsabilidade por danos causados ao meio ambiente, ao consumidor, a bens e direitos de valor artístico, histórico, turístico e paisagístico, é expressa no estabelecer, no seu artigo 1º, que se regem por ela, Lei n. 7.347, de 1985, as ações de responsabilidade por danos causados ao meio ambiente, ao consumidor, a bens e direitos de valor histórico, estético, turístico e paisagístico e a qualquer outro interesse difuso ou coletivo. Pela citada Lei n. 7.347, de 1985, está-se a ver, a ação civil pública, além de estar jungida aos temas mencionados, não diz respeito a direitos homogêneos. É certo, entretanto, que a Lei n. 8.625, de 1993, artigo 25, IV, "a", estabelece que incumbe ao Ministério Público promover a ação civil pública, na forma da lei, para a proteção e reparação dos danos causados ao meio ambiente, ao consumidor, aos bens e direitos de valor artístico, estético, histórico, turístico e paisagístico, e outros interesses difusos, coletivos e individuais indisponíveis e homogêneos (art. 25, IV, "a").

A citada disposição – artigo 25, IV, "a" – há de ser interpretada em consonância com a Lei 7.347, de 1985, e a Lei 8.078/90, Código do Consumidor.

O artigo 21 da Lei 7.347, de 1985, introduzido pelo artigo 117 do Código do Consumidor, Lei 8.078, de 1990, prescreve que são passíveis de proteção mediante a ação civil pública, "os interesse ou direitos individuais homogêneos".

Ora, não podemos afirmar que o direito subjetivo de um contribuinte em não pagar um certo tributo possa ser considerado interesse difuso ou coletivo. Segundo a Lei 8.078, de 1990, artigo 81, parágrafo único, incisos I, II e III, interesses ou direitos difusos são os transindividuais, de natureza indivisível, de que sejam titulares pessoas indeterminadas e ligadas por circunstâncias de fato; interesses coletivos, os transindividuais de natureza indivisível, de que seja titular grupo, categoria ou classe de pessoas ligadas entre si ou com a parte contrária por uma relação jurídica-base. Já os interesses ou direitos individuais homogêneos decorrem de origem comum; são direitos de um grupo. São, entretanto, divisíveis, podem ser postulados separada e individualmente.

A somatória dos direitos dos contribuintes ao não pagamento de um certo tributo – caso, por exemplo, dos habitantes de um município, relativamente ao IPTU – constitui, sem dúvida, direitos individuais homogêneos.

Os direitos individuais homogêneos, repito, podem ser protegidos pela ação civil pública, presente a regra do artigo 117 do Código do Consumidor. Todavia, assim ocorrerá, quando os titulares estiverem na condição de consumidores. É dizer, os direitos individuais homogêneos somente poderão ser tutelados mediante ação civil pública quando o direito tenha relação direta com o consumidor. Confira-se, a propósito, a lição de Arruda Alvim e Thereza Alvim (*Código do Consumidor Comentado*, p. 380).

Consumidor, segundo a Lei 8.078, de 1990, artigo 2º, é "toda pessoa física ou jurídica que adquire ou utiliza produto ou serviço como destinatário final; equipara-se a consumidor a coletividade de pessoas, ainda que indetermináveis, que haja intervindo nas relações de consumo".

O sujeito passivo da obrigação tributária, o contribuinte de um tributo, poderia ser considerado consumidor? Parece-me que não, se temos presente o sentido que a Lei 8.078, de 1990, empresta ao termo.

É dizer, o contribuinte de tributos, o sujeito passivo da obrigação tributária, não é consumidor, ou não está abrangido pelo conceito de consumidor. Tributos não são consumidos, não integram uma relação de consumo. O tributo é prestação pecuniária compulsória, instituída em lei e cobrada mediante atividade administrativa vinculada (CTN, art. 3º). Os tributos são os impostos, as taxas, as contribuições, que são de melhoria e parafiscais, e os empréstimos compulsórios.

A questão, sob tal aspecto, vale dizer, sob o ponto de vista infraconstitucional, foi resolvida pelo Superior Tribunal de Justiça, cujo acórdão recebeu a seguinte ementa:

"Processual civil. Ação civil pública visando impedir o aumento de imposto predial. Ilegitimidade do ministério público.

"A Lei n. 7.347/85 disciplina o procedimento da Ação Civil Pública de responsabilidade por danos causados ao consumidor (meio ambiente, etc.), incluindo sob a sua égide, os interesses e direitos individuais homogêneos.

"A lei de regência, todavia, somente tutela os 'direitos individuais homogêneos', através da ação coletiva, de iniciativa do Ministério Público, quando os seus titulares sofrerem danos na condição de consumidores.

"O Ministério Público não tem legitimidade para promover a ação civil pública na defesa do contribuinte do IPTU, que não se equipara ao consumidor, na expressão da legislação pertinente, desde que, nem adquire, nem utiliza produto ou serviço como destinatário final e não intervém, por isso mesmo, em qualquer relação de consumo.

*"**In casu**, ainda que se trate de tributo (IPTU) que alcança considerável número de pessoas, inexiste a presença de manifesto interesse social, evidenciado pela dimensão ou pelas características do dano, para perlavar a legitimação do Ministério Público.*

"Recurso a que se nega provimento. Decisão indiscrepante." (REsp. 57.465-PR, Relator Ministro Demócrito Reinaldo).

Examinemos a questão, agora, tendo em vista a disposição constitucional inscrita no artigo 129, III, da Constituição Federal.

Abrindo o debate, começo por me reportar ao RE 185.360-SP, por mim relatado, no Supremo Tribunal, acórdão que porta a seguinte ementa:

*"Ementa: **Constitucional. Ação Civil Pública. Mensalidades escolares. Ministério Público. Legitimidade. Lei 8.078, de 1990, art. 2º, parágrafo único. Lei 8.625, de 1993, art. 25. CF, art. 129, III.***

"I – Ação civil pública que tem por objeto fixação e pagamento de mensalidades escolares: os interesses ou direitos daí decorrentes podem ser classificados como coletivos: legitimidade do Ministério Público para propor a ação civil pública, mesmo porque, considerados esses direitos como individuais homogêneos, têm vinculação com o consumo, ou podem os titulares do direito ser considerados como consumidores: Lei 8.078/90, art. 2º e seu parágrafo único.

"II – R.E. conhecido e provido."

Destaco do voto que proferi quando do julgamento do citado RE 185.360-SP:

"No caso igual, RE 163.231-SP, Relator o Ministro Maurício Corrêa, decidiu o Supremo Tribunal Federal, pelo seu Plenário:

*'Ementa: **Recurso Extraordinário. Constitucional. Legitimidade do Ministério Público para promover ação civil pública em defesa dos interesses difusos, coletivos e homogêneos. Mensalidades***

escolares: capacidade postulatória do 'Parquet' para discuti-las em juízo.

"1. A Constituição Federal confere relevo ao Ministério Público como instituição permanente, essencial à função jurisdicional do Estado, incumbindo-lhe a defesa da ordem jurídica, do regime democrático e dos interesses sociais e individuais indisponíveis (CF, art. 127).

"2. Por isso mesmo detém o Ministério Público capacidade postulatória, não só para a abertura do inquérito civil, da ação penal pública e da ação civil pública para a proteção do patrimônio público e social, do meio ambiente, mas também de outros ***interesses difusos e coletivos*** *(CF, art. 129, I e III).*

"3. ***Interesses difusos*** *são aqueles que abrangem número indeterminado de pessoas unidas pelas mesmas circunstâncias de fato e* ***coletivos*** *aqueles pertencentes a grupos, categorias ou classes de pessoas determináveis, ligadas entre si ou com a parte contrária por uma relação jurídica base.*

"3.1. A 'indeterminidade' é a característica fundamental dos ***interesses difusos*** *e a 'determinidade' a daqueles interesses que envolvem os* ***coletivos.***

"4. Direitos ou interesses ***homogêneos*** *são os que têm a mesma origem comum (art. 81, III, da Lei n. 8.078, de 11 de setembro de 1990), constituindo-se em subespécie de* ***direitos coletivos.***

"4.1. Quer se afirme ***interesses coletivos*** *ou particularmente* ***interesses homogêneos,*** *'stricto sensu', ambos estão cingidos a uma mesma base jurídica, sendo* ***coletivos,*** *explicitamente dizendo, porque são relativos a grupos, categorias ou classes de pessoas, que conquanto digam respeito às pessoas isoladamente, não se classificam como direitos individuais para o fim de ser vedada a sua defesa em ação civil pública, porque sua concepção finalística destina-se à proteção desses grupos, categorias ou classe de pessoas.*

"5. As chamadas mensalidades escolares, quando abusivas ou ilegais, podem ser impugnadas por via de ação civil pública, a requerimento do Órgão do Ministério Público, pois ainda que sejam ***interesses homogêneos de origem comum****, são subespécies de* ***interesses coletivos****, tutelados pelo Estado por esse meio processual como dispõe o art. 129, inciso III, da Constituição Federal.*

"5.1. Cuidando-se de tema ligado à educação, amparada constitucionalmente como ***dever do Estado e obrigação de todos*** *(CF, art. 205), está o Ministério Público investido da capacidade postulatória, patente a legitimidade 'ad causam', quando o bem que se busca resguardar se insere na órbita dos* ***interesses coletivos****, em segmento de extrema delicadeza e de conteúdo social tal que, acima de tudo, recomenda-se o abrigo estatal.*

"Recurso extraordinário conhecido e provido para, afastada a alegada ilegitimidade do Ministério Público, com vistas à defesa dos interesses de uma coletividade, determinar a remessa dos autos ao Tribunal de origem, para prosseguir no julgamento da ação.'"

Nesse último julgamento, proferi voto assim:

"Sr. Presidente, presente a regra do art. 81, parágrafo único, incisos I, II e III da Lei 8.078/90, interesses difusos, que são os denominados transindividuais, de natureza indivisível e cujos titulares são pessoas indeterminadas, mas que estão ligadas por circunstâncias de fato, e interesses coletivos, que são interesses denominados transindividuais, também indivisíveis e pertencentes a um grupo de pessoas ligadas por uma relação jurídica base, não se confundem com a somatória de interesses individuais homogêneos, cujos titulares são identificáveis. Cada um deles, individualmente ou em litisconsórcio ativo, pode defender tais interesses, defender, portanto, os seus direitos. Esses são os direitos individuais homogêneos que não se identificam, repito, com os interesses difusos ou coletivos. Por isso, melhor será denominar estes últimos de direitos individuais homogêneos.

"A Lei 7.347, de 1985, disciplina a ação civil pública de responsabilidade por danos causados ao meio ambiente, ao consumidor, a bens e direitos de valor artístico, histórico, turístico e paisagístico, e a qualquer outro interesse difuso ou coletivo. Pela citada Lei 7.347, de 1985, está-se a ver, a ação civil pública, além de estar jungida aos temas mencionados, não diz respeito a direitos individuais homogêneos.

"É certo, todavia, que a Lei 8.625, de 1993, art. 25, inciso IV, estabelece que incumbe ao Ministério Público promover a ação civil pública para proteção e reparação dos danos causados ao meio ambiente, ao consumidor, aos bens e direitos de valor artístico, estético, histórico, turístico, paisagístico e outros interesses difusos, coletivos e individuais indisponíveis.

"Quer dizer, com base nessa legislação, nessas normas infraconstitucionais, o Ministério Público ***tem legitimidade para a ação civil pública, quando em jogo direitos individuais homogêneos, quando seus titulares estiverem na condição de consumidores, ou quando houver uma relação de consumo.***

"É o Código do Consumidor, pois, que confere ao Ministério Público legitimidade para a ação civil pública quando o objeto desta ação é um direito individual homogêneo. Com relação aos interesses difusos e coletivos não haveria a menor dúvida.

"Visualizemos agora a questão sob o ponto de vista puramente constitucional, – Constituição, art. 129, inciso III. Verifica-se que o Ministério Público não tem legitimidade para promover nem o inquérito civil, nem a ação civil pública, quando estão em jogo direitos individuais homogêneos. A legitimidade do Ministério Público restringe-se a "promover o inquérito civil e a ação civil pública para a proteção do patrimônio público e social, do meio ambiente", assim de interesses. Acrescenta o citado dispositivo constitucional: "e de outros interesses difusos e coletivos". Não há menção a direitos individuais homogêneos.

"É dizer, não é na Constituição, art. 129, III, que se pode buscar a legitimidade do Ministério Público para defender, mediante ação civil pública, direitos individuais homogêneos.

"Mergulhemos no caso sob exame.

"Aqui, o objeto da ação são mensalidades escolares, mensalidades que os alunos das escolas pagam pelo ensino que lhes é ministrado. A somatória desses direitos constitui, sem dúvida, direitos individuais homogêneos. É perfeitamente possível identificar cada um dos titulares de tais interesses ou direitos; e cada um dos titulares desses direitos pode, individualmente, defendê-los, em Juízo, como podem, também, fazê-lo em litisconsórcio ativo.

"A questão a saber, então, é se tais interesses ou direitos têm vinculação com o consumo, integram uma relação de consumo, ou se os seus titulares podem ser considerados consumidores, à luz do Código do Consumidor, Lei n. 8.078, de 11.9.90.

"O Sr. Ministro Relator respondeu pela afirmativa.

"Também eu, Sr. Presidente, penso que existe, no caso, uma relação jurídica que tem por objeto direito individual homogêneo, com vinculação com o consumo, ou podem os titulares do direito ser considerados consumidores – Código do Consumidor, Lei 8.078/90, art. 2º e seu parágrafo único.

"Assim posta a questão, Sr. Presidente, acompanho o voto do Sr. Ministro Relator: conheço do recurso e dou-lhe provimento."

* * *

O meu voto fundou-se, sobretudo, na Lei 8.078, de 1990, artigo 2º e seu parágrafo único. Na verdade, o dispositivo legal indicado serve de reforço ao entendimento, que também sustento, no sentido de que, tratando-se de mensalidades escolares, não obstante ser possível a identificação dos titulares do interesse ou direito, não obstante, ademais, a cada um dos titulares desses direitos ser possível defendê-los, individualmente, ou em litisconsórcio, certo é que, visualizados de forma abrangente, podem esses direitos ser classificados como espécie de interesses ou direitos coletivos. Exemplifico: imaginemos uma entidade representativa de pais de alunos, cujo estatuto estabeleça, como uma de suas finalidades, fiscalizar a cobrança das mensalidades escolares e, em conseqüência, defender os seus associados, no particular. Os direitos daí decorrentes poderiam ser classificados como coletivos. E se temos presente a relevância que a Constituição dispensa à educação e à cultura (CF, arts. 205 e ss.; arts. 215 e ss.), a interpretação abrangente, ora preconizada, para o fim de tornar o órgão do Ministério Público legitimado para a defesa do direito ou interesse aqui posto, ajusta-se ao espírito da Carta, porque empresta maior eficácia aos princípios que consagra, retro indicados.

Tratando-se, entretanto, de direitos individuais homogêneos – direitos decorrentes de obrigação tributária, a cobrança do IPTU, por exemplo – o Ministério Público, presente a regra do artigo 129, III, da Constituição, não teria legitimidade ativa para promover o inquérito civil e a ação civil pública, mesmo porque a legislação instituidora dos tributos pode ser impugnada, em abstrato, mediante a ação direta de inconstitucionalidade, para a qual o chefe do "Parquet" tem legitimidade ativa (CF, art. 103, IV; art. 125, § 2º), certo, de outro lado, que a ação civil pública não pode fazer as vezes da ação direta de inconstitucionalidade.

Ao que tenho sustentado, a legitimidade do Ministério Público, diante da Constituição, restringe-se a "promover o inquérito civil e a ação civil pública, para a proteção do patrimônio público e social, do meio ambiente e de outros interesses difusos e coletivos" (CF, art. 129, III). Não há menção, no inciso III, do artigo 129, da Constituição, a direitos individuais homogêneos. É certo que direitos individuais homogêneos, que se identificam com interesses sociais e individuais indisponíveis, podem ser defendidos, na ação civil pública, pelo Ministério Público, tendo em vista a previsão expressa inscrita na Constituição, artigo 127, *caput*: "O Ministério Público é instituição permanente, essencial à função jurisdicional do Estado, incumbindo-lhe a defesa da ordem jurídica, do regime democrático e dos interesses sociais e individuais indisponíveis".

Ora, o direito do contribuinte ao não pagamento de um tributo e o seu direito à restituição de tributo que foi pago indevidamente não se identificam com interesses sociais, nem aqueles direitos poderiam ser considerados indisponíveis.

Concluo, portanto, por dar resposta negativa à indagação que é posta à reflexão dos Congressistas: os direitos dos contribuintes, decorrentes de obrigações tributárias, não podem ser tutelados no âmbito dos interesses difusos ou coletivos, ou no âmbito dos direitos individuais homogêneos amparados pela ação civil pública (Lei 7.347/85); tampouco tem o Ministério Público legitimidade ativa para propor ação civil pública com a finalidade de tutelar esses direitos individuais homogêneos.

Esta não é, entretanto, uma conclusão definitiva, mesmo porque agora é que começa ela a ser enfrentada nos Tribunais. É por isso que ela é posta à reflexão dos senhores congressistas. Muito obrigado. (*Palmas*)

PRESIDENTE DA MESA – Meu caro Ministro Velloso, chega, como disse o James. A tributação é *ex lege*. Então, *ex lege*, o meu dinheiro, que está aqui no meu bolso, é disponível por força da lei, mas se a pretensão de cobrança de tributo pelo Estado ofende os fundamentos do Estado de Direito em matéria tributária, ultrapassa os limites constitucionais, é claro que esse direito meu é indisponível, porque a disponibilidade decorre da lei. Não?

MIN. CARLOS MÁRIO VELLOSO – Vossa Excelência acha que esse é um direito indisponível?

PRESIDENTE DA MESA – É, porque a cobrança de um tributo nitidamente ilegal afeta a indisponibilidade. A disponibilidade é estabelecida pela lei, no sistema constitucional. Se há uma cobrança ilegal, quer dizer, desarrazoada porque não fundamentada na lei, no processo legal etc., está afetando a minha indisponibilidade, porque o Estado está-me confiscando, possivelmente.

MIN. CARLOS MÁRIO VELLOSO – Mas o que deve ser considerado é que o contribuinte pode dispor desse direito. O contribuinte pode pagar o tributo, mesmo sendo de legalidade duvidosa, nada o impede. Ele pode deixar de pedir a restituição de tributo pago indevidamente. O que deve ser considerado é que direitos disponíveis são aqueles em que o interesse do titular prevalece sobre o interesse geral. É dizer, o titular pode dispor do direito. Isto ocorre, basicamente, quando se trata de direitos patrimoniais, direitos suscetíveis de avaliação pecuniária, que são os direitos reais e os direitos pessoais, compreendendo estes os direitos de crédito, os obrigacionais etc. Os direitos indisponíveis situam-se, especialmente, no campo dos direitos extrapatrimoniais, que podem ser direitos pessoais, como os direitos que alguns autores denominam de direitos puros de família: pátrio poder, poder marital, reconhecimento de paternidade etc. Os direitos indisponíveis são aqueles sobre os quais o titular não tem poder de disposição: direitos de personalidade, direitos referentes ao Estado e capacidade da pessoa e da família. São irrenunciáveis e quase sempre intransmissíveis. Não se pode afirmar, portanto, que o direito do contribuinte decorrente de uma obrigação tributária, ou o direito do contribuinte à repetição do indébito, seja indisponível. Ao contrário, o contribuinte pode dele dispor. É assim que penso. Mas as questões postas pelo eminente Prof. Osiris são importantes e nos convidam a meditar.

PRESIDENTE DA MESA – O Ministro Velloso tem um outro compromisso no Instituto dos Advogados e está pedindo licença para se retirar. Acho que ele vai fazer uma pequena saudação, antes de se retirar.

MIN. CARLOS MÁRIO VELLOSO – Exatamente, tenho um outro compromisso com os advogados de São Paulo, no Instituto dos Advogados, agora, ao meio-dia, e já estou atrasado. Agradeço mais uma vez aos meus companheiros de painel, ao Prof. Osiris e aos Congressistas, pela atenção com que me ouviram. Mais tarde vou conviver com os senhores. Por isso, apenas peço licença para me retirar. (*Palmas*)

PRESIDENTE DA MESA – Com a palavra o Prof. Wanderley Federighi.

PROF. WANDERLEY Federighi (*sem revisão do autor*) – Boa tarde a todos os senhores. Inicialmente, eu agradeceria à Presidência deste Congresso pelo gentil convite à minha pessoa para falar e já antevendo as dificuldades de fazê-lo por ter de preencher o espaço da Profa. Diva Malerbi, que, infelizmente, não pôde estar aqui com os senhores e que, evidentemente, proferiria uma palestra que em muito superaria qualquer coisa que eu pudesse lhes dizer a respeito desse tema tão espinhoso.

A bem da verdade, pouco existe para falar também, em especial pelo fato de eu estar aqui como último dos membros desta Mesa a dirigir minhas palavras aos senhores – mesmo porque parece que todos os temas relativos ao processo judicial tributário já teriam sido esgotados.

O que eu teria a acrescentar, o que vai ser feito de forma bem rápida, prometo aos senhores, e inclusive por comiseração aos ouvidos de todos (e também ao estômago, eu acho), é o seguinte: em primeiro lugar, temos a questão da fazenda pública. A fazenda pública é o ente, por primazia, que ocupa o pólo ativo e o pólo passivo nas ações, nos processos judiciais tributários.

Então, o que é fazenda pública? – seria a primeira pergunta a se fazer. Fazenda pública, como define Cândido Rangel Dinamarco, em excelente estudo constante de um antigo livro seu, uma reunião de artigos que o nobre Professor escreveu há alguns anos, infelizmente fora do prelo, fazenda pública não é senão a face processual do Governo, do Estado, em juízo. Então, é dessa forma como ela pode ser definida.

O Prof. Geraldo Ataliba, por seu turno, escreveu uma brilhante monografia sobre a execução contra a fazenda pública e referia-se, repetidamente, aos entes administrativos. No caso, temos aí as ações movidas contra a fazenda pública e contra os entes administrativos, que podem, eventualmente, ocupar o pólo passivo.

O que posso dizer aos senhores a respeito desse tema, é a visão mais prática, como juiz de fazenda pública que fui durante alguns anos. Como bem colocou o Professor e eminente Ministro Carlos Velloso, temos fazenda pública autora e fazenda pública ré. Fazenda pública ré pode ocupar o pólo passivo em diversas ações, como o nobre Professor colocou: ações ordinárias em geral, em que se discriminam aquelas teses várias que são submetidas aos juízes – aqui na Vara da Fazenda Publica Estadual, examinamos incontáveis teses a respeito, por exemplo, da incidência ou não do ICMS sobre o ativo fixo das empresas; a questão dos jornais, da incidência ou não do ICMS ou se haveria imunidade a respeito dos insumos que compõem jornais e revistas, à exceção do papel; a questão do fretamento, turismo; aquela questão do cálculo por dentro; com relação ao IPTU, por exemplo, uma questão que causou enorme polêmica há poucos anos, foi a questão do IPTU progressivo, se era cabível ou não.

Essas são as ações ordinárias em geral, que no fim acabam podendo se desdobrar em ações declaratórias, que têm escopo mais reduzido. O Prof. James, certamente, poderia dissertar com muito mais profundidade a respeito disso aos senhores. Mas o escopo da declaratória, evidentemente, é muito mais reduzido e há repetição de indébito quando o contribuinte recolheu erradamente o tributo, ou indevidamente, a respeito da qual já falou, em profundidade, o Prof. Bottallo.

Nós temos, quanto à fazenda ré, ainda, também, a questão dos mandados de segurança, a respeito dos quais a única observação que faço é com relação à forma como o juiz olha para o mandado de segurança que está chegando à sua Mesa para examinar uma liminar a respeito de matéria tributária: é a questão do direito líquido e certo. Muitas vezes uma tese que aos olhos do advogado pode parecer uma tese bastante plausível, por não estar já tão consagrada pode não ser bem vista pelo juiz, razão pela qual sempre achei preferível que o contribuinte, ao comparecer a Juízo, ao trazer a sua pretensão ao Juízo, se utilizasse da medida cautelar. De preferência – e essa não é posição minha, faço aqui essa ressalva, é posição de grande parte do Judiciário, dos juízes que atuam nas Varas de Fazenda Pública –, de preferência com o depósito da quantia que está sendo discutida em Juízo.

Com relação à fazenda autora também já foi dito aqui, o Prof. Valdir já fez algumas observações a respeito da execução fiscal, o Ministro Velloso também o fez; então nós temos a Lei Federal 6.830, de 1980, que regula o processo de execução fiscal. Nesse ponto, eu voltaria atrás no que iniciei a falar a respeito de fazenda pública.

Fazenda pública é um ente que dispõe de diversos privilégios processuais. Já que estamos falando em processo judicial tributário, os senhores sabem que se podem recolher custas ao final, pode ter o recurso de ofício, do artigo 475, inciso II, do Código de Processo Civil, ou seja, na ação em que houver uma sentença proferida contra a fazenda pública o juiz precisa, necessariamente, recorrer à instância superior, remeter os autos ao tribunal competente –, e diversos outros privilégios processuais, entre os quais, eu acho, a própria execução fiscal, que acaba sendo um privilégio processual; e também a certidão da dívida ativa, acaba sendo um grande privilégio processual que a fazenda tem à sua disposição.

Uma questão que eu acho deve ser tocada a respeito desse ponto de processo judicial tributário, como estamos aí no liminar de um milênio novo, é a questão da modernidade. O Judiciário, os senhores devem saber, tem uma estrutura completamente defasada para enfrentar a massa inacreditável de trabalho que lhe é submetida; daí, em grande parte, a questão da lentidão das decisões judiciais, da prestação jurisdicional, que infelizmente está longe de ser aquilo que gostaríamos que fosse; temos leis processuais ainda excessivamente burocratizadas. Mesmo a reforma do Código de Processo Civil, eu acho, não melhorou em absolutamente nada a questão da celeridade processual, embora o objetivo fosse esse, evidentemente. Mas acho que devemos caminhar no sentido de alguma modernização, de algumas mudanças, de algum abrandamento de posturas, muito embora isso não queira dizer que se deve proceder, por exemplo, como aconteceu no Anexo Fiscal da cidade de São Paulo. Acho que talvez a maioria dos senhores não esteja a par do número de processos que estão lá em andamento, atualmente. Nós chegamos à casa dos 2 milhões de execuções fiscais em andamento, que é um número que, acho, pode assustar qualquer um, inclusive quem se habilite a trabalhar como juiz num lugar desses.

Mas com relação à questão da modernidade, o que eu colocaria é o seguinte: fica aqui um pequeno alerta – a questão não é sigilosa e foi tratada pela Presidência do Tribunal de Justiça há pouco tempo –, que é a questão das execuções virtuais. Parece-me que não é do conhecimento de grande parte dos senhores, mas a Prefeitura de São Paulo chegou a propor execuções fiscais virtuais, que não existiam no papel, existiam apenas nos computadores. O contribuinte, às vezes, precisava de uma certidão negativa de tributos, tirava a certidão e saía constando que havia lá uma execução contra ele, que não se encontrava, pura e simplesmente, no Anexo. Ou seja, no papel, em corpo, ela não existia. Eu sou um pouco "dinossauro", confesso aos senhores. Tenho dificuldades enormes com a informática, ainda estou engatinhando no estudo dessa matéria. Confesso que se eu, por exemplo, tivesse uma execução virtual pendente contra mim, acho bem possível até que isso exista, dado o número delas que parece tem andamento, eu teria grandes dificuldades em saber disso. Felizmente, essa prática foi cortada pela Corregedoria do Tribunal de Justiça, que está atenta. Determinou-se que essas execuções virtuais fossem transformadas em papel, o que está sendo feito aos poucos – e daí surge outro problema: achar espaço para colocar toda essa papelada no Anexo – que, quem já o conhece, sabe o estado em que está! Mas pelo menos é uma garantia a mais para o executado saber que ele vai poder manusear os autos de um processo.

Eu não sou, absolutamente, contra a modernidade. Acho que todos temos de achar soluções novas para essa imensa massa de processos que temos para enfrentar, mas acredito que a solução não passa por aí.

Eu teria mais algumas colocações a fazer, mas o tempo urge. Então, vou dar por encerrada a minha fala e agradecer aos senhores pela atenção dispensada. (*Palmas*)

Presidente da Mesa – Wanderley, o tempo em alguns casos urge, mas em outros, mais terríveis, ruge. (*Risos*)

Agora temos um problema: há pletora de perguntas para as quais temos de providenciar resposta. Então, cada conferencista escolheu duas perguntas mais genéricas e vai respondê-las, esperamos, com brevidade. Pelo menos, se comprometeram a isso. As outras perguntas, como são endereçadas a eles, poderão ser respondidas durante o almoço ou no intervalo.

O Prof. Aires pediu-me para esclarecer que quem desejar comprar o livro dele, ele dará o autógrafo, se isso for necessário, mas que não ficará sentado numa mesinha.

Ele ficará ambulando por aí e a pessoa que tiver interesse o procure, fale com ele, que ele terá a maior satisfação em dar o autógrafo.

Vamos começar pelo Prof. James.

PROF. JAMES MARINS – Vamos esclarecer, primeiramente, à Mesa, que escolhemos as questões mais genéricas, que possam esclarecer mais o nosso pensamento, que talvez tenha ficado incompleto.

A primeira pergunta, muitíssimo pertinente, do Dr. Joaquim Dantas, de Pernambuco. Ele pergunta o seguinte: "acerca dos enunciados 212 e 213 da Súmula do STJ, e lembrando os ensinamentos ora feitos pelo Prof. Valdir acerca da regularidade da constituição do crédito tributário, não lhe causa espécie a Constituição, com base em documentos unilaterais, sem exame nem impugnação da fazenda pública, de créditos contra a fazenda pública?"

Perfeitamente, causa-nos espécie e é por isso que sustentamos que em verdade a autorização de compensação só pode se dar para que o contribuinte opere os seus registros fiscais de compensação, os seus livros fiscais, sob conta e risco de fiscalização.

Bom, então, para que serve a autorização judicial? Serve para determinar quais são os critérios para a apuração desses créditos. Por exemplo, para determinar que o Finsocial é compensável com a Cofins e para determinar que a correção monetária deve ser a partir da data do indébito, corrigida pelo INPC, por exemplo, ou pelo IPC e, depois, sucessivamente, por outros critérios de correção monetária. Então, em verdade, estas decisões liminares afastam aqueles pequenos óbices ao direito da compensação do contribuinte, mas não se prestam, e nem podem se prestar – e é este o sentido da Súmula do STJ em referência –, para declaração liminar de valores a serem compensados, o que só pode se dar em cognição exauriente, depende muito do interesse do contribuinte. Se o contribuinte tem interesse em realização da cognição exauriente, ele tem que ir para um processo de conhecimento e pode pedir tutela antecipada. Se ele precisa, por ser uma questão mais simples, apenas assegurar o seu direito com relação a alguns critérios, é o direito *in natura*, ele pode servir-se perfeitamente do mandado de segurança.

E estas decisões não são satisfativas; nem devem, nem podem e nem vão impedir o Fisco de exercer as suas atribuições naturais com relação à fiscalização daquele comportamento do contribuinte.

A outra questão, em verdade, não é uma questão, é uma proposta, que faço questão de ler aos senhores, fazendo antes a primeira observação: as súmulas do Superior Tribunal de Justiça não devem, nem podem ser interpretadas como se dispositivo legal fossem. Todos sabemos que as normas jurídicas em geral, elas se desprendem da vontade do legislador. A produção legislativa, portanto, não fica vinculada àquilo que imaginou o legislador no momento em que propôs uma determinada inserção de norma jurídica no ordenamento. Com as súmulas isso não acontece e a sua interpretação tem de necessariamente ser feita em face da intenção manifestada expressamente naqueles acórdãos que lhe dão supedâneo.

É por isso que o que estamos na verdade dizendo é que estas súmulas não dizem o que se pensa que elas estão exprimindo. Na verdade, o que se diz nestas súmulas é que essas liminares não podem ter conteúdo econômico imediato, no sentido de declarar, em cognição sumária, quais são os valores que podem ser compensados.

A compensação – e isso também consta de alguns acórdãos do STJ – se faz por conta e risco do contribuinte, a partir de determinados parâmetros que são judicialmente autorizados.

Mas, diz aqui o nosso colega: "o regimento interno do STJ exige dois julgamentos unânimes de sessão ou de órgão plenário para se criar súmulas. Um dos julgamentos precedentes da Súmula 212, que impede as liminares para compensação, derivado de sessão do STJ, tratou de liminar em ação cautelar, fundamentado, portanto, à questão da satisfatividade. O próprio regimento interno prevê revisão das súmulas. Proponham questionamento em massa para se alcançar a revisão com base na questão da satisfatividade nas liminares em mandado de segurança e no próprio regimento interno do STJ".

É uma proposta anônima que fica aí para todos os senhores.

Muito obrigado, Senhor Presidente.

PRESIDENTE DA MESA – Prof. Valdir.

PROF. VALDIR DE OLIVEIRA ROCHA – Vou responder a duas questões, fazendo-o sucintamente. Uma delas – quem a fez não se identifica – coloca o seguinte: "órgãos de julgamento administrativo, quando conhecem a ilegalidade ou inconstitucionalidade em lei, não estão invadindo a competência 'precípua' judiciária?" Quem a subscreve colocou precípua entre aspas.

Acho que foram bem colocadas as aspas. Não existe essa história de competência apenas dos órgãos do Judiciário para se manifestarem sobre legalidade ou constitucionalidade. Eu até encontro aqui uma razão muito forte: não fora assim, aquilo que vai resultar de concreto ao fim de um processo administrativo, que é a possibilidade da inscrição na dívida ativa, ficaria completamente sem sentido. Porque bastaria fazer qualquer exigência ilegal, inconstitucional, para que o assunto morresse no âmbito do processo administrativo.

Não deve causar nenhuma estranheza essa possibilidade de manifestação. Reconheço que isto é algo muito controvertido e gera uma polêmica muito intensa. O que se dá, no meu entendimento, é que se o órgão decididor administrativo julga apenas com os elementos de conveniência, da Administração, não entrega Justiça e age, sim, como juízo de exceção.

Por que juízo de exceção? É a mesma coisa que dizermos "vamos aqui, agora, proceder ao julgamento de quem fez a melhor palestra, só que não podemos levar em conta o seguinte: o tom da voz, o conteúdo do assunto tratado, nem a simpatia pessoal etc. etc. etc." Ora, se já não estou mais levando em conta todos os elementos, não posso apurar essa certeza que é necessária.

Uma outra questão vai na seguinte direção: "o Direito Constitucional, o processo legal, inclusive administrativo, é ilimitado? Nos casos de ausência de interesse de agir de contribuintes, no caso de impostos declarados e não pagos, seria justificável a ausência do processo administrativo?"

O que se coloca, muitas vezes, é saber se realmente o contribuinte tem essa ausência do interesse de agir. O Dr. Osiris se manifestou no sentido de que aquele débito declarado e não pago – no entendimento dele – não poderia ser inscrito. Eu até concedo, diferentemente, que nessas circunstâncias – e alguém até colocava que eu pensava da mesma forma, mas eu não disse nada a respeito e vou afirmar agora – o processo administrativo de algum modo pode, sim, ser suprimido, porque, afinal de contas, o contribuinte já confessou o seu débito. O que se dá, entretanto, é que ele vai poder ainda defender-se com embargos etc., mas ele perdeu a oportunidade de ouro do processo administrativo. Não devemos esquecer de uma coisa que é muito importante e prática: a Fazenda tem de fazer prova de que houve essa declaração.

Ainda recentemente o Superior Tribunal de Justiça teve ocasião de se manifestar, no sentido de que cabe, sim, a inscrição do débito na dívida ativa, desde que declarado, independentemente de processo administrativo, mas a Fazenda tem de fazer prova da declaração – essa prova incumbe, sim, ao Fisco.

PRESIDENTE DA MESA – Você não acha que isso elimina o lançamento como instrumento de constituição do crédito tributário? Então, teríamos o crédito tributário decorrente de confissão e em realidade você acabaria, com essa hipótese, com o lançamento por declaração.

PROF. VALDIR DE OLIVEIRA ROCHA – Pode ser, mas o que acontece é que muitas vezes se observa que o que vale é realmente a experiência prática, o que se dá se o contribuinte declarou que incorreu em determinado débito. O que ele poderia alegar de diferente no âmbito do processo administrativo? Que aquele débito foi declarado por erro? Que ele fizesse isso antes do procedimento, por parte da Procuradoria da Fazenda. Ele teve todo aquele tempo para desdizer o que pôs inicialmente. Sei que é um pouco difícil raciocinar assim, mas é que não quero me prender apenas a uma literalidade, que é o que está posto no Código Tributário Nacional, não. Claro que o Dr. Osiris vai dizer: "mas eu também não me prendo a uma literalidade, vou em outro sentido". Parece-me que é o caso de se acomodar essa situação, e não vejo, realmente, aí, maior prejuízo ao contribuinte. O que ele pode declarar, inclusive, é que não fez nenhuma declaração e que se há alguma declaração, a declaração foi feita pelo concorrente, pelo vizinho, pelo inimigo etc. Mas se ele declarou, penso que ele fica numa situação realmente perdedora.

PRESIDENTE DA MESA – Prof. Bottallo.

PROF. EDUARDO DOMINGOS BOTTALLO – Bom, gostaria de dizer que recebi muitas perguntas, fui honrado com muitas perguntas e como vamos ter de selecionar, vamos receber posteriormente o texto deste painel para ser revisto e eu me comprometo a inserir, na revisão, as perguntas que foram encaminhadas à minha pessoa e que não vão poder ser respondidas, e colocar a minha opinião a respeito delas, para que possa constar de um futuro exemplar da *Revista de Direito Tributário*.

As duas perguntas que selecionei, três, na verdade, porque duas se equivalem, a primeira delas é a respeito da possibilidade de creditamento extemporâneo no âmbito do ICMS, independentemente de autorização judicial ou então desse creditamento resultar daquele caso, que é um caso concreto aqui no Estado de São Paulo, da diferença de alíquota do ICMS, que foi declarada inconstitucional por decisão do Supremo Tribunal Federal.

Recentemente, tive a honra de escrever, juntamente com o Prof. Roque Antonio Carrazza, um parecer em que nós sustentamos a manifesta possibilidade desse creditamento, baseados em três princípios da Constituição: o princípio da estrita legalidade, o princípio da não-confiscatoriedade e especificamente o princípio da não-cumulatividade do ICMS e sustentamos também nesse parecer que esse creditamento se estende, obviamente, quando for o caso, à correção monetária do crédito, uma vez que este componente, de acordo com entendimento pacífico, não significa nenhum acréscimo novo ao valor que está sendo apropriado.

Especificamente quanto à sugestão da correção monetária, sabemos que o problema ainda pende de uma manifestação definitiva do Supremo Tribunal Federal, quando se trata de creditamento extemporâneo, mas a nossa convicção quanto à possibilidade disso acontecer é muito forte. Não encontramos até agora nenhuma razão que nos fizesse rever esse ponto de vista.

A outra pergunta é uma pergunta também bastante suscitada ultimamente e que envolve aqueles preceitos da Lei Complementar 87, que possibilitaram o creditamento do ICMS sobre aquisição de bens de uso e consumo, a partir de 1998 e posteriormente postergado para o ano 2000.

A pergunta é sobre se é ilegal ou inconstitucional estipular prazo para esse direito.

Eu entendo que a Lei Complementar 87 não poderia, originariamente, reconhecer a existência desse direito. Na verdade, ou esse direito já era implícito, como decorrência do princípio da não-cumulatividade, tal como traçado pela Constituição, ou então, a partir do momento em que isso não poderia ser extraído do preceito constitucional, esse dispositivo da Lei Complementar, que reconheceu esse tipo de crédito, não teria fundamento na Constituição. Dentre essas duas alternativas, obviamente eu me inclino pela primeira. Na verdade, o Prof. Geraldo Ataliba, muito antes da Lei Complementar 87, já havia escrito um trabalho onde demonstrava, inequivocamente, que a Constituição sempre deu ampla cobertura à possibilidade de creditamento do ICMS decorrente de aquisições de bens destinados não apenas ao uso e consumo do adquirente, mas também destinados à integração do ativo fixo dos seus estabelecimentos.

De modo que entendo que essa limitação, essa postergação determinada pela Lei Complementar n. 87, de possibilitar o creditamento, nesses casos, apenas a partir do ano 2000, não tem apoio na Constituição. A Constituição, na medida em que se reconheça que essa possibilidade estabelecida na Lei Complementar era uma mera explicitação de um pressuposto do princípio da não-cumulatividade, que já está na Constituição, obviamente esse direito há de ser reconhecido a partir do momento em que essas aquisições se deram, respeitado, unicamente, o prazo prescricional ou decadencial para a apropriação desses créditos. Muito obrigado.

Presidente da Mesa – Obrigado.

Então, acho que podemos encerrar esta fase, lembrando que está à disposição dos senhores o livro do Prof. Aires Barreto.

MESA DE DEBATES "G"

PROCESSO ADMINISTRATIVO TRIBUTÁRIO E CONTROLE DE CONSTITUCIONALIDADE PELOS TRIBUNAIS ADMINISTRATIVOS

Presidente: PROF. AIRES BARRETO

Participantes: PROFESSORES LUCIA VALLE FIGUEIREDO, WAGNER BALERA, MIN. CARLOS MÁRIO VELLOSO, OSIRIS DE AZEVEDO LOPES NETO E OSIRIS DE AZEVEDO LOPES FILHO

PRESIDENTE DA MESA (PROF. AIRES BARRETO) – Vamos dar início à Mesa de Debates versando o tema "Processo Administrativo Tributário e Controle de Constitucionalidade pelos Tribunais Administrativos". Como esse tema foi versado na conferência inaugural e, de uma ou outra forma, foi trazido à luz em oportunidades anteriores, não vamos ter as costumeiras perguntas.

Esta Mesa consistirá apenas e tão-somente da exposição dos ilustres componentes da Mesa, onde destaco a figura maior, a figura ilustre, a figura que enaltece este Congresso, que o faz maior e o faz mais importante, que é a da Profa. Lucia Valle Figueiredo, que nos prestigia sobremodo com seu comparecimento, ela que é Professora Titular de Direito Administrativo da Pontifícia Universidade Católica de São Paulo e Eminente (recém-aposentada, para nossa tristeza) Desembargadora Federal do 3º Tribunal Regional Federal.

Também vamos ter o privilégio de contar com a participação do Prof. Wagner Balera, que é Doutor em Direito pela Pontifícia Universidade Católica de São Paulo, versado sobremodo nesta matéria, e que, ademais disso, é um amigo extraordinário e companheiro num gosto comum que é o da apreciação de uma boa degustação de vinho. (*Risos*)

Quero registrar a honrosa presença nesta Mesa do Ministro Carlos Mário Velloso, a quem devo não apenas respeito, como ilustre membro da nossa mais alta Corte, e se não me equivoco Vice-Presidente dessa mesma Corte, mas sobremodo porque num momento extremamente difícil da minha vida contei com seu apoio, com sua solidariedade.

Quero registrar ainda a presença, participando desta Mesa, do Prof. Osiris Lopes Neto, que vai também discorrer sobre o tema objeto desta Mesa.

E por fim está conosco, prestigiando não apenas o Congresso, mas o seu filho, Osiris Lopes Filho.

Não houve uma discussão prévia em torno de quem haveria de falar primeiro, de quem haveria de falar depois. Proponho aqui que comecemos com os mais jovens. (*Risos*) Gostaria que o fecho com chave de ouro fosse com a Profa. Lucia Valle Figueiredo.

Passo a palavra então ao Prof. Osiris Lopes Neto.

PROF. OSIRIS DE AZEVEDO LOPES NETO (sem revisão do autor) – Agradeço a oportunidade e inicio reverentemente o tema.

A respeito de processo administrativo tributário e controle de constitucionalidade há uma questão inicial que merece registro. Uma série de medidas provisórias do governo federal estipulou a obrigatoriedade, no Conselho de Contribuintes, para o exercício da faculdade de recursos, da ocorrência de um depósito recursal de 30% da exigência fiscal.

Então a primeira pergunta que se faz dentro do processo administrativo tributário é: à luz do texto constitucional seria possível essa exigência de depósito recursal?

Numa primeira e breve consulta do artigo 5º da Constituição, ficando expresso que o duplo grau de jurisdição não está incluído entre as garantias constitucionais, podemos encontrar, no inciso LV, a seguinte informação: "Aos litigantes em processo judicial ou administrativo (*vejam que trato aqui de processo administrativo*) e aos acusados em geral são assegurados o contraditório e a ampla defesa, com os meios e recursos a ela inerentes".

Então, observem, mesmo no procedimento administrativo a ampla defesa de todos os recursos a ela inerente está assegurada pelo texto constitucional.

Buscando apoio da legislação que complementa a regulamentação do processo administrativo, o Código Tributário Nacional prevê a impugnação de recurso administrativo. Então, está na legislação complementar tributária, que trata do processo administrativo, a possibilidade de concurso incondicionada, não está na legislação complementar a previsão do depósito recursal.

Então, poderíamos indicar que há uma quebra da hierarquia normativa ao se estipular por medida provisória essa exigência discriminatória que dificulta o acesso ao grau revisional. Então, poderíamos ainda encontrar uma segunda ofensa ao texto constitucional no inciso XXXIV do artigo 5º.

No inciso XXXIV do artigo 5º vamos observar que estão assegurados, independentemente do pagamento de taxas: *a*) o direito de petição aos poderes públicos em defesa de direitos ou contra ilegalidade ou abuso de poder; e *b*) a obtenção de certidões em repartições públicas para defesa de direitos e esclarecimento de situações de interesse pessoal.

É claro que no questionamento de um lançamento praticado pela autoridade tributante é possível que, independentemente de taxa, o questionamento administrativo se faça em todas as instâncias. Então, teríamos aí uma perfeita base constitucional para o questionamento da constitucionalidade da instituição da exigência de depósito recursal.

Vou um pouquinho mais além para explicitar um ponto que já presenciei, que diz respeito ao papel do Código Tributário Nacional em legislação tributária. Esse papel vai estar definido lá no artigo 146 da Constituição. O artigo 146 da Constituição nos enfoca que está reservada à lei complementar, que cabe à lei complementar, entre outras questões, estabelecer normas gerais em matéria de legislação tributária – inciso III do artigo 146. Especificamente na alínea "b" desse inciso III, vamos ter: obrigação, lançamento, crédito, prescrição e decadência tributários.

Então, observem, o que é um processo administrativo tributário? É uma forma de consolidação do lançamento tributário. Portanto, o lançamento tributário só é perfeito se depois de questionado pelo contribuinte perante a Administração ele é confirmado pela Administração em suas diversas instâncias. É matéria reservada pela Constituição Federal à lei complementar, a uma lei que venha a modificar o Código Tributário Nacional.

Assim, a medida provisória, que na forma da Constituição tem *status* de lei ordinária, estaria invadindo uma competência de norma hierarquicamente superior. Então, podemos colocar aí que existe uma restrição à medida provisória, prevista como norma de hierarquia de lei ordinária que ultrapassa os seus limites.

O segundo ponto, bem mais complexo e que demanda uma maior preocupação, diz respeito à possibilidade de controle de constitucionalidade pela Administração. Controle de constitucionalidade nós temos estipulado para o Poder Judiciário em duas modalidades: controle difuso e o controle concentrado, através da ação própria perante o Supremo Tribunal Federal. Este controle previsto para o Poder Judiciário se ampara na liberdade de julgamento dos magistrados, na autonomia da formação da conexão do magistrado.

Cada magistrado, nos processos que são submetidos à sua apreciação, poderá verificar a adequação hierárquica de uma norma com as normas que lhe são superiores, como a norma constitucional.

Não tem sentido o nosso sistema judicial sem uma relativa ou ampla liberdade dos magistrados na formação da sua posição. Registro que o texto constitucional está em vias de ser modificado para aceitar o efeito vinculante das decisões do Supremo Tribunal Federal que originem, em suma. Claro que essa posição, limitando essa autonomia na formação da convicção dos magistrados, estaria limitando a possibilidade de amplo controle de uso de constitucionalidade. Mas esse é o próximo passo da nossa história constitucional. Hoje os magistrados controlam amplamente a constitucionalidade.

A pergunta que temos de fazer é: os órgãos de processo administrativo e julgamento, esses órgãos que, integrantes do Poder Executivo, exercem uma parcela da função estatal de jurisdição, podem ultrapassar esse limite e passar a verificar a adequação hierárquica das normas? Uma primeira posição é aquela que, amparada pelo princípio da legalidade, que marca a Administração – artigo 37, IX, *caput*, da Constituição Federal –, diz que o administrador não poderia desrespeitar uma norma que esteja vigente, não poderia afastar o cumprimento de uma norma vigente.

Então, amparado nessa posição, nenhum órgão da Administração poderia afastar o cumprimento de uma norma, um órgão da Administração não poderia ter o poder de selecionar as normas aplicáveis e as normas não aplicáveis. Entretanto, cumpre destacar que a experiência histórica do contencioso administrativo é de que ele se estabeleça separadamente das demais funções administrativas. Então, a Administração estabeleceria alguns órgãos que não exercem atos de administração próprios e exercem atos de jurisdição. Por exemplo na Receita Federal nós vamos ter delegacias e delegacias de julgamento.

Assim, o próprio julgamento da impugnação fica atribuído a um órgão que não tem mais a competência, a obrigação de autuar. O procedimento administrativo se diferencia daquele ato de revisão do ato administrativo praticado.

Nessa separação das funções dentro da Administração já poderíamos pensar em órgão que ultrapassaria os limites da estrita legalidade e poderia fazer um controle de hierarquia normativa, um controle inclusive de inconstitucionalidade das normas. O que não podemos defender é que a Administração possa afastar uma norma vigente sob a indicação de que considera essa norma inconstitucional.

O nosso sistema aceita a convivência de posições diferentes no Judiciário. É um procedimento de formação da jurisprudência nacional. A partir de um sistema recursal se buscar uma uniformidade de julgamento. Então, se o sistema recursal é para buscar uniformidade, é porque ele aceita a convivência da diversidade.

Na Administração não; o nosso sistema de organização do Poder Executivo ainda não aceita tanta diversidade na prática do ato administrativo, mas uma vez que a Administração organize esses seus tribunais administrativos, esses seus órgãos contenciosos, nós já teríamos a possibilidade, para um controle mais evoluído da legalidade dos atos, um controle inclusive de constitucionalidade.

Portanto, a questão que se coloca é uma questão de flexibilização dos entendimentos com uma questão de evolução do sistema. Assim, teríamos aí duas posições: uma marcada pela estrita legalidade, não acatando o controle pelos órgãos contenciosos administrativos, e uma outra expandindo a possibilidade de controle, inclusive para trazer os elementos de observância da Constituição.

Eu pessoalmente me posiciono nessa segunda corrente de maior abrangência.

Sou Procurador de Estado, sou Procurador do Distrito Federal, e cumpre destacar que o papel de cada Procuradoria de Estado ou dos órgãos de representação judicial dos entes federativos é um papel de controle de legalidade, e não há de se fazer um controle de legalidade sem a preocupação de um controle, inclusive em face da norma maior, da norma constitucional.

Então, se podemos aceitar um papel de Procuradorias do Estado orientado no sentido de observância da Constituição, propondo aos governadores de Estado a utilização das ações declaratórias de inconstitucionalidade, a extensão de certas decisões reiteradas no Judiciário, é fácil aceitar que órgãos especializados da Administração, em contencioso, possam também elevar o seu controle e fazer essa verificação hierárquica normativa.

Muito obrigado. (*Palmas*)

PRESIDENTE DA MESA – Passo a palavra ao Prof. Wagner Balera.

PROF. WAGNER BALERA – Senhor Presidente desta Mesa, Prof. Aires Fernandino Barreto, com quem tenho, neste instante, a alegria de brindar pela sua presença na direção dos nossos trabalhos, o que muito me alegra; Ministro Carlos Mário Velloso, Prof. Osiris Lopes, Presidente deste XII Congresso, Prof. Osiris Neto, minha querida Lucia Figueiredo.

Eu inicialmente vou pedir vênia para o nosso Presidente para registrar aqui uma homenagem que me parece deva ser feita neste Congresso.

Comecei como estudante de Direito Tributário na PUC de São Paulo, há muitos anos atrás, por incentivo da Profa. Elizabeth Carrazza, e impressionado com aquele brilho fulgurante de Geraldo Ataliba, de quem tive o privilégio de ser, sempre, aluno. Na equipe do Prof. Geraldo Ataliba havia um grupo, do qual o Prof. Aires também fazia parte, do qual nós éramos ajudantes, monitores e instrutores. Tive o privilégio de ser monitor do Prof. Américo Lacombe, tive o privilégio de ser monitor do Prof. Marco Aurélio Greco e tive também o privilégio de ser monitor de Pérsio de Oliveira Lima, que nos deixou há tão pouco tempo.

Então, queria colocar aqui uma nota de saudade para o nosso querido Pérsio, que era membro do Instituto Geraldo Ataliba, era membro do IDEPE, foi advogado tributarista brilhante aqui em São Paulo, tem muitos trabalhos publicados na *Revista de Direito Tributário*, e terminou sua carreira, neste mundo, como Juiz do Tribunal Regional Federal de São Paulo. Também tive a alegria de ser Professor do filho do Pérsio de Oliveira Lima, que uniu ainda mais a nossa amizade já antiga. Então quero deixar essa nota com saudade, com respeito a esse nosso amigo tributarista tão doce.

De fato esse assunto do controle de constitucionalidade pelos tribunais administrativos foi objeto neste Congresso de alguns trabalhos. Quem dos senhores tiver a oportunidade de consultar a *Revista de Direito Tributário* e, mesmo, aquele volume anexo a ela, verificará que além do meu próprio, há três trabalhos sobre o tema; e os três trabalhos, o do Dr. Paulo Cesar Conrado, o do meu Prof. Eduardo Domingos Bottallo e o da Dra. Carla de Lourdes Gonçalves, têm a mesma posição, que é a posição que vou defender aqui.

De modo que os trabalhos escritos me deixaram muito confortável a respeito do tema, muito embora a brilhante conferência do Prof. Celso Antônio Bandeira de Mello tenha caminhado para uma outra direção.

O que será que há de comum nesses estudos? A primeira idéia que se deve sublinhar neste instante é a seguinte: existe uma ordem jurídica e essa ordem jurídica é dotada de uma completude. A ordem jurídica é um todo perfeito e acabado no qual cada um dos componentes integra essa ordem jurídica num lugar específico. Cada componente da ordem jurídica tem um papel e uma função jurídica determinada pela ordem jurídica.

Luhmann, que foi o oposto da completude da ordem jurídica, dizia isto: há uma ordem harmônica, na qual cada concorrente tem uma função, um papel. E sobre o assunto, que diz respeito a esta Mesa de debates, há um gravíssimo preconceito. Esse preconceito já foi apontado há muitos anos atrás por Cirne Lima, talvez o maior dos administrativistas brasileiros. Há um preconceito que decorre da desconfiança íncita dos administrados para com a Administração. Força-me reconhecer que essa desconfiança é plenamente justificada; os administrados têm mesmo que desconfiar da Administração, porque ela não é confiável. Mas há um preconceito, e esse preconceito contamina, às vezes, a discussão jurídica deste tema.

Este tema não pode ter vezos e preconceitos, porque ele está integrado àquela idéia da completude da ordem jurídica e também à noção de sistema. Sistema constitucional, sistema constitucional tributário, como queria Geraldo Ataliba na sua primeira obra importantíssima. Ora, fazem parte do Sistema Tributário Nacional não apenas as disposições do Código Tributário, mas também as disposições da Constituição em matéria tributária, porque a Constituição é fonte, sim, do Direito Tributário Brasileiro. E aliás, nisso concordaram Geraldo Ataliba, Rubens Gomes de Souza e Paulo de Barros Carvalho naquele estudo que começaram a fazer sobre o Código Tributário.

O que quer dizer o artigo 1º do Código Tributário quando se refere ao Sistema Tributário? Quer dizer ao sistema que é integrado na sua completude pela Constituição e pela Legislação. E o Código, então, depois, define legislação tributária com essa completude que lhe é inerente.

Portanto, no sistema convivem normas constitucionais, normas complementares e normas ordinárias, além da legislação subsidiária que é integrada pelos atos administrativos.

A legalidade no quadro do Sistema Constitucional Tributário Brasileiro é uma legalidade que significa legalidade em termos de conformidade com a Constituição. Toda ordem tributária deve ser conforme com a Constituição. Por isso também a aplicação de cada norma jurídica, mesmo da viciadíssima norma jurídica de uma medida provisória, tem que estar encontrando reflexo na ordem constitucional tributária, porque se interpenetram esses fenômenos dentro da completude da ordem jurídica.

Portanto, a dimensão específica do princípio da legalidade, no modo de ser do Sistema Constitucional Tributário Brasileiro, exige que a aplicação do Direito envolva questões constitucionais, assim como questões de legislação. Não há essa diferença no Sistema Constitucional Tributário Brasileiro. Há uma hierarquia que deve ser respeitada, mas todas as normas, desde as constitucionais até as mais inferiores, que são as instruções do Ministro de Estado, integram o ordenamento jurídico de imposição de completude.

Ora, dentro desse sistema existe uma função administrativa. E uma parte da função administrativa é a função administrativa de controle – função administrativa de controle que o Estado exerce na ordem tributária, desde o início do procedimento de apuração do fato imponível para a incidência. Todo o procedimento é regrado, todo ele é controlado com base na diretriz da legalidade. Diretriz da legalidade quer dizer diretriz da legalidade conforme, obviamente, com a Constituição.

Então, a função administrativa de controle tem uma peculiaridade: ela difere da função da administração ativa, que é a da tributação. A função administrativa de controle que é exercida pelos tribunais administrativos é uma espécie de atividade jurídico-jurisdicional, embora não seja judiciária.

Carnelutti já dizia que o fenômeno processual não é um fenômeno exclusivamente do Poder Judiciário. Ora, para que não houvesse dúvida nenhuma sobre a natureza específica da função de controle, a Constituição de 1988 fez questão absoluta de erigir o processo administrativo à categoria constitucional. O processo administrativo na Constituição de outubro de 1988 é uma figura da Constituição, conforme prevê o artigo 5º: "Aos litigantes em processo judicial ou administrativo, e aos acusados em geral são assegurados o contraditório e a ampla defesa, com os meios e recursos a ela inerentes".

"Aos litigantes": portanto o processo administrativo tem litigantes. Quem são os litigantes? De um lado o contribuinte e de outro a Fazenda Pública, são colocados como litigantes num processo, do qual promana a diretriz específica do contraditório e da ampla defesa. Ataliba sublinhava essa expressão *ampla*, dizendo: "ampla", na Constituição; muito mais ampla do que numa leizinha. Ampla significa tudo, a completude da ordem jurídica.

Portanto, o processo administrativo tem dignidade constitucional, e como tal deve ser estudado. Nós não podemos pensar que o processo administrativo é, apenas, um meio de discussão menor do fenômeno jurídico tributário. Ele é uma figura constitucional onde haverá controle pleno de legalidade.

Só litigantes tem direito de alegar os meios e os recursos inerentes às suas posições jurídicas, e como tal devem ser apreciados. Ora, a ampla defesa seria incompatível dentro da ordem jurídica, com a restrição a argumento de inconstitucionalidade. Vejam os senhores que absurdo, que paradoxo: se nós pudéssemos alegar tudo em matéria de defesa, menos que a Constituição foi violada. Nós podemos alegar qualquer problema no processo administrativo, menos que a lei das leis foi violada naquele caso concreto. Seria um disparate, um contra-senso, uma destruição da completude da ordem jurídica, o que é incompatível com um estudo sério do sistema constitucional tributário e do fenômeno tributário.

Portanto, toda e qualquer matéria, inclusive a constitucional, pode ser alegada no processo administrativo. E é evidente que, ao apreciar a instância administrativa de controle, aquela que exerce, como diz Eduardo Bottallo, atividade judicante, deve apreciar a questão constitucional, por que não?

Será que há uma limitação constitucional a esse agir do Tribunal Administrativo? Entendo que não. A norma inconstitucional atua como uma espécie de mecanismo defeituoso. A norma inconstitucional não consegue desencadear os seus efeitos de direito. E é isso que deve ser apurado. O que o Tribunal Administrativo vai dizer? Que a norma é inconstitucional? Não! Ele vai dizer que ela não é apta a produzir os efeitos de direito, que ela não pode criar, modificar ou extinguir uma relação tributária porque ela é viciada *ad origine*, nasceu com o defeito genético de conformação com a Constituição. É por isso que aquela relação jurídica, aquela obrigação tributária não poderá ensejar a cobrança do tributo, se a norma é inconstitucional.

É preciso fazer uma distinção – e às vezes nós nos confundimos – é preciso fazer uma distinção entre a atividade da administração ativa e a atividade da administração dita judicante. Víctor Nunes Leal, que foi Ministro do Supremo Tribunal Federal, arrancado do Supremo Tribunal Federal, dizia: existe uma atividade que se chama quase-judicial, muito comum nas comissões norte-americanas que estudam matérias administrativas, inclusive tributárias. Essa atividade quase-judicial tem formato jurisdicional, embora não seja judiciária; mas ela obedece ao item, ao procedimento, aos rigores das formalidades do devido processo legal.

É essa atividade da função judicante administrativa que enseja, sim, a apreciação da constitucionalidade. O que não pode fazer a administração ativa. E não pode fazer a administração ativa mesmo no mais alto grau.

Vejam os senhores, também, uma figura nova da Constituição de 1988. A Constituição instituiu o Advogado-Geral da União.

O que faz o Advogado-Geral da União? E o Supremo Tribunal Federal, a primeira vez que apreciou esse assunto disse: o Advogado-Geral da União é curador da constitucionalidade de uma norma, ele não pode dizer que aquela norma é inconstitucional, porque ele é um guardião da norma. Por que? Porque o Advogado-Geral da União representa a Administração ativa, que não pode deixar de cumprir uma norma, por ela ser inconstitucional.

Mas é outra a função do Tribunal Administrativo. A função atípica do Tribunal Administrativo é uma função de dizer o Direito, de solucionar o litígio, pôr as coisas no seu devido lugar. É verdade, trata-se de uma atribuição como que anômala da Administração, mas que nas funções de Estado, naquele arcabouço desenhado por Montesquieu, comportaria uma definição em compartimentos estanques. Creio que ninguém mais sustenta essa posição.

Há uma interpenetração – e isso é evidente em numerosíssimos preceitos da Constituição – entre a atividade administrativa, a atividade legislativa e a atividade judiciária.... (inaudível)... apreciando o assunto no âmbito do Direito italiano, onde essa matéria evoluiu, evidentemente, mais – somos um país muito atrasado em processo administrativo, muitíssimo atrasado em matéria de jurisdição administrativa, pelos preconceitos que já apontava Cirne Lima –, diz que os tribunais administrativos exercem uma atividade que tem substância jurisdicional. E afirmo, também, que essa atividade tem forma jurisdicional – por isso que o julgado do Tribunal Administrativo tem aquele formato inerente a uma decisão judiciária.

O nosso saudoso e querido Mestre Gilberto de Ulhôa Canto, que era efetivamente empenhado em erigir uma verdadeira jurisdição, quase jurisdição administrativa, no anteprojeto da Lei Orgânica do Processo Tributário, dizia que era um absurdo, um disparate que o Tribunal Fiscal não pudesse apreciar questões constitucionais; isso seria castrar completamente a atividade do Tribunal Fiscal, que perderia o sentido como estrutura de poder do Estado, estrutura administrativa de controle.

Trago à colação dos senhores um julgado proferido pela 8ª Câmara do 1º Conselho de Contribuintes, em que foi relator o Conselheiro Adelmo Martins Silva. Ele diz muito bem – falando, evidentemente, do inciso LV do artigo 5º da Constituição –, que os órgãos administrativos judicantes estão obrigados a aplicar, sempre, a lei maior, em detrimento da norma que considerem inconstitucional. E conclui: impor limitação ao livre convencimento da autoridade julgadora, assim como não conhecer de matéria constitucional, argüida pelo litigante em qualquer instância, implica – conclui corretamente – em cerceamento da plena defesa, e aí, sim, violação da Constituição.

Vejam como se integra a ordem jurídica na sua completude: há violação da Constituição quando o órgão administrativo judicante deixa de apreciar a matéria, dizendo que ela envolve questão constitucional.

Invertamos o problema para vê-lo nos seus devidos termos. É verdade, há nessa estrutura algumas falhas. O Prof. Heron Arzua, num trabalho que também está publicado nesse volume da *RDT* que os senhores receberam, se queixa – como também me queixo – da composição do Tribunal Administrativo. De fato seria preciso que o Tribunal Administrativo tivesse uma paridade mais perfeita, tivesse uma paridade mais adequada, e que os julgadores pudessem decidir em pé de igualdade.

Mas isso é um problema de estrutura, não é um problema de essência, e o que estamos discutindo aqui é um problema de essência.

Eram essas as considerações que eu queria fazer, agradecendo muito a atenção com que me ouviram. Muito obrigado. (*Palmas*)

PRESIDENTE DA MESA – Agradecendo o Prof. Wagner Balera, sempre com a sua exposição realmente didática e linear, passo a palavra, com grande satisfação, à Profa. Lucia Valle Figueiredo.

Profa. Lucia Valle Figueiredo – Exmo. Sr. Presidente desta Mesa, Dr. Aires Barreto, Exmo. Sr. Presidente deste Congresso, Dr. Osiris Lopes Filho, meu caríssimo amigo, Ministro Carlos Mário Velloso, na pessoa de quem cumprimento todos os integrantes desta Mesa, meus caríssimos companheiros de jornada acadêmica, senhoras e senhores.

Agradeço inicialmente, e muito, mais um vez, o convite para participar deste conceituado Congresso.

O tema é instigante e excitante. Recordo-me que o tema que me deram, foi *Procedimento Administrativo*, tendo como subtema, o *Procedimento da consulta fiscal.* Fiquei muito contente com o tema, porque tinha acabado de orientar uma dissertação de mestrado, exatamente sobre o procedimento da consulta fiscal, dissertação essa já defendida, e brilhantemente. Todavia, entendo que, em face da polêmica instaurada e do interesse despertado no que tange à questão de poderem ou não os Conselhos de Contribuintes decidir sobre a constitucionalidade, cabem algumas palavras, deixando-se o procedimento da consulta fiscal para o final. Ou, quem sabe, para outra oportunidade.

Acho que, talvez, o grande problema instaurado sobre o tema diz respeito a se deixar de fazer a distinção – que, aliás, o Prof. Balera acabou de fazer –, sobre procedimento como forma normal de se desenvolver a atividade administrativa, de manifestação da atividade administrativa – o que Giannini chama de procedimento de primeiro grau, meio normal de a Administração se manifestar, chegar à prolação de ato administrativo –, e de processo administrativo, que envolve *controvérsia, litigância ou acusações em geral,* conforme se acha no inciso LV do artigo 5º do texto constitucional.

Tão logo saiu a Constituição de 88, fiquei a meditar sobre isso: por que teria o inciso LV do mencionado artigo 5º, feito questão de chamar *processo administrativo* e não *procedimento*, ligando-o exatamente à litigância, à controvérsia, e, além de litigância, a acusações em geral.

A Profa. Ada Grinover, em excelente trabalho, também bastante didático, afirma devermos dar ao termo *acusados em geral* conotação diferente da tecnicamente utilizada de *acusados*, exatamente para se dar amplitude maior ao que a Constituição denominou de *processo administrativo*.

Então, creio que a confusão se instaura por não estarmos a fazer diceptações adequadas entre *procedimento* e *processo*.

Procedimento como a forma de prolação de atos administrativos seria, como também foi acentuado pelo Prof. Balera, atividade típica da Administração Pública. A Administração Pública prolata atos administrativos sempre por meio de procedimento; não há ato administrativo sem procedimento, consoante penso.

A Administração Pública é obrigada a observar os princípios consagrados no artigo 37 do texto constitucional: legalidade, impessoalidade, publicidade, moralidade e, atualmente, pós Emenda 19, o princípio da eficiência.

Obviamente, o processo administrativo também deve observância a esses princípios. Todavia, ao processo administrativo devem ser carreados outros princípios peculiares, que são ora do processo civil, ora do processo penal, quer quando se tratar de *litigância*, portanto interesses contrapostos, quer quando se tratar de *acusações.* Conforme estejamos diante de um ou de outro, teremos de respeitar os princípios do processo civil ou os do processo penal.

Só assim, com essa distinção inicial, conseguiremos entender a abordagem da Constituição. É dizer, no inciso LV do artigo 5º, estamos diante de processos em que devem ser assegurados o contraditório e a ampla defesa, com os recursos a eles inerentes. Obviamente sem o contraditório e a ampla defesa não é possível falar-se do respeito ao devido processo legal.

Bem, partindo daí, fazendo esta distinção entre procedimento e processo, chame-se como se quiser chamar, o importante é que tenhamos em mente tratar-se de coisas diferenciadas. Assim, temos o procedimento como caminho que deve a Administração percorrer para emanar qualquer ato – não existe ato administrativo sem procedimento; o ato administrativo é o produto do procedimento. De seu turno, procedimento pode ser o conjunto de atos e fatos ou só de atos, e assim por diante, mas esse não é o momento adequado para alongarmos a matéria. Então temos o procedimento, percurso, que a administração faz para chegar à emanação de qualquer ato administrativo – vamos pensar num ato simplíssimo, uma licença de importação, um ato de exoneração de funcionário.

A Administração, para prolatar um ato administrativo, deve percorrer um dado caminho marcado pela lei, e este caminho deve respeitar os princípios da Administração Pública.

Todavia, no processo, no que chamo de processo – Giannini, por exemplo, denomina *procedimentos de segundo grau* – é importante o contraditório e a ampla defesa; e, aí, teremos mais uma série de princípios, que têm de ser respeitados, como, por exemplo, o contraditório, que está no texto constitucional, com tudo que compreende, tal seja, igualdade entre as partes, motivação das decisões – que, aliás, também é imprescindível para o ato administrativo –, direito à produção de provas, direito ao acompanhamento dessas provas, a verdade material, quando se tratar de processo inquisitivo, informalismo, direito à redutibilidade – e aqui concordo com o colega que me antecedeu: entendo que a caução para recorrer viola o devido processo legal, datíssima vênia de posições respeitabilíssimas da Suprema Corte.

Proibição da *reformatio in pejus*, direito ao silêncio, todos esses são direitos inerentes ao processo administrativo e, que, na verdade, não fazem, necessariamente, parte do procedimento administrativo. Não fazem, porque, no procedimento administrativo não há, via de regra, contraditório; pode haver, mas, normalmente, caminha-se sem o contraditório direto.

O inciso LV do artigo 5º fez com que se abrissem as portas para o processo administrativo, processo este tão angustiado anteriormente à Constituição de 88. Fui procuradora municipal e vi que se chegava, até, a negar vista de processo administrativo ao advogado – tinha de interpor-se mandado de segurança para se conseguir uma mera vista. Quando se concedia certidão de processo administrativo, tarjava-se a assinatura do parecerista, quando o parecer fosse a favor do administrado.

Isso era o que existia anteriormente à Constituição.

Nós não temos dualidade de jurisdição. Portanto, o nosso processo administrativo não fará coisa julgada contra o administrado de forma alguma, fará "coisa julgada" – entre aspas – "em favor do administrado", uma vez que vinculará a administração àquela decisão.

Aí entro, portanto, na possibilidade ou não de os Contenciosos administrativos analisarem a constitucionalidade. Obviamente, os contenciosos administrativos isso não fazem em controle concentrado de constitucionalidade, mas, sim, premidos pelo texto constitucional que afirma serem o contraditório e a ampla defesa inerentes ao processo administrativo.

Se a única defesa do contribuinte for a de não ter pago determinado tributo por entendê-lo inconstitucional, quer seja por bitributação, por existência de isenção não respeitada, ou, porque haveria imunidade que, inconstitucionalmente, não está sendo respeitada – nesse caso, se dissermos que, por exemplo, os Conselhos podem não apreciar este tipo de defesa, estaremos assumindo que eles não estarão cumprindo o inciso LV do artigo 5º do texto constitucional.

Quando dei, pela primeira vez, processo administrativo-tributário no mestrado da

PUC, tive o prazer de ler preciosos votos do Tribunal de Impostos e Taxas-TIT de São Paulo acerca do assunto – e vejo aqui representantes do TIT –, que deram uma lição de direito. Realmente os argumentos são ponderabilíssimos no sentido de que, na verdade, não há como os Conselhos, exercendo função que não é a típicamente administrativa, mas absolutamente atípica, não possam examinar essas questões.

Não advogo aqui a possibilidade de os administradores entenderem que não sendo constitucional a lei, não devem respeitá-la. Absolutamente! Sou absolutamente contrária a essa tese, porque acho que isso geraria insegurança jurídica. Acho que os administradores têm obrigação de cumprir a lei quando eles estão, realmente, em sua função administrativa típica. Não poderia um administrador dizer: rejeito aplicar a sanção exatamente porque esta lei é inconstitucional.

Este é o dever inarredável do administrador, como submisso ao princípio da legalidade, à ordem jurídica. Todavia, esta não me parece que seja a função dos Conselhos, embora – repito – não estejamos, como na Itália, como na França, diante de dualidade de jurisdição. Todavia, estes tribunais administrativos seriam sem utilidade, ou quase sem utilidade, se determinada lei, que primasse pela inconstitucionalidade – e, infelizmente para nós, o país vem primando pela inconstitucionalidade! – não pudesse ser tida *para aquele caso concreto* como inaplicável. E, isso, dá, evidentemente, ao Judiciário uma sobrecarga de trabalho desumana.

Melhor seria, é lógico, que tivéssemos o acatamento da ordem jurídica. Mas já que há o desacatamento sistemático da ordem jurídica, e, agora, já que não sou mais juíza – já que não vai estar *sub judice* uma medida provisória, que pretenda ver recolhidos depósitos judiciais ao Tesouro Nacional, subtraindo competência do Judiciário, pois, em dado momento, por exemplo, o contribuinte pode pedir a substituição daquele depósito e o juiz pode querer deferir –, posso e devo falar. E, ademais, fica, também, por conta do Tesouro Nacional, que decidirá ao fim, ao cabo da sentença procedente, avaliará o que deve devolver. Portanto, fará também a execução da sentença.

Não posso deixar de manifestar minha indignação relativamente a mais essa usurpação de competência – sobretudo porque, como disse, já não vou ter mais a matéria *sub judice*, posso falar livremente de algo com que realmente não consigo me conformar. Como disseram ser cacoete meu dizer "eu não me conformo", digo, aqui, novamente: *eu não me conformo com determinadas inconstitucionalidades*. Gostaria, e muito, que o Estado Democrático de Direito, como afirmado na Constituição, estivesse solidificado substancialmente.

Portanto, manifestei-me no que tange à possibilidade de os Conselhos, exercendo função administrativa não típica, analisarem a constitucionalidade – e, creio ser essa possibilidade decorrente da definição constitucional do processo administrativo, que, nesse particular está diferenciado da função administrativa típica da Administração. Obviamente, como já disse, os contenciosos administrativos não o farão em controle concentrado de constitucionalidade, mas, sim, premidos pelo texto constitucional que afirma serem o contraditório e a ampla defesa inerentes ao processo administrativo.

Falando nesses dois minutos finais da *consulta fiscal*, que teria sido meu tema, diria que vejo, nesse instituto, um problema relativamente à responsabilidade da Administração.

Vejam bem, aí faço a distinção: quem responde à consulta fiscal está dentro de atividade administrativa típica; quem responde à consulta fiscal não pode dizer "esta lei é inconstitucional". Quem vai responder à consulta fiscal não tem competência para dizer que a lei é inconstitucional. Todavia, se houver erro na resposta, que é um ato administrativo, com todas as conseqüências disso – de ser ato administrativo –, poderá gerar responsabilidade por força do artigo 37, § 6º, do texto constitucional.

Suponhamos que alguém comece a pagar certo tributo de dada forma, e diminua sua competitividade exatamente por força daquele tipo de pagamento mais oneroso. Suponhamos que se verifique, depois, que houve erro daquele que deu a resposta, e este erro fez com que, durante todo aquele tempo, houvesse prejuízo.

Aqui não estou a me referir à possibilidade, é claro, de ele pedir devolução da parte que teria sido pago a maior do tributo, se não tiver ocorrido a prescrição. Não poderia ter havido, consoante penso, uma vez que existiria pelo menos o princípio da *actio nata*. Mas não vamos entrar por aí.

Realmente estou a falar da possibilidade de se pedir indenização baseada na responsabilidade do Estado, que teria incorretamente – ainda que por culpa, não por dolo – respondido a consulta e feito com que o consulente fosse mais onerado – e, sendo mais onerado, tivesse diminuída sua competitividade.

Seria muito interessante falar sobre a consulta tributária, mas na verdade como tomei todo o tempo para falar da possibilidade de os Conselhos deixarem de aplicar legislação inconstitucional, peço penhoradas desculpas por ter fugido do tema, coisa que eu não costumo fazer – mas fui espicaçada aqui pela Mesa, e já sabia que o Congresso tinha três trabalhos de altíssimo nível.

Ademais, tenho alunos aqui presentes, todos bastante interessados no tema – um deles é um juiz federal, meu aluno no mestrado –, então não poderia deixar de me manifestar sobre tema tão significativo.

Agradeço e, mais uma vez, peço penhoradas desculpas por ter fugido do tema e agradeço a atenção com que me ouviram. Muito obrigada.

CONFERÊNCIA

MEDIDAS PROVISÓRIAS EM MATÉRIA TRIBUTÁRIA

Presidente da Mesa: PROF. OSIRIS DE AZEVEDO LOPES FILHO
Conferencista: PROF. PAULO DE BARROS CARVALHO
Integrantes da Mesa: PROFESSORES JUAN ZORMOZA, JAMES MARINS, ESTEVÃO HORVATH E ALCIDES JORGE COSTA

PRESIDENTE DA MESA (OSIRIS DE AZEVEDO LOPES FILHO) – Convidamos o Prof. Aires Barreto, Presidente do Instituto Geraldo Ataliba – IDEPE, para saudar o nosso conferencista desta noite, Prof. Paulo de Barros Carvalho.

PROF. AIRES BARRETO – Senhor Presidente da Mesa e Srs. Congressistas, é para mim uma grande satisfação, nada obstante preocupado com a responsabilidade, porque fui há pouco incumbido de saudar o Prof. Paulo de Barros Carvalho.

Pensei: vou falar sobre a carreira docente do Professor Paulo de Barros Carvalho; vou falar que ele é Professor titular de Direito Tributário da Pontifícia Universidade Católica de São Paulo; vou registrar que ele é Professor de Direito Tributário na Faculdade de Direito do Largo de São Francisco; vou fazer a referência importante de que ele é o único Titular, por concurso, das duas Universidades; vou dizer que ele é coordenador do curso de graduação em Direito, da PUC. Mas nesta linha, falando sobre a sua carreira docente, vou ter de lembrar da livre docência, do mestrado, do doutorado e gastarei todo o tempo dos senhores, porque falaria até à noite, para concluir esse aspecto, essa faceta do Prof. Paulo de Barros Carvalho.

Então, pensei: não, vou falar sobre Paulo de Barros Carvalho, autor. Vou falar de Paulo de Barros Carvalho, autor de livros jurídicos. Vou falar do seu *Curso de Direito Tributário*; vou falar de *Teoria da Norma Tributária*; vou falar dos *Comentários ao CTN*, de sua autoria com Rubens Gomes de Souza e Geraldo Ataliba, de saudosa memória; vou falar de sua obra *Decadência e Prescrição*; vou falar de uma série de outras obras. Mas aí pedi a lista dessas obras e elas me levaram à conclusão de que eu levaria aqui mais de hora a discorrer sobre elas. Então, digo: não posso cuidar disso. Vou falar de suas outras atividades. Dizer que, por exemplo, que é diretor científico do IDEPE, vou falar das suas atividades paralelas. Mas isso levar-me-ia a romper a madrugada, cuidando de cada uma delas.

Então, disse: não, não vou falar sobre isso. Vou falar do Mestre.

Dirão: ora, há pouco registrou que ia falar do Professor. Falar do Mestre é a mesma coisa.

Não! Falar do Mestre é algo diferente. O Mestre tem discípulos. O Professor tem alunos, o que é diferente, o que é diverso. O Professor não tem, como tem Mestre Paulo, um grupo de estudos. Ele gasta tempo precioso, que poderia dedicar a atividades pessoais, estudando lógica jurídica com uma série de discípulos, os quais ouve e dobra-se, muitas vezes, aos seus argumentos, isto é, desce da sua posição *ex catedra* para por-se numa situação paritária, de igualdade, em relação aos seus discípulos. Mas discorrer sobre essa atividade também exigiria que ficasse aqui a falar por muitas horas.

Pensei: bom, talvez deva eu falar do homem, do homem de caráter, que prestigia os seus pares, que preza os amigos, que trata superiores e inferiores de igual modo, mas isso far-me-ia avançar noite a dentro.

Então, Prof. Paulo, e culto auditório, como não há tempo para falar do Professor, não é possível discorrer sobre o autor, não há espaço para falar sobre o Mestre e, muito menos não há tempo para falar do homem, perdoem-me os ilustres congressistas; fico a dever-lhes uma apresentação do Mestre Paulo, para que tenhamos por mais tempo o privilégio de ouvi-lo. (*Palmas*)

PROF. PAULO DE BARROS CARVALHO – Senhor Presidente deste Congresso, Prof. Osiris de Azevedo Lopes Filho; Ilustre Presidente do Instituto Geraldo Ataliba, IDEPE; Srs. Congressistas, Srs. Professores que compõem esta Mesa. Quero dizer que as minhas primeiras palavras hão de ser de lembrança do grande Mestre Prof. Geraldo Ataliba, que está presente conosco em todos os momentos destes acontecimentos, deste evento tão importante para a comunidade jurídica do Brasil, diria eu, já que estamos no XII Congresso de Direito Tributário, todos com o mesmo êxito verificado neste.

O tema que me cabe discorrer é Medida Provisória em matéria tributária, tema sobremodo atual, interessantíssimo, que desperta a atenção de todos e o interesse de todos, um tema que reflete bem o momento político, jurídico e social do Brasil.

Nada melhor que iniciar com uma lembrança também importante, qual seja a do falecimento recente de Niklas Luhmann, o grande autor alemão que aplicou para o sistema social, para o conhecimento do fenômeno social, a teoria autopoiética, trazida da biologia,

Luhmann salientou – e isto nos vai levar à medida provisória, dentro em breve, porque não acredito no conhecimento sem que haja a junção da teoria com a prática. Como diz Pontes de Miranda, o conhecimento pressupõe a prática e a teoria, ao passo que Lourival Vilanova diz que o jurista, trazendo tudo isso para o Direito, o jurista é o ponto de intersecção entre a teoria e a prática, a ciência e a experiência – portanto, Luhmann, ao vislumbrar o sistema social como um sistema que se autocompõe, que se auto-reproduz, que se nutre a si próprio – com o perdão da redundância –, Luhmann aponta para os vários subsistemas como sistemas que não se interpenetram, isto é, o subsistema econômico não interfere no subsistema jurídico, não interfere no subsistema político. Todos passam informações, e essas informações são processadas peculiarmente por cada um desses subsistemas.

O Direito, como ele processa as suas informações? Reduzindo tudo ao lícito e ao ilícito e aplicando os modais: obrigatório, proibido e permitido. Com isso, regula todas as condutas, interferência e intersubjetiva. A Economia tem o seu código de diferença, o seu código binário: ter, não ter. A Política tem o poder e o não-poder.

Com isto, a economia passa informações para o Direito e o Direito as submete, ou não, ao seu filtro, e vai produzindo as suas unidades; e, com isso, os sistemas vão se integrando, sendo abertos, em termos cognocentes, mas fechados em termos operacionais. O Direito está aberto quando ele recebe dos outros subsistemas as informações. E ele o faz como sempre, salienta o Prof. Lourival Vilanova, pela hipótese. Diz ele que as informações entram pela porta aberta das hipóteses normativas. Aí o Direito recolhe o que ele acha importante no segmento social, político, econômico e submete ao lícito e ao ilícito, e regula as condutas, determinando o que é obrigatório, proibido e permitido.

Ora, por que isso é importante? Porque Luhmann trata as unidades do sistema social e as unidades dos subsistemas, entre eles o do Direito como atos comunicativos, como atos de comunicação.

O que são as normas jurídicas senão atos de comunicação? O que a autoridade competente edita? Um comando deonticamente modalizado, um comando dirigido às condutas interpessoais. Se ocorrer o fato *tal*, deve a conduta ser obrigatória, proibida ou permitida. É assim que o Direito faz. Seja a norma individual e concreta da sentença, seja o ato jurídico administrativo do lançamento, seja o acórdão do tribunal, seja a lei, seja a emenda à Constituição, enfim, qualquer ato normativo.

Nesse momento, os senhores podem ver que estudar uma norma jurídica é estudar a teoria das fontes, e já estamos na Teoria Geral do Direito, estamos na Filosofia do Direito e estamos estudando medida provisória.

Por que?

Vamos focalizar a nossa atenção no artigo 62 da Constituição, que dá competência ao Presidente da República para emitir medidas provisórias.

É nesse ponto que gostaria de dizer aos senhores que trato aqui as fontes como fontes materiais, significando o fato jurídico que tem como efeito a produção da norma, e fontes formais, a norma produzida por esse fato.

Uma reunião do Congresso Nacional é um fato jurídico. E o jurídico está sistematizado por regras de competência, regras que definem o procedimento do Congresso. Ao terminar aquela atividade, o Congresso produz a lei. A lei produzida tem um número, tem uma data, tem a data da sua publicação, assinada pelas autoridades competentes. A lei em si é uma norma individual e concreta, que põe no ordenamento normas gerais e abstratas.

Vejam os senhores como é interessante esta visão do Direito. O Direito é um conjunto de normas básicas. Todos concordam. Mas há algumas normas incumbidas de introduzir no sistema outras normas. Uma lei é uma norma individual e concreta. Isso é fato verificado, porque ela tem um número diferente, tem uma data e tem condições de expedição diferentes de todas as outras. Esta norma individual e concreta vai pôr, dentro do ordenamento, normas gerais e abstratas.

Uma sentença é uma norma individual e concreta que põe no ordenamento uma norma individual e concreta. E assim por diante, temos os acórdãos, temos os atos administrativos, enfim temos os contratos, os atos produzidos por particulares. É por isso que podemos dizer e redizer que o Direito é o conjunto de normas válidas, porque tudo acaba se manifestando através dessas normas.

É assim que a medida provisória surge como uma fonte formal, isto é, um veículo introdutor de normas no sistema. Normas individuais e concretas? Não. Normas gerais e abstratas. A medida provisória, por exemplo, essa recente, de n.1.724, é uma norma individual e concreta, que foi produzida para levar para o interior do ordenamento jurídico brasileiro normas gerais e abstratas.

Tudo isso se faz mediante regras de competência e essas regras estão previstas no texto constitucional, que é a base do nosso sistema positivo.

Art. 62: "Em caso de relevância e urgência, o Presidente da República poderá adotar medidas provisórias, com força de lei, devendo submetê-las de imediato ao Congresso Nacional, que, estando em recesso, será convocado extraordinariamente para se reunir no prazo de cinco dias".

Vejam os senhores que é o artigo 62 que coloca os pressupostos para a conduta do Presidente da República de editar norma geral e abstrata. Em qualquer momento? Não. Em casos de relevância e urgência.

Becker afirmava, sempre, que o jurista é o semântico da linguagem do Direito, como vimos há pouco com a Profa. Lucia discernindo procedimento de processo e, portanto, entrando nos problemas semânticos. Alguns dizem: Ah! mas isso é problema de semântica, é problema de nomes. Mas o Direito é isso. O Direito é semântica, como rigorosamente afirmou Alfredo Augusto Becker. Entretanto, quando se disse que o jurista nada mais é que o semântico da linguagem do Direito, estamos à mercê de um recurso retórico dando ênfase a um momento da linguagem do Direito. Por que? Porque, evidentemente, não há sentido, portanto, não há pesquisa de conteúdo, sem uma forma sintática. E não há também uma linguagem se não houver um modo de utilização dos signos pelos usuários dessa linguagem.

É por isso que vamos fazer aqui um estudo do artigo 62 e da medida provisória. Para conhecermos a medida provisória em matéria tributária, vamos fazer um estudo de cunho sintático, semântico e pragmático. Sintático – estudar a arrumação dos signos, como eles se conjugam, como se entrelaçam. Semântico – na medida em que vamos nos preocupar com o sentido da mensagem legislada. E pragmático, que é a verificação final, nessa ordem que vou fazer, onde vamos indagar como os usuários da linguagem jurídica do Brasil estão usando esses signos.

Vejam, desde logo, esta observação: "em caso de relevância e urgência". Quer dizer, não em qualquer situação. Quando houver relevância e urgência, o Presidente da República poderá editar medidas provisórias.

Não é preciso dizer, mas todos sabem, que essas duas palavras entraram num processo de degradação semântica e, hoje, não querem dizer absolutamente nada. Por que? Com base em que eu digo isto? Com base na experiência jurídica brasileira. Tanto assim, que contrariando a própria natureza da medida provisória, que há de entrar em vigor na data da sua publicação, exatamente porque o seu pressuposto é de relevância e de urgência, nós encontramos inúmeras medidas provisórias que passam a ingressar no campo do Direito com vigor, com vigência, no começo, 30 dias depois, 60 dias depois. E essa que citei, a de n. 1.724, é um exemplo disso. Traz as datas marcadas para o início da sua vigência. Isso é um absurdo. Porque se é de natureza da medida provisória entrar em vigor na data da sua publicação, como imaginar que o termo inicial da sua vigência seja marcado para daqui a 15 dias. E a urgência? É um sinal evidente que não foi observado o pressuposto da urgência.

Mas não precisaria catar muitas palavras para sugerir aos senhores esta observação. Todos sabem, e é o dia-a-dia da nossa experiência jurídica, do desrespeito a esses pressupostos.

Alguns dizem: este é um movimento que não se nota só no Brasil, mas em muitos países, a utilização de instrumentos dessa natureza pelo Poder Executivo, que vai, com isso, invadindo, usurpando atribuições do Poder Legislativo. Sim, mas essa é uma verificação de ordem pragmática. Em termos sintáticos e semânticos, a medida provisória tem esses pressupostos. E ninguém ousaria dizer que não tem, porque o Direito realmente se presta a muitas construções desse sentido.

Agora, ele tem uma base objetiva que é uma para todos: a literalidade textual. Alguns dizem: Bem, a literalidade textual não é importante... Na verdade, é importantíssima. Não há interpretação onde não houver literalidade textual. Onde não houver o plano empírico da expressão, não pode haver construção de sentido algum. É preciso que eu parta de uma linguagem e da literalidade do texto para ingressar no seu conteúdo.

Pois bem, esta análise tem de ser feita, eis que necesária. Agora, o que não podemos é ficar no plano literal. Isso é outra coisa. Ficar na literalidade do texto em detrimento de um decurso pelo seu conteúdo, construindo esse conteúdo. Porque a interpretação não descobre o sentido, ela constrói o sentido. Essa é uma informação importante, que vigora no campo da análise do discurso, da lingüística em geral, e que no Direito, não se sabe porque, vinha-se reiteradamente declarando o oposto.

Eu mesmo, há 15 anos, cheguei a dizer que interpretar o Direito era extrair o conteúdo, sentido e alcance do produto legislado. E agora vejo o absurdo que eu disse. Não se extrai nada, porque esse material, que é de consistência física, são marcas de tinta gráfica sobre o papel; não posso pretender tirar algo imaterial, qual seja, o sentido. É claro que essa não é uma caixa de uma determinada madeira, que eu abro e tiro de dentro o que ela contém. Não é isso. Eu entro em contato com essa realidade física e, aí, sou estimulado pela cultura da Língua Portuguesa, pela cultura social, a construir um sentido. É por isso que lemos o mesmo texto e cada um constrói a sua interpretação. Vimos aqui ilustres professores divergindo sobre certos temas, a partir do mesmo texto, em termos literais.

Pois bem, a medida provisória há de entrar em vigor da nata da sua publicação. É da sua natureza, porque ela só pode ser editada onde houver urgência. E onde houver urgência, sabemos que não há condições de espera.

Então, esta a que me refiro, e que trouxe aqui como modelo, a de n. 1.724, que comete uma série de desatinos, ela tem o condão de registrar, exatamente, que, para certos casos, o início da vigência da medida provisória abre um espaço relativamente grande com relação à data da sua publicação.

Muito bem, a medida provisória tem de ser apreciada pelo Congresso Nacional. O Congresso Nacional, está posto na Constituição, tem a faculdade de aprová-la, transformando-a em lei, ou rejeitá-la. Rejeitá-la por omissão ou por comissão. Ele pode, se quiser – uma prerrogativa que o texto constitucional dá ao Congresso Brasileiro –, manter-se silente durante 30 dias e pronto. Nós vamos incidir aqui no parágrafo único: "as medidas provisórias perderão eficácia, desde a edição – efeito *ex tunc* –, se não forem convertidas em lei no prazo de trinta dias, a partir de sua publicação, devendo o Congresso Nacional disciplinar as relações jurídicas delas decorrentes" – o que vamos examinar em seguida.

Mas vejam então o que acontece: é um direito que o legislador do Congresso Nacional tem; ele, se entender importante, relevante, analisa, discute e vota pela conversão ou não daquela medida provisória. Agora, ele pode também, e está autorizado constitucionalmente, operar por omissão; basta deixar escoar trinta dias e, pronto, aquela medida perde a sua eficácia, desde a data da sua edição. Isso está posto, inequivocamente, no parágrafo único.

Agora, os senhores sabem que a prática, a pragmática da comunicação jurídica no Brasil vem consagrando o hábito da reedição das medidas provisórias. Quando se diz "reedição", é bom salientar que o que é editado é o teor, é a mensagem, porque a medida provisória editada vem com número diferente, é uma norma individual inconcreta, necessariamente diferente, porque as condições que determinaram o fato jurídico são diferentes, o que prova que a medida provisória se coloca uma norma individual inconcreta.

Então, vejam, o presidente da República – diante do exercício regular da competência do Congresso Nacional, deixando escoar o prazo de trinta dias, e com isto fazendo com que a medida provisória perca a eficácia –, reedita a medida, castrando uma competência legítima do Congresso Nacional. O pior é que o Congresso Nacional aceita isso – e sempre aceitou, não discutiu em qualquer momento, esta prerrogativa.

Eu tive a oportunidade, certa feita, de fazer uma palestra a deputados e senadores e salientei esse aspecto. Notei uma certa concordância, balançavam a cabeça etc., mas não surtiu qualquer efeito. (*Risos*)

Agora vejam que, até politicamente, é uma perda irreparável, porque se o Congresso adotasse uma posição determinada com relação a esse aspecto, ele poderia ter em mãos um instrumento de negociação política com o Poder Executivo muito forte – nem que fosse para concordar sempre – mas muito forte. E não estou colocando isso em termos críticos; mas os senhores sabem, o político tem que ter os seus instrumentos de negociação política, seja esse ou outro. No entanto, o Congresso Nacional se habituou também com isso e nós vivemos nesta trajetória de reedições de medidas provisórias, ao mesmo tempo em que qualquer análise constitucional nos aponta em sentido contrário.

Vejam o tratamento que o artigo 60, § 5º, dá às emendas constitucionais rejeitadas. A matéria constante de proposta de emenda rejeitada, ou havida por prejudicada, não pode ser objeto de nova proposta, na mesma sessão legislativa. Os senhores podem dizer: bem, mas isso é uma emenda à constituição.

Muito bem, o artigo 67 fala das demais leis. A matéria constante de projeto de lei rejeitado, somente poderá constituir objeto de novo projeto na mesma sessão legislativa mediante proposta da maioria absoluta dos membros de qualquer das Casas do Congresso Nacional.

Então vejam que o tratamento da matéria rejeitada, no Direito Constitucional Brasileiro, é restritivo. A Constituição brasileira, em duas oportunidades bem claras, mostra que quando a matéria é rejeitada ela sofre um tratamento restritivo. Pois bem, no caso da medida provisória rejeitada, isso não significa absolutamente nada. E, pior ainda, no artigo 62 está declarado que as medidas provisórias perderão eficácia desde a edição, não por incompetência, devendo o Congresso Nacional disciplinar as relações jurídicas delas decorrentes.

Então, vejam que absurdo: o Congresso recebendo o encaminhamento da medida provisória reflete e vê que é uma matéria insignificante, uma matéria sem importância, e portanto não vai gastar tempo em discuti-la e prefere adotar a faculdade de deixar escoar os 30 dias para rejeitá-la por omissão, por entender que a matéria é irrelevante.

Pois bem, diz o artigo que o Congresso deverá disciplinar as relações jurídicas delas decorrentes, isto é, o Congresso deverá legislar sobre aquilo que ele entendeu que era irrelevante. É óbvio que não soa bem construir esse tipo de sentido; ficaria sem nexo, o Congresso exercitando legitimamente a sua competência, que é uma faculdade – faculdade é uma permissão bilateral de cumprir a ação e de omiti-la também; tem a permissão de cumprir a ação e a permissão de omiti-la – cumprindo a permissão de omitir a ação de legislar, o Congresso, mesmo assim, estará obrigado a legislar sobre aquela matéria que ele achou irrelevante. A mim não faz nexo.

Para dar sentido, e não jogar fora a cláusula constitucional, eu diria: posso aproveitá-la da seguinte maneira: sempre que o Congresso legislar convertendo em lei aquela medida provisória, ele deverá expedir as outras regras de integração daquelas no sistema, aí sim, devendo disciplinar as relações jurídicas delas decorrentes. Aquela lei que aceitou, que acolheu o conteúdo da medida provisória, vai entrar no ordenamento e manter relações sintáticas e semânticas com as outras normas do ordenamento.

Então, cabe ao Congresso Nacional, nessa contingência, expedir as regras jurídicas que tratem da integração dessa norma. Isso daria sentido ao artigo; porque, pelo contrário, eu ficaria naquela perplexidade de notar que o Congresso exercita sua competência, mas mesmo assim é obrigado a legislar sobre aquela matéria.

E também isso colocaria o Executivo numa posição muito confortável. O Executivo joga de qualquer maneira a medida provisória, o Congresso se nega a sequer discutir, deixa que o prazo escoe, mantendo-se silente, e depois o Executivo não tem obrigação nenhuma, é o Poder Judiciário que tem de legislar sobre aquelas matérias.

Primeiro, se houver problema na emissão de uma medida provisória que não foi acolhida pelo Congresso, e que perdeu, portanto, a eficácia, está aí o Poder Judiciário para resolver esse problema; a não ser que o problema ganhe uma proporção tal que seja interessante para o Poder Legislativo legislar sobre a matéria. Mas, aí, já é uma outra coisa; tornou-se matéria de interesse social – e o Legislativo deve estar atento a essas informações que vêm de outros subsistemas, entre eles o subsistema social no sentido estrito.

De modo que a medida provisória vem sendo usada assim, no Brasil, sem qualquer respeito aos pressupostos "urgência" e "relevância". Não há qualquer manifestação no sentido de dar um mínimo de conteúdo à urgência e à relevância.

Depois, no problema da reedição, os senhores sabem que há um absurdo muito grande porque o Presidente da República com isso usurpa poderes do Congresso Nacional, legisla sobre tudo, inclusive sobre matéria tributária. Quando eu digo "inclusive sobre matéria tributária" quero me referir à sucessão de medidas provisórias que vem tratando de matéria tributária. Sei que o problema quantitativo não é decisivo, mas os senhores sabem que muitos dos melhores autores brasileiros negam essa possibilidade à medida provisória: tratar de tributos, criar tributos, aumentar a faixa de incidência dos tributos já existentes ou majorar os tributos já existentes. Pois bem, isso no começo era mais ou menos observado, mas com o passar do tempo o Executivo gostou da prática e, agora, é uma atrás da outra...

Os senhores sabem também que há um empecilho muito grande: a medida provisória tem como algo da sua natureza entrar em vigor na data da sua publicação. Ora, isso briga com o princípio da anterioridade, seja o das contribuições que é mais significante. Falam em anterioridade mitigada, no caso das contribuições. Diria que não, pelo contrário, é uma anterioridade agravada, porque ela é maior, é uma anterioridade mais larga, mais ampla do que a dos outros tributos. De qualquer maneira, esse seria um empecilho grande.

Outro tributo de ordem semântica, ganhou uma relevância social tão grande que isso se reflete, por exemplo, no tratamento criminal das infrações atinentes aos tributos – não só no Brasil mas em todos os lugares do mundo. É um movimento mundial.

Tributo é algo que não se compreende sem o assentimento popular, conquista secular do mundo tributário. Os tributaristas têm, há vários séculos, já, esta conquista, segundo a qual o tributo não pode ser criado sem que haja o assentimento popular; e a medida provisória não expressa o assentimento popular, a não ser que por assentimento popular tomemos a circunstância de que o presidente da República foi eleito e, portanto, ele estaria representando os seus eleitores – que na verdade não chegam a um terço do eleitorado brasileiro, no caso.

Em todo o caso, vamos verificar que em todos os lugares em que se discute este tema há uma convergência. Medida provisória, dada a sua precariedade, é uma medida – como o nome está dizendo – que ingressa provisoriamente, para atender a efeitos de urgência e de relevância. Isto não se coaduna, não se compartilha com esta conquista secular de que os tributos têm de contar com o assentimento do povo, com o assentimento dos eleitores, para que se estabeleça o ordenamento jurídico de um país, no caso o Brasil.

Todas essas observações nos levam a pensar: por que medida provisória em matéria tributária vem tendo esse tratamento tão desleixado por parte dos próprios constitucionalistas, de nós tributaristas também, dos administrativistas, enfim, de todos aqueles que zelam pelo Direito, pela integridade do Direito. Ninguém reclama mais com relação à urgência e à relevância.

No começo havia alguns protestos, mas hoje em dia todos já adentraram nessa de passar por cima dos pressupostos constitucionais de urgência e relevância. Por que?

Eu diria: certamente porque ocorre com a sociedade – e aqui volto a lembrar a concepção de Luhmann – o que acontece com o ser humano individualmente. O cidadão entra numa crise econômica muito forte, aquilo lhe traz problemas de saúde, aquilo lhe traz problemas no casamento, traz problemas com os familiares, traz problemas profissionais, no rendimento profissional, problemas de toda ordem. Um país, uma sociedade entra numa crise econômica, como nós entramos há muito tempo, e começam a aparecer crises morais, crises sociais, crises políticas, crise jurídica.

Quero lembrar a todos os senhores – e o Congresso é o foro adequado para esse tipo de lembrança – que sempre houve inconstitucionalidade no Brasil, mas disfarçadas. O Executivo, o próprio Legislativo, cometiam os seus deslizes em termos de inobservância de regras constitucionais, mas veladamente. Eu me lembro, por exemplo, da Taxa Rodoviária Única – TRU, que, depois, foi transformada no que realmente era mesmo: Imposto sobre Veículos Automotores.

Mas os senhores sabem, a taxa de melhoramento dos portos, uma série de depósitos para viagem, etc., o legislador burlava o comando constitucional com outro nome, para disfarçar. Hoje não! Os senhores podem ver a recente lei que trata do regime jurídico das imunidades das entidades educacionais e assistenciais. A ementa diz isso: estabelece novo regime jurídico sobre a imunidade das entidades educacionais e assistenciais. O legislador diz claramente que é aquela matéria – que é matéria privativa do legislador constitucional, que é o tema das imunidades, só a Constituição pode dispor sobre isso. Aí vem em instrução normativa e aumenta um pouco aquilo que a lei já havia codificado.

Então vejam que desplante, sem nenhuma cerimônia! Nós estamos numa verdadeira anarquia jurídica, porque isso se faz hoje sem qualquer preocupação, sem qualquer justificativa. O legislador não faz uma exposição de motivos procurando mudar um pouco as palavras, como um bom político faria; ele diz taxativamente: vou legislar sobre o tema das imunidades, e modifica o regime da imunidade das instituições educacionais e assistenciais. Daí para uma anarquia total, os senhores sabem que é um passo. E vejo que aquilo que ocorre realmente com o ser humano, é natural que ocorra com a sociedade.

Muitos não sabem – apenas quero aproveitar para dizer isso – que as ameaças de que "se não for assim o Brasil vai quebrar", "se não for assim a União não tem como pagar isso, a rede bancária se desfaz" etc. – quero dizer o seguinte: que não há quebra hoje em termos internacionais. Nós acabamos de ver os países do mundo ocidental empenhados na ajuda à Rússia, na ajuda ao Japão, na ajuda ao Brasil – mesmo que o Brasil não pedisse nada o FMI traria o que trouxe, e se pedisse mais um pouco traria mais também, porque todos se ajuda mutuamente. E esta idéia de que há uma perspectiva de quebra, isto não existe. Até Cuba, que se mantém isolada ou que mantém um semi-isolamento, se amanhã se aproximar de uma situação catastrófica, tenho certeza de que receberá ajuda internacional.

Seria um momento excelente para o Brasil, tomando uma atitude de patriotismo que resolvesse os seus problemas básicos. Já que deve 350 bilhões de dólares, que passe a dever 450. Qual é a diferença? Não vai pagar mesmo... (*Risos*) Então, resolva o problema de saúde, resolva o problema de educação – somente esses dois, não precisa mais nada. E fica devendo 450 bilhões de dólares. E aí certamente vai ter mais ajuda dos países ricos. Isso tem acontecido todos os dias.

Os meus discursos não tem essa tônica política, aqueles que me conhecem sabem disso, mas Congresso de Direito Tributário tem que ter esse lado político porque não é uma discussão dogmática, uma discussão sobre o direito positivo assim como ele é. É um direito positivo assim como nós queremos que ele venha a ser.

De modo que isto é uma proposta, é uma proposição de política do Direito, não de ciência do Direito em sentido estrito ou dogmático. É por isso que fiz questão de inserir essa parte final para dizer aos senhores que temos que repensar o Direito Tributário como um todo, dando força ao texto constitucional, aos grandes princípios constitucionais, dando força, por exemplo, ao princípio da progressividade do imposto sobre a renda que não foi implantado. Está na Constituição, entrou na Constituição, e depois que entrou, aí é que não há progressividade, a pouca progressividade que havia deixou de existir.

Nós não respeitamos os princípios constitucionais, e queremos mudar esse sistema para um outro. É o que se fala – a imprensa e outros órgãos de divulgação falam todo dia a respeito disso –, que o Brasil precisa implantar um novo sistema tributário. No lugar de mudar aquele que não aplicamos, vamos primeiro aplicar esse, lembrando, aqui, um grito sempre forte e eloqüente do Prof. Geraldo Ataliba, que insistia nesse tópico. Ele era contra qualquer tipo de reforma; necessário, sim, em esforço de racionalização do que existe, e certos ajustes, não há dúvida; agora, trocar por um outro modelo, quando podemos pensar que passamos doze anos para que fosse pacificada a doutrina sobre aquilo que se chama de fato gerador do ICM... Durante doze anos a Jurisprudência e a Doutrina se digladiaram para fazer prevalecer uma tese sobre o fato gerador do ICM; depois de doze anos foi pacificado.

Até hoje, ainda se discute o critério temporal da hipótese de incidência do imposto de importação. O imposto, se nós emendarmos todas as constituições, vai longe; a prática que o Brasil tem com imposto de importação é longa. No entanto, ainda se discute sobre qual é o critério temporal da hipótese de incidência do imposto de importação.

Então, vejam, uma reforma drástica no texto constitucional, na matéria tributária, vai jogar fora tudo isso, como ocorreu, digamos, com o imposto do selo. Tudo o que se construiu no caso do imposto do selo foi desprezado, porque ele foi expelido do sistema. Eu não digo que ele devesse se manter, mas quero dar apenas um exemplo: se abandonarmos o sistema tributário existente, o Sistema Constitucional Tributário Brasileiro, seremos responsáveis por uma experiência totalmente frustrada. Agora, se não aplicamos esse e vamos aplicar o próximo... Os senhores sabem que a tradição no Brasil é outra, a lei nova vem, todos ficam animados, surgem os primeiros problemas no campo da aplicação, e as primeiras reivindicações de mudança também: vamos trocar por outra lei! É assim que tem feito a comunidade jurídica brasileira.

Esses são aspectos que dizem sobre a pragmática da comunicação jurídico-tributária no Brasil, isto é, como os utentes da linguagem jurídica têm manejado os ciclos jurídicos. No caso, medida provisória: como é que os tribunais têm acolhido? Como é que os advogados tratam disso? Como é que o Presidente da República entende? Isto é pragmática da comunicação jurídica.

Então, vejam, esse é um estudo, um tipo de interpretação que se faz a partir da linguagem do direito positivo, partindo da literalidade textual, investindo pelo plano semântico e depois pesquisando os usos que a comunidade tem feito a respeito desses ciclos.

Eu queria encerrar as minhas palavras cumprimentando a todos os senhores, que são os responsáveis pelo bom êxito deste Congresso, e agradecendo imensamente a atenção que tiveram.

Obrigado. (*Palmas*)

FALA DE ENCERRAMENTO DO PROFESSOR EUGÊNIO DOIN VIEIRA

Intróito e justificativa

Ilustres Pares, Nobres Congressistas,
Do Egito egrégio deus na Presidência,
Nobres Doutores, leais Tributaristas,
Juízes, Bacharéis, bela assistência,
Estudiosos da Lei, Pareceristas,
Platéia à qual presto reverência,

Hermeneutas que vêm de terra estranha,
Do Rio da Prata irmão, da bela Espanha!

Confesso estava eu posto em sossego,
Dos meus anos colhendo o doce fruto,
Quando a mim se chegou o nobre Paulo
(Do IDEPE senhor quase absoluto).

"Terás" - ele me disse - "uma *surpresa*!
Para tua honra, serás convidado
A fazer o discurso - nobre empresa! -
Deste Congresso do qual és soldado."

"Porém, por esta vez, irás falar
Não na prosa habitual de nosso evento:
Larga a prosa de mão, vai de poesia,
Que prosa eles escutam todo dia.

Com um toque de humor e de emoção,
Deixa que fale agora o coração!"

E, sem mais dizer, sumiu com o vento.

Permita, pois, ilustre Presidente
Osiris, - Presidente contundente! -
Que, ainda esta vez, ponha de lado a prosa
E, nas asas da Musa, em metro e rima,
Busque dizer das emoções de agora,
Do belo dia que se segue à aurora,
Neste crepúsculo, nesta despedida,
E lhes transmita as emoções que a Vida
Reserva a quem caminha estrada afora,
Com a alma leve e de cabeça erguida!

Falar em nome desta nobre Gente,
Na hora do dispersar e da partida,
Da volta, retomo ao Lar, à velha lida!

Saudação

Justificada, assim, minha ousadia,
Eis-me à tarefa de sauda-los, neste
Duodécimo Congresso Brasileiro
Que cuida do Direito Tributário
E que o IDEPE promove e prestigia
Nesta nobre Cidade de São Paulo.

Aos estrangeiros

Permitam que a primeira saudação
Eu a dirija ao Mestre dos Hispanos:
Juan Ramallo Massanet, que, há tantos anos,
Granjeou nossa integral admiração;
E a Juan Zormoza, que é seu conterrâneo,
Tributarista e, agora, nosso irmão.

E a Bacia do Prata nos revela
Um mestre em Mercosul, jurista fino :
É Horácio Bercún, brilhante estrela
Do universo jurídico argentino.

Agora, às Mulheres

Pois me assusto, com freqüência,
Com a invasão das Mulheres
No chão da Jurisprudência,
Nas lides, nos quê-fazeres
Da Jurídica Ciência.

Já sobrepujam em número,
...Em beleza e eficiência,
O pobre sexo forte,
No zelo e na competência.
Pois quero homenageá-las
E, para fazê-lo, em galas,
Peço a todos, abram alas!

Que invoco agora, sem medo,
Um nome a representá-las:
Lucia Valle Figueiredo!

Aos Congressistas

Saúdo, agora, do Congresso a gente
Dedicada, fiel e competente.
De Brasília nos vem Carlos Velloso
(Aquele do sorriso de menino)
É um sábio Ministro, talentoso,
Da Ciência do Direito um paladino.

Do Rio, do Sul, e das Minas Gerais,
Do Ceará e do Brasil inteiro,
Vejo aqui as cabeças mais geniais
Do elenco tributário brasileiro!

Eis a prata da Casa, os incansáveis
Aires e Aires, e Paulo, e Rosoléa,
Marrey, e Roque, e Diva, e Leonor,
Luciano, Misabel, José Artur Gonçalves,
Natanael, nosso Edevaldo Brito,
E o experiente Alcides Jorge Costa.

José Carlos, Sacha Calmon,
James Marins, José Eduardo,
Bottallo, Paulo Bonilha,
Wagner, Lucia, Anna Emília,
Valdir (Dialética) Rocha,
Que bela constelação!
Via látea interminável,
Estrelas de intenso brilho.
Osiris neto, Osiris filho,
Celso Antônio, o Condestável!
Onde o Marçal Justen Filho?
Cadê o Tércio Ferraz?
Tantos mais, mas tantos mais,
Eurico, Heleno, Marcelo,
Wanderley, Carlos Ari,
Aurélio Pitanga Filho,

Luciano da Silva Amaro
Malvina Corujo Lopes,
Walter Barbosa Corrêa,
Neste conjunto preclaro,
São redondilhas maiores
Os nomes destes doutores.
Na ordem do abecedário,
Dão cor, e grandeza e brilho
Ao Congresso Tributário!
Quisera citar a todos
Nesta listagem sem fim.
Dejalma, cadê Sartin?
Schoueri, onde o Cassone?
Bottallo, e Beth, e Eduardo,
Edgard, e Apocalipse,
E outros mais de igual valia!

E invoco, em nota fagueira,
Helga Klug Doin Vieira.

Os peregrinos

Mas tenho uma palavra especial
P'ros que vêm de bem longe, dos rincões
Confins deste País continental!
Nas pequenas cidades são bastiões
Da cultura jurídica. Advogados,
São mestres, promotores, magistrados.
Eles são o alicerce, o fundamento,
A força viva deste novo evento!

Alguns viveram sob a Idade Média
Da ditadura. Outros, ao despertar,
Viram da Liberdade o tempo novo,
Quando toda a Nação - Governo e Povo
Constrói um novo Mundo, um novo Lar!

+ Evocação e Saudade

Seja-me permitido, neste instante,
Iniciar a canção da despedida
Prestando uma homenagem bem tocante
Aos que, da nossa grei, gente querida,
Transportados na barca de Caronte,
Deixaram a vida e vivem noutra Vida!

Juristas de expressão, queridos Mestres,
Que reverenciamos com carinho
E que, hoje, no panteão da Eternidade,
Reúnem-se em tertúlias tributárias.

* * *

Alfredo Becker, genial,
Baleeiro, o nobre baiano,
E Rubens Gomes de Souza.
Fanucchi, o Fábio, um irmão,
O "teuto" Amílcar Falcão
E o nosso Sampaio Dória.
E Pérsio Oliveira Lima,
De nossa especial estima.
O irmão Cléber, lembro tanto!
Gilberto de Ulhôa Canto.
Nenhum nos sai da memória.

A Geraldo Ataliba

Cai uma gota de pranto.
Faz 3 anos, bem me lembro,
Pois a 15 de Novembro,
Data em que se comemora
A República de agora,
Se foi Geraldo Ataliba,
Levado em clarões de aurora!

Ficou um vazio profundo
No mundo universitário.
Ficou mais quieto este mundo
Jurídico-tributário,
Depois que ele foi embora!

E me apanho imaginando
O trabalho que está dando
P'ro pobre São Pedro, agora ...

A crise e as rimas em "ão"

Rima pobre é rima em "ão".
Mas, para o "aggiomamento"
E o estudo deste momento,
Necessárias elas são.
A preocupação do jurista,
Do pensador, do humanista,
Desde o fim da guerra fria,
É a nova ordem do mundo,
Que tem, num giro profundo,
Novas leis... da Economia!
E então, no mundo de agora,
Um novo sistema aflora,
Novas leis, novas idéias!
E escuto, globalização.
Ouço: automatização,
Ou, também, automação,
Seja, robotização.
E há mais: incorporação,
Associação e fusão.
E escuto: privatização!
Escuto.., ou "escuta" ? Sei não!

É a nova ordem que impera.
Adeus Constituição!

Automação

Quando o sábio elabora, e sonha, e cria
U'a máquina capaz de produzir,
Libera o ser humano das tarefas
Mais duras e mais árduas do fazer,
E ele pode pensar, criar, viver.

Mas, se, para um robô sofisticado,
Há um cento, um milhar, desempregado,
Crescem os lucros da área patronal
E aumenta o desemprego nacional,
Então, neste sistema, algo está errado.

Privatização

A estrutura estatal há que ser forte,
Ágil, firme, eficaz, leve e ligeira,
Para bem atender ao rumo, ao norte
Que lhe atribui a Carta Brasileira.

Deve, pois, se despir daqueles temas
Que não são essenciais aos dirigentes
E que podem melhor ser atendidos
Pela gestão privada e seus agentes.

Mas tal enxugamento, com certeza,
Não se pode invocar como pretexto
Para a depredação do patrimônio
Que é parte da riqueza nacional:

Vendê-lo no martelo, a qualquer preço,
Por moeda podre, por qualquer real!

O "pacote"

Redução nos recursos da Saúde
E cortes substanciais na Educação!
Que doutrina os inspira, que virtude
Têm estes cortes, esta contenção ?
Milhares de doentes sem socorro.
Sacrifício do ensino e da pesquisa.
Que pretende a enxurrada financeira?
O "pacote" perverso, o que é que visa?

Produzirá riqueza, emprego novo?
Ou atende ao que quer o FMI?
Sorrirá, mais feliz, o nosso Povo?
Ou sorrirá Michel, o Candessus?

A tarefa do Jurista

Doutores do Congresso Tributário,
Cidadãos, pensadores, humanistas,

Temos a nossa fé, nosso ideário,
Nossas convicções, nossas conquistas.
Pois nós cremos no Estado de Direito,
Que se expressa na Lei, na Grande Carta,
Que prioriza o valor do Ser Humano
Como valor maior, pois dela emana
"A dignidade da pessoa humana"!

A estrutura jurídica, os direitos,
A segurança da cidadania,
Repousam e se apoiam nos preceitos
Que a Carta tem, que expressa e que irradia!

A crença da Nação em seu Sistema
Jurídico se forma e sedimenta
Pelo respeito às Instituições
E aos Princípios que a Carta representa.
E reformá-la a cada evento novo
Ao gosto do Poder Executivo
É solapar a crença e a fé do Povo
No bom Regime Representativo!

Despedidas

É hora do sol poente,
Momento das despedidas,
Vamos, Senhor Presidente,
Retornar a nossas lidas.
A sua cátedra volta o Professor,
O Advogado a sua banca, o Promotor
Às lides funcionais, e o Julgador
Volta a julgar. Encerra-se o Congresso.
Até setembro estamos em recesso!

Mas não se encerra nosso compromisso
Perante a Vida, que ele é mais que isso!
Somos o sal da terra, a nossa grei,
Artesãos do Direito, homens da Lei!

Onde estivermos nós, aqui, lá fora,
Nas grandes capitais, nos longes burgos,
Continuamos a ser o sol, a aurora,
Da Lei, e do Direito, e da Justiça!
De nós se exige a eterna vigilância
Do Estado de Direito, e pouco importa
Se a prepotência nos arromba a porta,
Subvertendo o sistema com arrogância
E atropelando a Carta Cidadã.
Ergamos o *panache*, companheiros,
Que o Brasil somos nós, os Brasileiros,
E cabe a nós construí-lo! O Povo é o Rei!
E aos Mestres do Direito, aos pegureiros,
Compete a guarda do respeito à Lei!

As nossas graves crises sociais,
Cabe enfrentá-las, sim, com energia,
Mas respeitando as Leis Fundamentais,
Bases do Estado e da Cidadania!

Saudação final

Ao saudá-los, assim, meus Nobres Pares,
De coração eu ergo a voz e brado,
Pensando no Brasil de meus sonhares:

Construamos o País por nós sonhado,
Com o Direito e a Justiça em seus lugares!
Reverencio a todos! Obrigado!

INSTITUTO GERALDO ATALIBA – IDEPE

(Instituto Internacional de Direito Público e Empresarial)

Presidente: Aires Barreto

XIII CONGRESSO BRASILEIRO DE DIREITO TRIBUTÁRIO

27, 28 e 29 de Setembro de 1999

Promoção *Revista de Direito Tributário*

IBET - Instituto Brasileiro de Estudos Tributários

TEMÁRIO

– A NOVA ORDEM TRIBUTÁRIA
– DISCUSSÃO DOS NOVOS TRIBUTOS
– COMPETÊNCIAS CONCORRENTES
– NOVAS MODALIDADES DE COMPENSAÇÃO
– TRIBUTAÇÃO, ECOLOGIA E MEIO AMBIENTE
– PROCESSO ADMINISTRATIVO TRIBUTÁRIO
– PROCESSO JUDICIAL TRIBUTÁRIO
– TRIBUTAÇÃO DAS EMPRESAS PRIVATIZADAS
– IMPOSTO DE RENDA E SUAS MODIFICAÇÕES

XIII CONGRESSO BRASILEIRO DE DIREITO TRIBUTÁRIO
Presidente: PROF. PEDRO LUCIANO MARREY JÚNIOR

COMISSÃO CIENTÍFICA

Presidente: PAULO DE BARROS CARVALHO
Aires Barreto, Alcides Jorge Costa, Américo Lacombe, Anna Emília Cordelli Alves, Carlos Mário Velloso, Célio Batalha, Celso Antônio Bandeira de Mello, Eduardo Bottallo, Elizabeth Nazar Carrazza, Estevão Horvath, Eugênio Doin Vieira, Heron Arzua, José Artur Lima Gonçalves, José Carlos Dias, José Eduardo Soares de Melo, Lucia Valle Figueiredo, Luciano da Silva Amaro, Marçal Justen Filho, Marcelo Figueiredo, Maria Salete Camargo Nascimento, Misabel Derzi, Natanael Martins, Ormezindo Paiva, Osiris de Azevedo Lopes Filho, Paulo Frontini, Pedro Luciano Marrey Júnior, Regina Helena Costa, Roque Carrazza, Sacha Calmon, Sepúlveda Pertence, Sidney Saraiva Apocalypse, Tércio Sampaio Ferraz Júnior, Valdir de Oliveira Rocha, Wagner Balera, Yoshiaki Ichiara

COMISSÃO DE TRABALHOS

Presidente: MARIA LEONOR LEITE AEIRA
José Eduardo Soares de Melo, Paulo Ayres Barreto, Roberto Quiroga, Sidney Saraiva Apocalypse

COMISSÃO ORGANIZADORA

Presidente: EURICO MARCOS DINIZ DE SANTI
Alessandra G. Aires Reimberg, Antonia Aparecida Pereira, Antônio José da Costa, Cristiano Carvalho, Dejalma de Campos, Edgard Neves da Silva, Eliana B. Bertachini, Fugimi Yamashita, Gian Maria Tosetti, Heleno Taveira Tôrres, Luiz Alberto Bettiol, Malvina Corujo A. Lopes, Marcelo Fortes, Maria Leonor Leite Vieira, Maurílio Schmmitd, Octávio Bulcão, Osiris de Azevedo Lopes Neto, Paulo Ayres Barreto, Paulo Conrado, Pedro Lunardelli, Raquel Novaes, Rosoléa Folgosi, Wanderley Federighi

CONFERENCISTAS

Min. MARCO AURÉLIO MELLO – Brasília (STF)
Prof. JOSÉ SOUTO MAIOR BORGES – Recife
Prof. ALVARO RODRÍGUEZ BEREIJO – Espanha
Prof. RICARDO GUIBOURG – Argentina

COFINS – A LEI N. 9.718/98 E A EMENDA CONSTITUCIONAL N. 20/98

PAULO DE BARROS CARVALHO

Professor Titular de Direito Tributário da Pontifícia Universidade Católica de São Paulo-PUC/SP e da Universidade de São Paulo-USP – Advogado em São Paulo

1. A configuração jurídica do caso concreto, em termos de evolução legislativa. 2. A medida provisória como veículo introdutor de normas tributárias. 3. A Medida Provisória n. 1.724/98 e a Lei Ordinária em que foi convertida não tiveram fundamento de validade em norma constitucional. 4. A projeção das normas para o tempo futuro e as exceções que o ordenamento prevê – O chamado fenômeno da recepção. 5. A incompatibilidade vitanda da equiparação promovida pela Lei n. 9.718/98 com a sistemática em vigor na data de sua publicação. 6. Os caminhos que o sistema prevê para a invalidação de normas e o procedimento adequado do Poder Público em termos de instituir a tributação pretendida. 7. Conclusões.

1. A configuração jurídica do caso concreto, em termos de evolução legislativa

Sabe-se, que a Lei n. 9.718, de 27 de novembro de 1998, estendeu o conteúdo semântico da palavra *faturamento*, equiparando-a a receita bruta de pessoa jurídica, com o que inseriu as instituições financeiras no rol dos contribuintes da COFINS. E essa iniciativa, desencadeada pelo instrumento da medida provisória (Medida Provisória n. 1.724/98) e convertida naquele Diploma já referido, veio à luz sem autorização constitucional, uma vez que somente pela Emenda n. 20, de 16 de dezembro de 1998, a parificação entre faturamento e receita bruta das pessoas jurídicas teria sido permitida pelo Texto Supremo.

A COFINS foi instituída pela Lei Complementar n. 70/91, em atendimento ao que determina o art. 195, § 4º, da redação original da Carta de 1988. Dez anos depois, manipulando o instrumento precário da Medida Provisória n. 1.724/98, o Presidente da República resolveu alargar o campo de irradiação semântica do vocábulo *faturamento*, equiparando-o a receita bruta. O expediente do Chefe do Poder Executivo, por incrível que pareça, foi acolhido pelo Congresso, que o converteu na Lei Ordinária n. 9.718, de 27 de novembro de 1998.

Com o advento dessa modificação, a competência constitucional teria ficado ampliada, pois a aptidão para legislar, mediante lei complementar, sobre a COFINS, passaria a abranger outros itens de percussão, uma vez que "receita bruta" é expressão bem mais ampla do que o simples faturamento.

Não escaparia ao mais desatento observador da realidade jurídica brasileira que a alteração projetada pelo Executivo cumprira uma trajetória cômoda, rápida e eficiente, se levarmos em conta seus interesses imediatos: *conseguira a proeza de modificar a Constituição brasileira, com a expedição pura e simples de u'a medida provisória, cuja acolhida pelo Poder Legislativo, também concretizada em termos jurídicos inconseqüentes, fizera surgir a Lei n. 9.718/98.*

Fica, porém, a indagação: como é possível uma lei ordinária ser expedida sem respaldo em preceitos constitucionais? A única explicação razoável consistiria em admitir que a Medida Provisória já citada operou as devidas transformações na Lei Suprema, de tal sorte que a Lei Ordinária em que foi convertida a Medida Provisória já encontrou terreno propício para buscar o fundamento de validade indispensável à sua existência. Mais uma operação mágica obtida na química obscura dos jogos do poder!

Caso o assunto se esgotasse com essas providências canhestras, diria que foi mais um tropeço procedimental do Chefe do Executivo, aliado à irresponsabilidade jurídica de setores do Poder Legislativo. Acontece, todavia, que há disposição explícita no Código Tributário Nacional, mais precisamente no art. 110, assim redigida: "A lei tributária não pode alterar a definição, o conteúdo e o alcance de institutos, conceitos e formas de direito privado, utilizados expressa ou implicitamente, pela Constituição Federal, pelas Constituições dos Estados ou pelas Leis Orgânicas do Distrito Federal ou dos Municípios, para definir ou limitar competências tributárias".

A formulação transcrita, a bem do rigor, nem precisaria existir. É solarmente claro que uma Constituição rígida não poderia ser alterada por lei ordinária e, muito menos, por medida provisória. Quanto mais no campo temático das definições dos termos relativos ao alcance de institutos, conceitos e formas de direito privado, utilizados para a discriminação das competências tributárias. Mesmo assim, naquela dimensão que alguns chamam, impropriamente, de didática, do CTN, ficou esclarecida a impossibilidade cabal de expedientes dessa natureza.

Seria até curioso imaginar lei ordinária estabelecendo: *de agora em diante, as máquinas de escritório serão equiparadas a bens imóveis, para fins de IPTU*. A incidência do imposto, que por determinação constitucional alcança apenas os bens imóveis, passaria a atingir também *máquinas de escritório*!

Além do mais, torna-se evidente que a Medida Provisória nunca encontrou relação de subordinação com preceito constitucional específico, transferindo esse vício – insanável, diga-se de passagem –, à Lei n. 9.718/98, em que foi convertida.

Ingenuamente se supôs que a ulterior aprovação da Emenda Constitucional n. 20 pudesse convalidar esse desnexo existencial da Lei mencionada, que passaria a vigorar 90 (noventa) dias contados de 27 de novembro de 1998, nutrida, agora, com a devida carga de juridicidade de que até então esteve destituída. Ledo engano! O direito admite muitas agressões e, como não fala por si próprio, fica na expectativa de que seus aplicadores se insurjam, mostrando, indignados, as violências que contra ele se praticam. Mas é preciso dizer que em tempos de crise, como a que vivemos, crescem as situações de desmando: no domínio econômico, no terreno político, no plano social e, como não poderia deixar de ser, nos confins do direito. Quem não vê, no dia a dia da experiência jurídica concreta, desatinos como o de lei ordinária trazer ementa expressa no sentido de introduzir modificações no regime jurídico das imunidades, tema historicamente de âmbito constitucional? E, poucos dias depois, Instrução Normativa do Ministério da Fazenda, animada pela impunidade dessas transgressões, ela mesma, Instrução, declarar que vai ampliar, ainda mais, o quadro restritivo de imunidades consagradas?

Insere-se nesse clima de desrespeito às nossas mais lídimas tradições jurídico-constitucionais, nesse ambiente de inversão de expectativas, a manobra empregada para elastecer o núcleo significativo definidor da incidência da COFINS.

Vejamos, porém, mais de espaço, esse artefacto da incompetência, examinando certas passagens do conjunto de expedientes utilizados pelas autoridades constituídas, neste caso que faz aqui os meus cuidados.

2. A medida provisória como veículo introdutor de normas tributárias

Nunca é demasiado encarecer que a Constituição brasileira estabelece dois pressupostos para a edição de medidas provisórias: casos de urgência e de relevância (art. 62, da CF). A instituição de tributos novos ou a majoração dos existentes, sejam eles vinculados ou não à atuação do Estado, reivindica lei, e lei no sentido estrito. Trata-se de secular conquista dos povos civilizados, postulando discutir e votar, democraticamente, as exigências fiscais que a entidade tributante pretenda implantar ou aumentar. Acresça-se a anterioridade, para que os administrados não sejam colhidos de surpresa, podendo organizar-se tendo em vista as novas exações ou a majoração que lhes for juridicamente solicitada. Lembremo-nos, também, da irretroatividade, obstáculo que impede sejam alcançados pela tributação fatos já consumados em tempo que a lei nova não vigorava. São muitos, enfim, os mandamentos que tolhem o avanço do Poder Público na procura de recursos a serem recolhidos no patrimônio dos súditos do Estado.

Bem, tudo isso envolve a atividade tributária num complexo de providências, sem as quais os direitos e garantias individuais não podem ser respeitados, consoante os modelos axiológicos vigentes na atualidade.

No Brasil, esse feixe de iniciativas se acha devidamente configurado como princípios constitucionais: da estrita legalidade, da anterioridade, da irretroatividade, da igualdade, da uniformidade, isso para citar apenas alguns. Entretanto, aquilo que mais nos interessa, no momento, é ressaltar que a anterioridade é definida, quanto às contribuições, com o necessário atendimento da antecedência de 90 (noventa) dias, indicação suficiente para exibir sua incompatibilidade com a edição de medidas provisórias que, por natureza, haverão de entrar em vigor na data mesma de sua publicação. Aliás, se não tiver vigência imediata, não poderá desfrutar da qualidade de urgência, pois, que impreteribilidade será essa que pode esperar o fluir do tempo? A medida tem que ser urgente e urgência é o expediente que não pode aguardar os procedimentos de estilo. Paralelamente, as contribuições exigem anterioridade de 90 (noventa) dias, o que mostra, à carne viva, sua incompatibilidade com o instrumento "medida provisória".

Pondere-se, ainda, que a pretensão impositiva do Estado tem que ser discutida pelos representantes do povo, algo já consolidado nos países de cultura ocidental.

Ainda que o Poder Público, no Brasil, insista, reiteradamente, no emprego desse mecanismo de produção normativa para fins tributários, dado o conforto e a comodidade que propicia à Administração, tudo sob os olhares complacentes do Legislativo e, em parte, do próprio Judiciário, nunca sobeja proclamar a ofensa manifesta que isso representa a valores constitucionais que não estão escondidos, à sombra de preceitos obscuros e de acesso reservado apenas a poucos iniciados. Longe disso! A Constituição grita por eles, conclamando seus intérpretes por meio até de repetições pouco usuais em documentos fundantes. O princípio da legalidade é prescrito nada menos de três vezes, todas elas de maneira explícita e inconteste. Diga-se o mesmo da igualdade e da irretroatividade. O próprio cânone da anterioridade não podia figurar com redação mais clara e incisiva, de tal modo que ninguém, em sã consciência, ousaria negá-lo. Como é possível, então, tanta desobediência? Só posso debitar esses comportamentos tolerantes e compassivos à retórica que acompanha invariavelmente o discurso do jurista. Não a retórica no bom sentido, como organização incisiva da mensagem, movida pelos recursos da lógica dialógica, estruturada pelas formas que tradicionalmente se desenvolveram para persuadir e convencer o interlocutor, na busca daquilo que se tem por justo ou verdadeiro. Refiro-me à retórica das armadilhas lógicas, dos sofismas e das ciladas do pensamento, da arte de convencer simplesmente para submeter o ouvinte, sem qualquer preocupação com os valores da verdade, mas antes movida por interesses ideológicos ou políticos, que o direito procura neutralizar com prescrições objetivas.

No país dos nossos dias, todos se dizem democratas, envolvidos pelo princípio republicano, respeitadores da Federação e da autonomia dos Municípios. Ninguém contesta a igualdade, a anterioridade e a irretroatividade, não havendo quem deixe de invocar os direitos e garantias individuais, principalmente quando em defesa de seus interesses. Mas no plano empírico a prática jurídica se mostra displicente, pouco ou nada se importando com aquele corpo de diretrizes que, em termos teóricos, não se cansam de aclamar. Por essas e por outras, vemos que a instabilidade é do tecido social na sua inteireza, não apenas crise política e econômica, mas substancialmente crise de valores jurídicos, reconhecidos enquanto cânones constitucionais, mas que vão se degradando no trajeto que se dirige à regulação efetiva das condutas intersubjetivas.

Comecemos por aqui: medida provisória já não seria o veículo próprio para tocar em assunto tão delicado.

3. A Medida Provisória n. 1.724/98 e a Lei Ordinária em que foi convertida não tiveram fundamento de validade em norma constitucional

Admitindo, para argumentar, que a matéria pudesse ser objeto de medida provisória, toparemos com um problema grave, para não dizer intransponível: norma jurídica não pode ser editada sem fundamento de validade. Que preceptivo constitucional autorizaria a produção dessa regra? Absolutamente, nenhum. E a demonstração *ad rem* de que isso é verdade está na subseqüente aprovação da Emenda Constitucional n. 20, permitindo que de lá avante, isto é, de 16 de dezembro para frente, faturamento pudesse ser equiparado a receita bruta. E quanto se disser para a Medida Provisória aplica-se, na mesma proporção, para a Lei extraída por conversão.

A análise empírica é pronta e imediata. Não vejo modo de ignorá-la.

Por certo que a declaração de invalidade daquele Diploma, com a subseqüente expulsão da ordem jurídica vigente, teria de ser colhida após o percurso dos trâmites que o direito estatui, obtendo-se a manifestação oficial dos órgãos judiciários competentes. *Ou reconhecida, expressamente, pelo advento de Emenda à Constituição que dispusesse para o futuro, sem qualquer menção explícita recepcionando a indigitada Lei Ordinária.*

Há um argumento, contudo, que pode iludir nossa atenção, desviando-a, temporariamente, para outro tipo de exegese. Trata-se da proposição afirmativa segundo a qual a Lei n. 9.718, de 27 de novembro de 1998, teria sido legitimada pelos dispositivos da Emenda n. 20, de 16 de dezembro do mesmo ano, a quem se atribui a virtude de cobrir aquele período de anomia constitucional para suportar a Lei carente de juridicidade, em face da ausência de apropriada subordinação hierárquica. O raciocínio é atraente, aparecendo como recurso retórico para a entidade tributante. Creio, entretanto, que seu valor argumentativo ficará enfraquecido, sensivelmente, com algumas considerações jurídico-científicas que passarei a deduzir.

4. A projeção das normas para o tempo futuro e as exceções que o ordenamento prevê – O chamado fenômeno da recepção

As normas jurídicas existem para regrar as condutas em interferência intersubjetiva, implantando valores e procurando canalizar os comportamentos em direção aos fins que a sociedade histórica pretende ver realizados. Nesse ideal de vida comunitária, a estabilidade das instituições é pressuposto inarredável, pois sem ela não há como pensar em paz social.

Muito bem. Instaurada a ordem jurídica, com a aprovação da Lei Constitucional, seja qual for o meio adotado para fundá-la, o direito passa a regular as condutas interpessoais que se verificarem *a partir da data da publicação dos textos normativos*, marco decisivo para o conhecimento que os destinatários precisam ter, levando em conta os direitos e obrigações estipulados. Esta é a regra geral. O agir entre pessoas, todavia, postula outros cuidados que abrem espaço a exceções, como, por exemplo, a que se dá com as normas interpretativas, com as prescrições que estabelecem penalidades mais brandas e outras circunstâncias em que o legislador, atento aos anseios de justiça e equilíbrio na relação entre os vários atores do complexo social, se vê na contingência de adotar. Nos domínios do direito penal, do direito tributário e daqueles em que os direitos e garantias individuais possam ser ameaçados de modo mais agudo, a consagração do princípio receptor há de ser exarada em fortes e incisivas manifestações expressas, já que o respeito ao direito adquirido, à coisa julgada e ao ato jurídico perfeito é limite fundamental para todas as cadeias normativas da ordenação brasileira.

Nessa linha de raciocínio inscreve-se o chamado *princípio da recepção*, perante o qual, por explícita e inequívoca determinação da Carta Básica, as normas tributárias do direito anterior, não incompatíveis com as disposições do novo Diploma Fundante, serão por ele recebidas, integrando, desse modo, o ordenamento jurídico recém instalado. Mas é curioso verificar que a recepção, em certas áreas, tem que ser expressa, exatamente porque se trata de procedimento restritivo, em face de seu caráter excepcional. *Não há nem pode haver recepção implícita* onde estiver em jogo direitos fundamentais, porque a projeção futura da aplicabilidade das normas é diretriz que só admite quebra mediante deliberações claras e manifestas estatuídas pelo legislador maior.

Ora, em decorrência de quanto foi dito, ressalta, à mais clara evidência, que seria um despropósito conceber que, tendo entrado em vigor a Lei Suprema, ficasse o legislador infraconstitucional premido a reproduzir, item por item, os dispositivos tributários até então vigentes. Impõe-se o primado da recepção em homenagem à racionalidade do sistema, ao princípio da economia do trabalho na função legislativa e à própria segurança das relações jurídicas, visto que o interminável labor de reprodução prescritiva abriria intervalo dentro do qual, por certo, vicejaria o caos.

Mesmo assim, e como corolário daquela racionalidade que foi invocada, o comando autorizativo da recepção, em matéria tributária, advirá de forma expressa. Eis a fórmula adotada pelo constituinte brasileiro e inscrita no art. 34, § 5º, do Ato das Disposições Constitucionais Transitórias: "Vigente o novo sistema tributário nacional, fica assegurada a aplicação da legislação anterior, no que não seja incompatível com ele e com a legislação referida nos §§ 3º e 4º".

Verdade é que essa manifestação se torna imprescindível, na sua expressividade, quando há, repito, direitos e garantias individuais que possam ser ameaçados pelas alterações que o novo sistema institui. Quando não, pode admitir-se a *recepção implícita*.

5. A incompatibilidade vitanda da equiparação promovida pela Lei n. 9.718/98 com a sistemática em vigor na data de sua publicação

Houve uma série de impropriedades na parificação semântica pretendida pelo Poder Público federal, ao expedir a Medida Provisória que, por outro tropeço, se converteu na Lei n. 9.718/98. Como já frisei, linhas acima, não se poderia cogitar de lei ordinária para fins de redefinir conceitos e formas de direito privado, utilizados pela Constituição na outorga de competências tributárias. E, muito menos, iniciar esse esdrúxulo procedimento pela via sempre temerária de Medida Provisória. O resultado apareceu de maneira insofismável: criou-se perplexidade tal que as autoridades constituídas passaram a conceber a edição de emenda constitucional, como paliativo que pudesse sanar tão vicioso procedimento. Em menos de um mês, lá estava a Emenda à Constituição n. 20, proclamando a mudança da letra "b", do art. 195: "a receita ou o faturamento".

De ver está que ninguém contesta o expediente disjuntivo posto pela Emenda, *mas para o futuro*, vale dizer, a contar do dia de sua publicação – 16 de dezembro de 1998. Nunca para retroceder, atingindo situações pretéritas, *pois se o quisesse teria feito o próprio legislador da Emenda, referindo-se, até, especificamente à Lei n. 9.718/98*. Significa que a alteração constitucional não acolheu o teor do mencionado Estatuto, porque, para fazê-lo, *a recepção teria de ser expressa e inequívoca*, o que macularia o conteúdo do art. 195, § 4º, da própria Constituição, sobre passar por cima do art. 110, do Código Tributário Nacional.

O advento da Emenda, aliás, não só deixou de dar abrigo à Lei de que falamos, como declarou patente sua incompatibilidade com o sistema anterior, pondo à calvo a erronia procedimental da trajetória eleita, e permitindo que se alcançassem as matérias tributárias a que alude, mas por obra de novo diploma a ser produzido depois dela, Emenda, para encontrar fundamento de validade nos termos da modificação estabelecida. *Se dúvidas houvesse sobre a carga de injuridicidade que contamina os preceitos da Lei convertida, a publicação da Emenda veio a dissipar*.

O direito, qualificado por dinamismos de autocomposição, produz suas próprias realidades, que, vezes sem conta, se mostram em descompasso com as soluções que o senso comum aponta. Não cabe discutir, portanto, o absurdo de equiparar-se *faturamento* a *receita bruta*, modo grosseiro de aumentar o campo de incidência e o universo de contribuintes da COFINS. Aquilo que deve ser sublinhado, e com tintas fortes, é que sempre houve o obstáculo procedimental da existência, entre nós, de uma Constituição rígida e que se quer respeitada no seu modo particularíssimo de ser. Esse mesmo Texto Supremo não comportaria tais anseios equiparativos, até vir a ser modificado, como o foi pela Emenda n. 20/98.

Em nada prejudica, porém, falarmos um pouco dos conceitos parificados, mesmo porque estão eles no cerne da discussão instalada entre Administração e administrados.

Penso que ao tratar desse tema deva ser dito que *faturamento* representa o ingresso bruto de recursos externos, provenientes de operações de venda a prazo ou a vista, de mercadorias, produtos ou serviços, tanto no mercado interno como no exterior. *Faturamento* é a soma das faturas referentes a determinado período e fatura, o documento representativo da venda já consumada ou concluída. Nesse sentido, os saudosos Geraldo Ataliba e Cleber Giardino afirmaram: "a praxe consagrou a adoção da expressão 'faturamento' para indicar a soma de diversas faturas, por critério de cliente ou prazo, ou tipo de mercadorias vendidas etc. Assim, é comum dizer-se 'o nosso faturamento para o cliente X é de 1.000 por mês'. 'Tal firma faturou muito, no ano passado'" (*RDT* 35).

Já *receita bruta*, além de abranger o faturamento, incorpora todas as outras receitas não operacionais da pessoa jurídica, tais como aluguéis, juros, correções monetárias, *royalties*, dividendos etc.

Na plataforma das significações correntes, não se pode ampliar o conceito de faturamento a ponto de abarcar outras receitas que não as provenientes da soma dos valores das faturas emitidas em lapso temporal determinado. As idéias de fatura e de faturamento estão definidas, de há muito, no Direito Comercial e pertencem, tradicionalmente, ao patrimônio do vocabulário técnico-jurídico brasileiro.

A distinção, convém repisar, é feita apenas como registro, pois a lei dispõe como bem lhe aprouver e a ênfase que pretendo dar não repousa no plano semântico, mas no campo estritamente jurídico-constitucional, em que o Presidente da República e o Congresso, em flagrante desrespeito à hierarquia, *axioma existencial do direito*, solaparam a ordem jurídica, desrespeitando a Constituição.

6. Os caminhos que o sistema prevê para a invalidação de normas e o procedimento adequado do Poder Público em termos de instituir a tributação pretendida

Tive a oportunidade de lembrar que o ordenamento brasileiro estabelece meios diferentes para declarar inválida u'a norma do sistema: um deles é a revogação expressa; outro, a revogação tácita, pelo aparecimento de preceito em sentido diverso; outro ainda é a subtração de seu fundamento de validade, com a ruptura do vínculo de subordinação que a suportava na hierarquia vigente. Essas são fórmulas legislativas; mas o Executivo e o Judiciário poderão fazê-lo, nos casos que o direito positivo prescreve.

Não tivesse havido a Emenda n. 20, pondo a manifesto a incompatibilidade da discutida Lei com o sistema por ela alterado, e a falta de juridicidade desse último Estatuto teria de ser declarada pelo Poder Judiciário, consoante as regras do *due process of law*.

Com a disjunção permitida agora pelo Texto Supremo, o sistema passou a proclamar, aos quatro ventos, a inexistência anterior da possibilidade competencial por ele inaugurada, tirando o véu que recobria a quebra hierárquica representada pela edição da Lei n. 9.718/98, o que significa seu desaparecimento do regime ora em vigor, por força do tratamento específico que acabou de surgir. Fica difícil entrever como se possa negar à União, *de agora em diante*, o direito de tributar a receita das instituições financeiras, ao mesmo tempo em que se torna importante afirmar que a iniciativa haverá de ser por meio de lei complementar, com fundamento de validade no que dispõe o art. 195, § 4º, combinado com o inciso I, letra "b", do mesmo preceptivo, na forma precisa em que a Constituição brasileira, devidamente emendada, passou a admitir.

Deflagrado o processo legislativo, com a aprovação de lei complementar e com o necessário intervalo de tempo que responde ao princípio da anterioridade em matéria de contribuições, fixado em 90 (noventa) dias, todos terão de acatar a percussão jurídica da COFINS, com impacto na receita de instituições financeiras, ainda que se não concorde com a exação por motivos econômicos, sociais ou de política tributária. Irradiada a cadeia de procedimentos, assim prescrita, iniciar-se-á a fenomenologia da incidência e a entidade tributante poderá exercer seu direito subjetivo à cobrança, livre da coima de inconstitucionalidade que, por enquanto, a vicia.

7. Conclusões

O direito é um conjunto de expectativas generalizadoras, institucionalizadas, voltado para garantir a possibilidade de determinação de seus objetivos que estão centrados na disciplina das condutas entre os vários sujeitos do ambiente social. Persegue fins inequívocos que se consubstanciam no sobrevalor Justiça, para ela operando a segurança das relações jurídicas, a igualdade e muitas outras estimativas. Estrutura-se mediante escalões ordenados verticalmente, o que significa dizer que a hierarquia é sua quintessência. Para tanto, prescreve normas que fixam critérios de subordinação, mediante linhas descendentes, todas elas fincadas na Carta Constitucional.

Ora, se o objeto de nosso exame é o direito positivo brasileiro, singela verificação dos dispositivos constitucionais aponta para a lei complementar como diploma que desfruta de supremacia hierárquica, não só em relação à lei ordinária como às demais leis do sistema. Tal superioridade se manifesta sob o aspeto formal (art. 59, parágrafo único, da CF) e também pelo prisma de conteúdo.

Sendo assim, se a COFINS foi instituída por Lei Complementar, em atinência, aliás, ao que determina a Constituição brasileira, não poderia ser modificada por estatuto de menor hierarquia, subvertendo os vínculos formais e substanciais que o sistema consagra.

Acompanhando idêntico raciocínio, admitir que nossa Lei Fundante seja da categoria das rígidas e, ao mesmo tempo, conceber que possa ser alterada por instrumentos introdutores de normas de nível infraconstitucional, representa insustentável contra-sentido, pois o conceito de rigidez reside, exatamente, no estabelecimento de mecanismos especialíssimos de iniciativa, discussão e votação das eventuais modificações que a Constituição possa vir a experimentar. Lei Básica que assim dispusesse não poderia estar incluída no quadro das constituições rígidas, realizando, por inteiro, o perfil das "flexíveis".

Se houver sentido nessas palavras, lei ordinária jamais poderá influir nas definições de conceitos e formas de direito privado utilizadas pela Carta Máxima para definir ou limitar competências. Permiti-lo, seria entregar ao legislador infraconstitucional a prerrogativa de moldar, a seu inteiro talante, não só a amplitude dos setores abrangidos pela tributação, como, até, se levarmos ao excesso, suprimir legítimas autorizações com que foram contempladas as pessoas políticas de direito interno.

Eis uma diretriz que repousa na implicitude da Lei Suprema vigente no Brasil, mas que o Código Tributário Nacional, argutamente, tornou mandamento expresso, com a redação do seu art. 110, citado páginas atrás.

A própria experiência jurídico-constitucional, que vimos acumulando, sempre foi refratária a esse procedimento incoerente, prestigiando a hierarquia do nosso sistema, o que significa enaltecer a supremacia da Constituição.

Em relação à edição da Emenda Constitucional n. 20, de 16 de dezembro de 1998, estou convicto de que esta não tem o condão de outorgar validade à Lei n. 9.718, de 27 de novembro de 1998, legitimando a cobrança da COFINS com relação aos novos integrantes do rol de contribuintes.

A Emenda adventícia nada dispôs com relação ao passado, em particular à existência da Lei n. 9.718, de 27 de novembro de 1998. E para que houvesse recepção essa referência seria imprescindível. Quando o assunto envolve direitos e garantias individuais, como nos domínios da imposição tributária, em que os direitos de propriedade e de liberdade são valores que se acham em constante ameaça, a recepção tem de ser expressa e inequívoca, não comportando a menor dúvida. Se as autoridades constituídas, impulsionadas pela pressa da arrecadação futura, esqueceram desse pormenor, de maiúscula importância para a integridade do sistema, atropelaram expediente incontornável, comprometendo, visceralmente, suas pretensões de implantar a modificação.

Faço questão de repetir que, em certos territórios da regulamentação jurídica, a recepção expressa se impõe de maneira absoluta, ficando como exemplo o art. 34, § 5º, do Ato das Disposições Constitucionais Transitórias (Constituição de 1988).

A Lei n. 9.718/98 era incompatível com o sistema anterior, por ausência de fundamento de validade constitucional. Não lhe sendo sanado essa falha de essência, como admiti-la no silêncio e na implicitude da Emenda n. 20/98? Daí a categórica negativa da pergunta formulada.

Infere-se, pois, que o procedimento correto para a instituição do tributo, tendo em vista a sistemática impositiva brasileira e os princípios gerais do direito, seria por meio de Lei Complementar. Isto é, a única trajetória compatível com a Constituição brasileira, concretizada a Emenda nos termos em que publicada, consistiria em editar lei complementar, segundo as prescrições do art. 195, § 4º, combinado com o inciso I, alínea "b". No corpo da mencionada lei complementar ficaria consignada a equiparação entre *faturamento* e *receita*, para efeito da COFINS, com o que se legitimariam as cobranças promovidas a partir de noventa dias após a publicação daquele novel Estatuto.

O exercício de direitos subjetivos com base na Lei n. 9.718/98 está totalmente comprometido por tudo quanto foi dito a respeito da falta de juridicidade que inquinou esse Diploma, desde a publicação da Medida Provisória n. 1.724/98, até sua conversão. E, como os vícios são insanáveis juridicamente, não vislumbro outros expedientes que tenham o condão de reabilitar a pretensão do erário.

PROCEDIMENTO ADMINISTRATIVO TRIBUTÁRIO

AIRES F. BARRETO

Professor Universitário e Presidente do Instituto Internacional Geraldo Ataliba
de Direito Público e Empresarial – IDEPE

1. Diretrizes. 2. Princípio da legalidade objetiva. 3. Princípio da oficialidade. 4. Princípio do devido processo legal. 5. Princípio da lealdade.

1. Diretrizes

As grandes diretrizes balizadoras do procedimento administrativo tributário são de duas ordens, como ressalta Paulo de Barros Carvalho com apoio em Hector Villegas ("Processo Administrativo Tributário", *RDT* 9/10, pp. 276 e seguintes):

a) os princípios intrínsecos, que pouco diferem das formulações do processo penal (caráter oficial, instrutório, impulsão de ofício e, especialmente, a busca da verdade material);

b) os relativos a garantir a participação das pessoas na marcha do procedimento (defesa com ampla possibilidade de prova, contraditório, informalismo em favor do administrado e imparcialidade).

2. Princípio da legalidade objetiva

"Administrar", na magistral síntese de Seabra Fagundes, "é aplicar a lei de ofício". Compete, assim, à administração a incessante busca da realização dos comandos jurídicos, com vistas à preservação do império da legalidade e da justiça.

Nessa exata medida – observa Paulo de Barros Carvalho – "a legalidade que deve presidir a celebração e anexação dos atos, no quadro procedimental, não vem em favor ou detrimento de qualquer das partes, antes pressupõe o objetivo cardeal de efetivar os comandos legais, nos seus precisos e estritos termos" (ob. cit., pp. 282-283).

O caráter instrutório do procedimento, e a circunstância de poder a autoridade administrativa proceder de ofício, decorrem desse primado, como salienta A. Gordillo (*Procedimiento y Recursos Administrativos*, Macchi, Buenos Aires, 2ª ed., pp. 53 e 54). Igualmente, a prevalência do princípio da verdade material, em confronto com a verdade formal. É ainda o princípio da legalidade objetiva que dá respaldo ao do informalismo em favor do contribuinte, e que compele a administração a prosseguir na busca da legitimidade do ato administrativo, mesmo nas hipóteses de desistência do impugnante, ou de seu falecimento.

3. Princípio da oficialidade

Impõe esse princípio que o poder público zele pelo curso regular do procedimento, afastando todas as hipóteses de truncamento que, de uma ou de outra forma, possam frustrar o controle da legalidade dos atos praticados. Dele resulta, ainda, que a produção de provas cabe tanto ao fisco como ao contribuinte, na forma disposta em lei.

Difere do procedimento judicial, no qual prevalece a verdade formal. Dela não se cogita, em face do procedimento administrativo; neste o primado é o da verdade material, isto é, a meticulosa investigação dos fatos, relegando-se a plano secundário formalidades processuais. É o caso, por exemplo, da ausência de alegação ou de provas, em relação a fatos conhecidos da administração, a interpretações aplicadas em casos outros, que não o do recorrente, ou, ainda, em relação a provas que sejam de conhecimento público.

A prevalência da verdade material sobre a formal é tão inequívoca que ensejou A. Gordillo a, enfaticamente, afirmar: "Si la decisión administrativa no se ajusta a los hechos materialmente verdaderos, su acto estará viciado por esa sola circunstancia" (*Tratado de Derecho Administrativo*, Macchi-Lopes, Buenos Aires, XVII, 21/22).

4. Princípio do devido processo legal

Consiste o princípio do "devido processo legal" em instrumento de preservação de direitos e de asseguramento das garantias constitucionais veiculadas no inciso LIV, do art. 5º, da Constituição, de molde a tornar concreta a busca da verdade material. Em resumo, garante ampla liberdade às partes para demonstrar a juridicidade e mesmo a justiça buscada em suas pretensões. Todo e qualquer administrado que tenha ameaçado o seu patrimônio, ou a sua liberdade, em razão de imposições tributárias, encontra amparo no princípio invocado. Ledo engano será o de interpretar literalmente esse preceito da Constituição, circunscrevendo indevidamente o seu alcance; tal exegese terá deixado de parte imposições constitucionais outras que se conjugam com o mandamento mencionado, visando à manutenção do Estado de Direito, cuja característica fundamental é a da estrita sujeição aos ditames legais (dentre outros, os inscritos nos incisos XXII, XXIII, XXXIII, XXXIV, XXXV, XXXVI, XL, LV, LVI e LVII do mesmo art. 5º).

O *due process of law* enfeixa todo um conjunto de direitos que podem ser desdobrados, com ênfase especial para o direito a ser ouvido e o de oferecer e produzir prova adequada à defesa de suas pretensões. Esses dois direitos, por sua vez, comportam novos desdobramentos. Relativamente ao primeiro, abrange às seguintes garantias:

a) ter vistas do processo, o que não pode ser negado sob nenhum pretexto;

b) poder expressar as suas razões, seja em momentos que antecedam a celebração do ato administrativo, seja nos subseqüentes à sua expedição e à sua publicidade;

c) obter manifestação expressa da autoridade administrativa em relação a todos os argumentos ou questões propostas, salvo as não pertinentes à lide;

d) fazer-se representar por profissional especializado, quando faltem ao contribuinte condições técnicas para bem defender-se.

O direito de ser ouvido acarreta, ainda, para a administração, o dever de decidir, explicitamente, requerimentos, reclamações, impugnações ou recursos – e sempre de modo fundamentado –, analisando todos os pontos suscitados pelo sujeito passivo, com ressalva, como dito, dos não pertinentes à lide. O direito a oferecer e produzir a prova adequada à defesa das suas pretensões, envolve, por sua vez, o direito a produzir qualquer prova, ou o de propô-la, quando os dados, informações ou elementos sejam de conhecimento ou de responsabilidade da administração, como é o caso de certidões, atestados, plantas, mapas, pareceres em casos análogos, e assim por diante. Inclui, também, o direito a produzir prova antes que a administração adote posição, em caráter definitivo, sobre a controvérsia, envolvendo garantias de participação na produção da prova feita pelo poder público, qualquer que seja a sua natureza ou espécie.

5. Princípio da lealdade

Dentre os princípios norteadores do procedimento administrativo sobreleva o da "lealdade das partes".

São unânimes os processualistas em colocá-lo como uma das vigas mestras de todo o sistema processual. Impõe (o princípio da lealdade) a observação de regras éticas, mediante atuação sem ardis ou astúcias, empregando, enfim, "jogo limpo".

"Leal" é o que procede com probidade, conforme à moral e à justiça. Ser leal, em outras palavras, é agir sem o emprego de embustes; é atuar francamente, sem desonestidades ou hipocrisias. Por isso, também se lhe atribui a acepção de "sinceridade", de quem age com sinceridade, incluindo o "não omitir". É inconcebível possa uma das partes agir deslealmente, com isso soterrando a essência do próprio objeto perseguido: a busca da verdade material. Inviável atingir a verdade material se uma ou ambas as partes não observarem esse elemento fundamental.

Impõe-se, assim, manifesta observância ao princípio, sob pena de atingir-se qualquer resultado – com a sua afronta –, menos o da verdade material.

Ganha foros de relevo essa questão, quando uma das partes é também juiz. Se a parte que também julga escamoteia, resiste, esconde, suprime, omite, torna inviável à outra parte o esgrimir dentro das mesmas regras. Descumprido o princípio, a prevalência do direito posto e a equânime distribuição de justiça, revelam-se impossíveis. Equivale, singelamente, a lutar contra feras bravias, inteiramente desarmado.

Isso fica evidente na relação que se estabelece entre Estado e contribuinte, por força da tributação.

Comportam exame, no entanto, as posições que ocupam, os mesmos Estado e contribuinte, diante do ato de lançamento que objetiva a constituição do crédito tributário.

Submetendo-se ao poder inquisitório da administração, nas diligências que efetue – a par de ser titular de deveres e direitos subjetivos, que visam à sua defesa na regularidade da investigação da verdade material –, o contribuinte é, inquestionavelmente, não apenas parte em sentido material, mas também em sentido formal.

No pertinente à atuação da administração, a questão é, sem dúvida, mais complexa. Isto porque posicioná-la exige, preliminarmente, se responda da legitimidade da utilização do termo "parte" em relação a um sujeito (ativo) que não pode buscar senão a objetiva aplicação do direito.

Emerge, destarte, um aparente conflito. De um lado, persegue a administração um interesse, que a doutrina costuma designar de *secundário* (Celso Antônio Bandeira de Mello) cuja essência é a constituição de um crédito tributário; de outro, impõe-se-lhe o atingir o chamado interesse *primário*, isto é, a incessante busca da justiça, que lhe compete enquanto órgão de aplicação do direito. E é justa, no dizer de Baleeiro, se o aplicador se restringe às partes normativas; injusta, se delas se afasta.

A própria precisão terminológica, no caso, está a indicar a necessidade de prevalência do interesse primário, consubstanciado em busca substancial – a justiça, sobre o interesse formal ou financeiro.

A conseqüência dessa posição, em vias de pacificação na doutrina, é a de acarretar, para a administração, o dever de abster-se da prática de ato de lançamento sempre que subsistam dúvidas acerca do objeto do processo.

Assim, em que pese ser a administração fiscal parte na relação jurídica tributária, não se lhe pode retirar a missão sobranceira de órgão de justiça, isto é, de "parte" imparcial.

Nesse sentido, sequer pode ser vista a atuação da administração como a defesa de interesses contrapostos ao do particular, porque, com o ato de lançamento, busca a aplicação objetiva da lei, a descoberta da verdade material, mesmo nos casos em que encontrá-la importe contrariar o interesse formal do Estado.

Em síntese, a administração fiscal é, a um só tempo, parte e órgão de aplicação do direito, incumbindo-lhe, primacialmente, o fundamental dever de investigação e descoberta da verdade material. Só serão válidos, pois, os atos que venha a praticar com observância desse princípio e diretriz fundamental. E o norte a prosseguir é o da integral adequação do ato administrativo ao sentido objetivo da lei.

Quando daí se afasta a administração, nula é sua obra, eis que nega, assim, as mais fundamentais e elementares exigências impostas pela ordem jurídica vigente.

PARA A FUNDAÇÃO DE UMA TEORIA HETERODOXA DO PROCESSO TRIBUTÁRIO

José Souto Maior Borges
Professor da Faculdade de Direito da Universidade Federal de Pernambuco

I – Prolegômenos ao estudo do processo tributário

1.1 Em seu pequeno grande livro, *Nouvel Art de Penser*, Jean Guitton fornece um receituário da arte de pensar: *a*) uma das receitas consiste em supor que o impossível existe e a outra *b*) em admitir que as coisas poderiam ser ao contrário do que elas realmente são (pp. 131 e ss.). E, num elogio implícito à audácia do estudioso como uma virtude intelectual, ele nos brinda com o seguinte conselho: "Não receie pensar no estranho, no contraditório, no absurdo".

1.2 Acrescento, pela sua pertinência ao tema e aplicabilidade ao objeto deste ensaio, que os juristas especializados costumam estudar o processo tributário, administrativo ou judicial, como um direito adjetivo, um instrumento de atuação do direito material. Essa caracterização decorre de contraposição dualista: direito material, direito processual. O pensamento jurídico tradicional ama os dualismos: direito público/direito privado, direito objetivo/direito subjetivo, direito internacional/direito interno, natureza/cultura, natureza/sociedade, ser/dever-ser, etc. Assim sendo, quando se pensa o processo tributário, à luz dessas mesmas categorias e nessa mesma direção, os resultados obtidos são sempre os mesmos, com ligeiras e epidérmicas variações. Quem pensa no mesmo sentido da doutrina preestabelecida, apenas consegue as mesmas conclusões.

1.3 Na vida do espírito, a imprudência é um método – preconizava Bachelard. Donde, uma regra de ouro do pensamento jurídico que se pretenda não repetitivo, mas inovador: ousar pensar em sentido contrário. O que pode resultar em erro, contradição, frustração de expectativas, mas, sempre, será uma tentativa epistemologicamente válida de superar o preestabelecido, seus conceitos e, sobretudo, os preconceitos teóricos. Mas a doutrina do direito tributário, não consegue evadir-se do entrechoque das simples opiniões e, aí, se insinua a tendência no conservadorismo teórico, o "encastelamento doutrinário em torno dos estudos jurídicos sobre o tributo", como certa feita o nomeei; tendência que se manifesta, também, no campo da dogmática do direito processual tributário.

1.4 Como os caminhos até agora doutrinariamente trilhados pela doutrina do direito processual em geral e, portanto, os do direito processual tributário, resultaram na aceitação acrítica dos dualismos e, em conseqüência, na caracterização do processo tributário como instrumento de atuação do direito tributário material, segue-se que só uma outra via poderá resultar em progresso nos estudos jurídicos respectivos. Assim, impõe-se pensar em sentido radicalmente contrário: o processo tributário nada tem de instrumental do direito tributário material e mais: é desejável superar essa contraposição dualista em prol de uma nova e superior unidade conceitual. Se uma alternativa teórica consegue, isoladamente, descrever e explicar o que outras teorias rivais, individualmente, não conseguem, seu conteúdo-de-verdade será necessariamente (necessidade lógica e epistemológica, entenda-se) mais abrangente.

1.5 Procuraremos manter, ao longo deste estudo, coerência com essas premissas. Mas o seu resultado é como que um balanço provisório do estado atual das nossas meditações sobre o tema. Não consegue, nem pretende, ocultar o seu estado de inacabamento. A verdade que ele busca está, apenas, em trânsito – não no seu ponto terminal.

II – A contraposição dualista moderna entre direito tributário material e processual

2.1 Esse outro caminho, heterodoxo, para a doutrina do direito processual tributário possibilitará à teoria contrapor-se à ortodoxia das construções imperantes, ou seja, à contraposição entre direito material e direito processual e conseqüentemente superar a concepção do processo como direito instrumental, adjetivo, posto a serviço do direito material. Poderão ser obtidas por essa outra via, a partir das fundações do processo tributário, dos princípios constitucionais fundamentais que o informam, relevantes conclusões – insuspeitadas até agora. Não é possível sequer antecipá-las.

2.2 O dualismo ora criticado volta as costas para o pensamento antigo de que não podemos prescindir sem um ato de infidelidade às nossas origens: nada de novo sob o sol.

Para Aristóteles, o homem é, por natureza, um animal social. Aí não se contrapõe o dualismo natureza/sociedade, que é, antes, reconduzido à unidade, a uma superior unificação. Luminosa concepção, tanto mais grandiosa quanto mais se considere que ela vigora imperante há milênios, e está na origem do pensamento ocidental. Esse dualismo, só na aparência inócuo, possibilita o progressivo distanciamento, até a ruptura, praticamente total, entre o direito e a justiça. Na origem, direito e justiça eram termos co-implicados. E, assim sendo, o processo era posto a serviço da justiça. Qualquer outra finalidade lhe era estranha.

2.3 Na alvorada romana do pensamento jurídico ocidental, a contraposição direito material/direito processual não se verificava: o direito "material", como ensina Carnelutti, estava quase totalmente envolto no direito processual. A visão moderna do processo como instrumento do direito material tem raízes históricas identificáveis: ela se interpõe quando a figura do juiz perde, em prol do legislador, o primado na cena do Direito, na sua evolução mais tardia. É, pois, um fenômeno ligado ao desprestígio da arte judicial (*Arte del Derecho*, p. 69). E, reflexamente, da própria dialética, onde a atividade judicial se manifesta – acrescento.

2.4 A moderna ciência do processo agasalha porém a distinção tardia entre direito material e direito formal. Um corifeu dessa corrente é Schönke (*Derecho Procesal Civil*, p. 14): "No processo civil, discute-se e resolve-se acerca de um conflito de direito civil. Os preceitos que regulam o procedimento são chamados direito formal, opondo-se-lhes, como direito material, todos os que afetam o conteúdo substantivo da decisão".

2.5 Hoje, o direito judicial é predominantemente enfocado como processo, em seus desdobramentos por regiões normativas autônomas: assim, processo constitucional, civil, penal, trabalhista, tributário e, mais amplamente, processo administrativo e judicial. Mas a palavra "processo" (do latim *processu(m), processus*) invoca, apenas, uma sucessão intinerária de atos – os denominados atos processuais – seqüenciados, porque se seguem, uns aos outros, na ordem temporal. Proceder é, nesse sentido, agir, atuar, obrar. Mas proceder é também submeter-se a normas processuais. A visão tecnológica do processo – aspecto particular da visão tecnológica do Direito – coloca o processo a serviço do direito material. Uma técnica de concretização do "direito objetivo".

2.6 A distinção entre processo administrativo e judicial nada esclarece, quer sobre a precedência, quer sobre a proveniência histórica de um ou do outro. É estilo de pensar em dualidade. Logo, a questão decisiva da origem – decisiva porque condiciona o desdobramento histórico-evolutivo – lhe é indiferente, e, mesmo, irrelevante. Ela nada acrescenta à riqueza semântica inexcedível do vocábulo "juízo" (*judicium*), o dizer o Direito, porque o Direito é coisa que o juiz declara.

2.7 Judicium (jus dicere) é coisa que no processo, seja judicial ou administrativo, tributário ou extratributário, se diz. A distinção entre instância julgadora administrativa ou judicial decorre de simples divisão de um mesmo ofício – o de dizer o Direito. Matéria de competência administrativa ou judicial.

Também a decisão da administração tributária – monocrática ou colegiada – *jus dicit*, declara o Direito numa relação contenciosa. Desse modo atua o processo administrativo tributário.

III – Sobre o direito processual judicial

3.1 A utilização da expressão "direito judicial" não decorre, neste estudo, de motivos de ordem estética, ligados à beleza do estilo, nem mesmo à precisão de linguagem. Ela tem embasamento muito mais relevante. Está no fundo dos fundamentos, no princípio-do-princípio da ciência jurídica.

3.2 Juízo (*judicium*) é palavra-chave, vocábulo venerável, desde a sua origem longínqua na ciência do direito. *Judicium* tem a mesma raiz etimológica de *ius* (Direito); são, portanto, vocábulos co-implicados, vocábulos que se implicam em relação de reciprocidade: o juiz diz o direito (*jus dicere*). É, portanto, no *judicium* que o Direito se manifesta. Se o glotólogos, observa Carnelutti, se negam a ver o parentesco entre *jus* e *jungere* (a injunção, a coação), não chegam a tanto acerca de *jus* e *judicium*, ou de *jus* e *judex* (juiz). Porque o ofício do juiz é dizer o Direito (*judex dicit jus*) e, assim sendo, pela função judicial, o Direito é declarado, tornado claro, saído da obscuridade: o *jus* se revela dizendo (*Arte del Derecho*, p. 69).

3.3 A grandeza dessas concepções contrasta com a consideração tardia do processo como simples instrumento tecnológico de aplicação do direito material. Aí se insinua a opinião que vê o processo como se fora um direito de secundária importância. Visão tecnológica, que decorre do reconhecimento do Direito como técnica de controle social, chocantemente distanciada da concepção do *jus* como serviente da *justitia* ou mesmo como o seu outro nome.

Mas o Direito todo, e não apenas as normas processuais, é teleologicamente um instrumento (*organum*) a serviço da justiça, que reivindica, ainda hoje, um ouvido romano: *constans et perpetua voluntas suum cuique tribuere*. Fixemos a atenção no final da definição: a justiça é a arte de dar a cada um o que é seu. Diz respeito às coisas exteriores, à repartição de bens: direito é *res*, coisa, e não um dever-ser (*Sollen*).

O equívoco dos juristas modernos é supor que essas ponderações em nada concernem ao direito e, pois, seriam inaplicáveis ao direito judicial tributário e ao direito processual administrativo tributário. Mas, na relação contenciosa entre fisco e contribuinte, deve vigorar um *ison,* uma proporcionalidade entre os quinhões de cada um. Ao fisco nada mais do que é legalmente devido pelo contribuinte. A justiça tributária habita na justa proporção entre os direitos e deveres de cada um. Essa isonomia de relações será tanto mais sensível quanto mais se aproxime o direito estatal (e pois o direito tributário) do padrão do Estado democrático de Direito, como hodiernamente concebido.

3.4 Modernamente entretanto a preocupação com os fins do Direito (e não com o fim) é plural: *a*) segurança jurídica; *b*) ordenamento normativo a serviço da economia; *c*) controle social; *d*) processo social de adaptação; *e*) paz social etc. Mas a justiça é, a rigor, o único fim do Direito. E foi a mediação sobre ela que autonomizou o Direito diante de outras ciências e outras artes – *suum cuique tribuere*: o seu a seu dono.

De importância capital advertir que a velha fórmula triádica da justiça: *honeste vivere, alterum nom laedare, suum cuique tribuere*, é redutível ao último termo: só vive honestamente e não lesa ninguém quem dá o seu ao seu dono.

3.5 Como visto, é pela utilização do dualismo direito material/direito formal que a processualística moderna se manifesta. Não seria diferente para a doutrina brasileira. Assim, para Lopes da Costa, o direito processual civil é, de regra, um direito *formal*, e sua função, *instrumental*: a de assegurar a observância da lei; sua finalidade é a de fazer observar o direito objetivo, o respeito à lei (*Direito Processual Civil Brasileiro*, I/32). Como se o direito processual não fora disciplinado em leis processuais e, enquanto tal, direito objetivo, mesmo para os critérios dualistas modernos.

E Frederico Marques, embora acertadamente advirta que o processo não é simples apêndice ou acessório das normas jurídico-materiais, um mero direito adjetivo, concede: "O Direito Processual pode ter caráter instrumental, visto que suas normas se destinam a tornar efetivo, fora do processo, o mandamento contido nas leis que regulam os interesses conflitantes do litígio..." (*Instituições de Direito Processual Civil*, I/17). E, mais explicitamente ainda: "A observância, *dentro do processo*, da norma processual civil é meio preordenado a um fim: o restabelecimento, fora do processo, da observância do direito objetivo material. Ela tem, portanto, como *prius*, norma de outra natureza, da qual é *modo e meio* para a realização jurisdicional. Diz-se, por isso, que a norma processual civil é *instrumental*" (ob. e t. cits., p. 50). O direito material, já agora, não é nascido da *actio*, do processo judicial. Que lucrou a ciência do direito com essa reversão?

3.6 Na origem, o termo *judicium* (juízo) prevalecia sobre processo. Direito judiciário e não direito processual. O juiz diz o Direito, mas o Direito nasce do fato *(ex facto oritur ius).* Como adverte Carnelutti, o comando, para ser comando, deve ser concreto, não abstrato: o *jus* a rigor não é dito (*dictum*) enquanto o juiz não o declara, acertando não só o fato, mas também a sua conformidade com *a fattíspecie (Diritto e processo,* p. 19).

Judicium é um composto de *jus* + *dicere*: dizer o direito é o *munus* do juiz. Juízo é, pois, função estritamente ligada à justiça: o juízo estabelece o justo. Estamos aqui imersos no campo do direito processual tributário, mesmo que não tenhamos consciência disso.

IV – Tentativa crucial de refutação da função instrumental do processo

4.1 A concepção do processo como simples instrumento de atuação do direito material é fortemente infirmada pela impugnação mais crucial e decisiva. Porque esse falseamento decorre das próprias origens. Na alvorada romana do Direito, o juiz era – em metáfora afortunada – equiparado a um oráculo, porque ofertava uma solução a determinado caso concreto, no processo judicial, sem ligá-lo a uma regra geral. O caso problemático era a arrancada, o ponto de partida para o desenvolvimento ulterior da própria ciência jurídica entre os romanos, como salientou Savigny (*apud* Vieweg, *Topik und jurisprudenz,* p. 52). Se o direito judiciário (ou, quando se prefira, o processo judicial) nasceu desvinculado do direito material, como se deu essa vinculação tardia? Mas se nasceu o direito judiciário desvinculado do processo é porque ele nada tem de instrumental.

4.2 O jurista tributário moderno não consegue, todavia, operar com o direito processual sem o recurso às regras gerais, sobretudo – não exclusivamente, porém, – as leis processuais. Somente lhe é possível descrever a denominada função jurisdicional como um procedimento tendente ao ato de aplicação das normas tributárias gerais. Às vezes equiparadas, indevidamente, às normas tributárias abstratas (as únicas que o seriam). Como se a norma tributária individual posta em ato de aplicação do Direito (sentença, ato administrativo) não fora tão abstrata quanto a geral, apenas porque os seus destinatários são determinados e individualizados, aqui-e-agora – por exemplo: Pedro deve pagar ao Estado tantos por cento do valor das operações de circulação de mercadorias que promoveu no período tal. Nada mais abstrato do que essa obrigação tributária fulcrada em norma. Nem todos, porém, assim pensam. Há quem pretenda não ser a abstração atributo indiscriminado de toda norma jurídica, geral ou individual, e sustente que uma norma de conduta pode ser, em casos específicos, concreta – por exemplo: a sentença do juiz que obriga Tício a pagar o débito a Caio. Assim sendo, as normas abstratas (gerais) contrapor-se-iam aos comandos concretos (cf. Bobbio, *Della Strutura alla Funzione*, p. 127).

4.3 Voltando ás costas para a sua origem, o Direito é modernamente definido como um sistema de normas, complexo de normas gerais. O juiz apenas declara (quando não se admite que ele *cria* direito) o direito já estabelecido, ou, melhor dito, preestabelecido nas regras gerais. Só assim é possível o advento da concepção instrumental do direito processual. Concepção que, inadvertidamente, o amesquinha.

4.4 No princípio era o caso individual. E o caso fez-se geral – de que modo? Pela juntura gradativa de casos semelhantes. Pela reunião desses casos particulares; pela sua comparação; pela identificação das suas semelhanças e diferenças. Assim, as regras correspondem a um estádio, ou momento, posterior na experiência do direito. A eclosão dessas normas gerais corresponde a um fenômeno tardio na vida do Direito: o direito romano é parcimonioso em normas gerais. O juiz romano não dispõe de um conjunto dessas normas gerais (o ordenamento jurídico, dos modernos) das quais fora possível, como num silogismo, inferir, via dedução, a sentença para o caso individual. A regra, ele próprio a fornece.

O direito processual, na época romana clássica, não podia ser instrumental de algo que, até então, praticamente, não existia: conjunto de normas gerais de direito material. Assim sendo, pôde o direito prescindir das normas gerais aplicáveis pelo juiz, até o advento da aparição tardia dessa categoria. A desordenada e incontrolada produção legislativa moderna é, ao fundo, um atestado de desconfiança na arte judicial. Quanto maior a vinculação do ato jurisdicional, maior a *segurança jurídica* – um sub-rogado moderno da justiça. Nenhuma segurança porém diante do atos dos parlamentos.

4.5 Na Constituição Federal de 1988, o art. 5º, inciso LXXI, que trata do mandado de injunção, à falta de norma regulamentadora dos direitos e liberdades constitucionais e prerrogativas da nacionalidade, soberania e cidadania, e o art. 103, § 2º, que dispõe sobre a declaração, pelo STF, de inconstitucionalidade por omissão de medida tendente a tornar efetiva norma constitucional, são *resquícios,* persistentes no direito positivo moderno, de normas processuais desvinculadas, até certo ponto, de normas materiais. Na aplicação dessas normas processuais constitucionais nascerá o direito. Mas é espantosa a parcimônia com que são instituídas essas medidas numa Constituição tão pormenorizada.

4.6 Uma observação de fundamentalíssima importância: *não há* relação conversível logicamente entre as normas gerais, postas basicamente na lei, e normas individuais, atos administrativos e as sentenças. É que o Direito não pode prescindir do caso individual. Perder-se-ia no limbo das abstrações inúteis. O Direito é fenômeno social, e, pois, reside na intersubjetividade concreta das relações humanas. Todavia, lhe foi possível prescindir de normas gerais aplicáveis, sem que a sua declaração jurisdicional no caso concreto suportasse, em decorrência disso, o menor obstáculo.

4.7 Com a inflação legislativa, sobretudo no campo tributário, de normas gerais (leis complementares, ordinárias, medidas provisórias, regulamentos etc.), consolida-se, cada vez mais, a tendência equivocada que vislumbra no processo em geral e, conseqüentemente, no processo tributário, um simples instrumento *tecnológico* de atuação do direito tributário material. Por isso é que as "virtudes" do imposto ou contribuição (?) provisória sobre movimentação financeira não residem na sua *justiça*, mas na amplíssima expansão da base tributável ou, como diriam os tecnocratas, o universo de contribuintes. Ainda aqui é a segurança da arrecadação o valor fundamental. Quantos atentados à justiça tributária se comete em nome da segurança jurídica na instituição e arrecadação dos tributos!

V – Normas gerais aplicáveis ao processo tributário

5.1 A competência privativa da União para legislar sobre direito processual está prevista no art. 22, I da CF. Mas a competência para legislar sobre processo judicial civil, penal, trabalhista etc., não se confunde, na arquitetônica constitucional, com a competência para legislar sobre processo tributário administrativo. O processo judicial tributário, posto disciplinado em leis autônomas, apartadas do CPC, e nesse sentido "extravagantes", decorre de uma competência da União que se aplica sem maiores implicações com a autonomia dos Estados-membros e Municípios, e em todo o território nacional. Não assim com o processo tributário administrativo. Porque o processo administrativo tributário ou, se se prefira, o processo tributário administrativo se movimenta no campo da autonomia de cada um dos entes federados: União, Estados-membros, DF e Municípios.

5.2 Nesse campo específico, a competência da União para legislar sobre direito processual entronca-se noutros pressupostos constitucionais, muito mais estritos do que os vinculantes para o processo judicial tributário. Instaura-se a reserva de lei complementar para dispor sobre normas gerais de direito tributário, com fulcro no art. 146, II, "b", da CF. O lançamento, consiste num procedimento administrativo (CTN, art. 142, *caput*) que culmina com o ato de lançamento (CTN, art. 150, *caput*); um *fieri*, procedimento, tendente a um *factum*, o ato de lançar o tributo. Nesse sentido, ele corresponde a uma categoria de direito processual administrativo tributário. Conseqüentemente, a competência para disciplinar o procedimento e o ato administrativo do lançamento (constitucionalmente expressa) decorre da competência para legislar sobre direito processual administrativo tributário (constitucionalmente implícita). Deveras: não é possível praticar o lançamento senão no âmbito de um procedimento administrativo mais ou menos seqüenciado. Questão inteiramente diversa – e, portanto, aqui impertinente – é responder à indagação: se tributos podem ser cobrados independentemente do lançamento.

5.3 A doutrina do direito tributário, reconhece que o lançamento é categoria de direito administrativo tributário. Mas, voltando as costas para a origem do direito tributário, que historicamente brotou do velho tronco do direito administrativo, ignora que este último é constituído, quase todo, pelos procedimentos administrativos. Devemos a Merkl esta ponderação crucial. Porque, no entendimento equivocado e generalizado da doutrina, o lançamento, contra sua definição normativa genérica, seria exclusivamente ato administrativo, com exclusão, portanto, dos procedimentos administrativos, como hóspedes indesejáveis. Como se ele não fora uma categoria jurídico-positiva. Lançamento é o que o CTN, art. 142, *caput*, diz que é. A tanto conduz essa insubmissão a texto expresso de lei.

5.4 Os Estados-membros e o DF podem legislar concorrentemente com a União sobre direito tributário (CF, art. 24, I). Mas no âmbito da legislação concorrente, a competência da União limitar-se-á a estabelecer normas gerais (CF, art. 24, § 1º). Por essa via, os arts. 24 e 146 da CF se combinam harmoniosamente. É dizer: sistematicamente. Porque as normas gerais têm de "conviver" com as normas particulares que cada uma das pessoas constitucionais venham a editar, no exercício de sua competência constitucional, para instituir e arrecadar os seus tributos.

VI – Princípios constitucionais fundamentais aplicáveis ao processo tributário

6.1 A CF de 1988 contempla um núcleo de princípios fundamentais especificamente aplicáveis ao processo tributário, administrativo e judicial. E dentre esses avultam o princípio da universalidade da jurisdição (art. 5º, XXXV) e seu consectário, o direito de defesa: "Aos litigantes, em processo judicial ou administrativo, e aos acusados em geral, são assegurados o contraditório e ampla defesa, com os meios e recursos a ela inerentes (art. 5º, LV).

6.2 Podese legitimamente concluir que esses princípios processuais integram na CF um núcleo de condensação e redução de princípios uns aos outros, dentro da busca metodológica da *unificação*, como o supremo critério norteador de teorias. Pobres garantias seriam a universalidade da jurisdição e a amplitude da defesa se banida do texto constitucional a *legalidade isônoma* (CF, art. 5º, *caput*, incisos I e II).

Uma explicação unitária terá, necessariamente, maior conteúdo de descrição e explicação dos princípios constitucionais fundamentais, do que quaisquer outras. A verdade, sob esse aspecto, está na *unidade* e não na variedade do conteúdo das teorias. Mas a doutrina do direito tributário ainda está longe, muito longe, de extrair desses alicerces constitucionais todas as suas implicações. Os princípios constitucionais tributários fundamentais soam até como enunciados quase retóricos. E no entanto a isonomia é o protoprincípio, o mais originário dos princípios constitucionais. Vincula, portanto, o processo judicial tributário: igualdade entre as partes, sob a tutela de *parte imparcial* – o juiz.

6.3 Mas o princípio do contraditório não pode, nem deve, ser, no plano infraconstitucional, amesquinhado em sua grandeza. Antes ele convoca a nossa meditação crítica para os termos em que está concebido. Pode, em face dele, haver instância única de julgamento na esfera administrativa? Pode haver seleção livre de provas – meio assecuratório da amplitude da defesa –, sendo umas admitidas, outras não? Até que ponto seria possível essa discriminação, que somente poderia sustentar-se na regra dialética da pertinência da prova? Em todo caso cabe concluir que de nada adiantaria – sob o ponto de vista da eficácia – a universalidade da jurisdição se desacompanhada da ampla defesa. É por essa via que esses dois princípios processuais cardeais são redutíveis, na metalinguagem doutrinária, a um só princípio: jurisdição universal com ampla defesa. Mas esses dois princípios como enunciados na linguagem objeto, e unificados na linguagem doutrinária que os descreve, devem ser considerados nas suas relações com os outros princípios fundamentais do art. 5º, a saber: isonomia (*caput*, e inciso I) e legalidade (inciso II). Os quatro princípios (isonomia + legalidade + jurisdição universal + ampla defesa) são redutíveis a um só: *a legalidade isônoma*. Nada impede à doutrina de assim enunciá-los, porque ela não é uma duplicação supérflua da linguagem do ordenamento jurídico. A tônica unificadora está, portanto, na isonomia, porque esta é um conteúdo necessário, quer do princípio da universalidade da jurisdição (jurisdição que não se oferece isonomamente a todos não é universal) quer da ampla defesa. Como discriminar entre contribuintes, na produção de provas e meios de defesa? É por essa via que a variedade formal será redutível a uma superior unidade principiológica, que não resultará da mera soma das partes. Sem isonomia tributária todos os demais princípios constitucionais perderiam a sua efetividade. Jamais seremos suficientemente gratos a Francisco Campos por essa lição venerável.

6.4 Inobstante essas ponderações, uma hermenêutica histórico-evolutiva dos direitos e garantias individuais localizaria, na sua evolução, um progressivo amesquinhamento como característica desse processo avassalador de reforçamento dos poderes estatais, em detrimento dos direitos e garantias do contribuinte. Belo tema para uma pesquisa da sociologia jurídico-tributária!

6.5 Recentemente assistimos a Medida Provisória n. 1.770-49, de 2.6.99, estabelecer, no seu art. 32, providência exclusivamente em favor do fisco, consistente numa garantia de incidência recursal, ao alterar o art. 33, do Decreto-lei 70.235/72, nos seguintes termos: "(...) § 2º. Em qualquer caso, o recurso voluntário somente terá seguimento se o recorrente o instruir com prova de depósito de valor correspondente a, no mínimo, trinta por cento da exigência fiscal definida na decisão".

Como esse patamar de 30% é mínimo, poderá ser fixado (por quem?) valor de depósito superior, digamos: 100% do débito questionado, ou até mais. Expedientes como esse serão compatíveis com a CF, art. 5º, LV? Essa indagação é tanto mais inquietante quando se considere que o único critério para evitar os desmandos na aplicação da Medida Provisória seria o da razoabilidade e proporcionalidade. Bastará a proporcionalidade para cercear eventuais atentados à democratização do processo administrativo fiscal? O acesso de todas as partes à instância recursal? Sem essa contenção, poderá a administração vir a exigir depósitos de 200% ou 300%, etc. do valor do débito tributário, como condição *sine qua non* para a admissibilidade da instância recursal.

E essa preocupação não é desarrazoada: no RE 209.775-6, o STF, 1ª Turma, proferiu decisão que tem a seguinte ementa: "Não ofende a garantia constitucional da ampla defesa a exigência do valor da multa, como condição de admissibilidade do recursos na esfera administrativa (RE 210.24, Jobim, 12.11.97)".

As repercussões deste e de outros julgados do STF não podem, contudo, ser analisadas nesta oportunidade com a profundidade temática requerida.

FEDERALISMO, ESTADO DEMOCRÁTICO DE DIREITO E IMPOSTO SOBRE O CONSUMO

MISABEL ABREU MACHADO DERZI

Professora dos Cursos de Graduação e Pós-graduação da Faculdade de Direito da UFMG – Professora Titular da Faculdade de Direito Milton Campos – Procuradora-Geral do Estado de Minas Gerais

1. Pressupostos. 2. Princípio federativo e sistema tributário: 2.1 O conceito de Estado federativo, em cada ordem jurídica, somente é deduzido da análise sistemática e globalizada da ordem jurídica; 2.2 O federalismo formal; 2.3 Federalismo material e competência tributária; 2.4 O desequilíbrio ofensivo ao federalismo constitucional, na hora presente. 3. Reforma tributária, Federalismo e ICMS: 3.1 Federalismo e imposto de consumo ideal em um mercado completamente integrado. O princípio da tributação na origem. Inexistência de incidência nas importações; 3.2 Os vícios graves do sistema de origem no modelo brasileiro. Soluções; 3.3 O imposto em um mercado não integrado. A desoneração dos investimentos e da exportação e a tributação das importações, nos mercados não integrados, sem perda da neutralidade. 4. A reforma tributária, do ponto de vista do consumidor. 5. A reforma, o ICMS e o cidadão-contribuinte.

1. Pressupostos

Qualquer modificação do sistema tributário em vigor deve ter em mira os princípios nucleares intangíveis da Constituição brasileira, que não são alteráveis pelo poder legislativo derivado, quais sejam, o princípio federativo e o Estado Democrático de Direito, com vistas à segurança jurídica, à liberdade, à justiça social e ao desenvolvimento.

2. Princípio federativo e sistema tributário

Alguns constitucionalistas, nacionais e estrangeiros, referem o fato de que é difícil, senão impossível, definir Estado federal. A observação é verdadeira, na medida em que as variações quantitativas são quase infinitas e, em termos ideais, não se pode dizer qual modelo seria correto para o Estado A ou B. Entretanto, a variabilidade de um instituto não significa que qualquer coisa possa ser aceita, nem tampouco que inexistam parâmetros mínimos ou lindes, além dos quais compromete-se a existência do federalismo. A questão cresce de importância na ordem jurídica nacional em que a Constituição proíbe se delibere sobre "proposta de emenda tendente a abolir a forma federativa de Estado" (art. 60, §4º).

Parece certo que federalismo é uma questão de grau, e que cada país, em um campo de tensão entre forças centrífugas, desintegradoras e de diversidade, que se opõem a forças centrípetas, integradoras e unificadoras, encontra pontos distintos de equilíbrio. Segundo Michael Bothe, tratase de um conceito em transformação histórica (e não serão todos eles?), em que se conhecem diversificações entre dois extremos: a forte interdependência política, inerente ao modelo alemão, e o modelo predominantemente dual do regime norte-americano (cf. "Federalimo, um conceito em transformação histórica", in *O Federalismo na Alemanha*, Traduções Konrad-Adenauer-Stiftung n. 07, São Paulo, 1995, pp. 3-14).

Também entre nós, que fomos buscar no sistema norte-americano, as raízes da concepção federal do Brasil, acentuaram-se, ao longo do século, as tendências ao federalismo cooperativo e financeiro, propício a uma interdependência política entre os Entes Federados. Aliás, em distintos continentes, a experiência bem sucedida da república norte-americana foi reproduzida (Suíça, Alemanha, Venezuela, Colômbia, México, Argentina, Brasil, Canadá, Austrália etc.), mas forças centrípetas, integrativas e concentracionistas manifestam-se, alterando os pontos de equilíbrio iniciais, a saber: *a*) a democracia social, impondo gastos elevados de equalização entre pessoas, Estados e regiões, por meio das redistribuições de recursos públicos centralizados na União, direção e comando da seguridade e da assistência social; *b*) a defesa comum e os elevados meios financeiros inerentes à segurança; *c*) o interesse econômico na formação de mercado ou mercados econômicos integrados; *d*) interesse de determinados grupos pela conquista do poder. Enfim, há causas legítimas – outras ilegítimas – que acarretam maior interdependência política e perda de competência legislativa dos Estados em relação à União.

Entretanto, apesar dos muitos problemas em torno do assunto, há consenso em que a forma federal está justificada em uma série de argumentos e fundamentos, assim resumidos por Michael Bothe (ob. cit., pp. 3-15):

a) meio de se preservarem a diversidade e particularidades históricas;

b) proteção das minorias políticas (se estiverem separadas em espaços geográficos definidos);

c) em atenção à subsidiariedade (princípio segundo o qual se atribui competência à comunidade menor, que poderia solucionar mais adequadamente o problema, por estar mais próxima);

d) meio de se assegurar a liberdade – divisão vertical do poder – com fortalecimento da liberdade individual; e

e) de se promover a democracia, uma vez que por meio do federalismo se abre um plano adicional de participação.

Sem dúvida, todas as justificações acima têm fundamento; mas a doutrina vê no federalismo, como forma de assegurar a liberdade e promover a democracia, os fundamentos mais importantes e inafastáveis. A doutrina constitucional reconhece que ao Estado Federal não cumpre apenas uma função histórica tradicional, de preservação das diferenças sociológicas, culturais, éticas e econômicas regionais ou locais. Em países como no Brasil, em que ele resultou menos da pressão da realidade como um fato sociológico anteposto, e mais de uma decisão político-jurídica, passou a cumprir uma importante função adicional, que não pode ser negligenciada: a de configurar uma evasão do poder vertical e uma preservação da democracia. Analisando fenômeno similar, por que passou a Alemanha – pois, embora tivesse dado origem a uma confederação de Estados independentes (de 1815 a 1866), esteve unificada por mais de dez anos, durante a ditadura do nacional socialismo de 1934 a 1945 – o constitucionalista Stein conclui:

"O sentido do princípio federal é visto, hoje, menos na manutenção de peculiaridades regionais do que em uma segurança adicional da liberdade. A divisão dos poderes, segundo Montesquieu, quase não tem mais significado prático.

"A tendência do moderno Estado administrativo a uma acumulação de poder cada vez maior, que já levou, na Alemanha, uma vez, a um totalitarismo funesto, precisa ser detida por isto com outros contrapesos. A isso serve, também, entre outros, a distribuição do poder estatal entre a Federação e os Estados. Como nova forma de evasão da força ela deu bons resultados nas décadas passadas em muitas oportunidades. Isso não deveria ser esquecido, quando se acentuam, por outro lado, as muitas desvantagens do princípio estatal federativo" (cf. *Staatsrecht*, *apud* Richter e Schuppert, *Casebook Verfassungsrecht*, München, Verlag C. H. Beck, 1987, p. 358).

Com certeza, o princípio federal serve à democracia social. Ambos alimentam a unidade do povo brasileiro, não importa que eventualmente sediado no Piauí, Goiás ou Minas Gerais, na indissolubilidade do vínculo federativo, na integridade do território nacional e do mercado interno. A união federativa fortalece a ordem democrática porque desenvolve a independência e a autonomia entre os Entes Federados, diluindo o poder no território, tem efeito protetor das minorias políticas regionais e assenta a vida estatal muito mais sobre entendimento e colaboração recíproca do que sobre ordem e coação (cf. Konrad Hesse, *Elementos de Direito Constitucional da República Federal da Alemanha*, trad. Luís Afonso Heck, Porto Alegre, S. A. Fabris Editor, 1998, pp. 184-188).

O fenômeno de mutação e transformação do federalismo em geral não é isolado. Mas ele assenta-se em fundamentos de alta relevância, como vimos, que compensam as muitas dificuldades de sua manutenção.

Importa antes, apesar das aparentes variações contínuas, compreender que há conceito de federalismo, relativamente estável, do ponto de vista formal, feita abstração do conteúdo material das normas e competências. Mas difícil é a tarefa de buscar, em cada ordem jurídica, o federalismo, sob o ângulo material (esse de acentuada variabilidade), ou seja, os pontos de equilíbrio e as competências, que, em extensão e quantidade, garantam suficiente autonomia e liberdade criadora aos entes federativos. Mas tanto a um conceito quanto a outro, somente se chega por meio de uma análise sistemática, jamais tópica ou restrita a certo aspecto isolado.

2.1 O conceito de Estado federativo, em cada ordem jurídica, somente é deduzido da análise sistemática e globalizada da ordem jurídica

Ora, nenhum dispositivo da Constituição pode ser interpretado isoladamente. Em regra, os tribunais constitucionais não fazem uma opção clara por uma técnica ou método de interpretação. Assim acontece no Tribunal Constitucional norte-americano, no alemão e no brasileiro. Mas nenhum juízo, instância ou tribunal admite a interpretação meramente literal, tópica e assistemática, ofensiva de outros valores e normas constitucionais. Na Alemanha, o Tribunal não adota nenhum método de interpretação determinado; ao contrário, costuma fundamentar suas decisões se socorrendo da combinação de técnicas diferentes e pontos de vista distintos. Entretanto, apesar disso, o BVerfG já reconheceu expressamente as seguintes regras de interpretação e aplicação da Constituição, como observam Richter e Schuppert:

"Atrás da fórmula do 'querer objetivado do legislador', impõe-se a chamada teoria objetiva, que é a vontade do legislador expressa na Constituição, não prevalecendo a "vontade real"; o BVerfG recusa expressamente a teoria subjetiva.

"A interpretação da 'vontade objetivada' dirige-se segundo: *a*) a palavra (interpretação literal ou gramatical); *b*) o contexto no qual a norma se insere (na Constituição ou no Direito, ou seja, pela interpretação sistemática); *c*) o fim (interpretação teleológica), sendo que esses três pontos se completam uns aos outros" (cf. *Casebook Verfassungsrecht*, München, Beck, 1987, p. 9).

Pode-se observar pela criteriosa análise da jurisprudência, feita acima por Richter e Schuppert, que, pelo menos três modos de análise e técnicas estão definitivamente afastados da interpretação constitucional na Alemanha: *a*) a redução da compreensão à literalidade da palavra; *b*) a fixação de um determinado sentido único, extraído da intenção e subjetividade anímica dos autores da Constituição; *c*) a interpretação de cada parte sem a sua integração sistemática ao todo-contextual e à finalidade.

A Suprema Corte dos EEUU, igualmente, não se fixou em nenhum modo de análise, técnica ou método isoladamente. Ora adota o estruturalismo sistemático, buscando a unidade de sentido, por meio de princípios fundamentais, ora o método analítico do razoável, partindo da premissa de que a Constituição não é um "pacto suicida". Busca, ainda, às vezes se utilizar da interpretação teleológica, seja para reforçar a democracia, no sentido de separação de poderes, a fim de retrair a criatividade do Poder Judiciário (como o fez o juiz Félix Frankfurter, ao invocar a presunção de constitucionalidade em favor do legislador), seja para reforçar a democracia representativa dos processos políticos abertos (como o consentiu o juiz Harlan Stone, no caso dos produtos Carolene, de 1938). O juiz Stone recomendou que se deve desconsiderar a presunção de constitucionalidade naqueles casos em que "a legislação restringe o processo político (...) e deve ser submetida a julgamento judicial mais rigoroso (...) do que a maioria dos outros tipos de legislação" (cf. Murphy, Fleming e Harris, *American Constitucional Interpretation,* Mineola, New York, The Foundation Press Inc., 1986, p. 298).

Também o nosso Supremo Tribunal Federal trata de dar efetividade aos preceitos da Carta, através de criatividade estruturadora e sistemática, por meio de um certo balanceamento controlado de valores e de interesses, que na Carta se complementam. Hoje, o constitucionalismo vê a Constituição como um sistema de normas que aspira a uma unidade de sentido e de compreensão, unidade essa que somente pode ser dada por meio de princípios, continuamente revistos, recompreendidos e reexpressos pelos intérpretes e aplicadores do Texto Magno. Portanto, a própria noção de interpretação, sempre norteada pela vontade objetivada do Constituinte (jamais a subjetiva), e compreendida dentro de um sistema normativo em que os princípios e os fins norteiam o sentido.

É difícil, pois, extrair de certa ordem jurídica o modelo federativo, quer do ponto de vista formal, quer material, pois pressupõe-se o conhecimento sistematizado do ordenamento, seus pesos e contrapesos.

2.2 *O federalismo formal*

Se fizermos abstração da matéria, sua extensão e quantidade, alcançaremos aquilo que denominamos, singelamente, de federalismo meramente formal.

Ora, um Estado-membro não goza, apenas, de autonomia administrativa e financeira, nem, apenas, de personalidade pública. Trata-se de ente político, a que é atribuída parcela de poder estatal, de tal modo que a ordem jurídica, que somente vale em seu âmbito territorial, nasce de fonte legislativa própria. O Estado-membro, como Estado Federado, se auto-ordena uma ordem jurídica própria. É pessoa inconfundível com autarquia, ente dotado de certa independência administrativa e gerencial, jamais um ser político-estatal. Como ser estatal, o Estado-membro nasce originalmente na Constituição Federal, no mesmo instante, forma e com as limitações ali impostas. Não é criatura da União, mas com ela nasce junto, integrando vínculo indissolúvel no concerto federativo. A essência do Federalismo não está na relativa descentralização administrativa ou financeira, fenômeno comum ao Estado unitário, mas na relativa autonomia político-jurídica dos Estados que o integram. Quer se forme por meio da livre unificação de totalidades políticas diferenciadas (aproximação por força centrípeta), quer por meio da divisão de um corpo político único em entes diversos (certa dispersão por força centrífuga), todo Estado Federal repousa na absoluta igualdade de direitos entre os Estados e nos deveres recíprocos da União e dos Estados de lealdade, ajuda e solidariedade. A descentralização político-jurídica, que o caracteriza, pressupõe descentralização do poder e se reconhece "quando a ordem jurídica, válida somente para uma comunidade parcial, é criada por órgãos eleitos simplesmente pelos membros dessa comunidade parcial. Como exemplo poderia citar-se um Estado federal em que as leis válidas para o território de um Estado-membro unicamente podem ser expedidas pelo legislativo local, eleito pelos cidadãos desse Estado-membro" (cf. Hans Kelsen, *Teoría General del Derecho y del Estado,* trad. Eduardo Garcia Maynez, 2ª ed., México, Imprenta Universitária, 1958, p. 268).

De fato, estabelece o *caput* do art. 18 da Constituição Federal: "A organização político-administrativa da República Federativa do Brasil compreende a União, os Estados, o Distrito Federal e os Municípios, *todos autônomos*, nos termos desta Constituição" (nosso grifo).

Assim, no federalismo, à luz da competência privativa do Estado-membro, ou concorrente, encontramos um conjunto de normas – que compõem a ordem jurídica parcial – e que somente nascem, têm vigência e eficácia, se postas pelo Poder Legislativo estadual, sendo irrelevantes e impotentes quaisquer outros atos normativos da União. A jurisprudência do STF nessa questão é farta. Firmou-se entre nós o entendimento de que a Constituição atribui competência, distribuindo o poder de tributar entre os entes políticos da Federação. As normas gerais, editadas em leis complementares federais, somente encerram as chamadas normas-quadro, ou normas sobre como devem ser elaboradas outras normas, quadro dentro do qual se há de exercer a competência da União, dos Estados e do Distrito Federal. Mas somente a lei da pessoa competente (que deve estar em consonância com a Constituição e as normas gerais) pode colocar em vigor aquela matéria, inerente à ordem jurídica parcial. A presença, mais intensa ou não, de normas de repetição é questão inerente ao federalismo no sentido material. Formalmente, sem o ato de vontade do legislador local ou regional, não surgem normas válidas de Direito Tributário, Administrativo etc., naquelas ordens jurídicas parciais.

Feita abstração do conteúdo material das normas editadas pelos Estados e pelos Municípios, sua extensão, quantidade e a intensidade das normas de repetição, constatamos que, em todo Estado federal, além da ordem jurídica total, ordens jurídicas parciais convivem entre si, ordens, essas, necessitadas, que nascem de poder legislativo próprio, específico, único apto a produzir normas válidas naquela esfera estatal. Nesse sentido, jurídico formal, as ordens jurídicas parciais são absolutamente iguais, nenhuma delas podendo interferir na outra. Impõem-se, então, a igualdade jurídica entre as ordens envolvidas e os deveres de solidariedade e lealdade, inerentes à forma federativa.

Não são, entretanto, mesmo nesse ponto estritamente formal, idênticas as soluções encontradas em cada modelo de Estado federal. Nos Estados Unidos da América, por exemplo, é lenta a alteração das normas constitucionais, pois as emendas praticamente devem ser "recepcionadas" por cada um dos Estados Federados. Nesse ponto, manifesta-se, com muito mais acento, a autonomia inerente ao Estado-Federado norte-americano. E, no sistema formal de produção legislativa da União, o Senado federal representa os interesses dos Estados, por meio de representantes eleitos diretamente e de forma igualitária, independentemente do número de habitantes e da extensão territorial. Nesse modelo, seguido de perto pelo Brasil no que tange ao sistema senatorial, os senadores gozam de um mandato e são livres em suas decisões em relação aos Estados que representam.

Na Alemanha, entretanto, optou-se pelo Conselho Federal, órgão constitucional da União, através do qual os Estados-membros participam do processo de governo do Estado central, "formando um contrapeso em relação à Câmara Federal" (cf. *O Federalismo na Alemanha*, ob. cit., p. 75). O Conselho Federal é formado por membros dos governos dos Estados, que os indicam e os exoneram, segundo o art. 51 da Constituição tedesca. O governador do Estado e alguns secretários são membros do Conselho, que, portanto, não são eleitos, nem possuem mandato. Quem sair do governo, automaticamente sai do Conselho. A meta é atenuar a influência político-partidária, pois os integrantes de um governo estadual estão, também, fortemente pressionados pelos problemas administrativos de seu Estado. Assim, o Conselho Federal tem a iniciativa da elaboração de leis federais e pode vetar as leis aprovadas pela Câmara federal, que considere prejudiciais aos interesses estaduais.

Ao analisar o papel do Conselho Federal como fator de equilíbrio e contrapeso, justificador do princípio federal, assim se expressa Hans Klein:

"A tese de Carl Schmidt de que, com a passagem da monarquia constitucional para a democracia, o caráter federativo teria sido abolido, de que este não se coadunaria com o conceito democrático do poder legislativo de todo o povo, de que faltariam, portanto, à federação democrática as bases corporativas, desvia-se, assim como as teorias mais recentes sobre a federação unitária – por mais justificadas que sejam ambas – do fato de que o crescimento do poder do Conselho Federal enquanto órgão constitucional levou simultaneamente a um extraordinário fortalecimento do peso dos Estados membros representados através de seus governos na formação da vontade da União. Refiro-me aqui – em franca oposição a avaliações correntes do federalismo – ao fato de que o caráter de Estado dos membros adquiriu dessa maneira uma nova, mas não menos significativa qualidade. Sem dúvida ela não se alimenta mais diretamente, como foi o caso da Confederação alemã e até um certo grau também ainda do Segundo Reich, das particularidades regionais e da consciência de Estado daí resultante, mas das competências executivas dos Estados de exercerem direta e indiretamente influência sobre a política federal a partir das competências do Conselho Federal. Não foram os Estados, mas os parlamentos estaduais que perderam importância na estrutura de poder da República Federal da Alemanha. Isso pode suscitar preocupação com respeito ao princípio democrático – e ainda haveremos de tratar desse assunto. Mas, em relação ao princípio federalista, isso não significa nenhuma ruptura – pelo menos não enquanto for mantido um mínimo de competências legislativas aos Estados –, e de resto também porque, como todos sabem, além da cooperação dos Estados no Conselho Federal, há muitos planos de cooperação e de coordenação dos Estados entre si e com a União, que tanto estão voltados para o exercício das competências estaduais quanto para o dos direitos dos Estados enquanto membros da federação" (cf. "A legitimação do Conselho Federal e sua relação com as Assembléias Legislativas e os Governos Estaduais", in *O Federalismo na Alemanha*, ob. cit., p. 94).

Do ponto de vista qualitativo, pois, o federalismo se manifesta formalmente em dois pontos essenciais: *a*) em que os Estados-membros produzem a própria ordem jurídica, por meio de Poder Legislativo próprio; *b*) em que, ademais, participam da formação da ordem jurídica da União, ou por meio de um Senado, a exemplo dos modelos norte-americano e brasileiro, ou ainda por meio das funções exercidas por um Conselho Federal, à moda alemã.

Interessante observar que, no federalismo alemão, em que o Legislativo Estadual perde competência, em contrapartida, os Estados, por meio de seus executivos, participam mais ativamente da função legiferante da União. Cada um dos modelos federativos encontra seu equilíbrio em pontos distintos. A solução alemã repousa em um federalismo menos dualista do que o norte-americano, muito mais influenciado pela democracia social igualitária e, por tal razão, guiado, pelo menos no campo do Direito Social, pela idéia da necessidade de certa uniformidade, de se criarem oportunidades iguais para todos e de se garantir um padrão de vida mínimo similar em todos os Estados. Em compensação, lá se concede mais efetividade à participação dos Estados na formação das leis da União, assim como aos planos e projetos de política, evoluindo-se de um federalismo cooperativo para um governo de "política conjunta".

2.3 Federalismo material e competência tributária

Todo projeto ideal de reforma pressupõe um amplo debate público sobre o papel do Estado, seus deveres e encargos, distribuídos segundo as distintas esferas da Federação, e a estratégia de desenvolvimento econômico a ser adotada. Tais definições são pressupostos que esbarram na ausência de um amplo debate nacional.

Histórica e tradicionalmente sabe-se que, nos Estados federativos, certas tarefas são atribuídas sempre à União, a saber, a defesa nacional, o comércio exterior, a defesa do comércio interno em mercado absolutamente integrado. Modernamente, grandes investimentos sociais de elevado custo, como a previdência social, também costumam ser serviços federalizados. Assim aconteceu nos EEUU e, pelo menos em parte, no Brasil.

Quem lê os *Artigos Federalistas* (James Madison, Alexander Hamilton e John Jay, Ed. Nova Fronteira, 1993) observa que o poder tributário dos Estados era inquestionável, justificando os fundadores o poder atribuído à União nos malefícios advindos das "cotas" e "requisições" do sistema confederativo. Argumentou Hamilton que um governo deve cumprir suas finalidades e serviços por meio de recursos financeiros próprios e adequados, sem necessidade de se socorrer da ajuda de outro. O enfraquecimento da União seria notável, se privada fosse do poder de tributar, assim como haveria perda para os Estados se houvesse delimitação do campo privativo de atuação. Preferiu, pois, a Constituição daquela nação trabalhar sem separação de fontes, atuando os Estados e a União concorrentemente, de forma cumulativa. Um único limite, de consagração secular e originária na Constituição norte-americana, realça a consciência de que o comércio exterior e a defesa do mercado interno são tarefas da União: a proibição de os Estados tributarem as importações e as exportações.

À luz desses princípios, no sistema americano superpõem-se tributos idênticos, utilizados por diferentes entes políticos (imposto de renda federal e estadual, e, em alguns casos, também municipal; imposto sobre heranças e doações federal e estadual). Mas as características do sistema tributário continuam assentadas no fato de que a receita da União é alimentada sobretudo por impostos incidentes sobre a renda e a estadual, por imposto incidente sobre consumo (vendas).

O modelo tributário brasileiro seguiu certos aspectos desse sistema: impostos de importação e exportação, assim como sobre a renda competem à União. Os Estados alimentarão as suas burras, tradicionalmente, com impostos sobre o consumo (vendas e consignações, depois, operações de circulação de mercadorias). Mas veremos que, em alguns pontos essenciais, afastou-se o Brasil do modelo norte-americano. Aos poucos foi banida a competência concorrente, presente nas primeiras cartas constitucionais do País, para alicerçar-se o sistema na competência privativa, inibidora das bitributações. Os tributos sobre o consumo fixaram-se como plurifásicos e não-cumulativos, em aproximação da experiência européia. Mas, infelizmente, por longo período, continuaram os Estados tributando as exportações por meio de seu imposto de consumo – prática jamais utilizada pelos EEUU e, pelo menos desde a 2ª e a 6ª Diretivas, proibida a todos os países da Comunidade Européia.

O federalismo alemão é fortemente influenciado pela democracia social, por normas de uniformização e equalização. O poder de legislar sobre tributos está concentrado em mãos da União, embora os Estados detenham a competência residual e possam inventar um tributo novo. Em contrapartida, os Estados administram e arrecadam a quase totalidade dos impostos existentes naquela ordem jurídica. A redistribuição da receita aos Estados está fortemente ligada à meta de se garantir um padrão de vida digno a todo cidadão, não importando o Estado em que se encontre.

Mas como se viu, a solução alemã para equilibrar as relações entre os entes políticos, foi dar aos Estados uma forma mais efetiva de participarem do processo legislativo da União, por meio da atuação do Conselho Federal, integrado pelos executivos estaduais, que vetam ou aprovam as normas financeiras de seu interesse. Além disso, o sistema tedesco encontra mecanismos de conciliação para solução de impasses, inexistentes em outros sistemas, assim como planos mais intensos de cooperação e de coordenação dos Estados entre si e com a União, que reduzem a sujeição, perturbadora da autonomia. A Corte Constitucional alemã vem coibindo a transferência de recursos da União a Estado, destinada a impor a observância de certo projeto ou plano federal (cf. L. J. Hesse, "República Federal da Alemanha: do federalismo cooperativo à elaboração de política conjunta", in *O Federalismo na Alemanha*, ob. cit., pp. 117-138).

O Brasil, seguramente, tem seus próprios pontos de tensão, equilibrados de forma diferente dos demais Estados Federados. Do modelo norte-americano, restou uma efetiva área de exercício da competência legislativa própria para os Estados e os Municípios, eliminada, porém, a competência concorrente e outorgada a residual à União, em contraposição à solução norte-americana e mesmo à alemã. Do modelo europeu, impregnado pela democracia social, colocou nossa ordem jurídica o federalismo financeiro a serviço da erradicação da miséria e da pobreza, e da redução das grandes desigualdades entre Estados, por meio de uma redistribuição da receita arrecadada em fundos de participação. Do ponto de vista da democracia social, a que se vincula o nosso Estado Democrático de Direito, a busca da justiça se assenta no dever de se favorecer a igualdade de oportunidades de todo cidadão e de propiciar, a cada um, uma existência digna, não importando o Estado Federado a que se vincule ou a comunidade regional a que pertença. Todos os Estados e a União, entre si, têm o dever, recíproco e solidário, de auxílio político, administrativo e financeiro, de modo a que se reduzam substancialmente as grandes desigualdades regionais e locais.

A Constituição de 1988 estabelece, em seu art. 1º, que a República Federativa do Brasil, é "formada pela união indissolúvel dos Estados e Municípios e do Distrito Federal, constitui-se em Estado Democrático de Direito", e tem objetivos e metas fundamentais, estabelecidos no art. 30. A conjugação dessas metas e princípios redunda no federalismo cooperativo, segundo o qual a diferente capacidade financeira dos Estados para prestar os serviços públicos deve ser compensada por meio de uma ordem democrática coletiva. Por tal razão, assegura-se a independência financeira de Estados e Municípios por meio da distribuição das competências tributárias, complementada com compensação financeira (participação em fundos, criação de fundos especiais para os Estados do Norte, Nordeste e Centro-Oeste – art. 159, entre outras) ou com incentivos federais regionais, destinados a reduzir desigualdades inter-regionais (arts. 151, I e 165, §7º).

Portanto, o federalismo financeiro nacional repousa na idéia de que as competências tributárias conferem aos entes estatais – pelo menos à União e aos Estados – receita suficiente (e até excedente) para a manutenção dos serviços e finalidades públicas que lhes são atribuídos. Cada ente público deve criar os tributos que lhe foram destinados pela Constituição, arrecadá-los e administrá-los, sendo essa receita, em princípio, garantidora da governabilidade de cada pessoa estatal. Os excedentes devem ser redistribuídos para os entes estatais menores – em que os fins de equalização são predominantes – (da arrecadação da União devem verter recursos para os Estados e Municípios; dos meios financeiros atribuídos aos Estados, parcela deve ser canalizada para os Municípios). A redistribuição de tais recursos obedece a critérios diversificados, mas a necessidade é dos mais relevantes, de tal sorte que além de um fundo especial destinado a favorecer os Estados do Norte, Nordeste ou Centro-Oeste, criado pela Constituição, cerca de 85% dos recursos do Fundo de Participação dos Estados e do Distrito Federal são canalizados para aquelas mesmas regiões mais pobres do País (Lei Complementar n. 62/89) e apenas 15%, destinados ao Sul-Sudeste.

Entretanto, o conceito de federalismo resulta de uma análise global da ordem jurídica. Nesse aspecto, os pontos de equilíbrio, em nosso País, têm sido profundamente alterados por leis e contratos, de tal sorte que Estados e Municípios têm sido forçados, em decorrência da atual situação financeira ruinosa em que se encontram, ou a aderir a uma política federal de projetos e propostas ou a custear os apertos de caixa do Tesouro nacional. Tal contexto não pode ser esquecido, no momento de se decidir, por exemplo, se o ICMS, como maior e mais produtivo tributo da América Latina, deve permanecer no campo de competência dos Estados ou migrar para a União, acentuando a já insuportável centralização do poder. Examinemos rapidamente os mecanismos atuais, engendrados pela União para centralizar recursos e poder em suas mãos.

2.4 O desequilíbrio ofensivo ao federalismo constitucional, na hora presente

A Constituição Federal contém mecanismos para solução de crises financeiras, para pagamento de dívidas de um ente político e para composição de conflitos entre Estados e Municípios e destes com a União.

A desorganização das finanças estaduais, a desobediência à Constituição e ao cumprimento das decisões judiciais, assim como a suspensão injustificada do pagamento da dívida fundada, por dois anos consecutivos, autoriza a intervenção federal nos Estados (art. 34 da Constituição Federal). Mas a intervenção não tem como objetivo estrangular o Estado ou Município; ao contrário, destina-se a viabilizar o Ente estatal, pelo afastamento ou reparação da perturbação à ordem jurídica ou econômica.

Para socorrer o pagamento de créditos de um ente político em relação a outro, a Constituição Federal estabeleceu o controvertido art. 160 e parágrafo único. Mas tal dispositivo não pode ter o sentido extensivo que lhe dá a União, quando se trata de satisfazer os seus créditos. Cumpre destacar que:

a) equiparar a expressão constitucional "condicionar a entrega de recursos" a "compensação" fere o art. 1.015 do Código Civil, que expressamente veda essa forma de extinção com coisa não suscetível de penhora, como receita pública;

b) finalmente, não importam os limites e a extensão da interpretação atribuída ao art. 160, é certo que ele não pode se referir a créditos unilateralmente apurados, atualizados, liqüidados e satisfeitos pelo próprio credor, sem que o Estado devedor possa, pelo menos em procedimento administrativo, a que a Constituição assegura ampla defesa, expor as justificações do inadimplemento, como força maior, onerosidade excessiva ou Estado de necessidade.

Mas o art. 160 é o único mecanismo existente na Constituição Federal que foge ao art. 100, ou seja, aquele que consagra a satisfação dos créditos (independentemente da pessoa de seu titular, pessoa pública ou privada ou natural), já reconhecidos por decisão passada em julgado, pela via dos precatórios (a recente exceção para créditos de pequeno valor somente confirma a regra). A solução do art. 160 repousa na idéia de que as transferências de tributos de alheia competência destinam-se a equalizar e a reduzir desigualdades existentes entre os Entes políticos da Federação e que o exercício da competência para cobrança dos tributos próprios de cada um seria suficiente para garantir a governabilidade. Mas a idéia é discutível, pois há pequenos Estados da Federação e muitos municípios, que não sobreviveriam sem suas cotas dos fundos de participação – exatamente esses os mais necessitados dos recursos transferíveis.

Finalmente, as causas e os conflitos surgidos entre a União e os Estados, constitucionalmente, devem ser processados e julgados originalmente pelo Supremo Tribunal Federal, de acordo com o art. 102, I, "f". Inexistem comissões de mediação, como no Direito alemão. Nem tampouco um Conselho Federal – órgão legislativo da União, na Alemanha – composto dos executivos dos governos estaduais. Muitas vezes, além disso, aqui, o Senado Federal, antes premido pela política partidária do que por suas funções institucionais de representação dos Estados, recusa-se até mesmo a ouvir queixas ou dificuldades financeiras graves de governantes, como ocorreu com o Estado de Minas Gerais, recentemente, na questão da dívida renegociada com a União.

Entretanto, na hora presente, abala-se a república e rompem-se profundamente os alicerces da concepção federalista. Os pontos de equilíbrio previstos na Constituição de 1988 são alterados por leis e contratos, ou mesmo sem lei, implantando-se, ou tentando implantar-se, o mais forte centralismo das últimas décadas. Brevemente, podemos citar, entre outros, alguns fatos representativos, a título exemplificativo:

a) planos políticos, impostos pela União, sem lei nacional de ampla discussão, obrigatórios para os Estados, por meio de sanções pecuniárias e empréstimos que criam dependência. Na verdade, os Estados foram obrigados, para celebrar o contrato de confissão e refinanciamento de dívidas com a União, a firmar, antes, um "Protocolo de Acordo", dentro do Programa de Apoio à Reestruturação e ao Ajuste Fiscal dos Estados. Tal programa de metas se consubstancia, na realidade, em um voto do Ministro Pedro Malan no Conselho Monetário Nacional, segundo o qual ele se desenvolve na política de alienação de ativos ou privatizações, concessões de serviços públicos, redução de servidores com saneamento das despesas. E mais, inexistiu lei nacional de fixação de plano econômico, por meio de normas gerais, como preceitua o art. 24, §1º, da Constituição. Mas a Lei 9.496, de 11 de setembro de 1997, a ele se refere brevemente, nominalmente, sem descrição ou regulação direta. Do ponto de vista jurídico não estariam obrigados os Estados a seguir as diretrizes federais, por ausência de lei, não obstante o Estado de Minas Gerais, pelo menos no governo anterior, tê-las adotado e fielmente implantado;

b) atos de expropriação das receitas próprias dos Estados, já recolhidas aos cofres públicos. Contratos de renegociação de suas dívidas são firmados com a União pelos Estados, premidos por situação financeira ruinosa. A responsabilidade da União pela insolvência de vários Estados é patente, pois a política de juros elevadíssimos, além de desencadear desemprego e recessão, aumentou progressivamente a dívida pública. Em tais circunstâncias, a União firmou contrato com os Estados, assumindo-lhes as obrigações, contra pagamento de juros razoáveis, por trinta anos ou mais. Não obstante, sujeitou-os a cláusulas de alienação da receita (que é absolutamente inalienável), inclusive, e especialmente, da receita própria, arrecadada e não simplesmente transferida (como o ICMS e outros impostos e taxas estaduais), sem nenhuma autorização legal, bastando para isso o não pagamento; tais contratos, que estão em discussão no Supremo Tribunal Federal, confundem a possibilidade excepcional de vinculação da receita à despesa com as obrigações da dívida, autorizada no art. 167, IV, § 4º, da Constituição, com garantia real e seqüestro extrajudicial; autorizam, assim, conseqüente execução extrajudicial sumária, sem prévia notificação ao devedor, com formação, apuração, liqüidação e satisfação do crédito, exclusivamente, pelo credor, sem sequer prévio procedimento administrativo, assentado no direito amplo de defesa e no devido processo legal; ofendem o art. 100, assim como os arts. 1º, 2º, 23, 24, § 4º, 25, 34, 60, § 4º, e 168, todos da Constituição Federal, causando graves e irreparáveis lesões, ferindo a autonomia do Estado e, em muitos casos, inviabilizando-o financeiramente, para privar milhões de brasileiros de serviços públicos essenciais, tudo em nome de plano acertado e concertado alhures. A dependência e a subserviência prolongar-se-ão por décadas...

c) política sistemática de redução das receitas estaduais e municipais, por diferentes mecanismos, inclusive transferências de ônus e déficits da União, que passam a ser custeados pelas demais pessoas estatais. Contrariando o sentido originário da discriminação da receita, estabelecido na Constituição de 1988, que optou por uma descentralização político-financeira, por meio de sucessivas reformas, concentraram-se novamente os recursos no governo central. Para financiar seus próprios déficits, a União criou o Fundo de Estabilização Social – depois Fiscal-FEF; em seguida, a Lei Complementar 87/96, a fim de garantir o equilíbrio da balança de pagamentos, reduziu significativamente a arrecadação dos Estados nas exportações, para que uma política teimosa de câmbio rígido, que acabou fracassando, pudesse sobreviver; finalmente, a fim de sanear a Previdência Social e cobrir os seus déficits, a União fez aprovar a Emenda Constitucional n. 20, com base na qual, supostamente, mas sem lei expressa, portarias, circulares e ordens de serviço do INSS pretendem equiparar Estados e Municípios a empregadores e empresas, assim como servidores públicos, não ocupantes de cargo efetivo, a empregados, para constituir créditos tributários contra os Estados, sujeitando-os a sanções e elevadas multas. E, mais, a intenção é impor-lhes ainda uma execução direta, extrajudicial, por meio de compensações, supostamente autorizadas pelo parágrafo único do art. 160 da Constituição;

d) inexistência de normas e critérios para a concessão de transferências voluntárias, de modo que a União pode usar politicamente seus recursos em favor de um e em detrimento de outros Estados, com grave ofensa à igualdade e paridade de tratamento; recursos financeiros não deveriam ser canalizados para Estados que já receberam acima de certa média, ou que têm receita muito elevada, considerando a média nacional. Nem tampouco tais recursos deveriam ser utilizados para direcionar a política estadual;

e) responsabilização de administradores e governantes, que se desalinharem da política da União, com represálias financeiras, cíveis e penais das mais graves. Recentemente, o poder executivo federal remeteu projeto de responsabilidade fiscal ao Congresso que não apenas visa a coibir o ato imoral, ilegal ou ilegítimo, praticado por qualquer administrador. A meta excede esse objetivo, em si altamente louvável, mas antes aprisiona, definitivamente, governos e governantes estaduais e municipais cabalmente à União.

Nesse passo é bom citar o exemplo da Alemanha, país que adota um federalismo de franca interdependência. Sobre essa questão já teve oportunidade de se pronunciar o Tribunal Constitucional alemão, afim de rechaçar as tentativas da União de conduzir a política dos Estados, por meio de transferências condicionadas de recursos. Comentando o fato, assim se expressa Heinz Laufer:

"Por meio de ajudas da federação para o investimento, o governo federal conseguiu obter possibilidades consideráveis de influenciar a política dos Estados e dos municípios, pois nem sempre ele observa a fidelidade à letra das determinações contidas no art. 104a, § 4, da Constituição. As suas ajudas financeiras são utilizadas ocasionalmente como instrumento para o controle direto ou indireto dos investimentos, para fins de imposição de objetivos genéricos de política econômica, política monetária, política de planejamento regional ou política estrutural do governo federal nos Estados; elas estão vinculadas a condições ou exigências ligadas às dotações e têm tendência de restringir a liberdade de planejamento e de projeto dos Estados. Isso restringe consideravelmente a liberdade decisória dos Estados da República Federal da Alemanha; eles se tornam ainda mais dependentes do governo federal, sofrem

como que uma heterodeterminação e se transformam com excessiva facilidade em 'pensionistas do governo federal'.

"O Tribunal Constitucional Federal, invocado pelo Estado Livre da Baviera, bloqueou esse desenvolvimento que ameaça o ordenamento federativo, na medida em que decidiu que as ajudas financeiras, a partir do orçamento federal devem continuar sendo exceções e que a sua concessão seja regulamentada juridicamente de tal forma que elas não se possam tornar um meio de obtenção de influência sobre a liberdade decisória dos Estados no cumprimento das tarefas que lhes incumbem. O Tribunal Constitucional decidiu ainda, mais especificamente, que deveria ser excluída a possibilidade de que esses subsídios do governo federal, fora dos objetivos de fomento, previstos no art. 104a, § 4, da Constituição, permitissem a obtenção de influência sobre o cumprimento das tarefas pelos Estados, a partir da ótica da política do governo federal. Por conseguinte a lei, para a qual o consentimento expresso do Parlamento Federal é exigido, conforme as determinações do art. 104a, § 4, da Constituição, deveria conter tudo o que fosse necessário e não poderia abandonar nada aos regulamentos administrativos nem às decisões discricionais de um ministério e muito menos ainda à mera práxis da administração pública. O Tribunal Constitucional Federal decidiu que sobretudo as condições e as exigências do governo federal de tipo financeiro ou técnico, vinculadas às dotações, seriam inadmissíveis quando tivessem por objetivo vincular a liberdade decisória dos Estados a interesses e intenções da política federal (Decisões do Tribunal Constitucional Federal 39, 96 ss.)" (cf. "O Ordenamento Financeiro no Estado Federativo Alemão", in *O Federalismo na Alemanha*, ob. cit., pp. 145-146).

Ora, em nosso País, as normas de renegociação de dívida, de transferência de recursos para investimentos e outros fins estão, atualmente, apenas destinadas a aumentar o grau de influência da União na condução da política dos Estados. Aliás, não se trata de aumentar o grau de influência; trata-se de inserir Estados e Municípios em guante rígido, imposto pela União, sem espaço para o exercício do poder decisório regional ou local;

f) dificuldades radicam em que os projetos encaminhados pelo governo federal, nos últimos anos, têm como meta aumentar a receita tributária conferida à União. Sobretudo, desejam as autoridades do poder central apoderar-se do melhor e mais produtivo imposto do sistema tributário brasileiro, hoje outorgado à competência dos Estados: o ICMS. A concentração política, financeira e jurídica inerente às últimas reformas constitucionais é patente. Acresce, ainda, que grande parte da sociedade não suporta aumento da carga tributária, embora a carga atual seja insuficiente para o financiamento do Estado e a manutenção de serviços públicos essenciais, adequados e eficientes e cresçam os níveis de sonegação fiscal.

Não obstante, embora não se tenha desencadeado uma discussão sobre o papel do Estado, nem sobre os encargos concernentes a cada Ente Estatal, pressupondo-se a manutenção aproximada do atual modelo (quanto aos deveres do Estado e à repartição de encargos), urge, mesmo assim, fazer mudanças no sistema tributário vigente. Cumulatividade, regressividade, bases econômicas e sociais restritas, complexidade. Esses os principais defeitos a serem corrigidos.

Enquanto não se discute uma reforma ideal, com a definição dos pressupostos básicos essenciais, é preciso corrigir os vícios atuais e evitar que outras propostas danosas se instalem.

Em termos genéricos, é essencial que o sistema tributário ofereça às diferentes pessoas políticas da Federação, na Constituição, governabilidade, sem dependência excessiva, e um núcleo de tributos bem estruturado. A carga tributária, variável, em razão da definição dos deveres do Estado, é determinada pela legislação tributária, de tal maneira que, mesmo sem um amplo debate prévio, essencial ao cumprimento ideal dos pressupostos, certa flexibilidade permitirá uma relativa adaptação futura.

3. Reforma tributária, Federalismo e ICMS

Um grave prejuízo para uma reforma ideal está na indefinição das tarefas outorgadas aos Estados. É evidente que certos serviços, inerentes à natureza do Estado, às funções de cada um dos Poderes e à segurança, são indelegáveis. Mas uma série de outros poderão ser assumidos, em maior ou menor grau.

Entretanto, uma questão, na hora presente, pode ser assentada. As reformas em curso em nosso País, constitucionais e legais, em outros setores como administrativo, previdenciário, econômico-financeiro e político, uma vez implantadas desencadearão um profundo desequilíbrio, com radical redução da liberdade política dos Estados. Pode-se mesmo afirmar que estará profundamente abalado o princípio federativo, com perfeita unificação de recursos e centralização de decisões em mãos exclusivas da União. Por que não se pode conter o processo? Simplesmente porque inexistente a visão de conjunto, diluídos os mecanismos de unificação em uma série de atos isolados, aparentemente desconexos. Em decorrência não se deve raciocinar, no Direito Tributário, isoladamente, mas na consideração desse sistema como um todo.

Como vimos, o Brasil, seguramente, tem seus próprios pontos de tensão política, equilibrados de forma diferente em relação a outros Estados, como o norte-americano ou alemão. Do modelo norte-americano, restou uma efetiva área de exercício da competência legislativa própria para os Estados e os Municípios, eliminada porém a competência concorrente e outorgada a residual à União, em contraposição à solução norte-americana e mesmo à alemã. Do modelo europeu, impregnado pela democracia social, colocou nossa ordem jurídica o federalismo financeiro a serviço da erradicação da miséria e da pobreza e da redução das grandes desigualdades entre Estados, por meio de uma redistribuição da receita arrecadada em fundos de participação.

Portanto, o federalismo financeiro nacional repousa na idéia de que as competências tributárias conferem aos entes estatais – pelo menos à União e aos Estados – receita suficiente (e até excedente) para a manutenção dos serviços e finalidades públicas que lhes são atribuídos. Cada ente público deve criar os tributos que lhe foram destinados pela Constituição, arrecadá-los e administrá-los, sendo essa receita, em princípio, garantidora da governabilidade de cada pessoa estatal. Os excedentes devem ser redistribuídos para os entes estatais menores – em que os fins de equalização são predominantes – (da arrecadação da União devem verter recursos para os Estados e Municípios; dos meios financeiros atribuídos aos Estados, parcela deve ser canalizada para os Municípios). A redistribuição de tais recursos obedece a critérios diversificados, mas a necessidade é dos mais relevantes, de tal sorte que além de um fundo especial destinado a favorecer os Estados do Norte, Nordeste ou Centro-Oeste, criado pela Constituição, cerca de 85% dos recursos do Fundo de Participação dos Estados e do Distrito Federal são canalizados para aquelas mesmas regiões mais pobres do País (Lei Complementar n. 62/89) e apenas 15%, destinados ao Sul-Sudeste.

O conceito de federalismo, como vimos, resulta de uma análise global da ordem jurídica. Nesse aspecto, os pontos de equilíbrio, em nosso País, têm sido profundamente alterados por leis e contratos, de tal sorte que Estados e Municípios têm sido forçados, em decorrência da atual situação financeira ruinosa em que se encontram, ou a aderir a uma política federal de projetos e propostas ou a custear os apertos de caixa do Tesouro nacional. Tal contexto não pode ser esquecido pelos Estados, que não poderão ceder à União a competência para legislar e apropriar-se da receita do ICMS, o mais importante e produtivo imposto do ordenamento.

Não são raras as afirmativas em nosso País de que nunca tivemos um federalismo real. Mas quando se medem as perdas ora ocorridas, e aquelas que ainda podem vir, constata-se que sempre houve, entre nós, federalismo, quer do ponto de vista formal (com a existência de ordens jurídicas distintas), quer do ponto de vista material (com um espaço real decisório e de condução da política própria de Estados e Municípios).

Nesse contexto, perderem os Estados o poder de legislar sobre o mais amplo e mais produtivo imposto do sistema, o ICMS, como pretende a União, significará prejuízo muito expressivo, quer política, quer financeiramente. A essência da forma federal de Estado não está na relativa descentralização administrativa ou financeira, fenômeno comum ao Estado unitário, como se sabe, mas em uma autonomia político-jurídica, segundo a qual se distribui o poder de legislar, inclusive e especialmente, o poder de legislar na criação de tributos. É que a aptidão para criar impostos mediante lei é a maior de todas as manifestações de autonomia política. Cassá-la, ainda que conservando a competência para legislar em outros ramos jurídicos, representa uma redução insuportável em um Estado Federal, já profundamente fragilizado.

É preciso lembrar que a Constituição de 1988 trouxe um novo pacto federal, marcado pela descentralização política e financeira, coroamento de um longo processo de redemocratização do País. Hoje, por meio do Fundo de Estabilização Fiscal e da criação de novas exações fiscais em favor da União, retornamos aos padrões anteriores. Restou com os Estados apenas o poder de legislar sobre o mais produtivo tributo do sistema...

Não se pode perder de vista, que os Estados assinaram com a União um contrato de renegociação de dívida, por trinta ou mais anos, segundo o qual – sem prévia discussão, defesa ou intervenção do devedor – foram cedidas as receitas do ICMS e dos demais tributos ao governo central, sob condição suspensiva do não pagamento. Cederam os Estados o incedível e o inalienável, suas receitas próprias, aquelas previstas no campo tributário, como condição mínima de governabilidade. Enquanto não for declarada inconstitucional a cláusula aludida, será erro grave ceder algo mais, em qualquer circunstância.

Além disso, quanto maior o volume de recursos arrecadados pela União, a serem transferidos a Estados e Municípios, maior será o grau de dependência política e financeira. Como o parágrafo único do art. 160 tem sido erroneamente interpretado pela União, bloqueios e retenções de recursos alheios são praticados por créditos unilateralmente reconhecidos por ela. Entretanto, não têm os Estados o mesmo instrumento, de execução extrajudicial, para haver os seus créditos.

Considerando, portanto, a autonomia dos Estados Federados, é essencial conservar o ICMS no campo de competência legislativa estadual, de forma compartilhada com a União. Para isso é necessário:

– atribuir ao Estado e ao Distrito Federal competência para legislar, administrar e arrecadar um amplo ICMS, incidente sobre operações de circulação de mercadorias e prestação de serviços, por meio do trabalho, das locações de bens móveis e imóveis e da criação de disponibilidades e utilidades em geral, inclusive importações de toda natureza;

– limitar o campo das isenções a áreas definidas em lei complementar como atividades agrícolas, pecuárias, educação e saúde;

– submeter a concessão das isenções, após prévia delimitação de seu campo de abrangência em lei complementar, a convênios interestaduais, ratificados pelas respectivas Assembléias Legislativas dos Estados;

– instituir a uniformidade das alíquotas internas, interestaduais e de importação, atendida a seletividade;

– as alíquotas estaduais serão definidas, por unanimidade, entre os Estados e consagradas nas leis estaduais;

– aumentar o campo de abrangência das normas gerais, editadas por meio de lei complementar federal, para se alcançar maior uniformidade nacional;

– instituir um fundo de compensação entre os Estados, administrado pela União, Estados e Distrito Federal, para pagar ao Estado do destino, a diferença canalizada aos Estados exportadores líqüidos.

Como se constata, do ponto de vista dos Estados, o Federalismo deve ser afetado pelos princípios do Estado Democrático de Direito. Impõe-se garantir que o produto do imposto sobre o consumo permaneça no Estado que o pagou, sem que tenhamos, em contrapartida, desagregação de mercado e quebra da cadeia de débitos e créditos. Não é possível tolerar mais que os Estados mais ricos, especialmente São Paulo, tenham parcela de seu imposto financiada pelos mais pobres, razão pela qual o fundo de compensação entre os Estados é de importância cada vez maior.

3.1 Federalismo e imposto de consumo ideal em um mercado completamente integrado. O princípio da tributação na origem. Inexistência de incidência nas importações

O Brasil é país de dimensões continentais, que funciona com unidade territorial em um mercado perfeitamente integrado. A Constituição de 1988, na mesma linha das anteriores, dentro do território nacional, também veda que Estados e Municípios criem discriminações tributárias (quer por meio de imposto, quer por meio de taxas sanitárias de inspeção ou de fiscalização) entre bens e serviços, em razão de sua origem ou de seu destino (art. 152). O objetivo é submeter bens e serviços a um tratamento equânime dentro de Estados ou de Municípios, de modo que possam circular livremente sem barreiras fiscais estabelecidas por uns, em detrimento de outros. O objetivo é preservar a unidade política econômica nacional; o objetivo é manter integrado o grande mercado consumidor nacional.

Nesse sentido, visando a essa harmonização, a Constituição adota certos princípios especiais em relação ao imposto sobre operação de circulação de mercadorias e serviços de transporte e comunicação (ICMS). Como esse tributo é de competência dos Estados-Membros, nas operações de circulação interestadual, é necessário evitar que uma mesma mercadoria seja tributada tanto no Estado de origem, como naquele de destino. A técnica ideal, para isso, é a técnica da tributação no Estado de origem, como determina a Constituição Federal.

Entretanto o objetivo não é apenas impedir a elevação do preço da mercadoria pela transferência da dupla carga tributária, mas sobretudo permitir, em relação a certo Estado, que os bens advindos de outros possam concorrer em igualdade de condições com aqueles locais. Para isso, como se sabe, existem duas soluções. A primeira, mais utilizada, é a de optar pelo princípio da tributação exclusiva no Estado de destino, solução própria dos mercados não integrados e aquela que se pratica no comércio internacional, em geral; a segunda, que foi a solução brasileira, também adotada na Constituição de 1988, e única ajustada a um mercado perfeitamente integrado, é a adoção do princípio da tributação única no Estado de origem (embora, financeiramente, haja uma repartição entre um e outro Estado ou compensação). O que falta, em nossa Constituição é a previsão de uma técnica compensatória eficiente, que assegure ao Estado do destino a restituição do imposto por ele suportado. Para isso, não são suficientes as alíquotas diferenciais por região.

O princípio do destino é a regra universal, adotada pelos países da Comunidade Européia no imposto sobre o valor agregado, porque aquela comunidade não completou ainda sua integração. É também adotada pelos nações exportadoras de modo geral. O Brasil também aderiu à regra, por meio da Lei Complementar 87/96, que determinou a exoneração total das exportações (inclusive dos produtos primários e semi-elaborados) e a tributação das importações. Por esse princípio, as mercadorias e serviços saem livres de tributos do Estado de origem, e somente se sujeitam ao imposto no Estado de destino (ou importador). Para isso, o Estado de origem devolve o tributo pago nas operações anteriores (manutenção de créditos) quer nas etapas de comercialização quer naquelas de industrialização, de tal forma que os bens se submetem aos tributos no Estado de destino, livres de impostos, em absoluta igualdade de condições com os bens nele produzidos. Portanto, independentemente de sua origem, os bens e serviços deverão ser isonomicamente tratados, podendo os Estados estabelecer, com maior liberdade e flexibilidade, suas alíquotas internas.

Com o princípio de origem, as mercadorias e serviços que circulam de um Estado a outro, independentemente de seu destino, incorporam no preço, os impostos pagos no Estado de origem (ou exportador), inexistindo interrupção na cadeia de operações do produtor ao consumidor final. É assim irrelevante que o bem ou o serviço se transfira de um Estado a outro, havendo verdadeira integração e unidade no mercado, formado por distintos Estados. É necessário que o Estado do destino aceite os créditos gerados em outro Estado, de modo que os impostos pagos naquele de origem sejam abatidos do imposto a ele devido. Essa a regra da Constituição brasileira nas operações interestaduais dentro de seu mercado interno. Portanto, a tributação no Estado de origem é a mais evoluída do ponto de vista de uma integração político-econômica mas, em contrapartida, é forma complexa, porque exige um rigoroso controle interno sobre os incentivos e demais benefícios (cf. John Wilkins, "VAT in the European Community: How it works and modifications planned for 1992", *Bulletin* 1991, n. 7/8, International Bureau of Fiscal Documentation, Amsterdam; Hugo González Cano, *Analisis de los Sistemas Tributarios en el Mercosur*, Informe presentado en el Seminario ILDAT, Itália, 29 junio-6 julio 1992; Lothar Schemmel, *Steuerharmonisierung in der Europäischen Gemeinschaft,* Karl-Bäuer – Institut des Bundes der Steuergahle e. V., Wiesbaden, Heft 65, Mai 1989).

No Brasil, o princípio do Estado de origem vigente, também chamado de "mercado integrado", é o único adequado à unidade político-econômica territorial. Não há sentido em optar por uma tributação no destino, se ela representa um retrocesso em relação à integração de mercado, que é princípio imperativo da Constituição. Como tributo neutro, não obstante, nas operações interestaduais, deve ser repartido por meio de mecanismos que compensem as perdas dos Estados preponderantemente importadores, em relação àqueles preponderantemente exportadores. A solução brasileira adotada (como já alertara Aliomar Baleeiro) não foi a criação de um Fundo de Compensação, mas a atribuição constitucionalmente feita ao Senado Federal da fixação das alíquotas aplicáveis às operações interestaduais e de exportação. Estando o Estado de origem localizado nas Regiões Sul-Sudeste do País, mais desenvolvidas economicamente, as remessas de suas mercadorias para outras regiões, que são consumidoras líqüidas, acarretam a imposição de uma alíquota menor para que o Estado do destino se aproprie de uma diferença maior em relação às alíquotas incidentes sobre as operações internas (18% – 7% =11%).

Portanto, apenas em um mercado perfeita e completamente integrado, como é o caso do mercado nacional, as compras de um Estado a outro não configuram importações, são simples operações interestaduais que não podem ser oneradas no momento de sua introdução no território estadual. Pessoas, bens, mercadorias e serviços circulam livremente, em igualdade de condições. É indiferente ou deve ser indiferente que um consumidor, residente em certo Estado da Federação, adquira o mesmo produto em seu próprio Estado ou em outro, deslocanseu próprio Estado ou em outro, deslocando-se pessoalmente para esse fim ou não. Assim, se um consumidor paulista desloca-se pessoalmente para outro Estado (Minas Gerais, por exemplo) para realizar compras, sujeita-se ao imposto cobrado e arrecadado no Estado mineiro, onde as efetua, em igualdade de condições com os demais consumidores. Se igualmente o consumidor paulista faz compras à distância, por correspondência, adquirindo mercadorias de outro Estado, suportará o mesmo tributo incidente nas operações internas (e não interestaduais), para inteira harmonização, vedada a distorção na concorrência. É o que estabelece o art. 155, § 2º, VII, "b". Eventuais diferenças no preço entre produtos iguais, produzidos em Estados diversos, podem resultar de razões comerciais e industriais, mas não, diretamente, de discriminações de imposto (que devem ser vedadas).

3.2 Os vícios graves do sistema de origem no modelo brasileiro. Soluções

O caminho, que começamos a trilhar, na busca de um imposto de consumo ideal e neutro, está longe de terminar. As isenções freqüentes e as alíquotas interestaduais diferenciadas quebram, também, a neutralidade do imposto, reforçando a necessidade de se repensar o ICMS em um contexto mais amplo. São vícios grandes das normas em vigor:

– desencadear créditos sistemáticos estruturais;

– propiciar evasão fiscal;

– não compensar adequadamente os Estados mais pobres da Federação, que continuam a financiar o ICMS, pago aos mais ricos.

O grande segredo estará na conciliação do Federalismo brasileiro com a existência de um grande imposto indireto sobre o consumo, à moda do IVA, uniforme, neutro, não-cumulativo e justamente distribuído entre os Estados Federados...

Sobretudo, e acima de tudo, é preciso fortalecer a lealdade e a solidariedade existentes entre os Estados da Federação. A guerra fiscal não deverá ser coibida por meio da cassação do poder tributário estadual. É preciso, primeiro, reparar a injustiça decorrente do fato de o ICMS dos Estados mais ricos ser financiado pelos cidadãos dos Estados mais pobres da Federação. Tal situação desigual gera insatisfações generalizadas e "autoriza" a oferta incessante de vantagens fiscais para alocação de investimentos regionais. Para se limitarem ou se desautorizarem subsídios e incentivos discriminatórios, é preciso, antes, recompensar os Estados importadores líqüidos da Federação, que custeiam o imposto arrecadado pelos Estados exportadores líqüidos. São medidas urgentes:

– instituir a uniformidade das alíquotas internas, interestaduais e de importação, atendida a seletividade;

– as alíquotas estaduais serão definidas, por unanimidade, entre os Estados e consagradas nas leis estaduais;

– aumentar o campo de abrangência das normas gerais, editadas por meio de lei complementar federal, para se alcançar maior uniformidade nacional;

– instituir um fundo de compensação entre os Estados, administrado pela União, Estados e Distrito Federal, para pagar ao Estado do destino, a diferença canalizada aos Estados exportadores líqüidos.

3.3 O imposto em um mercado não integrado. A desoneração dos investimentos e da exportação e a tributação das importações, nos mercados não integrados, sem perda da neutralidade

Em mercados ainda não integrados completamente, como vimos, a regra será a tributação no destino, ou seja, exoneração das exportações e sistemática tributação das importações, como, aliás, determina a Lei Complementar 87/96. A tributação da importação, por meio do IPI (e do

ICMS), deve ser a regra geral. Mesmo a Comunidade Européia, em adiantada fase de integração, continua tributando as compras-importações feitas entre os países integrantes da Comunidade e desonerando completamente as vendas-exportações intracomunitárias. Outros blocos voltados à integração, em fase menos desenvolvida – como é o caso do MERCOSUL – com mais razão, devem adotar as mesmas regras.

Ora, iniciada a concretização da união aduaneira entre os países signatários do MERCOSUL, implementa-se um sistema de eliminação de tarifas aduaneiras, a adoção de uma política comercial unificada em relação a terceiros países, a eleição de uma tarifa externa comum e regimes comuns de defesa contra a prática comercial desleal. Como se vê, a eliminação dos impostos de exportação e de importação é o primeiro passo para a criação da livre circulação de bens, serviços e de fatores produtivos. Mas para se conseguir a livre circulação de mercadorias, produtos e serviços, é mister criarem-se condições objetivas que garantam a livre concorrência e a necessária harmonização do sistema tributário dos países envolvidos. Esse é um lento processo. Enquanto ele não se complementa, durante muitos anos ainda, a Argentina, o Paraguai, o Uruguai e o Brasil continuarão exonerando totalmente a exportação de seus produtos industrializados e outros. Aliás, temos entre nós normas de imunidade constitucional (a do art. 153, § 3º, III, e art. 155, § 2º, X, "a"), que dão grande estabilidade à técnica de tributação das exportações – pelo menos quanto aos produtos industrializados – exclusivamente no país do destino.

Portanto, saindo os produtos exportados sem o pagamento do imposto incidente sobre a produção industrial nos países de origem (ou equivalentes como o IVA ou TVA sul-americano ou europeu), submetem-se ao imposto (IPI e ICMS) no país do destino. Esse o princípio do destino, inerente ao comércio internacional em geral e aos mercados ainda não totalmente integrados (de que é exemplo a Comunidade Européia). É irrelevante que a importação se destine à nova industrialização, ao comércio ou ao consumo do importador. O fundamental é que o produto estrangeiro importado circule, no mínimo, e pelo menos, em iguais condições em que circula o produto nacional. Como se sabe, a formação de mercados de integração depende, até a harmonização completa dos tributos internos da cada país envolvido, de que os produtos de cada um sejam igualmente tratados, dispensando-se aos estrangeiros o mesmo tratamento dado aos nacionais. Ora as alíquotas aduaneiras, inerentes ao Imposto de Importação tendem, em um mercado integrado, ou em processo de integração, a serem fixadas em 0 (zero). Enquanto existirem portanto impostos como IPI e ICMS no mercado interno nacional, é inviável desonerar as importações, afrontando-se as leis da livre concorrência e os interesses da indústria nacional.

As compras intracomunitárias efetuadas por particulares, na Comunidade Européia, estão sujeitas à tributação como quaisquer outras. Com a supressão das fronteiras fiscais, havendo livre circulação de pessoas e bens, é lógico que o imposto incide sobre tais operações no país em que são efetuadas. Assim, se um consumidor se deslocou para outro Estado, membro da Comunidade, pagará o IVA local, daquele país onde realizou suas compras. Mas as vendas à distância, ou seja, feitas por correspondência pelo particular, não contribuinte, são tributadas no Estado do domicílio do comprador. Essa a regra geral destinada a evitar que um consumidor de certo Estado somente compra produtos de outro, em que as alíquotas mais baixas do IVA propiciem preços menores, distorcendo as regras da livre concorrência.

Assim, em princípio, mesmo no avançado mercado da Comunidade Européia, as compras à distância, feitas por particulares, por meio de correspondência, sofrem a incidência do IVA no país do destino, como se fossem importação. Se, entretanto, essas compras se dão com deslocamento do consumidor, que adquire pessoalmente a mercadoria em outro Estado, que não o de sua residência, serão pagos os tributos na origem, conforme alíquotas ali vigentes. No último caso, entretanto, regra interessante de exceção é prevista, destinada a evitar distorção na concorrência. Refere-se ela a aquisições de meios de transporte novos (em especial automóveis), os quais são tributáveis no Estado de matrícula do veículo, ainda que a compra seja pessoalmente feita em outro Estado. Avaliam Mercier e Plagnet: "Assim, a TVA é, em princípio, neutra: por exemplo, um particular francês não fará uma economia de imposto indo comprar seu carro em outro Estado, porque a TVA francesa será aplicável. Entretanto, pode acontecer que os veículos sejam vendidos a preço inferior em um outro país, mas por razões (essencialmente comerciais) não diretamente ligadas à TVA" (cf. *Les Impôts en France. Traité de Fiscalité. 1995-1996*, Paris, Lefèbvre, 1996, p. 334).

O que importa é que, no mínimo, sejam os produtos, bens e serviços de certo Estado sujeitos à mesma carga tributária do que aqueles de outro Estado. Se essa regra se impõe nos mercados já integrados ou em vias de integração, é muito mais necessária nos mercados não integrados. Lembremo-nos de que as exportações são livres de tributos no país de origem.

Enquanto o princípio do destino – próprio dos mercados não completamente integrados – funciona adequadamente na Comunidade Européia, a desoneração total das exportações brasileiras foi feita precipitadamente, sem a contrapartida, ou seja, incidência sistemática das importações, quer sejam feitas por pessoas físicas ou jurídicas não contribuintes, para uso próprio, quer sejam feitas por comerciantes, contribuintes do ICMS.

Considerando, portanto, a autonomia dos Estados Federados, é essencial conservar o ICMS no campo de competência legislativa estadual. Mas tal solução (que, entre nós, representa manter o atual estado de coisas) não é, de forma alguma, suficiente.

Ora, há tendência atual, nas propostas de reforma tributária, aqui e alhures, de se prestigiarem os impostos sobre o consumo, ou seja, de se aliviar a carga tributária incidente sobre a renda poupada e o patrimônio. Não obstante, os impostos sobre o consumo são regressivos, razão pela qual, do ponto de vista do cidadão consumidor, que suporta o encargo fiscal, o Estado Democrático de Direito impõe a adoção de medidas complementares.

4. A reforma tributária, do ponto de vista do consumidor

A primeira grande reforma do sistema tributário foi introduzida pela Emenda Constitucional n. 18, de 1965, que o modernizou. Antes dela, as principais críticas ao sistema então vigente prendiam-se a dois pontos básicos: a excessiva concentração de renda e de poder em mãos da União e a regressividade do sistema.

Os mesmos vícios persistem, pois a descentralização, promovida pela Constituição de 1988, foi revertida pela União. Do sistema tributário em vigor, pode-se censurar, em especial, a regressividade persistente e a quebra da neutralidade.

Entre nós, já aderimos a um modelo que se alimenta preferencialmente dos impostos sobre o consumo, aliviando-se a incidência dos tributos sobre a renda poupada e o patrimônio. É injusta a incidência mais gravosa sobre os frutos do trabalho.

Se, não obstante, tanto em nosso País, como alhures, apresentam-se projetos neoliberais, em que se prestigiam os impostos sobre o consumo, urge, pelo menos, implementar os meios que reduzam a sua regressividade.

Nos sistemas tributários em que a maior parte do produto arrecadado com impostos advém do consumo, exatamente naqueles – como no Brasil – em que se manifesta grande desigualdade econômica, é preciso atrelar, constantemente, a aplicação dos recursos a metas, garantidoras de um padrão mínimo e digno de existência. Deve ser criada capacidade de consumo para quem não a tiver. Os Estados, titulares do maior imposto sobre o consumo, o ICMS, têm parcela substancial de responsabilidade no cumprimento dessas metas. As injustiças tributárias somente poderão ser reparadas pela articulação redistributiva das despesas.

Ora, os impostos sobre o consumo, classicamente, mesmo quando elevados, somente são toleráveis se atrelados a mecanismos de atenuação da regressividade. São mecanismos de atenuação, não praticados ou mal praticados em nosso País, que devem ser implementados:

– seletividade efetiva no ICMS, como grande imposto sobre o consumo. Como se sabe, o imposto sobre o consumo mede a capacidade de consumir (renda consumida), pois nesta espécie de tributo, a capacidade econômica não aparece na aptidão para canalizar recursos, diretamente, da renda disponível para os cofres públicos, mas sim, indiretamente, na aptidão para consumir, suportando o consumidor o custo das exações fiscais que lhe é transferido nos preços dos bens adquiridos. Aqueles que não têm capacidade de consumo, não podem adquirir determinados bens. Não obstante, as despesas essenciais, especialmente alimentação, remédios, certos serviços etc., são necessárias, inexistindo liberdade no consumo. Como o cidadão não pode ser privado desses bens essenciais, impõe-se implementar a seletividade no ICMS. Aqueles que não têm capacidade de consumo, não manifestam capacidade econômica;

– incremento dos gastos com assistência social, seguridade, fundos de renda mínima, parcelarmente redistribuído a Estados e Municípios e destinado a criar capacidade de consumo mínimos.

Como se sabe a justiça é una e irrealizável, isoladamente, por meio do Direito Tributário. Ela, necessariamente, se complementa através da técnica das despesas públicas no setor da seguridade social e da assistência social. Entretanto, em nosso País, os deveres assistenciais têm sido tão negligenciados e mal direcionados, que urge relacionar os impostos sobre o consumo com os mecanismos de atenuação das injustiças sociais, reinantes no momento presente.

5. A reforma, o ICMS e o cidadão-contribuinte

Tanto o ICMS quanto o IPI, como tributos que oneram as atividades econômicas, devem ser neutros, não devendo ferir as leis da livre concorrência e da competitividade, que norteiam os mercados. A seletividade, que autoriza o legislador a distinguir em razão da essencialidade dos produtos, não pode ferir a igualdade e a isonomia entre contribuintes que efetuam operações com produtos e mercadorias de igual natureza, no mesmo setor econômico. E foi exatamente em decorrência desses princípios que adotamos tributos plurifásicos e não-cumulativos.

Isoladamente, o IPI e o ICMS ainda são parcialmente cumulativos, apesar das alterações introduzidas pela Lei Complementar 87/96. Em conjunto, o IPI, o ICMS e o ISS são, entre si, cumulativos, com desvio da neutralidade, modernamente recomendável aos impostos sobre o consumo. COFINS e PIS incidem em cascata, onerando a produção nacional em desvantagem comparativa aos produtos importados. É necessário, portanto, extinguir as contribuições sobre o faturamento ou a receita, cumulativas.

São conhecidos os efeitos dos tributos cumulativos, já longamente expostos por economistas e juristas. Utilizemos a síntese de Gomez Sabaini sobre os efeitos danosos dos tributos cumulativos (v. *Coordinación de la Imposición General a los Consumos entre Nación y Provincias*, CEPAL, Chile, 1993, p. 24), que se apoia em John Due (*Indirect Taxation in Developing Economies,* Baltimore, J. Hopkins Press, 1970), ou seja:

– distorção da alocação dos recursos econômicos, já que o imposto não é neutro, alterando os preços desde o produtor até o consumidor final; rompe-se com a neutralidade na competitividade;

– distorção no preço dos bens, maior ou menor, segundo a maior ou menor possibilidade de integração vertical de cada setor;

– desestímulo à exportação, já que não se pode devolver o imposto contido nos insumos e bens de capital, incorporados ao valor do bem exportado. Nessa hipótese ele onera a produção e não o consumo;

– estímulo à importação de bens, especialmente acabados, já que o tributo incidente sobre a importação alcança apenas a etapa final deles, enquanto os produtos domésticos são atingidos cumulativamente em todas as suas etapas;

– efeitos, nos preços finais, de aumento progressivo;

– administração mais cara, pois exige fiscalização ampla, plurifásica, sem nenhum tipo de vinculação entre contribuintes, como ocorre no sistema de compensação, em que o débito de um contribuinte é o crédito de outro.

O interesse em um imposto plurifásico e não-cumulativo reside, exatamente, no ideal de se alcançar neutralidade, ideal perseguido em economias que tendem à integração, como nos modelos europeus ou latino-americanos. Ser neutro significa tanto indiferente na competitividade e concorrência, quanto na formação de preços de mercado. Ao mesmo tempo em que se adapta às necessidades de mercado, onerando o consumo e nunca a produção ou o comércio, o ICMS – Imposto sobre Operações de Circulação de Mercadorias e Serviços de Transporte e Comunicação – é plurifásico, e oferece maiores vantagens ao fisco, pois antecipa o imposto que seria devido apenas no consumo (vantagens financeiras), além de colocar todos os agentes econômicos das diversificadas etapas de circulação como responsáveis pela arrecadação (vantagens contra o risco da insolvência). É evidente que, se impostos sobre o consumo, como o IPI e o ICMS, onerarem o comerciante e a produção, perderão a neutralidade.

A tributação das importações em geral (e da reimportação ou reintrodução no território nacional de produtos nacionais exportados) sujeita-se à incidência do IPI e do ICMS. É que ambos devem ser neutros, não podendo provocar distorções nas leis de concorrência e de competitividade. Ora, os países em geral não tributam suas exportações. Entre nós não incide o imposto federal (IPI) nas exportações, por expressa disposição da Constituição (art. 153, § 3º, III). Na atualidade, todas as exportações nacionais estão desoneradas, igualmente, do ICMS dos Estados (conforme normas da Constituição, conjugadas com a Lei Complementar 87/96). A importação de produtos estrangeiros, ou a reintrodução de mercadorias nacionais exportadas, sem o recolhimento daqueles impostos autorizaria a fraude e a evasão, e quebraria a neutralidade, pois as demais empresas concorrentes sujeitaram-se à incidência.

Ora, a Constituição de 1988 não autoriza que o ICMS onere o contribuinte de *iure*. Ao contrário, por meio do princípio da não-cumulatividade, garante-se que o contribuinte, nas operações de venda que promova, transfira ao adquirente o ônus do imposto que adiantará ao Estado e, ao mesmo tempo, possa ele creditar-se do imposto que suportou nas operações anteriores. A Lei Fundamental somente se concilia com um só entendimento: o ICMS e o IPI não devem ser suportados pelo contribuinte (comerciante, industrial ou produtor). Se o consumidor é o único que não tem direito de crédito, correspondente ao imposto suportado em suas aquisições, então a ordem jurídica supõe que sofra a repercussão (jurídica) do tributo.

Em resumo, em economias de mercado, como nos modelos europeus ou latino-americanos, o imposto da modalidade do ICMS ou do IPI é considerado o ideal, exatamente por suas qualidades:

– é neutro, devendo ser indiferente tanto na competitividade e concorrência, quanto na formação de preços de mercado;

– onera o consumo e nunca a produção ou o comércio, adaptando-se às necessidades de mercado;

– oferece maiores vantagens ao Fisco, pois sendo plurifásico, permite antecipar o imposto que seria devido apenas no consumo (vantagens financeiras), e coloca ademais todos os agentes econômicos das diversificadas etapas de industrialização e circulação como responsáveis pela arrecadação (vantagens contra o risco da insolvência).

Essas as razões pelas quais a Constituição brasileira insiste em um complicado imposto plurifásico, não-cumulativo, sobre a circulação de mercadorias. Essas as razões pelas quais a Europa adotou e mantém o mesmo tributo, em lugar de um simples imposto monofásico sobre o consumo, que não pode oferecer as mesmas conseqüências positivas. A Comunidade Européia adotou em sua primeira diretiva (1967) para harmonização geral do imposto de consumo, o modelo IVA tal como resultou da longa experiência francesa, de pagamentos fracionados e dedução financeira dos investimentos (posteriormente desenvolvido em sua sexta diretiva) (v. Jean-Jacques Philippe, *La TVA à l'heure Européenne,* Paris, Litec, 1993; Jean-Ives Mercier e outro, *Les Impôts en France. 1995-1996*, Paris, Ed. Lefèbvre, 1996; Lothar Schemmel, *Steuerharmonisierung,* Karl-Bräuer-Institut, 1990; Jean Marc Tirard, *La Fiscalité des Sociétés dans la CEE*, Paris, La Villeguerin, 1993; Paul Former-Richard Lyal, *EC Tax Law*, Oxford, Clarendon Press, 1994).

Para que, efetivamente, se assegure a neutralidade, é preciso implantar um regime de compensação real. Para isso, devem ser eliminadas as causas de cumulação de créditos, como as alíquotas diferenciadas nas operações interestaduais, e deve ser instituído um sistema de imediata restituição dos impostos suportados pelo contribuinte, quer por meio de uma ampla compensação, quer por meio da devolução em dinheiro, como fazem os países europeus. É necessário, ainda, eliminar os demais impostos cumulativos da ordem jurídica nacional, como a COFINS e o PIS.

REPETIÇÃO DO INDÉBITO TRIBUTÁRIO E O ART. 166 DO CÓDIGO TRIBUTÁRIO NACIONAL

EDUARDO BOTTALLO

Professor Assistente do Departamento de Filosofia e Teoria Geral do Direito da Faculdade de Direito da Universidade de São Paulo – Advogado em São Paulo

1. Introdução. 2. A classificação dos tributos em "diretos" e "indiretos", segundo o critério da repercussão econômica: 2.1 A classificação dos tributos em "diretos" e "indiretos" é tradicional na doutrina. 3. As Súmulas 71 e 546 do Supremo Tribunal Federal. 4. Fundamentos para interpretação do art. 166 do Código Tributário Nacional. 5. Conclusão.

1. Introdução

O direito à restituição do tributo pago indevidamente tem fundamento nos seguintes princípios constitucionais:

a) o da legalidade estrita da tributação (art. 150, I);

b) o que consagra o direito da propriedade (art. 5º, XXII);

c) o que proíbe a utilização do tributo com efeito de confisco (art. 150, IV);

d) o da capacidade contributiva (art. 145, § 1º).

Nestas condições, os dispositivos do Código Tributário Nacional que tratam do tema (arts. 165 e ss.) devem ser interpretados segundo os parâmetros emergentes dos preceitos maiores aqui apontados, posto estarem a seu serviço.

Isto significa que, tendo o contribuinte pago tributo que não era devido, ou maior do que o devido, emerge seu direito à repetição que, dadas suas nobres raízes, não pode ser amesquinhado quer pela lei, quer – com muito maior razão – por decorrência de interpretação que a ela venha a ser dada.

É dentro deste contexto que se coloca a questão pertinente à restituição dos tributos indiretos.

A concepção que pretende condicionar o reconhecimento do direito de restituição destes tributos à prova de haver o postulante suportado o respectivo encargo, ou de estar seu pleito autorizado por terceiro, que o teria suportado, adquiriu, entre nós, autoridade de direito positivo (Código Tributário Nacional, art. 166).

São de alta relevância os problemas ligados a tal determinação, assim como são evidentes os equívocos e injustiças que ela pode ensejar.

Dessa forma, propomo-nos a examinar, no campo doutrinário, a classificação dos tributos em *diretos* e *indiretos*, segundo o critério da repercussão econômica; adentrar, a seguir, na apreciação das soluções que o Supremo Tribunal Federal deu ao problema e, finalmente, oferecer os fundamentos para a adequada interpretação do art. 166 do Código Tributário Nacional.

Estes, pois, os objetivos do presente estudo, que, em certa medida, retoma linha de investigação por nós já desenvolvida em outro trabalho.[1]

1. "Restituição de Impostos Indiretos", *RDP* 22/314.

2. A classificação dos tributos em "diretos" e "indiretos", segundo o critério da repercussão econômica

2.1 A classificação dos tributos em "diretos" e "indiretos" é tradicional na doutrina

Alguns autores procuraram estabelecê-la em função de padrões rigorosamente jurídicos, valendo, a propósito, lembrar as posições, substancialmente harmônicas, de Rubens Gomes de Souza e Geraldo Ataliba, o primeiro, erigindo a distinção à luz da natureza permanente (tributos diretos) ou temporária (tributos indiretos) do respectivo fato gerador[2] e o segundo, com apoio em A. D. Giannini, fixando o fator distintivo entre uma e outra espécie, em determinadas peculiaridades do elemento material das respectivas hipóteses de incidência. Nessa ordem de idéias, os tributos diretos se caracterizariam por gravarem manifestações imediatas e diretas da capacidade contributiva (patrimônio, renda) e, os indiretos, manifestações mediatas e indiretas dessa mesma capacidade, como o consumo, a prestação de serviços, etc.[3]

São classificações de inegável valor didático, especialmente porque propiciam melhor compreensão de importantes conceitos de Direito Tributário.

Todavia, para os efeitos aqui perseguidos, devemos nos fixar, com maiores detalhes, na análise daquela que procura distinguir os tributos em diretos ou indiretos conforme ocorra, ou não, em relação aos mesmos, o chamado fenômeno da repercussão econômica.

Lembra Alfredo Augusto Becker, quanto a esse tipo de classificação, que "alguns dos precursores da economia e das finanças públicas já utilizavam-na e a sua consagração e divulgação deve-se principalmente à obra dos fisiocratas".[4]

E, na verdade, os fundamentos dessa classificação repousam em noções e princípios que, embora relevantes no campo da Economia e da Ciência das Finanças, são absolutamente estranhos ao Direito Tributário.

Assim, seriam *diretos* aqueles suportados, em definitivo, pelo contribuinte, obrigado por lei ao seu pagamento, e *indiretos* os que são, ou podem ser, transferidos por este (*solvens* ou contribuinte *de jure*), através do chamado fenômeno da repercussão econômica, para uma outra pessoa que, por sua vez, os transferirá ou suportará em definitivo (contribuinte "de fato").

O critério da repercussão econômica não conta com respaldo jurídico bastante para determinar a classificação de tributos em *diretos* e *indiretos*.

Na verdade, é inadmissível, neste plano, condicionar-se o reconhecimento do direito de restituição do indébito tributário à prova de haver o contribuinte assumido o respectivo ônus financeiro, ou estar, a tanto, autorizado por terceiro que o assumiu.

Entretanto, embora sua artificialidade venha sendo proclamada de longa data pela mais autorizada doutrina,[5] esta classificação continua a influenciar, poderosamente, administradores públicos, legisladores e magistrados.

É o que veremos, a seguir.

3. As Súmulas 71 e 546 do Supremo Tribunal Federal

Anteriormente ao advento do Código Tributário Nacional, a questão da restitui-

2. *Compêndio de Legislação Tributária*, Ed. Financeiras, 1952, p. 142.

3. *Apontamentos de Ciência das Finanças, Direito Financeiro e Tributário*, Ed. RT, 1969, p. 92.

4. *Teoria Geral do Direito Tributário*, Saraiva, São Paulo, 1963, p. 489.

5. Cf. Alfredo Augusto Becker, ob. e loc. cits., e, ainda, Rubens Gomes de Souza, "Parecer", *RDA* 10/61; Amílcar de Araújo Falcão, *Direito Tributário Brasileiro*, Ed. Financeiras, pp. 56-57 e, bem recentemente, Sacha Calmon Navarro Coelho, "Prescrição e Decadência no Direito Tributário", *RDT* 71/90-91.

ção dos tributos indiretos foi objeto de largo tratamento pretoriano que acabou por consolidar-se nos enunciados 71 e 546 das Súmulas do STF.

Vejamos, de modo sucinto, como isto se deu.

A jurisprudência, tanto das Cortes inferiores como do próprio Supremo Tribunal Federal, partindo de uma posição doutrinariamente correta – como seja, a do acolhimento, pura e simples, da tese de que cabia ao Fisco que percebesse imposto indevido, a obrigação de restituí-lo (tese, de resto, que encontra respaldo no preceito do art. 964 do Código Civil) –, foi, por assim dizer, retrocedendo, até o ponto de mostrar-se receptiva à influência do fenômeno da repercussão, erigindo-o em poderoso obstáculo às pretensões dos contribuintes de reaver o indevido – ainda quando, sobre essa circunstância, ou seja, a de ser o tributo indevido, não pairasse qualquer dúvida.

Esse movimento regressivo de nossos Tribunais teve origem na "pertinaz recusa dos órgãos administrativos de deferirem pedidos de restituição de impostos indiretos",[6] a qual, finalmente, acabou por encontrar guarida no Poder Judiciário que, a partir de determinado momento, passou a ceder até diante de argumentos surpreendentes, como a alegação de que, em razão do fenômeno da translação (e da "conseqüente" transferência do ônus do imposto ao contribuinte "de fato"), reconhecer-se o direito de repetição ao *solvens* implicaria propiciar-lhe enriquecimento ilícito, sendo, neste caso, preferível que o beneficiário do locupletamento fosse o Estado, pois ele, ao menos, representa o interesse coletivo.[7]

Com o advento das Súmulas do STF, assim dispôs o seu enunciado n. 71: "embora pago indevidamente, não cabe restituição de tributo indireto".

Os precedentes que deram origem a este verbete assentaram-se em argumentos inferidos a partir da pretendida repercussão econômica dos tributos indiretos, da qual decorreria: *a*) a inocorrência de prejuízo financeiro do *solvens* pelo recolhimento do tributo indevido, o que lhe inibiria o uso da ação de repetição, pois esta, fundada na eqüidade, não pode servir de instrumento para enriquecimento sem causa; *b*) a conseqüente falta de legitimidade do *solvens* para pleitear a repetição; *c*) a inexistência de obrigação do *accipiens* de restituir o indevido a quem não provou haver sofrido desfalque patrimonial; *d*) a consideração – já destacada – de que, entre propiciar-se enriquecimento sem causa ao particular ou ao Estado, é preferível que se opte por esta última alternativa, já que tal enriquecimento reverteria em benefício da coletividade, da qual é o Estado o representante.

É bem de ver que tais argumentos, embora apresentados sob coloração jurídica, pouco ou quase nada guardam dessa característica.

Fica evidente que pesaram fatores de caráter econômico, político e, até, emocional, para a consolidação da jurisprudência – base do enunciado em exame –, que somente pode ser explicada à luz das condições sociais e dos graves distúrbios financeiros que imperavam no País no início da década de 60.

Não bastasse o fato de calcar-se em fundamentos insólitos, tal enunciado padecia, ainda, de outro defeito bastante marcante, qual seja: sua redação, lacônica e pouco esclarecedora, reduzindo, como num passe de mágica, toda a problemática que envolve a restituição do indébito tributário a termos tão singelos que, por certo, à sua sombra, muitas injustiças e injuridicidades foram cometidas.

Mais tarde, descolorida atenuação ao rigor deste enunciado foi exteriorizada com o advento do de n. 546: "Cabe a restituição do tributo pago indevidamente, quando reconhecido, por decisão, que o contri-

6. Gilberto de Ulhôa Canto, "Natureza Tributária de Taxa de Despacho Aduaneiro", *RDP* 1/100.

7. Do voto vencedor do Min. Oscar Saraiva na apreciação do RE 38.508, *apud* Gilberto de Ulhôa Canto, ob. e loc. cits.

buinte *de jure* não recuperou do contribuinte de fato o *quantum* respectivo".

Os fundamentos jurisprudenciais deste verbete demonstram que, sem pretender revogar o de n. 71, objetivou, quando muito, "avivar a lembrança" de que o critério de classificação dos tributos segundo a repercussão econômica não é "infalível" e, portanto, sua invocação, para solucionar o problema da repetição do indébito tributário, não pode ser indiscriminada, dependendo das condições peculiares de cada caso concreto.

O enunciado n. 546, portanto, apenas amenizou a inflexibilidade da jurisprudência que o precedeu, sem, entretanto, afastá-la, como seria desejável.[8]

4. Fundamentos para uma interpretação do art. 166 do Código Tributário Nacional

Dispõe o art. 166 do CTN: "Art. 166. A restituição de tributos que comportem, por sua natureza, transferência do respectivo encargo financeiro somente será feita a quem prove haver assumido o referido encargo ou, no caso de tê-lo transferido a terceiro, estar por este expressamente autorizado a recebê-la".

Desde logo podemos afirmar, com base nas observações já feitas e nas conclusões delas extraídas, *que, sob o ponto de vista científico, o dispositivo em causa é inteiramente desprovido de méritos.*

E, como se isso não fosse suficiente, ressente-se, ainda, dos defeitos de uma redação menos feliz, que o torna particularmente obscuro e indefinido.

Todavia, ele existe e, como tal, deve ser reconhecido, dada sua "validade universal no nosso Direito" (Geraldo Ataliba).

Resta, pois, ao intérprete, tentar superar essas dificuldades, e penetrar no espírito da norma, com vistas ao estabelecimento de bases racionais para sua aplicação, pois "somente o conhecimento do espírito que anima a lei permite superar as dificuldades decorrentes da imperfeita formulação da norma, corrigir as contradições decorrentes de oposições verbais entre diferentes preceitos jurídicos e vencer as incertezas que surgem sempre que seja necessário trazer os fenômenos da vida prática, sempre diferentes e variáveis, para debaixo do império de uma norma cuja formulação permanece inalterada."[9]

Longe de nós a pretensão de esgotar o trabalho de exegese do dispositivo em causa; *desejamos apenas registrar algumas observações que nos parecem de relevância para a adequada fixação do seu campo de aplicação.*

O anteprojeto do Código Tributário Nacional, de autoria de Rubens Gomes de Souza (*DOU*, Seção I, de 25.8.1953, pp. 14.567 a 14.593), tratava da questão atinente à repetição do indébito em seus arts. 201 a 204, sem estabelecer, para o exercício desse direito, quaisquer condições do tipo das previstas no preceito sob exame.

Vale dizer, o anteprojeto, adotando a única posição doutrinariamente adequada à espécie, simplesmente desconheceu a existência dos tributos chamados *indiretos*, atribuindo, incondicionalmente, ao *solvens* o direito de repetição, à vista da ocorrência concreta das hipóteses previstas de pagamento indevido.

Já o projeto revisto pela Comissão designada pelo Ministério da Fazenda (*Diário do Congresso Nacional*, Seção I, de 27.3.1963, pp. 889 a 911), apresentava disposição paralela àquela que, a final, foi consagrada, ao preceituar, em seu art. 131:

"Existindo disposição legal expressa que determine ou faculte ao contribuinte a transferência do tributo a terceiro, o direito referido no artigo anterior fica subordinado à prova de que a transferência não ocorreu,

8. A análise dos precedentes que deram origem aos enunciados 71 e 546 foi feita em nosso "Restituição...", cit., pp. 320 a 329.

9. Ezio Vanoni, *Natureza e Interpretação da Lei Tributária*, Ed. Financeiras, 1964, p. 134.

por impossibilidade material ou jurídica em face das circunstâncias materiais do caso".

"Parágrafo único. O terceiro que faça prova de lhe haver sido transferido o tributo pelo contribuinte nos termos deste artigo, sub-roga-se no direito daquele à respectiva restituição".

Embora, em certos aspectos, também equívoco, este texto apresentava sobre o que se converteu no art. 166 do Código, a vantagem de indicar, de forma mais clara, os tributos cuja restituição estaria condicionada à prova de assunção do ônus pelo *solvens*.

Assim, ao invés de referir-se, imprecisamente, a tributos que "por *sua natureza*", comportem a transferência do ônus, o projeto falava em tributos que, por "*determinação legal expressa*", podem ou devem ser transferidos, situação, como se percebe, de compreensão muito mais imediata.

Nisto de assenta nossa convicção de que a correta interpretação do art. 166 somente pode ser erigida com observância da diretriz apontada pelo art. 131 do projeto.

Em outras palavras, temos que o art. 166 diz respeito exclusivamente à restituição daqueles tributos cuja *lei* outorga ao contribuinte *de jure* o direito de receber de determinada pessoa o reembolso do montante por ele pago, ou de reter, de valor eventualmente devido a terceiro, o montante do tributo a pagar.

Esta configuração do problema é essencial para dar ao preceito legal sob exame condições para sua apropriada aplicação.

Tomemos o exemplo do IPI.

A lei de regência desse tributo dá ao fabricante (contribuinte *de jure*) o direito de, no ato da venda de seu produto, acrescer ao valor da operação aquele correspondente ao reembolso do montante a recolher aos cofres públicos a título de imposto.

Nesta hipótese, ocorre o nascimento de duas relações jurídicas: uma entre o sujeito passivo da obrigação tributária (contribuinte *de jure*) e o sujeito ativo dessa mesma obrigação, ou seja, o Poder tributante; a segunda, entre o contribuinte *de jure* (que já aqui assume a posição de sujeito ativo), e o contribuinte "de fato" (o adquirente de seu produto), que se torna o sujeito passivo de um *direito de crédito* tendo por fundamento a primeira relação.[10]

À luz desse exemplo, pode-se fixar o sentido que comporta o mencionado art. 166: a *legitimatio ad causam* do contribuinte *de jure* para pedir a restituição do tributo, quando indevidamente pago, somente existirá na medida em que este provar haver assumido seu encargo (o que seria uma situação de exceção dentro da sistemática do IPI), ou então – e esta é a regra – estar autorizado a fazê-lo pelo contribuinte "de fato" determinado, sobre o qual o ônus repercutiu por força da relação de direito criada.

Nestas condições, o dispositivo em estudo tem seu alcance limitado aos casos de restituição dos tributos em relação aos quais o fenômeno da translação, *por expressa determinação legal – e só por isso –*, passou a ser considerado como fato jurídico.

São, na verdade, aqueles tributos que, em razão do regime legal a que estão sujeitos, o mesmo Becker considera sujeitos a um processo de "repercussão jurídica", que não se confunde, nem guarda relação necessária, com a chamada repercussão econômica, pois esta "pode ocorrer apenas parcialmente ou até não se realizar, embora no plano jurídico se tenha efetivado".[11]

Dois seriam, ainda no entender de Becker, os sistemas de repercussão jurídica do tributo: por reembolso e por retenção na fonte; e o saudoso autor gaúcho assinala a distinção entre ambos: "No reembolso, há o acréscimo do direito de crédito do tributo ao crédito que o contribuinte *de jure* possui com relação a uma outra pessoa, em razão de um determinado negócio jurídico. Na retenção na fonte, há redução

10. Cf. Alfredo Augusto Becker, ob. cit., p. 488.

11. *Idem*, p. 487.

num débito que o contribuinte *de jure* tem perante uma determinada pessoa, em virtude de um determinado negócio jurídico."[12]

Tanto em uma como em outra espécie, contudo, a transferência do ônus se opera *por força de lei*, e essa característica, na verdade, é que deve ser levada em conta para o estabelecimento das bases para a correta aplicação do preceito constante no art. 166 do Código.

O vínculo entre os contribuintes *de jure* e de "de fato", pelo qual o fenômeno da translação, legalmente reconhecido, se opera, é de natureza privada, da mesma forma que o chamado contribuinte "de fato" é estranho à relação jurídica tributária.

Todavia, o art. 166 atribuiu, para seus efeitos, relevância a tal vínculo e a tal figura, de sorte que somente quando a lei de regência de um tributo reconhece ao contribuinte *de jure o direito de transferir ou descontar seu valor (determinado) a, ou de, um terceiro, também determinado*, é que ele, contribuinte *de jure* poderá ter condições materiais necessárias para, em caso de restituição, cumprir os requisitos ali estabelecidos.

A *exigência legal* de determinação do valor a ser transferido ou descontado, bem como da pessoa a quem o mesmo será transferido, ou de quem será descontado, é condição essencial para a incidência do dispositivo.

Estas serão, então, as espécies tributárias que "por sua natureza" (natureza legal), comportam a transferência do ônus.

Admitir-se um campo de aplicação mais amplo para o preceito em consideração, ao ponto de seu cumprimento condicionar a restituição de outras espécies, sujeitas a regime jurídico diverso, seria, na prática, o mesmo que afirmar-se a impossibilidade de sua repetição.

Nem se diga, que o contribuinte poderia demonstrar, por seus livros e arquivos, que não agregou o tributo ao preço, ou, se o agregou, que está autorizado pelo contribuinte dito "de fato" a receber a restituição.

Isto ocorrerá apenas se o regime legal aplicável ao tributo exigir a manutenção de assentamentos que ensejem a identificação do valor do imposto transferido ou descontado e da pessoa a quem ou de quem o foi. Em outras palavras, isso poderá ocorrer com relação aos tributos que, também em nosso entender, estão sujeitos à regra do art. 166.

Todavia, quanto aos demais tributos, ainda que sob critérios econômicos, possam ser taxados de "indiretos", essa demonstração será praticamente impossível.

Como poderia, por exemplo, uma empresa, contribuinte do imposto de importação, ou das contribuições patronais destinadas ao custeio da Previdência Social, saber quem arcou, e em que proporções, com o ônus destes tributos que teve de pagar para desenvolver suas atividades comerciais, industriais ou de prestação de serviços? Quais seriam os registros ou assentamentos onde essas evidências estariam indicadas, com a precisão e o detalhamento necessário, se não há obrigação legal de fazê-lo? Por certo nenhuma.[13]

Por aí se vê que, em hipóteses como as aventadas, a invocação do art. 166 do Código Tributário Nacional, para condicionar a restituição do indevido, implica proclamar-se a própria impossibilidade dessa restituição, o que repugna a consciência

12. *Idem*, p. 488.

13. Daí porque se nos afigura inteiramente írrito o art. 89, § 1º, da Lei 8.212, de 24.7.1991, *verbis*: "Art. 89 (...) § 1º – Admitir-se-á apenas a restituição ou a compensação de contribuição a cargo de empresa, recolhida ao Instituto Nacional do Seguro Social – INSS, que, por sua natureza, não tenha sido transferida ao custo de bem ou serviço oferecido à sociedade". É de deplorar-se, neste preceito, não só a tentativa de impor prova negativa (a chamada "prova diabólica") ao contribuinte, como também a inaceitável vaguidade do texto, na parte em que alude à figura da "sociedade" (*sic*), como suposta contribuinte "de fato" da exação.

jurídica, pois não se pode admitir que uma lei opere no sentido de impedir sejam alcançados os propósitos que ela própria se destina a assegurar, máxime quando se tem em mente – como a princípio, apontado – que esta lei não é mais do que veículo destinado à implementação, dentro do tema que nos ocupa, dos importantes e fundamentais princípios constitucionais da legalidade, da garantia da propriedade e da capacidade contributiva.

5. Conclusão

Como arremate de nosso trabalho, podemos assentar que, fundamentalmente, a aplicação do art. 166 do CTN estará sempre na dependência do *regime legal* a que, *in specie*, o tributo a restituir estiver sujeito: se este (regime legal) contemplar uma das modalidades de "repercussão jurídica" acima indicadas, haverá campo para aplicação do dispositivo em pauta; caso contrário, não poderá o mesmo ser invocado.

Tributos, embora rotulados de "indiretos" por outros padrões, mas cujo regime legal não seja de molde a ensejar a criação de *relações jurídicas* que, especificamente, autorizem o contribuinte *de jure* a transferir seu ônus financeiro a terceiro, não podem ter sua restituição condicionada à regra do art. 166 do Código Tributário Nacional.

CONTRIBUIÇÕES PARA A COFINS, A LEI 9.718/98 E A EC N. 20/98

ROQUE ANTONIO CARRAZZA

Professor Titular de Direito Tributário da Faculdade de Direito da Pontifícia Universidade Católica de São Paulo – Advogado em São Paulo

e

EDUARDO D. BOTTALLO

Professor Assistente do Departamento de Filosofia e Teoria Geral do Direito da Faculdade de Direito da Universidade de São Paulo – Advogado em São Paulo

1. A colocação do problema. 2. Plano de trabalho. 3. A inconstitucionalidade da Emenda Constitucional n. 20/98. 4. A Lei 9.718/98 em face da EC n. 20/98. 5. Necessidade de lei complementar. 6. Ofensa ao princípio da isonomia. 7. Conclusão.

1. A colocação do problema

Examinaremos, neste artigo, a modificação da base de cálculo e a *majoração* da alíquota da COFINS (de 2% para 3%), determinadas pela Lei 9.718, de 27.11.1998, com suposta base na Emenda Constitucional n. 20/98.

2. Plano de trabalho

Com o fito de melhor solucionar os problemas jurídicos que decorrem da referida lei, bem como da própria Emenda Constitucional n. 20/98, enunciaremos os argumentos que podem ser esgrimidos, para questionar a constitucionalidade das modificações introduzidas.

São eles:

1º) a Emenda Constitucional n. 20/98, ao dilargar a *base de cálculo possível* das contribuições sociais para a seguridade social, feriu *cláusulas pétreas* e, neste sentido, é inconstitucional;

2º) a Lei 9.718/98, por ser anterior à referida Emenda Constitucional, não foi resgatada da inconstitucionalidade de que padecia, quando determinava – à época, sem apoio no art. 195, I, da Carta Magna – que o "faturamento" (base de cálculo da COFINS) "corresponde à receita bruta da pessoa jurídica", assim entendida "a totalidade das receitas auferidas pela pessoa jurídica" (art. 3º, *caput*, e § 1º);

3º) ademais, tais modificações (da base de cálculo e da alíquota) só poderiam ter sido decretadas por meio de lei complementar; e,

4º) o art. 8º, da Lei 9.178/98, ao permitir a compensação da majoração da alíquota da COFINS, na apuração da *Contribuição Social sobre o Lucro* (CSL), a cargo do contribuinte, feriu o *princípio da isonomia*.

São estas as idéias que escandiremos, a seguir.

3. A inconstitucionalidade da Emenda Constitucional n. 20/98

A União, como se sabe, pode instituir contribuições sociais para a seguridade social.

Trata especificamente deste assunto o art. 195, da Constituição Federal:

"Art. 195. A seguridade social será financiada por toda a sociedade, de forma direta e indireta, nos termos da lei, mediante recursos provenientes dos orçamentos da União, dos Estados, do Distrito Federal e dos Municípios, e das seguintes contribuições sociais:

I – do empregador, da empresa e da entidade a ela equiparada na forma da lei, incidentes sobre:

a) a folha de salários e demais rendimentos do trabalho pagos ou creditados, a qualquer título, à pessoa física que lhe preste serviço, mesmo sem vínculo empregatício;

b) a receita ou o faturamento;

c) o lucro;

II – do trabalhador e dos demais segurados da previdência social, não incidindo contribuição sobre aposentadoria e pensão concedidas pelo regime geral de previdência social de que trata o art. 201;

III – sobre a receita de concursos de prognósticos".[1]

Os incisos I e II *supra* tiveram esta redação dada pela Emenda Constitucional n. 20, de 1512.1998, que ***ampliou*** a *regra-matriz* das contribuições sociais para a Seguridade Social. De fato, tais incisos, até então, estavam vazados nos seguintes termos:

"Art. 195. (...)

I – dos empregadores, incidente sobre a folha de salários, o faturamento e o lucro;

II – dos trabalhadores".

Pensamos que, pelo menos no ponto em que deu nova redação aos incisos I e II em tela, a referida emenda constitucional padece do insuperável vício da inconstitucionalidade, já que desconsiderou *cláusulas pétreas*.

Com efeito, a *regra-matriz constitucional* dos tributos está situada, a nosso ver, no campo das limitações materiais à atuação do *poder constituinte derivado*. É ela que dá ao contribuinte o direito subjetivo de não ser tributado *além da marca*. Não pode, pois, ser objeto de emenda constitucional que a amplie. Só o *poder constituinte originário* é que tem a possibilidade jurídica de fazê-lo.

Afigura-se-nos clara, portanto, a possibilidade de ser questionada, perante o Poder Judiciário, a validade destas alterações constitucionais.

Assim, na parte que interessa ao presente estudo, continuamos entendendo que a COFINS (que é uma contribuição social para a seguridade social) só pode ser exigida das *empresas*, tendo como base de cálculo o *faturamento*, assim entendido o produto da venda de mercadorias ou da prestação de serviços. *Permanecem excluídas, pois, da base de cálculo deste tributo outras receitas ("v.g.", as financeiras) que não se subsumam ao conceito de faturamento.*

Reforça nosso entendimento o § 4º, do art. 195, da Constituição Federal:

"Art. 195. (...)

"§ 4º. A lei poderá instituir outras fontes destinadas a garantir a manutenção ou expansão da seguridade social, obedecido o disposto no art. 154, I".

A só leitura deste parágrafo já nos revela que *outras* contribuições sociais para o custeio da seguridade social, isto é, que não se ajustem à *regra-matriz* estampada no art. 195, I e II, da Constituição Federal (em sua redação original), só podem ser instituídas, obedecidos os requisitos do art. 154, I, do mesmo Diploma Magno.

Estes requisitos são: *a*) instituição por meio de lei complementar; *b*) observância do *princípio da não-cumulatividade*; *c*) não identidade com nenhum dos impostos mencionados nos arts. 153 (federais), 155 (estaduais) e 156 (municipais), da Constituição Federal; e, *d*) entrega de 20% do produto de sua arrecadação aos Estados e ao Distrito Federal (art. 157, II, da CF).

A Constituição Federal, ao ser promulgada (após o exercício do *poder constituinte originário*), deu aos contribuintes o direito subjetivo de só pagarem *novas* con-

1. Grifamos.

tribuições sociais para a seguridade social (vale dizer, que não se ajustavam à *regra-matriz* do art. 195, I a III), se instituídas com estrita observância do § 4º do mesmo art. 195.

O que aconteceu, no caso em questão?

Por meio do exercício do *poder constituinte derivado*, a Emenda Constitucional n. 20/98 pretendeu possibilitar a criação de *novas* contribuições sociais para a seguridade social, sem observância do aludido § 4º. Com isto, atropelou direito constitucional subjetivo dos contribuintes, malferindo cláusula pétrea (art. 60, § 4º, IV, da *CF*). Melhor explicitando, pretendeu atribuir à União a possibilidade de criar novas contribuições *por meio de lei ordinária*, sem observância do *princípio da não-cumulatividade* e sem a repartição das receitas obtidas (como preconizado no art. 157, I, da CF[2]).

4. A Lei 9.718/98 em face da EC 20/98

Ainda que aceitemos a plena higidez da EC 20/98, o que fazemos apenas *ad argumentandum tantum*, temos para nós que a Lei 9.718/98, por ser a ela anterior, não foi resgatada da inconstitucionalidade de que padecia, quando determinava – à época, sem apoio no art. 195, I, da Carta Magna – que o "faturamento" (base de cálculo da COFINS) "corresponde à receita bruta da pessoa jurídica", assim entendida "a totalidade das receitas auferidas pela pessoa jurídica" (art. 3º, *caput*, e § 1º).

O que estamos tentando significar é que, na medida em que a Lei 9.718/98, ao ser promulgada, era inconstitucional, enquanto determinava a incidência da COFINS sobre a totalidade das receitas auferidas pela pessoa jurídica, este vício jurídico não poderia ter sido elidido, *a posteriori*, nem mesmo por uma Emenda Constitucional.

2. A este respeito, poder-se-ia até dizer que a EC 20/98 feriu o princípio federativo, pois retirou receita dos Estados e do Distrito Federal.

Sendo o art. 3º, § 1º, da Lei 9.718/98 inconstitucional, ele estava fora da chamada "pirâmide jurídica". Em conseqüência, não poderia ter sido "metido à força", pela Emenda Constitucional n. 20/98.

De fato, o art. 3º, § 1º, da Lei 9.718/98 nasceu morto, por não se ajustar ao ordenamento constitucional então vigente. Ora, ele não poderia ter sido "ressuscitado" por uma Emenda Constitucional. É que, com o devido acatamento, inexiste, em nosso direito positivo, aquilo que poderíamos chamar de "efeito Lázaro".

Mas ainda que assim não fosse, o art. 3º, § 1º, da Lei 9.718/98 continuaria sendo inconstitucional, em face da própria Emenda Constitucional n. 20/98.

Com efeito, a referida Emenda, dando nova redação à alínea "b", do inciso I, do art. 195, da Constituição Federal, abriu espaço à instituição de contribuições sociais para a seguridade social, tendo como base de cálculo "a receita ou o faturamento".

Ao assim dispor, a EC 20/98, deixou patenteado que *receita* e *faturamento* são realidades econômicas distintas. Não há como fugir logicamente desta disjuntiva. Receita é, pois, algo diverso de faturamento, em que pese às imprecisões que cercam estes dois conceitos.

Muito bem, a Lei 9.718/98 desconsiderou esta distinção (posteriormente levada a efeito pela EC 20/98), confundindo os dois conceitos, pois estatuiu que o *faturamento* corresponde à *receita bruta*, vale dizer, à "totalidade das receitas auferidas pela pessoa jurídica, sendo irrelevantes o tipo de atividade por ela exercida e a classificação contábil adotada para as receitas" (§ 1º do art. 3º).

Do exposto, fica solarmente claro que o Congresso Nacional, *data venia*, errou duplamente: quando editou uma lei ordinária (a Lei 9.718/98) que não tinha amparo na Constituição e quando editou uma Emenda Constitucional (a EC n. 20/98) que não foi capaz de – apesar de ser esta sua intenção – dar-lhe adequado *fundamento de validade*.

5. Necessidade de lei complementar

Conforme já demonstramos no item 2 *supra*, somente uma lei complementar, editada com estrita observância ao art. 195, § 4º, da CF, poderia ampliar validamente a base de cálculo da COFINS.

Podemos, no entanto, chegar à mesma conclusão, por outra via.

Deveras, a COFINS foi originalmente instituída por meio de lei complementar (a Lei Complementar 70/91). Portanto, quaisquer modificações que viessem a ser introduzidas neste tributo só poderiam ter sido realizadas através de ato normativo desta mesma natureza, e não, como aconteceu, de lei ordinária.

Em abono a esta assertiva, permitimo-nos recordar que o Pretório Excelso, sensível ao argumento, acabou dando pela inconstitucionalidade parcial do antigo FINSOCIAL, o que, diga-se de passagem, moveu a União a criar, em substituição, a COFINS, por meio de lei complementar.

6. Ofensa ao princípio da isonomia

A Lei 9.718/98 permite a compensação de até um terço da COFINS efetivamente paga (o que corresponde à majoração de 1% por ela determinada) com a *contribuição social sobre o lucro líquido*, devida em cada período de apuração trimestral ou anual (art. 8º, § 1º). Esta compensação, todavia, foi condicionada à obtenção de lucro, nos aludidos períodos (art. 8º, §§ 2º e 3º).

Por aí se vê que as empresas que experimentarem prejuízos ou compensarem prejuízos acumulados, não poderão valer-se da supracitada faculdade.

Ora, isto afronta, às abertas e publicadas, o magno princípio da isonomia.

De fato, embora todos os contribuintes devam ser igualmente tratados (art. 150, II, da CF), esta diretriz abre espaço a que as empresas em situação de prejuízo, recebam tratamento fiscal mais favorável.

Celso Antônio Bandeira de Mello é enfático ao admitir que o Estado pode tratar desigualmente pessoas, desde que exista "adequação racional entre o elemento diferencial e o regime dispensado aos que se inserem na categoria diferençada".[3]

Ora, as empresas que porventura não apurarem lucro, vale dizer, que se encontrarem em situação de prejuízo, fazem jus, por sua própria condição, a um tratamento mais favorável, exatamente para que concorram, em igualdade de condições, com as demais. Neste caso, o tratamento desigual é não só possível, como necessário, para que se preserve a isonomia.

Transplantando estas idéias para o assunto em tela, nada impediria, em tese, que, por exemplo, as empresas em situação de comprovados e reais prejuízos, fossem exoneradas do pagamento da majoração da alíquota da COFINS, determinada pela Lei 9.718/98. Não haveria, aí, nenhuma afronta ao princípio da igualdade, mas, pelo contrário, sua reafirmação.

O que absolutamente não se pode admitir é a aplicação inversa do ***princípio da igualdade***. Tal está, por sem dúvida, a ocorrer, na medida em que a empresa que obtém lucro, tem a vantagem da compensação, e a que experimenta prejuízo não na tem.

Como vemos, é o próprio princípio da igualdade que autoriza que, *no mínimo*, se assegure às empresas em situação economicamente detrimentosa, tratamento jurídico equivalente ao dispensado às que apresentem lucro.

Diante do exposto, transparece que a Lei 9.718/98, sem embargo das inconstitucionalidades apontadas nos itens anteriores, infringe maus tratos ao princípio da isonomia.

7. Conclusão

Em face do exposto, parece-nos, s.m.j., que tanto o alargamento da base de cálculo da COFINS, como a majoração de sua alíquota, levadas a efeito pela Emenda Constitucional n. 20/98 e pela Lei 9.718/98, padecem do irremissível vício da inconstitucionalidade.

3. *O Conteúdo Jurídico do Princípio da Igualdade*, 3ª ed., 5ª tir., Malheiros Editores, 1998.

PROCESSO ADMINISTRATIVO TRIBUTÁRIO

JOSÉ ARTUR LIMA GONÇALVES
Doutor em Direito Tributário pela Universidade Católica de São Paulo – Professor dos Cursos de Graduação, Pós-Graduação e Especialização da Universidade Católica de São Paulo – Advogado em São Paulo

e

MÁRCIO SEVERO MARQUES
Mestre em Direito Tributário pela Universidade Católica de São Paulo – Auxiliar de Ensino da Universidade Católica de São Paulo – Advogado em São Paulo

1. Processo e procedimento. 2. Procedimento e Processo Administrativo Tributário. 3. Competência impositiva e Administração Tributária. 4. Fiscalização e os princípios da verdade material e da ampla defesa. 5. Processo Administrativo Tributário e auto de infração. 6. Devido processo legal e duplo grau de jurisdição. 7. O Decreto 70.235/72. 8. A Medida Provisória 1.770/99 e suas reedições. 9. A Jurisprudência.

Analisamos, nesse estudo, o processo administrativo tributário, em face do sistema positivo brasileiro vigente, tendo em vista os princípios e demais regras constitucionais que disciplinam o exercício da função executiva concernente ao controle e fiscalização da arrecadação tributária, explicitando alguns dos instrumentos e garantias processuais deferidos ao particular para a tutela de seus interesses, no âmbito do devido processo legal, que lhe assegura o acesso a todos os recursos e meios de prova necessários ao regular exercício do seu direito – constitucionalmente outorgado – à ampla defesa. A partir daí examinamos o conteúdo do art. 32 da Medida Provisória 1.770/99,[1] que, modificando a legislação que disciplina o processo administrativo para a determinação e cobrança dos créditos fiscais da União (Decreto n. 70.235/72), passou a exigir do contribuinte o depósito prévio de valor correspondente a 30% do débito fiscal fixado em decisão administrativa de primeira instância, como condição para o conhecimento de recurso pelo Conselho de Contribuintes.

1. Processo e procedimento

Inicialmente, parece-nos conveniente discernir, ainda que de forma sucinta, processo de procedimento.

Segundo ensina a professora Lucia Valle Figueiredo, "acreditamos que se possa referir a 'processo' quando estivermos diante dos de segundo grau, como denomina Giannini, que sejam disciplinares, sancionatórios ou revisivos (quando houver, portanto, 'litigantes' ou 'acusados'); do contrário, como 'requisito essencial da atividade administrativa normal da explicitação da competência, haverá procedimento'".

Procedimento seria, pois, simples "forma específica de se desenvolver função administrativa, judicial ou legislativa", ou, em outras palavras, "o caminho a ser percorrido pela Administração a fim de cumprir determinadas formalidades seqüenciais para chegar ao ato final."[2] E processo, por

1. Essa Medida Provisória foi originariamente adotada sob n. 1.621-97, tendo sofrido sucessivas reedições, sob n.1.699/98, e, finalmente, sob n. 1.770/99.

2. In *Curso de Direito Administrativo*, 3ª ed., Malheiros Editores, 1998, p. 378.

sua vez, seria aquele instaurado pela autoridade competente, no caso de "situações em que há 'controvérsias', em que há 'sanções, punições disciplinares'",[3] ou seja, situações de acusação em geral ou litigância.

2. *Procedimento e Processo Administrativo Tributário*

Por procedimento administrativo tributário devemos entender aquele instaurado para implementação da função administrativa relativa ao controle e fiscalização da arrecadação de tributos, o qual deve ser exercido mediante atividade – administrativa – plenamente vinculada, submetida irrestritamente à lei, que deve pautar a conduta dos agentes e órgãos do Poder Executivo incumbidos de levá-la a cabo. Nesse sentido, procedimento alcança as hipóteses de revisão de lançamento, pedidos de isenção, reconhecimentos de imunidade e quaisquer outros expedientes necessários à regular atividade de fiscalização desenvolvida pela Administração Tributária, para a verificação da regularidade do contribuinte, no que concerne às suas obrigações principais e deveres instrumentais correlatos.

Haverá processo tributário, por outro lado, sempre que houver litigâncias, controvérsias ou acusações em geral, porque os rígidos parâmetros constitucionais que delimitam a função executiva concernente à fiscalização e controle da arrecadação, exigem da Administração Tributária, para que possa imputar ao contribuinte responsabilidade pelo descumprimento da legislação de regência, a observância ao pleno contraditório e à ampla defesa (com os recursos a ela inerentes), que só podem ser devidamente implementados no âmbito do devido processo legal.

Em síntese, sempre que haja necessidade de se verificar (fiscalização) ou ver reconhecida a existência ou inexistência de uma determinada relação jurídica, como medida indispensável para assegurar direito subjetivo do particular, no que concerne ao cumprimento de suas obrigações tributárias e deveres instrumentais correlatos, haverá procedimento tributário, impondo-se a atuação do Poder Público por meio dos órgãos e agentes da Administração Tributária. E no âmbito deste procedimento, sempre que houver litigância (controvérsia) ou acusações em geral, deverá ser instaurado processo administrativo, deferindo-se ao particular – acusado – o amplo acesso a todos os meios de prova necessários à tutela de seus interesses, mediante pleno contraditório.

3. *Competência impositiva e Administração Tributária*

Nos termos do art. 1º da Constituição, a República Federativa do Brasil constitui-se em Estado Democrático de Direito, assim submetido à legalidade e à jurisdição.[4]

3. *Idem, ibidem*, p. 380.

4. Geraldo Ataliba refuta a afirmação de que a simples subordinação à lei seria suficiente para caracterizar o Estado de Direito, apoiando-se na doutrina de Balladore Pallieri, que também exige a submissão à jurisdição. Verifique-se a seguinte passagem de sua obra *República e Constituição* (2ª ed., Malheiros Editores, 1998, p. 94):

"É corrente a afirmação que o Estado de Direito é o que se subordina à lei. Tal concepção, entretanto, é equivocada, porque insuficiente. Equivocada, na medida em que se ajusta à maioria dos Estados modernos, os quais *sempre* atuam de acordo com a lei.

Santi Romano denunciou o equívoco consistente em supor-se que, por haver uma lei designada Constituição, *ipso facto* já se estaria diante de um Estado constitucional. E demonstrou a necessidade de que um Estado adote os padrões do constitucionalismo, para ser qualificado como Estado constitucional, no sentido rigoroso da palavra (v. *Princípios Gerais de Direito Constitucional Geral*, trad. brasileira de Maria Helena Diniz, São Paulo, Ed. RT, 1977, pp. 42 e ss.).

Assim, também, para que se repute um Estado como de Direito, é preciso que nele se reuna à característica da subordinação à lei, a da submissão à jurisdição, nos termos postulados por Giorgio Balladore Pallieri (v. *Diritto Costituzionale*, 3ª ed., Milão, Giuffrè, pp. 80 e ss., especialmente, p. 85).

Esse notável publicista milanês insiste em que só é possível reconhecer Estado de Direito onde: a) o Estado se submeta à jurisdição; b) a jurisdição deva

Daí a razão da necessária "tripartição dos Poderes" da União, estabelecida pelo art. 2º do texto constitucional, exigindo que o exercício do poder soberano – uno e indivisível, por definição – seja repartido entre diferentes órgãos, a quem sejam atribuídas funções distintas.

Dessa idéia de repartição do exercício do poder emerge a noção de competência, conforme anota J. J. Gomes Canotilho: "... o conceito de *competência* explica, de forma positiva, o poder de acção e actuação, delimitado e distribuído entre os vários órgãos. Por sua vez a *tarefa constitucional* é o conceito que exprime a vinculação positiva ou negativa dos órgãos constitucionais ao cumprimento de determinados actos (actuação, actividades) e a adequação destes à realização dos fins ou imposições constitucionalmente determinados".[5]

Competência, portanto, representa quantidade de poder normativamente atribuída (*i*) às pessoas políticas de direito público interno, seus órgãos Legislativo, Executivo e Judiciário, (*ii*) às entidades da Administração Pública direta e indireta, bem como (*iii*) aos demais agentes e órgãos do Poder Público, limitando e delimitando as atividades e funções a serem por eles desenvolvidas e implementadas.

E, no sistema constitucional positivo brasileiro, a competência normativa para a instituição de tributos foi conferida, com exclusividade, ao Poder Legislativo (de cada pessoa política), em razão dos rígidos contornos do princípio da legalidade (decorrência do regime republicano adotado), estabelecido de forma genérica pelo art. 5º, II, e reforçado, no que concerne à matéria tributária, pelo art. 150, I, ambos da Constituição.

Daí porque apenas a lei (norma jurídica editada pelo Poder Legislativo) pode descrever integral e exaustivamente todos os aspectos das normas jurídicas de tributação (salvo exceções expressas, autorizadas pelo próprio texto constitucional), necessários à identificação do fato imponível, na linguagem do saudoso professor Geraldo Ataliba, ou do fato jurídico tributário, na lição do preciso Paulo de Barros Carvalho.

Competência impositiva ou tributária consiste, assim, na faculdade constitucionalmente outorgada às pessoas políticas de direito público interno para criar legislativamente as normas jurídicas de tributação, descrevendo as respectivas hipóteses de incidência (Geraldo Ataliba) ou regras matrizes de incidência (Paulo de Barros Carvalho).

No sistema positivo brasileiro, essa competência foi outorgada diretamente pela Constituição da República, que delimitou o âmbito de validade formal e material das normas de tributação a serem editadas pelos órgãos legislativos da União, dos Estados, do Distrito Federal e dos Municípios.

A partir da edição dessas normas tributárias (pelas pessoas políticas competentes) é que tem lugar a função administrativa dirigida a verificar a regularidade fiscal do contribuinte, no que concerne ao cumprimento de suas obrigações tributárias e deveres instrumentais. E esta tarefa administrativa pressupõe a averiguação exaustiva e imparcial dos eventos do mundo fenomênico, (*i*) para efetuar sua tradução em conceitos, criando-se os respectivos fatos jurídicos,[6] (*ii*) para a verificação da

aplicar a lei preexistente; c) a jurisdição seja exercida por uma magistratura imparcial (obviamente, independente) cercada de todas as garantias; d) o Estado a ela se submeta como qualquer *pars*, chamada a juízo em igualdade de condições com a outra *pars*.

Só esta consideração – que tem, no Brasil, o suporte de Ruy Cirne Lima, Seabra Fagundes, Víctor Nunes, Tércio Sampaio Ferraz, Celso Antônio, Dalmo Dallari, Josaphat Marinho e outros publicistas de prol – já demonstra quão poucos são os Estados contemporâneos que podem receber a qualificação de Estado de Direito".

5. In *Fundamentos da Constituição*, Coimbra Editora, 1991, p. 185.

6. Veja-se, para desenvolvimento desta noção, J. A. Lima Gonçalves: "Lançamento (meditação preliminar)", in *Estudos em Homenagem a Geraldo Ataliba*, Malheiros Editores, 1997.

eventual subsunção destes fatos jurídicos (conceitos) à descrição normativa correspondente, e (*iii*) para identificação das peculiaridades destes fatos jurídicos e determinação do conteúdo da obrigação tributária daí originada.

No exercício dessa atividade (função executiva concernente à fiscalização e controle da arrecadação tributária), a interferência valorativa do agente público encarregado de levá-la a cabo é absolutamente vedada, pois, em face do princípio da legalidade, trata-se de atividade administrativa plenamente vinculada.

Alberto Xavier, sobre a questão, assim se manifesta: "(...) existiria discricionariedade quanto ao conteúdo se a lei autorizasse a administração, na prática do lançamento, a exercer uma liberdade de escolha referente a qualquer dos elementos que concorrem para, em abstrato, definir a prestação tributária individual. Uma autorização dessa espécie, seria, porém, inconstitucional – e isto precisamente por brigar contra o princípio da legalidade na sua expressão de reserva absoluta de lei ou de tipicidade. Ora, de harmonia com o princípio da tipicidade – *nullum tributum sine lege* – a lei fiscal contém em si mesma uma valoração definitiva das realidades sobre que versa, a qual exclui qualquer elemento a ela estranho, especialmente a vontade da administração".[7]

Daí poder-se afirmar o caráter estritamente vinculado do lançamento (reconhecido pelo art. 142 do Código Tributário Nacional), porque a autoridade administrativa apenas verifica a efetiva subsunção do fato jurídico correspondente ao evento ocorrido (no mundo fenomênico) ao antecedente da norma jurídica de tributação (abstratamente descrita em lei), evidenciando as características da obrigação – jurídica – daí originada, de acordo com as prescrições contidas no mandamento desta mesma norma jurídica.

7. In *Do Lançamento no Direito Tributário Brasileiro*, p. 162

4. Fiscalização e os princípios da verdade material e da ampla defesa

Na medida em que à autoridade administrativa é vedada qualquer apreciação subjetiva no exercício da atividade de verificação da eventual ocorrência do fato imponível e aplicação da lei, afirma-se a irrestrita subordinação do processo administrativo tributário ao princípio da verdade material.

Deveras, a sistemática constitucional impõe à Administração proceder à coleta de todas as provas e documentos que lhe possam auxiliar na análise dos fatos correspondentes aos eventos efetivamente acontecidos no mundo fenomênico (e sua eventual subsunção às normas jurídicas de tributação), ainda que as circunstâncias que envolvam estes eventos apresentem-se em desacordo com as formalidades exigidas pela legislação tributária.

É que o eventual descumprimento de dever instrumental tributário (impropriamente denominado pela legislação tributária de "obrigação acessória"), não implica automática e inexoravelmente o descumprimento concomitante da correspondente obrigação principal. O contribuinte pode, por exemplo, deixar de emitir documento fiscal (ou emiti-lo irregularmente), e, no entanto, recolher ao erário o valor do tributo devido, dando regular cumprimento à obrigação tributária.

É, portanto, o princípio da verdade real ou material aquele que orienta a atividade administrativa concernente à fiscalização e controle do cumprimento das obrigações tributárias.

E como corolário destas prescrições da Constituição, temos a irrestrita aplicação, no processo administrativo tributário, dos princípios constitucionais da ampla defesa, do devido processo legal e do contraditório (art. 5º, LIV e LV da CF), assegurando-se ao contribuinte todos os meios de prova hábeis à comprovação dos fatos ou acontecimentos relacionados a qualquer aspecto da obrigação tributária que lhe diga respeito, assegurando-se a sua ampla defesa, com o acesso a todos os recursos a ela pertinentes.

O extraordinário rigor do sistema constitucional tributário (manifestado, dentre outros, pelo princípio da estrita legalidade) seria inócuo se fosse admitida qualquer tergiversação quanto à aplicação desses princípios constitucionais no curso do processo administrativo instaurado para implementação da função – administrativa – concernente ao controle e à fiscalização da arrecadação de tributos.

De fato, se ao contribuinte não forem deferidos todos os recursos inerentes ao exercício de seu direito à ampla defesa, a Administração Tributária poderá, no exercício da atividade de fiscalização e controle da arrecadação, concluir de forma equivocada acerca da ocorrência e reais características do fato imponível, afastando-se da verdade material, o que ofenderia diretamente os princípios constitucionais do contraditório e do devido processo legal, e, por via oblíqua, comprometeria o princípio constitucional da estrita legalidade tributária.

A fiscalização (na qualidade de agente da Administração Tributária), portanto, deve esgotar completamente a sua tarefa de esclarecer a ocorrência e as reais circunstâncias dos fatos relacionados às atividades exercidas pelo contribuinte (investigando a verdade material), em face do caráter vinculado que reveste o ato administrativo de lançamento, relativamente ao qual a discricionariedade encontra-se totalmente proscrita.

E no exercício dessa função administrativa, a fiscalização tem amplos poderes e é dotada de todos os instrumentos necessários à escorreita apuração da ocorrência do fato imponível. Todos os meios de prova indispensáveis à busca da verdade material são postos à sua disposição, para que possa proceder corretamente ao lançamento tributário.

Há, nesse sentido, plena liberdade – pela fiscalização – na coleta de dados e informações relacionadas ao fato imponível, para a verificação da efetiva subsunção dos fatos correspondentes aos eventos ocorridos no mundo fenomênico à hipótese prevista abstratamente pela norma de tributação (procedendo-se, em caso positivo, ao ato administrativo – vinculado – de lançamento).

Geraldo Ataliba,[8] em parecer sobre a questão, assim manifestara seu pensamento: "Por que a lei – que, geralmente, confere tão amplos poderes ao fisco e o instrumenta tão amplamente no desempenho de suas atividades – ao tratar de lançamento, cerceia desta forma o fisco e retira-lhe toda a liberdade, subordinando-o a um estatuto tão estrito? (...) Certamente porque todos os meios, da forma mais ampla, devem ser dados ao fisco para desempenhar sua atividade de fiscalização. O controle das atividades dos contribuintes, o conhecimento dos fatos que se ligam direta e indiretamente à ocorrência dos fatos imponíveis, o acompanhamento de todos os fatos que dão ensejo a qualquer das revelações de capacidade contributiva, assim qualificados pela lei, tudo isto requer quase plena liberdade para o fisco, agilidade e presteza de movimentos, possibilidade de ampla liberdade de indagação e investigação. (...) A tal liberdade corresponde o dever de examinar locais, livros e mercadorias, de contrastar toda e qualquer atividade econômica do contribuinte (...) Em contraste com esta liberdade – como visto – é inteiramente vinculada a atividade de lançamento".

Assim é que, ante a verificação de indícios, compete à Administração Tributária atuar positivamente, praticando atos e examinando os documentos fiscais do contribuinte, notificando-o para que preste todos os esclarecimentos que se fizerem necessários à apuração da verdade material, da real essência dos fatos ocorridos. Nessa atividade – de apuração e constatação do fato imponível – há ampla liberdade de

8. In *Estudos e Pareceres de Direito Tributário*, v. 2, Ed. RT, 1978, p. 331.

cognição por parte das autoridades fiscais, que têm pleno acesso às dependências do contribuinte e liberdade no exame de seus livros e documentos fiscais.

Desde que respeitado o direito à ampla defesa e o devido processo constitucionalmente assegurado ao contribuinte (além de outros direitos e garantias fundamentais, também assegurados pela Constituição), a Administração Tributária tem plena liberdade na verificação e levantamento de dados no exercício da atividade de fiscalização. Conforme prelecionava o saudoso professor Geraldo Ataliba, "(...) na fiscalização a ampla indagação é condição de apuração objetiva da verdade. E, no lançamento, a vinculação é garantia dos direitos do contribuinte."[9]

A liberdade cognitiva, todavia, não compromete em nada o caráter rigoroso e absolutamente vinculado do ato administrativo de lançamento. Isto porque, conforma salienta Alberto Xavier "Não tendo, pois, a vontade da Administração fiscal qualquer relevância no que toca à existência e medida do tributo, por não poder criar, dispensar, exigir, modificar ou fixar o conteúdo de quaisquer elementos do tipo legal tributário – pode afirmar-se, em princípio, que a discricionariedade não ocupa qualquer lugar no conteúdo do lançamento".[10]

Em síntese, a atividade de fiscalização é totalmente subordinada à lei, exigindo dos agentes públicos encarregados de levá-la a cabo a investigação da verdade material, autorizando-se a exigência de tributo apenas ante a efetiva subsunção dos fatos jurídicos (correspondentes aos eventos do mundo fenomênico) às hipóteses abstratamente descritas pelas normas de tributação.

Daí ser defeso à fiscalização pretender, por qualquer forma ou meio, praticar ato que exceda tal limitada e rigorosamente vinculada competência administrativa. E daí, também, porque, no curso do processo administrativo, que tem por objeto o lançamento de tributo, outorga-se ao contribuinte o direito de acesso a todos os instrumentos e meios hábeis à demonstração de sua regularidade fiscal, ou seja, do cumprimento de suas obrigações tributárias e deveres instrumentais correlatos, sempre na busca da verdade material.

Neste contexto, é vedado à fiscalização recusar esclarecimentos prestados pelo contribuinte – no curso de processo administrativo tributário – a não ser mediante elemento seguro de prova em contrário, não podendo fazê-lo injustificadamente, de forma arbitrária. Se, e somente se, as manifestações do contribuinte – no exercício regular de seu direito à ampla defesa – demonstrarem-se inequivocamente insatisfatórias, poderá a fiscalização, sempre de modo expressamente motivado e fundamentado, recusar a consideração dessas manifestações do particular. Outro caminho não é possível, pois assim o proíbe a Constituição.[11]

9. *Idem, ibidem*, p. 333.

10. In *Do Lançamento – Teoria Geral do Ato, do Procedimento e do Processo Tributário*, Forense, 1997, p. 207.

11. No passado, já alertamos: "A experiência prática no trato das questões submetidas a processos administrativos impõe um esclarecimento, visando a combater um preconceito – de conveniência ou por pura ignorância, não importa – que se vem formando no seio da administração. Têm as autoridades administrativas considerado que o direito à ampla defesa limita-se ao direito do particular de alegar e comprovar de plano a imprestabilidade de levantamentos, arbitramentos etc., como se o *due process of law* se limitasse a conferir ao particular o direito de manifestar sua inconformidade. Tal primário entendimento não resiste a superficial análise e reflexão sobre o alcance da direito à ampla defesa. A manifestação contestatória do contribuinte é apenas o início do procedimento contraditório a ser instaurado no curso do processo administrativo, cuja condução deve pautar-se pela busca da verdade material acerca dos fatos envolvidos, sem nenhuma economia ou restrição aos meios de prova disponíveis. A contestação, longe de esgotar o direito à ampla defesa, com todos os recursos a ela inerentes, é mero pressuposto de início do exercício desse direito constitucionalmente conferido e assegurado ao particular" (J. A. Lima Gonçalves, in *Imposto sobre a Renda, pressupostos constitucionais*, Malheiros Editores, 1997, p. 121).

E, a partir de um ato administrativo assim motivado e fundamentado, deverá a Administração, baseada em elementos de prova, dar início a outra fase processual, procedendo, por exemplo, a um arbitramento, que deverá ser novamente submetido ao contraditório, facultando-se ao contribuinte o direito de impugná-lo.

Novamente é oportuna a transcrição de Geraldo Ataliba: "Assim, se o contribuinte deixa de fornecer os elementos, ou os fornece errados, o fisco procede ao lançamento 'de acordo com as informações de que dispuser' (...) Se, entretanto, o contribuinte fornece esclarecimentos e as provas de sua procedência, o fisco *não pode* arbitrar o débito, nem encontrar qualquer solução, fora do seguinte dilema: a) ou acolhe os esclarecimentos do contribuinte; b) ou prova (comprova) fato diverso (...) Não se pode rejeitar os esclarecimentos prestados pelo contribuinte, baseado em presunções (...) Efetivamente, se à falta de esclarecimentos, o fisco pode *arbitrar* o rendimento, perde inteiramente esta liberdade com a manifestação do contribuinte" (grifos do autor).[12]

O recurso ao mecanismo da presunção em matéria tributária, portanto, só é admitido no curso do processo administrativo ante a inércia do contribuinte em colaborar com a fiscalização, prejudicando a arrecadação tributária, em detrimento do erário. Nessa hipótese, de espontânea recusa do particular lançar mão dos recursos que garantem seu direito à ampla defesa, cabe o arbitramento. O mesmo se dá quando os esclarecimentos prestados pelo particular, no curso do devido processo legal, que assegure direito à ampla defesa e ao contraditório, não resistam ao cotejo com elemento seguro de prova em contrário. Fora dessas hipóteses não é possível o arbitramento, tal como ocorre, corriqueiramente, mediante mero indício – por exemplo – de omissão de receita.

12. Ob. cit., p. 337

Enfim, o regime vinculado a que se submete o lançamento tributário impõe o exame minucioso, procedido no âmbito do devido processo legal, dos fatos correspondentes aos eventos ocorridos no mundo fenomênico, a fim de verificar sua efetiva subsunção às hipóteses de incidência tributária. Assim, o processo administrativo concernente à fiscalização e controle da arrecadação tributária deve se valer de avaliação objetiva dos elementos (esclarecimentos, documentos etc.) informativos, produzidos e apresentados pelo contribuinte, refutando-os apenas na hipótese de serem comprovadamente contrários à verdade material, tal como apurada no regular transcorrer do devido processo legal, com os recursos de defesa a ele inerentes.

5. Processo Administrativo Tributário e auto de infração

Conforme referimos, no exercício da fiscalização e controle da arrecadação tributária impõe-se ao agente público a investigação exaustiva das atividades do contribuinte, dos seus livros comerciais, contábeis e fiscais, para a apuração da verdade material.

Essa atividade de investigação deve ser imparcial e objetiva, excluindo-se qualquer intromissão volitiva do agente público na interpretação e análise dos documentos e esclarecimentos apresentados e/ou prestados pelo contribuinte, que só podem ser refutados, ou não aceitos, mediante elemento seguro de prova em contrário. Daí a razão do necessário contraditório, no âmbito do devido processo administrativo tributário, assegurando-se ao contribuinte a ampla defesa, mediante o acesso a todos os meios e recursos a ela inerentes.

Apenas, portanto, após amplo processo de cognição, e desde que atendidos os princípios que disciplinam e informam a função administrativa relativa à fiscalização tributária, anteriormente referidos, é que se autoriza os agentes públicos competentes à lavratura de auto de infração, em face de violação à legislação aplicável.[13]

E isto porque o auto de infração, tal como o lançamento (que com ele não se confunde), também se caracteriza como ato administrativo vinculado, dele se diferenciando pela circunstância de servir de instrumento da Administração para a imposição de penalidade. Trata-se de ato – administrativo – de natureza punitiva, que, segundo Hely Lopes Meirelles, é aquele que "contém uma sanção imposta pela Administração àqueles que infringem disposições legais, regulamentares ou ordinatórias dos bens ou serviços públicos. Visam a punir e reprimir as infrações administrativas ou a conduta irregular dos servidores ou dos particulares perante à Administração."[14] E é justamente em razão desse caráter sancionatório que o auto de infração é ato administrativo vinculado, submetido irrestrita e severamente à lei, a qual deve estabelecer taxativamente as hipóteses em que a infração se dá por ocorrida, ensejando assim a sua lavratura.

Não há discricionariedade, de forma tal que: (*i*) ou se verifica no caso concreto a hipótese prevista na lei como infração, e então o auto é lavrado; (*ii*) ou tal não se dá, e a Administração não pode proceder à autuação.

Mas, instaurado o processo administrativo tributário e lavrado o auto de infração, a fiscalização deverá intimar – por meio do ato administrativo de notificação – o contribuinte do seu inteiro teor, explicitando as razões que a levaram à prática do ato de imposição de penalidade, assim como – se for o caso – do ato de lançamento do tributo eventualmente devido. E, ao contribuinte, então, deve ser deferido prazo (*i*) para o recolhimento do valor que lhe estiver sendo exigido ou (*ii*) para a interposição da competente defesa (ou impugnação), hipótese em que lhe deve ser assegurado, novamente, o direito à ampla defesa e ao pleno contraditório, com a produção de todas as provas que se fizerem necessárias à demonstração de sua regularidade fiscal.

Apenas após a devida e exaustiva instrução do processo administrativo tributário, mediante o exame minucioso e preciso de todas as alegações e elementos de prova levantados pelo contribuinte (contra a autuação pela infração que lhe é imputada), em cotejo com aqueles trazidos aos autos pela fiscalização (inclusive, e principalmente, os discriminados e/ou mencionados no próprio auto de infração), é que se autoriza o julgamento do auto de infração pela autoridade competente em primeira instância administrativa, mediante decisão devidamente motivada. Deveras, conforme ensina a professora Lucia Valle Figueiredo, a motivação "constitui-se (...) na exposição administrativa das razões que levaram à prática do ato. Na explicitação das circunstâncias de fato que, ajustadas às hipóteses normativas, determinaram a prática do ato".[15]

Com efeito, a motivação é requisito essencial de validade do ato administrativo, pois permite o exame de sua legitimidade, mediante a verificação da relação de pertinência lógica entre as circunstâncias fáticas do caso concreto (pressuposto de fato) e as disposições normativas aplicáveis (pressuposto de direito), que supostamente lhe fundamentam a validade. É, na lição de Celso Antônio Bandeira de Mello, "a *exposição* dos motivos, a fundamentação na qual são enunciados (a) a regra de Direito habilitante, (b) os fatos em que o agente se estribou para decidir e, muitas vezes, obri-

13. "Para fins de equalização da linguagem, para nós, o documento vulgarmente conhecido como auto de infração é o suporte físico de vários atos administrativos. Um deles (ao lado do próprio lançamento, quando for o caso, e da intimação) é o ato administrativo por meio do qual a Administração Pública impõe uma sanção em face da infringência a disposição normativa em vigor" (J. A. Lima Gonçalves, in *Imposto sobre a Renda, pressupostos constitucionais*, Malheiros Editores, 1997, p. 101).

14. In *Direito Administrativo Brasileiro*, Malheiros Editores, 24ª edição, 1999, p. 177.

15. In *Curso de Direito Administrativo*, 3ª ed., Malheiros Editores, 1994, p. 105.

gatoriamente, (c) a *enunciação da relação de pertinência lógica* entre os fatos ocorridos e o ato praticado."[16]

Daí porque se impõe a motivação das decisões administrativas, única forma de viabilizar o controle de sua legalidade pelo Judiciário.

Atendido, assim, o devido processo legal, respeitado o direito à ampla defesa e assegurado o regular contraditório, mediante ampla e exaustiva instrução probatória para apuração de verdade material, estará o auto de infração apto a ser julgado, mediante decisão motivada e fundamentada.

E, julgada a autuação, deverá haver possibilidade de interposição de recurso, seja por parte da fiscalização, seja por parte do contribuinte (dependendo de quem for a parte prejudicada), a fim de que a decisão singular, proferida em primeira instância administrativa, venha a ser reapreciada pelo órgão competente de segunda instância, abrindo-se vista à parte recorrida para a impugnação do recurso (contra-razões), novamente assegurando-se o direito ao contraditório e à ampla defesa.

Mantida a decisão (e desde que não haja previsão legal para a interposição de novo recurso), se julgada procedente a pretensão fiscal, o crédito tributário reclamado deverá ser inscrito em dívida ativa,[17] para subseqüente cobrança executiva (caso não venha a ser liquidado pelo contribuinte).

Mas julgada improcedente a autuação, à Administração Tributária nada mais resta senão resignar-se à decisão administrativa, arquivando-se os autos do processo e desconstituindo-se a pretendida obrigação tributária imputada ao contribuinte.[18]

16. In *Curso de Direito Administrativo,* 11ª ed., Malheiros Editores, 1999, p. 283.

17. Embora tecnicamente incorreto, diz-se – usualmente – débito fiscal para se fazer referência (*i*) ao valor do tributo, e, outrossim, (*ii*) ao montante correspondente à multa (pena pecuniária).

18. Dependendo do tributo de que se trate, há ainda possibilidade legal de interposição de novo recurso para instância superior, nos termos da normatização em vigor, de tempos em tempos.

Em breve síntese, este é o caminho que deve ser percorrido pelos agentes públicos encarregados do exercício da função administrativa concernente à fiscalização e controle da arrecadação tributária, para que possam exigir do contribuinte o comportamento de recolher ao erário valores devidos a título de tributo, bem como os encargos decorrentes do descumprimento da respectiva obrigação ou dos deveres instrumentais que lhe sejam correlatos.

6. Devido processo legal e duplo grau de jurisdição

A Constituição assegura, de forma plena, o direito à liberdade e à propriedade (patrimônio), considerados e elencados dentre os direitos e garantias fundamentais, individuais e coletivos (art. 5º). Esses valores são intangíveis, no sentido de que não podem sofrer restrição nem mesmo por meio de Emenda (art. 60, § 4º), e, por muito maior razão, não podem ser desprezados pela legislação infraconstitucional.

O conceito de propriedade encontra-se, já, solidamente consagrado, e diz respeito ao direito outorgado ao respectivo titular de usar, gozar e dispor de seus bens, assim como de reavê-los de quem ilegitimamente os possua. Sobre esse conteúdo semântico do direito de propriedade, não tergiversa a doutrina nem a jurisprudência. Esse conceito foi adotado pela Constituição, com as delimitações por ela própria estabelecidas, de forma que não pode ser manipulado pela legislação ordinária e nem, tampouco, pela própria Administração, especialmente para efeito de exigência fiscal ou imposição de penalidade. A delimitação do alcance do direito de propriedade, repita-se, é fornecida pela própria Constituição (dentre outros, tais como sua função social etc.) por meio da sujeição do patrimônio do particular à ação de tributar, regularmente desenvolvida nos termos da própria Constituição.

Por força dessa rígida proteção ao direito de propriedade é que a Constituição exige, na hipótese de dúvida acerca da regularidade da ação de tributar, o devido processo legal, para autorizar o Estado (Administração) a privar seus jurisdicionados de seus bens, conforme dispõe seu art. 5º, inciso LIV: "Art. 5º. Todos são iguais perante a lei, sem distinção de qualquer natureza, garantindo-se aos brasileiros e aos estrangeiros residentes no País a inviolabilidade do direito à vida, à liberdade, à igualdade, à segurança e à propriedade, nos seguintes termos: (...) LIV – ninguém será privado da liberdade ou de seus bens sem o devido processo legal".

Nesse sentido, o devido processo legal apresenta-se como garantia – constitucional – de natureza processual, delimitando os parâmetros dentro dos quais a atividade do Estado deve ser desenvolvida pelos órgãos e agentes competentes, a fim de evitar abusos, arbítrios ou qualquer outra espécie de restrição aos direitos fundamentais e individuais dos jurisdicionados – inclusive o direito de propriedade –, tal como postos pela Constituição.

Daí não ser meramente formal o conteúdo da cláusula *due process of law*, sendo também material, como esclarece a professora Lucia Valle Figueiredo:

"Inicialmente, os processualistas entendiam como cumprido o *due process of law* quando fosse cumprido o *due procedural process of law*. Em outro falar, o *procedimento do devido processo legal*. Cumprido, então o *procedimento*, considerava-se cumprido o *due process of law*.

"Modernamente assim já não mais é, porque, conforme dissemos, o *due process of law* passa a ter conteúdo também material, e não tão-somente formal – quer dizer, passa a ter duplo conteúdo: substancial e formal. Os processualistas da atualidade entendem que está contido, no *due proces of law*, conteúdo material. Só respeitará o *due process of law* a lei – e assim poderá ser aplicada pelo magistrado (ou, no caso, pelo administrador, observamos nós) – se não agredir, não entrar em confronto, não entrar em testilha, com a Constituição, com seus valores fundamentais".[19]

Em razão de seu conteúdo material é que o devido processo legal alcança – dentre outros – todos os direitos e garantias individuais concernentes à tutela do direito de propriedade, razão porque a Constituição assegura aos litigantes (inclusive em processo administrativo) e aos acusados em geral, o contraditório e a ampla defesa, anteriormente referidos.

Ampla defesa e contraditório (expressamente estabelecidos entre os direitos e garantias individuais), assim, asseguram aos jurisdicionados (*litigantes em processo judicial ou administrativo, e aos acusados em geral*) o acesso a todos os meios e recursos necessários à tutela de seus direitos subjetivos, tal como lhes foram outorgados pela Constituição.

Sobre o direito de defesa e sua estrita relação com o devido processo legal, Hely Lopes Meirelles já ensinava: "a *defesa*, como já vimos, é garantia constitucional de todo acusado, em processo judicial ou administrativo (art. 5º, LV), e compreende a ciência da acusação, a vista dos autos na repartição, a oportunidade para oferecimento de contestação e provas, a inquirição e reperguntas de testemunhas e a observância do devido processo legal (*due process of law*). É um princípio universal dos Estados de Direito, que não admite postergação, nem restrições na sua aplicação. Processo administrativo sem oportunidade de *ampla defesa*, ou com *defesa cerceada*, é nulo".[20]

O mesmo se diga em relação ao contraditório, porque assegura – formalmente – o próprio direito à ampla defesa, como averba a professora Lucia Valle Figueiredo:

"O amplo contraditório, felizmente, foi estendido também ao processo administrativo, no art. 5º, LV.

19. In *Curso de Direito Administrativo*, 3ª ed., Malheiros Editores, 1998, p. 384.

20. In *Direito Administrativo Brasileiro*, 24ª ed., Malheiros Editores, 1999, p. 619.

"Há algo mais a que queríamos chamar a atenção. Parece-nos relevantíssimo que o texto constitucional assegure o devido processo legal, e é o primeiro texto constitucional que contém expressamente a obrigatoriedade, e não por acaso. 'Aos *litigantes*, em *processo judicial* ou *administrativo*, e aos acusados em geral são assegurados *contraditório* e *ampla defesa*, com os meios e recursos a ela inerentes.' (...) Em conseqüência, assegura-se amplo contraditório porque a lei pretende seja assegurado direito amplo de defesa. Estar-se-ia garantindo, *formal e materialmente*, o amplo contraditório."[21]

Sendo, portanto, ampla defesa e contraditório, garantias constitucionais dos litigantes – em processo administrativo ou judicial – e acusados em geral, não pode a lei vir a cerceá-los, sob pena de inconstitucionalidade do ato normativo assim editado. Nesse sentido já advertira Pontes de Miranda, reportando-se a Constituição de 1967: "***Direito subjetivo à defesa*** – A regra do texto não é regra jurídica vazia (...); trata-se de direito subjetivo (constitucional) de defesa. Dela nasce direito constitucional a defender-se ou a ter tido defesa; em consequência disso é nulo o processo em que se não assegura ao réu a defesa, ainda que tenha o juiz aplicado alguma 'lei'. A lei que não obedece o art. 153, § 15, é inconstitucional e ainda em processo de *habeas-corpus* deve ser posta de parte".[22]

Essa é a razão porque o processo administrativo instaurado para a apuração e constituição de crédito tributário (*revisão de lançamento*) deve ser desenvolvido no âmbito do devido processo legal, assegurando-se ao contribuinte o direito ao pleno contraditório e à ampla defesa, para a produção de provas, levantamento de informações, apresentação de esclarecimentos e quaisquer outras circunstâncias relacionadas às suas atividades operacionais ou às obrigações tributárias e deveres instrumentais que lhe digam respeito, inclusive para verificação de sua regularidade fiscal.

E por essa mesma razão é que o processo administrativo tributário, no curso do qual tenha sido lavrado auto de infração, exige, como forma de se assegurar o direito ao contraditório, o duplo grau de jurisdição: a fim de que a decisão singular proferida em primeira instância administrativa possa ser objeto de reapreciação pelo órgão competente (a segunda instância administrativa, a quem cumpre a revisão daquela decisão). Só assim autoriza-se a constituição definitiva do crédito tributário, para sua exigência junto ao particular.

Atendidas essas exigências constitucionais, a lei reconhece a existência do crédito tributário, líquido, certo e exigível, autorizando-se sua inscrição em dívida ativa, para subsequente cobrança executiva. Antes disso não há que se falar em crédito tributário regularmente constituído, o que torna ilegítima sua exigência, ainda que para efeito de garantia de instância.

Em outras palavras, o crédito tributário apurado por meio de revisão de lançamento, originário de auto de infração, só é considerado regularmente constituído ao final do competente processo administrativo, o qual deve atender ao devido processo legal, assegurando-se ao contribuinte ampla defesa e regular contraditório. Assim determina a Constituição, fundamento último de validade das normas que integram o sistema do direito positivo vigente.

7. O Decreto 70.235/72

O Decreto n. 70.235/72 disciplina o processo administrativo fiscal na esfera federal, para efeito de determinação e exigência dos créditos tributários da União.[23]

21. In *Curso de Direito Administrativo*, 3ª ed., Malheiros Editores, 1998, pp. 385-386.

22. In *Comentários à Constituição de 1967*, Tomo V, 2ª ed., Forense, 1987, p. 233.

23. Recentemente foi editada a Lei 9.784/99, que disciplina o processo administrativo no âmbito da Administração federal, direta e indireta. Esse diploma legal, todavia, disciplina a matéria de forma genérica, confirmando o processo administrativo tributário disciplinado pelo Decreto 70.235/72, naquilo em que não contraria a nova lei.

Esse Decreto estabelece o procedimento – administrativo – a ser observado pela Administração Tributária federal para a arrecadação de tributos, inclusive na hipótese de lavratura de auto de infração, estabelecendo as exigências necessárias para autorizar a cobrança executiva do respectivo montante.

Nesse sentido, veicula uma série de disposições tendentes a dar cumprimento ao comando constitucional que determina o princípio da ampla defesa, autorizando a realização de diligências, perícias e outras provas necessárias à apuração da regularidade fiscal do contribuinte (arts. 16 a 20).

E para assegurar o direito ao amplo contraditório, também exigido pela Constituição, o Decreto 70.235/72 estabelece, expressamente, o duplo grau de jurisdição, fixando as normas para julgamento de auto de infração em primeira e segunda instâncias administrativas, esta última representada pelos Conselhos de Contribuintes (arts. 27 a 41).

A esses Conselhos cumpre a revisão das decisões singulares (proferidas pelos julgadores monocráticos: os Delegados da Receita Federal), que, então, tornam-se definitivas, na esfera administrativa. E apenas quando contrárias ao contribuinte é que autorizam a constituição definitiva do crédito tributário, nos termos do próprio Decreto 70.235/72 (art. 43 c/c art. 21), porque encerram o devido processo legal, nessa esfera – administrativa – de atuação do Estado.

O duplo grau de jurisdição estabelecido na esfera administrativa (pelo Decreto 70.235/72), assim, tem por escopo implementar o contraditório e a ampla defesa, exigidos pelo texto constitucional, assegurando ao contribuinte-autuado (*litigante em processo administrativo*) o direito de impugnar a decisão singular proferida em sede de primeira instância administrativa (utilizando-se de todos os recursos e meios necessários à defesa de seus interesses), a fim de que a mesma seja reapreciada por órgão superior, a quem compete a manifestação definitiva sobre a infração e a própria existência do crédito tributário reclamado.

Atende-se, assim, ao devido processo legal, assegurando-se ampla defesa e contraditório, sem os quais é expressamente vedado despojar o particular de seus bens, em razão do direito de propriedade, que lhe é outorgado e assegurado, diretamente, pela Constituição.

Novamente os ensinamentos são da professora Lucia Valle Figueiredo: "O *direito ao 'duplo grau'* é inerente ao contraditório e à ampla defesa, ou seja, o direito à revisão do decidido singularmente, quer sejam de atos administrativos, que atinjam o administrado, quer seja em processos sancionatórios e/ou disciplinares. Remeter-se o administrado a via mais onerosa, quando a questão puder ser resolvida pela via administrativa, enfrenta uma série de princípios, tais como, do informalismo a favor do administrado, da verdade material, da economia processual e da gratuidade".[24]

8. A Medida Provisória 1.770/99 e suas reedições

A Medida Provisória 1.770-99,[25] pretendeu alterar a legislação que disciplina o processo administrativo tributário, revogando o parágrafo único do art. 33 do Decreto 70.235/72 e nele incluindo – em substituição à disposição revogada – os §§ 1º e 2º, cuja redação é a seguinte:

"Art. 33. Da decisão caberá recurso voluntário, total ou parcial, com efeito suspensivo, dentro de 30 (trinta) dias seguintes à ciência da decisão.

§ 1º. No caso em que for dado provimento ao recurso de ofício, o prazo para a

24. In *Curso de Direito Administrativo*, 3ª ed., Malheiros Editores, 1998, p. 390.

25. Conforme referimos, essa Medida Provisória foi originariamente adotada sob n. 1.621-97, tendo sofrido sucessivas reedições, sob n. 1.699/98, e, finalmente, sob n. 1.770/99 (última reedição sob n. 50, de 2.7.99)

interposição de recurso voluntário começará a fluir da ciência, pelo sujeito passivo, da decisão proferida no recurso de ofício.

§ 2º. Em qualquer caso, o recurso voluntário somente terá seguimento se o recorrente o instruir com prova do depósito do valor correspondente a, no mínimo, 30% (trinta por cento) da exigência fiscal definida na decisão".

Por força do disposto no transcrito § 2º do art. 33 do Decreto 70.235/72 (com a alteração veiculada pela Medida Provisória 1.621-30/97), o seguimento do recurso voluntário, interposto pelo contribuinte, contra decisão proferida em primeira instância administrativa, fica condicionado ao depósito prévio de – no mínimo – 30% do valor da exigência fiscal reclamada.

Essa pretensão de depósito prévio, todavia, é manifestamente abusiva e inconstitucional, por flagrante violação ao direito de propriedade e ao disposto no art. 5º, LIV da Constituição, porque implica privar o contribuinte de seus bens (parcela de seu patrimônio, correspondente à garantia de instância) sem o devido processo legal (que, repita-se, só se considera encerrado, na esfera administrativa federal, com a decisão definitiva proferida pelo Conselho de Contribuintes, na hipótese de auto de infração).

E nem se alegue que o contribuinte não estaria sendo privado de parcela de seu patrimônio, em razão dessa garantia de instância (porque permaneceria com a titularidade dos valores depositados), pois ao proceder ao depósito – ainda que parcial – do valor discutido (que ainda não representa crédito tributário regularmente constituído e passível de exigência), ele perde a disponibilidade sobre o respectivo montante, sendo atingido, portanto, em seu direito de propriedade, que pressupõe a disponibilidade[26] (repita-se, sem observância ao devido processo legal).

Isso já seria suficiente para se reconhecer a inconstitucionalidade da determinação veiculada pela Medida Provisória 1.770/99. Mas não é só isso.

Ao se exigir do contribuinte o desembolso do valor correspondente ao depósito prévio em questão, antes de findo o devido processo legal (no curso do qual desenvolve-se o procedimento administrativo), viola-se, outrossim, o direito ao contraditório e à ampla defesa, já que ao contribuinte fica vedada a impugnação da decisão proferida em primeira instância administrativa, senão mediante o comprometimento da disponibilidade de parcela de seu próprio patrimônio (frise-se, ainda que apenas para garantia de instância), o que não se pode conceber.

É que a proteção à propriedade foi consagrada pela Constituição e só pode ser vulnerada nas hipóteses expressamente contempladas pelo próprio texto constitucional, como a tributação, a servidão, a desapropriação e a requisição, que não se identificam com a hipótese de processo administrativo decorrente de auto de infração, lavrado no regular exercício da atividade de fiscalização.

Em outras palavras, ao se exigir do particular o desembolso antecipado de montante correspondente à parcela de 30% do valor do débito fiscal fixado pela decisão de primeira instância administrativa, priva-se-o (ele, o particular) da disponibilidade de parcela do seu próprio patrimônio, já que o respectivo crédito tributário ainda não se encontra definitivamente constituído.

E a constrição indevida sobre o patrimônio do particular, tornando indisponível essa parcela correspondente ao montante da garantia de instância exigida como condição para o seguimento de recurso administrativo, viola seu direito de propriedade, em razão da infringência ao devido processo legal, no curso do qual deve ser assegurados ampla defesa e contraditório, que também não terão sido atendidos.

26. Conforme advertimos, o direito de propriedade, nos termos do direito civil, assegura ao particular o direito de usar, gozar e *dispor* de seus bens, assim como de reavê-los de quem ilegitimamente os possua.

9. A Jurisprudência

A jurisprudência é controvertida a respeito da validade da exigência de depósito prévio para garantia de instância administrativa. Entendendo tal exigência como *inconstitucional*, encontramo a seguinte decisão da 4ª Turma, do TRF da 3ª Região, no MS 03032380-SP (j. 22.6.94, *DJ* 8.11.94, p. 63.570):

"Administrativo – Mandado de segurança – Depósito prévio para garantia de instância administrativa – SUNAB – Lei delegada n. 4/62, art. 15 – Ilegalidade.

I – Promulgada a Constituição Federal de 1988, os recursos interpostos de decisões emanadas em processos administrativos devem ter as mesmas garantias do processo judicial.

II – Impede o contraditório e a ampla defesa o art. 15 da Lei delegada n. 4/62 que condiciona ao depósito de 50% (cinqüenta por cento), a interposição de recurso administrativo do valor da multa.

Precedentes: TRF, 1ª R., AMS n. 90.01.0106641, Rel. Juiz Gomes da Silva, j. 5.8.91; TRF, 1ª R., AMS n. 91.01.0114484, Rel. Juíza Eliana Calmon, j. 18.11.91, v.u., *DJ* 28.11.91, p. 30.298; TRF, 1ª R., Ac n. 91.01.0102736, Rel. Juíza Eliana Calmon, v.u., *DJ* 6.5.9, p. 9.483; TRF, 2ª R., AMS n. 93.02.0214811, Rel. Juiz Henry Barbosa, *DJ* 10.3.94; TRF, 5ª R., AMS n. 89.05.0500378, Rel. Juiz José Delgado".

Confira-se a seguinte passagem do voto da juíza relatora, que foi acompanhado pelo demais membros da Turma:

"No procedimento revisivo, presentes os presupostos para recorrer, há de se garantir à parte o direito à ampla defesa, afastando a decisão única e irrecorrível. Há de ser resguardado, ainda o direito ao devido processo legal e o direito de petição.

Logo, aos litigantes, em processo administrativo, são assegurados o contraditório e a ampla defesa, com os meios e recursos a ela inerentes, princípios estes interligados ao direito à revisibilidade.

Obstaculiza o contraditório e a ampla defesa, portanto, o dispositivo da Lei Delegada 4/62 que condiciona, para interposição de recurso administrativo, o depósito de 50% (cinqüenta por cento) do valor da multa.

Ora, não há como se tolher da impetrante o recebimento e conhecimento de recurso administrativo sob fundamento de necessidade de depósito prévio. É de suma importância a possibilidade de a decisão ser revista".

Verifiquem-se, ainda, as seguintes decisões sobre a matéria:

"Tributário – Constitucional – Garantia de instância – Recurso administrativo – Inexigibilidade.

I – Para a interposição de recurso administrativo não é necessária a garantia de instância, com o depósito de 50% do valor da multa. Tal exigência viola direito líquido e certo, contido no art. 5º, incisos LIV e LV da Constituição Federal, pois cria exigência incompatível com a ordem neles emanadas, de clareza irrefutável, quanto ao direito assegurado do contraditório e da ampla defesa, com os meios e recursos a ela inerentes. Encontra-se assim derrogado o dispositivo da Lei n. 4/62 que instituiu um *plus* ao exercício do direito, que, evidentemente, não foi recepcionado pela nova ordem.

II – Remessa necessária e recurso improvidos, para manter a sentença".

(TRF da 2ª Região, 1ª Turma, AMS Num: 0214881-RJ, Relator Juiz Henry Barbosa, j. 1.12.93, *DJ* 10.3.94) (*RTRF-2* 7:94/256).

"Constitucional – Contraditório e ampla defesa – Proibição de quaisquer óbices ao seu livre exercício – Inteligência do art. quinto, LV, da Constituição Federal.

A Constituição Federal não estabelece nenhum empecilho a análise de recurso administrativo, tais como depósito como garantia de instância, donde se dessume que todas as normas infra-constitucionais que impuserem quaisquer obstáculos devem ser consideradas derrogadas ante o comando supremo.

Remessa oficial a qual se nega provimento".

(TRF da 5ª Região, 1ª Turma, REO 0531893-AL, Acórdão RIP 052441122, Relator Juiz Francisco Falcão, j. 2.9.93, *DJ* 19.11.93).

"Administrativo – Recurso administrativo – Depósito prévio – CLT.

A exigência de depósito para recebimento e conhecimento de recurso, na esfera administrativa, incompatibiliza-se com o princípio da ampla defesa, inscrito no art. 5º, LV, da CF.

Sentença confirmada".

(TRF da 1ª Região, 4ª Turma, REO 0132707-AM, Relatora Juíza Eliana Calmon, j. 25.2.94, *DJ* 14.3.94, p. 9.339).

Em sentido contrário, entendendo que a exigência de depósito prévio *não viola o direito à ampla defesa e ao contraditório*, encontramos as seguintes decisões:

"Direito Processual Civil e Administrativo – Cabimento da impetração de mandado de segurança para se afastar ameaça de lesão, independentemente de se tratar de matéria tributária – Procedimento administrativo – Inobservância dos princípios do contraditório e da ampla defesa – Sua nulidade – Exigência de depósito como condição para interposição de recurso administrativo – Inocorrência de ofensa ao direito do contribuinte.

1. O mandado de segurança é o meio processual adequado para afastar a ameaça de lesão decorrente de ato ilegal praticado por autoridade administrativa (art. 5º, LXIX, da Constituição da República, c/c o art. 1º da Lei n. 1.533/51).

2. A teor do que reza o art. 5º, inciso LV, da Constituição Federal de 1988, é vedado à Administração aplicar penalidades a particulares sem que lhes seja assegurado o direito ao contraditória e à ampla defesa.

3. A exigência de depósito como condição para a interposição de recurso administrativo não importa em ofensa ao direito do contribuinte, 'a uma' porque a defesa já se fez na instância administrativa, possibilitando ao interessado recorrer às vias judiciais, 'a duas' porque o esgotamento dos recursos administrativos não é condição para admissibilidade da ação.

4. Preliminar rejeitada. Apelação a que se dá parcial provimento, provendo-se a remessa oficial".

(TRF da 3ª Região, 4ª Turma, AMS 94.03.024943-9-SP, *DJU* 2 de 2.2.99, p. 355, in *RDDT* 43/232-233).

"Agravo de Instrumento – Exigência de depósito para discussão de lançamento no âmbito administrativo – Constitucionalidade.

1. A CF/88, em seu art. 5º, XXXV, garante o acesso ao Judiciário, incondicionalmente, ou seja, sem que se esgote previamente a via administrativa.

2. Logo, é possível a discussão dos litígios no âmbito administrativo, como a própria Carta prevê, mas inexiste a vedação ao condicionamento do recurso à esfera administrativa.

3. O que a CF/88 garante é, exclusivamente, no processo administrativo, o respeito ao princípio do contraditório e da ampla defesa (art. 5º, LV). Desse modo, o administrador pode condicionar o recurso administrativo ao prévio depósito da quantia impugnada.

4. O depósito não é pagamento, mas simples garantia. Por tal modo, não constitui solução da obrigação tributária e, conseqüentemente, não se há de pensar em vulneração dos arts. 113, §1º, 145, inciso I, e 201 do CTN.

5. Agravo de instrumento improvido".

(TRF da 4ª Região, 1ª Turma, AI 1999.04.01.046505-7-RS, *DJU* 2 de 2.12.98, p. 133, in *RDDT* 42/220-221).

Observe-se, portanto, que a jurisprudência é absolutamente controvertida a respeito da matéria, ensejando maior reflexão da dogmática jurídica sobre o assunto, a fim de que o entendimento dos tribunais superiores seja pacificado da forma que melhor se adequar às normas do sistema constitucional positivo vigente, que, conforme pensamos, não admite a exigência de depósito administrativo prévio, para garantia de instância, como condição necessária ao conhecimento de recurso pelos tribunais competentes. A nosso ver, o acesso ao duplo grau de jurisdição é determinação constitucional, já que é inerente ao devido processo legal, que assegura aos acusados em geral o direito ao contraditório e à ampla defesa. E, por ser constitucionalmente assegurado, este acesso ao duplo grau de jurisdição não pode ser comprometido pela exigência de depósito prévio, por força de ato normativo infraconstitucional, de qualquer espécie.

PRINCÍPIOS ADMINISTRATIVOS TRIBUTÁRIOS

JOSÉ EDUARDO SOARES DE MELO

Professor Doutor da Faculdade de Direito da Pontifícia Universidade Católica de São Paulo – Consultor Tributário

1. Considerações gerais. 2. Constituição Federal. 3. Constituição de São Paulo e Lei estadual 10.177/98. 4. Lei Federal 9.784/99.

1. Considerações gerais

O sistema jurídico contempla uma gama de preceitos, comandos, normas e *princípios* dispostos nas inúmeras manifestações dos poderes públicos. O elenco de regras constantes do universo jurídico deve respaldar-se em normas de categoria diferenciada, de índole superior, que constituem o alicerce, a base, o fundamento do edifício jurídico, tendo por finalidade formar e informar os demais preceitos ditados pelos órgãos competentes.

Corporificando um plexo de normas regedoras dos poderes e direitos, a Constituição Federal abarca os mandamentos lineares, a estrutura do Estado Federal, a forma republicana de governo, enunciando o modo de manifestação dos poderes públicos, sendo conceituada como o "conjunto ordenado e sistemático de normas, constituído em torno de princípios coerentes e harmônicos em função de objetivos socialmente consagrados" (Ataliba, *Sistema Constitucional Tributário*, Ed. RT, 1968, p. 8).

A Constituição Federal estabelece um sistema escalonado de normas, representado por uma autêntica pirâmide jurídica que, visualizada de baixo para cima, compreende num patamar inicial o seu próprio alicerce, denominado "princípios"; tendo sido pontificado que o "sistema jurídico – ao contrário de ser caótico e desordenado – tem profunda harmonia interna. Esta se estabelece mediante uma hierarquia segundo a qual algumas normas descansam em outras, as quais, por sua vez, repousam em princípios que, de seu lado, se assentam em outros princípios mais importantes. Dessa hierarquia decorre que os princípios maiores fixam as diretrizes gerais do sistema e subordinam os princípios menores. Estes subordinam certas regras que, à sua vez, submetem outras" (Ataliba, ob. cit., p. 8).

Importante ponderar, ainda, que "princípio é, por definição, mandamento nuclear de um sistema, verdadeiro alicerce dele, disposição fundamental que se irradia sobre diferentes normas compondo-lhes o espírito e servindo de critério para sua exata compreensão e inteligência exatamente por definir a lógica e a racionalidade do sistema normativo, no que lhe confere a tônica e lhe dá sentido harmônico. É o conhecimento dos princípios que preside a intelecção das diferentes partes componentes do todo unitário que há por nome sistema jurídico positivo" (Celso Antônio Bandeira de Mello, *Curso de Direito Administrativo*, Malheiros Editores, 11ª ed., 1999, pp. 629-630).

Os princípios representam conceitos dogmáticos, verdades normativas, tendo a Constituição previsto princípios de natureza variada, de forma expressa, explícita e implícita, sendo certo que os direitos e garantias constitucionais "não excluem outros decorrentes do regime e dos princípios por ela adotados ou dos tratados internacionais em que a República Federativa do Brasil seja parte" (§ 2º do art. 5º da CF).

Além dos postulados genéricos a serem considerados em todo o ordenamento nacional – como é o caso dos princípios republicano, federativo, da anterioridade, da irretroatividade, e daqueles de específica natureza tributária (tipicidade, capacidade econômica, vedação de confisco) – há que se considerar, também, os princípios de direito administrativo aplicáveis à sistemática tributária.

Nesse sentido, serão examinadas as diretrizes consignadas na Constituição Federal (arts. 5º e 37), na Constituição do Estado de São Paulo (art. 111), bem como a recente legislação ordinária (Lei Federal 9.784, de 29.1.99, e Lei Estadual-SP 10.177, de 30.12.98), tendo em vista sua adequada aplicação por seus diversos destinatários (administração pública, contribuintes, Judiciário etc.).

Por uma questão de método, os princípios serão analisados segundo o diploma básico em que se contém, razão pela qual não serão objeto de nova reapreciação por ocasião da análise da legislação infraconstitucional.

2. *Constituição Federal*

A Carta Magna (art. 37, com a redação da Emenda n. 19 de 4.6.98) dispõe que a "administração pública direta e indireta de qualquer dos Poderes da União, dos Estados, do Distrito Federal e dos Municípios obedecerá aos princípios da legalidade, impessoalidade, moralidade, publicidade e eficiência (...)".

Também determinou (art. 5º, LV) que "aos litigantes, em processo judicial ou administrativo, e aos acusados em geral, são assegurados o contraditório e ampla defesa, com os meios e recursos a ela inerentes".

Esses princípios podem ser delineados na forma seguinte:

a) Legalidade

Constitui uma das garantias do Estado de Direito, desempenhando uma função de proteção dos direitos dos cidadãos, insculpido como autêntico dogma jurídico, pela circunstância especial de a Constituição Federal haver estabelecido que "ninguém será obrigado a fazer ou deixar de fazer alguma coisa senão em virtude de lei" (art. 5º, II). Somente com a expedição de normas editadas pelos representantes do próprio povo (Poder Legislativo) é que os direitos e as obrigações têm nascimento, modificação ou extinção.

O ordenamento jurídico contempla a reserva formal da lei, mediante a fixação precisa e determinada do órgão titular competente para sua expedição; e a reserva material da lei com a característica de ordem abstrata, geral e impessoal.

A instituição, majoração e extinção dos tributos (art. 150, I e III, "a" e "b", da CF), bem como os casos de subsídio, isenção, redução de base de cálculo, concessão de crédito presumido, anistia ou remissão, relativos a impostos, taxas ou contribuições (art. 150, § 6º), deve ser sempre prevista em "lei", compreendida como espécie normativa editada pelo Poder Legislativo.

A Lei deve descrever todos os elementos integrantes do tributo, ou seja, os sujeitos ativo e passivo, as materialidades, bases de cálculo e alíquota, bem como os demais deveres de cunho administrativo (utilização de documentos, livros fiscais etc.).

Constitui aparente exceção a esse princípio, a faculdade cometida ao Poder Executivo, atendidas as condições e os limites estabelecidos em lei, para alterar as alíquotas dos impostos de importação sobre produtos estrangeiros; de exportação, de produtos nacionais ou nacionalizados; de produtos industrializados; e de operações de crédito, câmbio e seguro, ou relativos a títulos ou valores mobiliários (art. 150, § 1º).

Não se trata de delegação de atribuições do Legislativo ao Executivo, posto que, primacialmente, é de exclusiva competência da lei estipular todos os aspectos da hipótese de incidência tributária, incluindo sua quantificação, onde se compreende a figura da alíquota. O Executivo não pode (sem amparo balizador na lei) instituir as alíquotas dos mencionados impostos, sendo que a excepcional competência que lhe é outorgada constitucionalmente restringe-se ao flexionamento das alíquotas, segundo os parâmetros legais (máximo e mínimo).

No contexto da legalidade, a CF dispõe que, em caso de relevância e urgência, o Presidente da República "poderá adotar medidas provisórias com força de lei, devendo submetê-las de imediato ao Congresso Nacional que, estando em recesso, será convocado extraordinariamente para se reunir no prazo de cinco dias" (art. 62). As medidas provisórias perderão a eficácia, desde a edição, se não forem convertidas em lei no prazo de trinta dias, a partir de sua publicação, devendo o Congresso Nacional disciplinar as relações jurídicas delas decorrentes (parágrafo único).

A simples leitura do texto poderia conduzir a um entendimento equivocado de que a medida provisória seria equiparada a uma lei, podendo até suprimir (total ou parcialmente) a competência exclusiva do Legislativo. Entretanto, é cediço que a inovação na ordem jurídica – compreendendo a típica atividade de legislar – só pode ser promovida pelos representantes do povo (princípio do consentimento).

É evidente que não há participação completa e abrangente do Executivo na elaboração da lei, ou, mais propriamente, no seu conteúdo, porque atua em momento anterior (iniciando o processo legislativo), ou posterior à sua edição (sancionando, promulgando, publicando ou vetando as leis), como deflui dos incisos III, IV e V do art. 84, da CF.

O crivo da juridicidade formal das medidas provisórias (aspectos de urgência e relevância) é promovido pelo Congresso Nacional que realiza sua rejeição, ou a aceitação, disciplinando as relações decorrentes, tendo o STF decidido que não cabe ao Judiciário aquilatar a presença, ou não, dos referidos critérios (ADIns ns. 162, 526, 1.397 e 1.417), conforme consignado na ADIn 1.667/9-DF (Rel. Min. Ilmar Galvão, Pleno, j. 25.9.97, *DJU* 1 de 21.11.97, p. 60.586).

O STF tem admitido como eficazes as reedições de medidas provisórias ainda não votadas pelo Congresso Nacional, quando tais reedições hajam ocorrido dentro do prazo de trinta dias de sua vigência, salientando que o poder de editá-las subsiste, enquanto não rejeitada (ADIns ns. 295 e 1.533, entre outras), conforme consta da ementa de específico acórdão (ADIn 1.610-5-DF, Rel. Min. Sydney Sanches, Pleno, j. 28.5.97).

Entendo que a matéria tributária não poderia ser disciplinada por medida provisória, tendo em vista a diferenciada sistemática eficacial regulada pela própria CF. Realmente, enquanto a eficácia da norma tributária é postergada para o primeiro dia do exercício seguinte ao de sua edição (com as exceções contidas na própria CF – art. 150, § 1º), a medida provisória antecipa seus efeitos, para desde a data de sua publicação.

Entretanto, o STF já assentou a legitimidade da regulação de matéria tributária por medida provisória, instrumento a que a Constituição confere força de lei (ADIn-MC 1.417), conforme anotado em ementa ao acórdão prolatado na referida ADIn 1.667/9.

Observo que "é vedada a adoção de medida provisória na regulamentação do artigo da Constituição cuja redação tenha sido alterada por meio de emenda promulgada a partir de 1995" (art. 246, na redação das Emendas ns. 6 e 7 de 15.8.95).

Outrossim, cabe ressaltar que os chefes dos Executivos (federais, estaduais, municipais e distritais) só podem expedir decretos para fiel execução das leis (art. 84, IV, da CF), não podendo proceder a nenhuma inovação na ordem jurídica, salvo para possibilitar sua operacionalidade mediante a fixação de meros deveres administativos.

Assim, as exigências tributárias decorrentes de aplicação de decretos, portarias, resoluções e quaisquer atos fazendários, que tenham sido expedidos originariamente, não têm nenhum embasamento jurídico. O agente fiscal de rendas deverá escusar-se de efetuar cobranças fiscais assentadas em singelos atos regulamentares que não se encontrem sustentados na "lei".

b) Impessoalidade

Consiste no exercício objetivo da função administrativa, que tem por finalidade primordial atender ao exclusivo interesse público, de forma isônoma, sem conceder privilégios ou interesses pessoais e particularizados.

O agente público deve objetivar o atendimento geral da coletividade, sem efetuar qualquer discriminação, vantagem ou favorecimento a determinadas pessoas ou categorias econômicas, profissionais etc., como corolário do princípio da moralidade.

Significa que "a Administração tem que tratar a todos os administrados sem discriminações benéficas ou detrimentosas. Nem favoritismo nem perseguições são toleráveis. Simpatias ou animosidades pessoais, políticas, ideológicas não podem interferir na atuação administrativa e muito menos interesses sectários, de facções ou grupos de qualquer espécie. O princípio em causa não é senão o próprio princípio da igualdade ou isonomia" (C. A. Bandeira de Mello, *Curso de Direito Administrativo*, 11ª ed., 1999, Malheiros Editores, p. 70).

Em termos tributários, não pode o Fisco conferir tratamento personalizado, especial, vantajoso (ou prejudicial) a certos contribuintes, em prejuízo de outros. Assim, deve, necessariamente, observar uma ordem natural e cronológica de atendimento no que concerne às orientações prestadas nos Postos Fiscais, às respostas às consultas formais, aos pedidos de concessão de regime especial (simplificação de documentos, utilização de sistema de processamento de dados etc.), e no trâmite dos processos contenciosos etc.

Embora a importância do crédito tributário envolvido, e a notória situação de inidoneidade, possam representar maior interesse para a Fazenda, não há como se menosprezar os interesses dos próprios contribuintes em ver agilizada uma decisão, para que estes possam estar seguros de seus procedimentos internos e apurar os reflexos patrimoniais.

c) Moralidade

Constitui princípio alçado à dignidade constitucional, como um dos fundamentos basilares dos atos dos representantes das pessoas jurídicas de direito público, evidenciando-se que não basta o ato administrativo conter seus elementos normais (competência, motivo, objeto, finalidade e forma), para projetar seus efeitos jurídicos, tornando-se imprescindível o comportamento moral, ético, honesto e justo.

Embora se trate de um conceito indeterminado, vago, impreciso, flutuante ao sabor do tempo e dos costumes, sendo dosado por certa flexibilidade, compete ao hermeneuta precisar um determinado critério – ainda que pautado por margem de tolerância – para que esse princípio não seja espezinhado, ignorado, ou até mesmo vilipendiado.

Partindo-se do pressuposto de que o administrador público gere bens e direitos dos quais não é titular, deve perseguir os interesses coletivos até suas últimas conseqüências, mantendo um procedimento reto e legítimo no que for pertinente às finalidades que seu ato objetiva.

A imoralidade administrativa – nem sempre fácil de captar e precisar – encontra-se adstrita aos lindes do desvio do poder, ou seja, a utilização de meios ilícitos para atingir objetivos da Administração, mesmo que todos os elementos componentes do ato público guardem consonância (ainda que formal) com a norma.

É possível vislumbrar a configuração da imoralidade do ato administrativo nas práticas atentatórias aos bons costumes, na ofensa às regras da boa administração (falta de espírito público e de presteza ao servir à comunidade), na deslealdade e na surpresa, que constituem elementos nocivos na relação administrador (fisco) e administrado (contribuinte).

O propalado princípio da supremacia do interesse público sobre o interesse individual, outorgando prerrogativas e privilégios para a Administração – identificável no exercício do poder de polícia e na prestação de serviços públicos – não pode, em absoluto, representar um cheque em branco ao governo, de forma a ocasionar desrespeito aos administrados no que tange aos seus direitos e garantias individuais.

O interesse coletivo objetiva atender o bem comum, revestindo naturais elementos éticos, posto que no âmbito tributário, o poder público só pode subtrair parcelas dos patrimônios dos particulares de conformidade com o regime jurídico constitucional, consagrador de um autêntico estatuto do contribuinte, conformado por inúmeros princípios, conferidores de segurança e certeza à atividade impositiva.

A imoralidade é mais facilmente configurada nos atos discricionários, em que se comete faculdade ao administrador para agir segundo critérios de conveniência e oportunidade; enquanto que, na bitola dos atos vinculados, praticamente inexiste margem de liberdade no exercício dos direitos e deveres administrativos.

Considerando que a atividade tributária é plenamente vinculada, defluindo a obrigatoriedade do servidor público de cobrar tributos, uma vez ocorrida concretamente a hipótese de incidência normativa (art. 142 do CTN), é compreensível a dificuldade de tipificar a imoralidade num ato da Administração que esteja consubstanciado por seus legítimos elementos.

Argutamente se observou que "quem presta concurso para servir o povo, sabe de antemão que sua probidade deverá ser absoluta, pois seu exemplo é fundamental para que as instituições sejam estáveis (...); Tal concepção em matéria tributária, leva evidentemente a uma atuação do Fisco em orientar o contribuinte, mais do que persegui-lo, de exigir os tributos devidos de forma não vexatória, de devolver sem procrastinações as quantias que a título de tributo arrecadou indevidamente, a gerar leis que não sejam confiscatórias, nem políticas tributárias desarrazoadas, assim como não provocar publicidade indevida sobre a vida dos pagadores de tributos, visto que, de rigor, são servidores sustentados pelos contribuintes, a quem devem servir" (Ives Gandra da Silva Martins, "O princípio da moralidade no direito tributário", *Pesquisas Tributárias* – Nova Série 2, Ed. RT e Centro de Extensão Universitária, 2ª ed., 1998, p. 21).

Creio que, nos casos em que o Judiciário já tem decretado a inconstitucionalidade de normas ou, mesmo, quando assenta sólidas posições a respeito de matérias tributárias, o Fisco deve modificar seus procedimentos usuais, para observar as diretrizes jurisprudenciais, uma vez que aquelas revelam-se ineficazes. Reclama-se idêntico comportamento fiscal no caso de os próprios órgãos colegiados administrativos fixarem jurisprudência acerca de intributabilidades relativas a determinadas operações, ou mesmo quando estabelecem diretrizes, orientações e entendimentos firmes sobre determinadas práticas tributárias.

Também viola a ética, os procedimentos dos julgadores tributários consistentes em diligências ou pedidos de vista de processos com o velado propósito de procrastinar o julgamento do feito.

Arranha, ainda, o princípio da moralidade, a demora na solução dos pedidos de restituição e/ou compensação de tributos, sob pena de positivar-se o enriquecimento sem causa da Fazenda.

A moralidade administrativa restará prejudicada, no caso de parcelamento de débitos tributários, inclusive acompanhado de confissão de dívida, quando o Fisco promove penhora de bens do contribuinte, impossibilitando o pleno exercício de suas atividades pessoais e/ou profissionais.

Na trilha da imoralidade situam-se as medidas constrangedoras do patrimônio dos contribuintes, consoante sedimentada jurisprudência, promovendo a interdição de estabelecimento e a apreensão de mercadorias, como meio coercitivo para exigência de tributos; proibição de despacho de mercadorias nas alfândegas e exercício de atividades profissionais; bem como a decretação de "regime especial", impondo restrições, como será delineado no capítulo dedicado ao princípio da razoabilidade.

d) Publicidade

A eficácia dos atos administrativos implica obrigatoriamente o integral conhecimento por parte dos administrados, não só para que possam acompanhar a execução dos interesses de toda a coletividade, mas, também, de forma a evidenciar plena transparência, em absoluta consonância com o princípio da moralidade.

Salvo os casos de excepcional sigilosidade (art. 5º, XXXIII), a Administração não pode fazer nenhum segredo do exercício da função pública, que deve ser objeto de veiculação na imprensa oficial, para poder ser acompanhada e, até mesmo, fiscalizada pelas partes, uma vez que gere patrimônio público.

Há que se ponderar que "a publicidade não é elemento formativo do ato; é requisito de eficácia e moralidade. Por isso mesmo, os atos irregulares não se convalidam com a publicação, nem os regulares a dispensam para sua exeqüibilidade, quando a lei ou o regulamento a exigem (...); a publicidade significa propiciar a todos os cidadãos um meio de fiscalização da atividade estatal" (Wolgran Junqueira Ferreira, *Princípios da Administração Pública*, Edipro, 1996, pp. 93-94).

Não se trata apenas de divulgação oficial dos atos administrativos, mas, também, de oferecimento de condições para propiciar o conhecimento da conduta dos seus agentes, atingindo também os pareceres, julgamentos etc.

No âmbito tributário, deve ser promovida a publicidade dos atos, documentos e de todos os elementos integrantes do lançamento tributário, especialmente nos casos de lavratura de auto de infração (instauração de processo administrativo). Para possibilitar o conhecimento destes eventos, é indispensável a observância de medidas práticas e eficazes (notificações pessoais, notícias na imprensa), que assegurem certeza de ciência aos sujeitos passivos e demais interessados.

Ressalto que, em processos versando sobre a glosa de créditos fiscais (IPI e ICMS), em decorrência de decretação da inidoneidade de notas fiscais emitidas por terceiros, não é suficiente a simples menção dos expedientes fazendários respectivos em Auto de Infração, tornando-se indispensável a ciência formal, ao contribuinte, de todos os elementos constantes do procedimento que teria culminado com tais expedientes.

Do mesmo modo, a simples publicação do resultado da decisão administrativa no *Diário Oficial*, por si só, não constitui medida capaz para que a imensa maioria dos autuados tenha conhecimento do julgamento, notadamente pela circunstância de que no processo administrativo não é necessária a participação de advogado. Realmente, salvo as empresas e instituições de grande porte, não é razoável supor que determinadas categorias de contribuintes (produtores rurais, feirantes, ambulantes, açougueiros etc.) procedam à leitura dos jornais oficiais (todos os dias, durante anos), para terem ciência da situação processual de seu interesse.

O bloqueamento de inscrição fiscal dos emitentes das notas fiscais (implicados dos mencionados créditos), promovido *interna corporis*, sem que se tenha notícia oficial, também viola os postulados da boa-fé, lealdade administrativa e evitação se surpresa.

Revela-se a necessidade de serem publicadas as pautas das sessões de julgamento – especialmente pelos órgãos administrativos – com razoável prazo de antecedência, para que os autuados possam comparecer às referidas sessões, assistir aos debates e acompanhar a votação.

Portanto, questionável a juridicidade das reuniões das Câmaras (integrantes do

Conselho de Contribuintes do Ministério da Fazenda), em *conferência* (caráter reservado), com a exclusiva presença de seus membros (art. 21, § 6º, da Portaria MF 55, de 16.3.98, que aprova o Regimento Interno da Câmara Superior e dos Conselhos de Contribuintes). Nesta situação, não deveria o contribuinte (ou seu representante) ser instado a deixar a sala das sessões, uma vez que não há o mais mínimo sentido neste estranho comportamento sigiloso.

e) Eficiência

A presteza e os resultados satisfatórios das atividades públicas, representam a almejada finalidade da Administração, como gestora dos bens da população.

Este *plus* constitucional – introduzido na CF pela Emenda n. 19/98 – reforça, reafirma e determina a celeridade e a rapidez dos atos administrativos, para permitir a plena eficácia, porque de nada adianta a prestação de serviços morosos, que desacreditam toda a coletividade.

Ao formular um pedido à Administração, é natural que o contribuinte esteja aguardando uma pronta solução, para que possa desenvolver suas atividades da forma mais adequada e conveniente aos seus interesses, conferindo-lhe a almejada segurança de modo a evitar os naturais riscos.

Consagra um dos deveres da Administração, e que "se impõe a todo agente público de realizar suas atribuições com presteza, perfeição e rendimento funcional. É o mais moderno princípio da função administrativa, que já não se contenta em ser desempenhada apenas com legalidade, exigindo resultados positivos para o serviço público e satisfatório atendimento das necessidades da comunidade e seus membros" (Hely Lopes Meirelles, *Direito Administrativo Brasileiro*, Malheiros Editores, 24ª ed., 1999, p. 89).

Na seara tributária, a morosidade também incomoda, e até mesmo prejudica, tanto os objetivos fazendários como os interesses particulares. A fiscalização que demora para concluir seu trabalho junto a um empresário, prejudica a Fazenda (falta de lançamento) e o próprio contribuinte (insegurança de afetação de seu patrimônio).

O mesmo ocorre com o processo administrativo lento, que nunca termina, ficando meses (anos) nas gavetas para uma solução, causando transtornos às partes litigantes. A Fazenda vê-se prejudicada no tocante ao percebimento do crédito tributário, na hipótese de o contribuinte dilapidar seu patrimônio, cair em insolvência durante o trâmite processual, passando a inexistir bens suficientes para garantirem a execução judicial. O contribuinte pode também ver-se prejudicado na medida em que permanece na incerteza quanto à legitimidade de seu procedimento (objeto da autuação).

f) Ampla defesa e contraditório

A ampla defesa assegura ao contribuinte o conhecimento de todos os elementos que integram o processo tributário, iniciando-se pela ciência normal do lançamento e dos documentos que embasam a cobrança fazendária. Mesmo no caso de ser-lhe dada vista dos autos (dentro ou fora da repartição), justifica-se a entrega das cópias dos documentos em que se funda a exigência fazendária.

A participação pessoal do contribuinte deve ser a mais abrangente possível, oferecendo defesas, recursos (ou contra-razões), com a apresentação de sustentação oral, sendo imprescindível sua intimação para manifestar-se sobre os documentos/elementos que sejam oferecidos pelo fisco.

A garantia de ampla defesa não significa que os autuados só possam ser defendidos por advogados, pela circunstância da atuação desse profissional ser indispensável à administração da justiça (art. 133 da CF). No âmbito administrativo, as defesas e os recursos podem ser apresentados pelas próprias partes, ou procuradores (não necessariamente bacharéis em direito), como já preconizara o Judiciário (TJSP, AC n. 250.033-2-7, Rel. Des. Laerte Nordi, 11ª

Câmara Cível, j. 1.12.94, em *Repertório IOB de Jurisprudência*, n. 4/95, 2ª quinzena de fevereiro de 1995, p. 63).

Os órgãos administrativos devem expedir comunicações postais para os endereços dos autuados, procurando obter sua ciência pessoal. Idêntico procedimento deve ser adotado com relação aos advogados dos contribuintes.

A defesa somente poderá ser considerada ampla na medida em que o contribuinte puder utilizar todos os meios de prova. Embora a legislação processual administrativa nem sempre regule os meios hábeis para ser demonstrada a verdade em que se funda a alegação da parte, só aceitando documentos (notas fiscais, declarações, balanços etc.), penso que a precariedade do feito fazendário não impede a apresentação de laudo pericial (elaborado por órgão técnico, entidade de classe), com plena condição de ser considerado pelo julgador, uma vez que se torna inviável o exame minucioso de milhares de notas fiscais, ou considerações de natureza específica (científica, técnica, contábil).

As provas orais (depoimento pessoal, oitiva de testemunhas) também não poderiam ser rechaçadas, sob a assertiva de que não existe regramento específico para possibilitar sua realização, em que pese a possibilidade de serem aplicadas as regras subsidiárias da legislação processual civil.

No caso da Fazenda valer-se de prova "emprestada", deverá fornecer ao contribuinte todos os elementos pertinentes, uma vez que a presunção de legitimidade dos atos administrativos não constitui um dogma, tendo em vista a distribuição equitativa do ônus da prova.

Importante ressaltar que a ampla defesa só estará assegurada se o contribuinte puder interpor recurso (de índole constitucional), sem qualquer embaraço, limitação ou ônus, como é o caso do malsinado depósito recursal previsto na legislação federal como na Medida Provisória 1.621 de 12.12.97 (hoje Medida Provisória 1.770-49, de 2.6.99), que introduziu modificações no Decreto Federal 70.235 de 6.3.72, regulador do processo administrativo de determinação e exigência de *créditos tributários da União, verbis*:

"Art. 33. (...)

§ 2º. Em qualquer caso, o recurso voluntário somente terá seguimento se o recorrente o instruir com prova do depósito de valor correspondente a, no mínimo, trinta por cento da exigência fiscal definida na decisão".

Ou na Lei Federal 9.639, de 25.5.98 (art. 10), alterando o artigo 126 da Lei 8.213, de 24.7.91, com a redação dada pela Lei 9.528, de 1997, *verbis*:

"(...) § 1º. Em se tratando de processo que tenha por objeto a discussão de *crédito previdenciário*, o recurso de que trata este artigo somente terá seguimento se o recorrente, pessoa jurídica, instruí-lo com prova de depósito em favor do Instituto Nacional do Seguro Social – INSS, de valor correspondente a 30% (trinta por cento) da exigência fiscal definida na decisão".

Estes diplomas objetivaram ressuscitar a antiga garantia de instância administrativa, para que o contribuinte pudesse questionar a exigência de créditos fazendários, e que fora extinta pelo Decreto-lei 822, de 5.9.69, e pela Lei Federal 9.639/98, respectivamente.

Entretanto, a pretendida exigibilidade de depósito administrativo, como condição imposta ao contribuinte para poder apresentar recursos ao Conselho de Contribuintes do Ministério da Fazenda, e ao Conselho de Recursos da Previdência Social, caracteriza patente violação ao aludido preceito constitucional (art. 5º, LV).

Tendo em vista que os julgadores singulares usualmente homologam as exigências tributárias, torna-se necessária a previsão de recursos, para que os órgãos integrantes da superior instância administrativa – normalmente de composição paritária, mediante a integração de funcionários da Fazenda e de representantes de entidades de classe e de categorias profissionais – possam examinar toda a matéria, e proferir decisão desprovida do cunho de parcialidade.

Por conseguinte, só se pode cogitar de ampla defesa se o contribuinte puder interpor seu recurso (de índole constitucional) sem qualquer embaraço, limitação ou ônus.

Essa exigência também viola superior princípio constitucional (art. 5º), que reza o seguinte: "XXXIV – são a todos assegurados, independente do pagamento de taxas: a) o direito de petição aos Poderes Públicos em defesa de direitos ou contra a ilegalidade ou de abuso de poder; (...)".

É inequívoco que a obrigação do depósito compreende o desembolso de valor monetário, que se revela injustificável pelo fato de o contribuinte estar impugnando a própria exigência fazendária, constituindo violação ao princípio constitucional da isonomia (art. 5º, *caput*, I), ao impor inaceitável discriminação entre os providos de bens e aqueles que não dispõem de recursos financeiros.

A questão dos depósitos não constitui novidade para o Judiciário, porque há muito tempo havia firmado diretriz em decorrência de sua exigência como medida preparatória de ação anulatória de ato declarativo de dívida, prevista na legislação regradora da cobrança judicial da Dívida Ativa da Fazenda Pública.

Nesse sentido, ressaltam-se os julgados seguintes: "Não constitui pressuposto da ação anulatória do débito fiscal o depósito de que cuida o art. 38 da Lei 6.830, de 1980" (Súmula 247 do antigo Tribunal Federal de Recursos).

"O depósito preparatório do valor do débito não é condição de procedibilidade da ação anulatória; apenas, na circunstância, não é impeditiva da execução fiscal, que com aquela não produz litispendência, embora haja conexidade" (STF – RE 106.827-2-MA, 2ª Turma, Rel. Min. Cordeiro Guerra, un., *DJU* de 6.12.85, p. 22.588).

Entretanto, em matéria trabalhista (art. 636, § 1º, da CLT), o STF já havia decidido pela juridicidade da exigência do depósito do valor da multa, na esteira do voto vencedor (Min. Sepúlveda Pertence), *verbis*:

"Consideraria da mais alta relevância a argüição se se exigisse o depósito para a garantia da defesa prévia à decisão da autarquia. Não é o caso. O que se exige é depósito para um recurso administrativo, já proferida a decisão da autarquia. Ora, como o devido processo legal não impõe sequer o direito à existência do recurso administrativo, não vejo de que maneira o condicionamento do seu exercício ao depósito poderia afetar a garantia do devido processo legal" (ADIn 1.094-DF, Plenário, *DJU* 1 de 25.8.95).

Este entendimento foi mantido pelo STF, a saber:

"I – Inocorrência de ofensa à Constituição no fato de a lei exigir o depósito prévio da multa como pressuposto do recurso de admissibilidade do recurso administrativo.

II – Precedentes do STF: ADIn 1.049-DF, RREE 210.246, 210.234, 210.369, 210.380 e 218.752, Min. Jobim relator p/ acórdão, Plenário, 12.11.97.

III – Voto vencido do Min. C. Velloso.

IV – RE conhecido e provido" (RE 210.229-6-DF, 2ª Turma, Rel. Min. Carlos Velloso, j. 17.11.97, *DJU* 1 de 3.2.98, pp. 14-15).

Do mesmo modo, a referida Medida Provisória 1.770 (versão n. 49), estabeleceu que "o direito de pleitear judicialmente a desconstituição da exigência fiscal fixada pela primeira instância no julgamento de litígio em processo administrativo fiscal regulado pelo decreto 70.235, de 1972, extingue-se com o decurso do prazo de cento e oitenta dias, contados da intimação da referida decisão" (art. 33).

A MP enuncia regras restritivas do direito do contribuinte de socorrer-se da via judiciária, atropelando postulado constitucional (art. 146, III, "b"), que atribui competência à lei complementar para estabelecer normas gerais em matéria de legislação tributária, especialmente sobre obrigação, lançamento, crédito, *prescrição e decadência tributários*".

Em decorrência, revela-se injurídico o veículo normativo que pretende estipular prazo (de decadência ou prescrição) para exercício de direitos, por se tratar de mera MP, que, apenas, poderia ser convertida em lei ordinária, uma vez que somente a lei complementar (dotada de quórum qualificado) é que possui competência para dispor sobre esta matéria.

Analisando a questão sob a égide da CF-88, o STJ assim se manifestou:

"Tributário. ICMS. Início da contagem do prazo prescricional – Art. 174, parágrafo único do CTN e art. 8º, § 2º, da Lei 6.830/80 – Prevalência daquela sobre esta.

O Código Tributário Nacional foi recepcionado pela C. Federal como lei complementar, desfrutando da supremacia hierárquica relativamente às leis ordinárias.

A prescrição (e a decadência), por definição do CTN, é instituto de direito material, sendo regulada por lei complementar, a que a lei ordinária há de ceder aplicação (...)" (REsp 88999-96-RS, 1ª Turma, Rel. Min. Demócrito Reinaldo, un., j. 17.6.96, *DJU* de 19.8.96, p. 28.411).

Além disso, ocorrendo decurso de prazo superior a 180 dias para a instância superior decidir o recurso, é evidente que o contribuinte não poderia jamais ser penalizado pela caducidade de seu direito, pelo singelo argumento de que a morosidade do julgamento naturalmente decorre de exclusivo procedimento da Fazenda, a quem compete impulsionar os respectivos processos.

É elementar que a exigüidade do prazo constitui uma velada ameaça ao contribuinte para renunciar ao recurso, pelo simples argumento de que os Conselhos de Contribuintes e demais Tribunais Administrativos não têm condição de processar e julgar os diversos recursos que lhes são submetidos em prazo tão exíguo.

Em conclusão, sou de parecer que é inconstitucional tanto a exigência do depósito (total ou parcial) do valor exigido pela Fazenda Pública, como requisito para o exame do recurso administrativo do contribuinte; quanto a estipulação de prazo para a propositura de ação judicial, porque viola os princípios da ampla defesa, da isonomia e do direito de petição (art. 5º, *caput*, I, XXXIV e LV da CF), dificultando (ou, mesmo, impossibilitando), a exaustão da esfera administrativa, além de estabelecer a nefasta discriminação pertinente à capacidade financeira.

3. Constituição de São Paulo e Lei estadual 10.177/98

A Constituição paulista promulgada em 5.10.89, a seu turno, determinou o seguinte: "Art. 111 – Administração pública direta, indireta ou fundacional, de qualquer dos poderes do Estado, obedecerá aos princípios da legalidade, impessoalidade, moralidade, publicidade, *razoabilidade*, *finalidade*, *motivação* e *interesse público*".

Apenas interessa analisar a aplicação dos princípios assinalados, uma vez que os demais postulados já foram objeto de apreciação em tópicos anteriores.

g) Razoabilidade

É cediço que a Administração age de conformidade com a pauta de atribuições permitidas ou determinadas pela lei, apesar de, nos atos discricionários, ser conferida a faculdade de levar em conta os aspectos de conveniência e oportunidade, não permanecendo adstrita aos rigorosos comandos normativos, próprios e pertinentes aos atos de natureza vinculada.

Por isso tem se ponderado que a "discricionariedade consiste na competência-dever de o administrador, no caso concreto, após a interpretação, valorar, dentro de um critério de *razoabilidade* e afastado de seus próprios *standards* ou ideologias – portanto, dentro de critério da razoabilidade geral – dos princípios e valores do ordenamento, qual a melhor maneira de concretizar a utilidade pública postulada pela norma" (Lucia Valle Figueiredo, *Curso de Direito Administrativo*, 3ª ed., Malheiros Editores, 1998, p.172).

Percebe-se que a razoabilidade encontra-se intimamente vinculada à proporcionalidade, sendo que a "Administração, ao atuar no exercício da discrição, terá de obedecer a critérios aceitáveis do ponto de vista racional em sintonia com o senso normal de pessoas equilibradas e respeitosas das finalidades que presidiram a outorga da competência exercida" (Celso Antônio Bandeira de Mello, *Curso*, cit., p. 66).

Este princípio é adequado ao âmbito tributário no caso de o contribuinte haver pautado seu procedimento de conformidade com as orientações prestadas a demais contribuintes, em situações de idêntica natureza. Assim, havendo estabelecido um determinado critério jurídico – em razão de consulta específica formulada por terceira pessoa – é *razoável* aceitar a prática da mesma postura adotada por outro contribuinte.

Nesse sentido, o critério da razoabilidade – atrelado aos princípios da equidade, e da lealdade administrativa – impedirá seja aplicada qualquer exigência tributária (sequer sanção) a terceiros que não tenham formalmente apresentado consulta à Fazenda sobre os mesmos fatos tributários.

Cabe como luva a aplicação deste postulado no que concerne à *retenção* de livros e documentos, para serem examinados pela fiscalização fora do estabelecimento, bem como a apreensão de mercadorias de procedência estrangeira encontradas fora da zona primária, em situações específicas (arts. 419 e 428 do Decreto 2.637/98); bem como no caso de *apreensão* de bem ou mercadoria que constituir prova material de infração às normas tributária (art. 564 da Lei 6.374/89).

Estes procedimentos têm por escopo averiguar a situação fiscal do contribuinte, inserindo-se no regular exercício do poder de polícia que norteia as atividades da administração pública (TRF-3ª Região, AMS 92.03.067021-SP, 2ª Turma, Rel. Juiz Souza Pires, j. 13.6.95, *DJU* 2 de 26.7.95, p. 45.967).

Entretanto, "é inadmissível a apreensão de mercadorias como meio coercitivo para pagamento de tributo" (Súmula 323 do STF), em razão do quê, procedendo ao lançamento tributário (intimação, notificação ou lavratura de auto de infração), não se justifica a manutenção dos bens apreendidos com a repartição fiscal, a fim de não prejudicar o livre exercício das atividades do sujeito passivo tributário.

Pelas mesmas razões apontadas, também não é razoável que o Fisco permaneça com os documentos e elementos do contribuinte, por considerável lapso de tempo.

Nesta temática, cabe apreciar os casos de imposição de "regimes especiais" de fiscalização, que significam sistema temporário de controle, em decorrência de embaraço à fiscalização, constituição de empresas por pessoas que não sejam os verdadeiros sócios, realização de operações sem a devida inscrição, e reincidências de infrações à legislação tributária.

Tais regimes podem consistir nos procedimentos seguintes:

a) manutenção de fiscalização ininterrupta no estabelecimento;

b) recolhimento compulsório do imposto, antes da saída da mercadoria do estabelecimento comercial, ou após a saída e antes da entrega ao destinatário;

c) vedação aos negociantes adquirentes de bens, de utilizarem crédito do imposto a que têm direito, quando desacompanhados de guia especial de pagamento do tributo por parte do vendedor;

d) retenção dos talonários de nota fiscal, para aposição de carimbo, mostrando que o contribuinte se encontra sob regime especial;

e) publicação do ato impositivo da administração na imprensa oficial.

Embora seja louvável a preocupação do Fisco em coibir as práticas sonegatórias, o fato é que, muitas vezes, esses expedientes violam diversos princípios constitucionais, a saber: *legalidade* (estipulação de prazo de pagamento de forma diversa da constante da legislação); *indelegabilidade de poderes* (permissão à autoridade administrativa para a execução dos referidos atos, sem embasamento jurídico); *livre exercício do trabalho* (dificuldade no exercício dos negócios do contribuinte); e *sigilo profissional* (divulgação da situação econômica e financeira do contribuinte, expondo-a ao conhecimento da coletividade).

Todavia, o STF já firmou diretriz no sentido de que "o regime especial do ICM, autorizado em lei estadual, porque impõe restrições e limitações à atividade comercial do contribuinte, viola a garantia constitucional da liberdade de trabalho (CF/67, art. 153, § 23; CF/88, art. 5º, XIII), constituindo forma oblíqua de cobrança do tributo, assim execução política que a jurisprudência do Supremo Tribunal Federal sempre repeliu (Súmulas ns. 70, 323 e 547) (ERE 115.452-7-SP, Pleno, Rel. Min. Carlos Velloso, j. 4.10.90, *DJU* de 16.11.90, *Lex-JSTF* 146/128).

Por conseguinte, o fisco deve ser razoável em suas ações, não constrangendo as atividades e o patrimônio dos particulares, tendo em vista a existência de diplomas jurídicos específicos para propor as medidas (administrativas e judiciais), necessárias à cobrança do crédito tributário.

No processo de execução fiscal, a razoabilidade impõe que a exigência de garantia do crédito tributário deve levar em consideração os bens que sejam necessários para a subsistência e/ou o desenvolvimento das atividades operacionais do contribuinte, como se colhe de arestos mais recentes do STJ, *verbis*:

"Execução Fiscal – Penhora – Faturamento da empresa – Impossibilidade.

A penhora que recai sobre o rendimento da empresa equivale à penhora da própria empresa, razão pela qual não tem mais a Egrégia Primeira Turma admitido penhora sobre faturamento ou rendimento.

Recurso improvido" (REsp 163.549-RS, Rel. Min. José Delgado, 1ª Turma, j. 11.5.98, *DJU* 1 de 14.9.98, p. 15).

"Execução Fiscal. Penhora. Substituição dos bens penhorados. Faturamento diário da empresa. Observância das cautelas legais.

Na execução fiscal, não se admite que a penhora recaia, de forma simplista, sobre a renda diária da empresa executada, com o depósito em estabelecimento bancário. Impõe-se a nomeação de administrador, que exercerá as funções na forma determinada pela lei processual" (REsp 118.780-SP, Rel. Min. Hélio Mosimann, 2ª Turma, j. 7.5.98, *DJU* 1 de 15.6.98, p. 102).

h) Finalidade

O procedimento administrativo objetiva a constituição do crédito tributário, dotado dos requisitos de liquidez e certeza, para que esteja plenamente legitimado o título executivo que permita à Fazenda receber as devidas verbas tributárias.

O processo fiscal deve consubstanciar um válido lançamento tributário, de conformidade com o devido processo legal, e obedecendo todos os postulados jurídicos aplicáveis à espécie, inclusive, e especialmente, os diversos princípios apontados neste estudo.

Inaceitável a instauração deste processo nos casos em que, não tendo sido atendidos todos os elementos componentes do tipo tributário – na forma alvitrada no art. 142 do CTN –, esteja caduco o direito fazendário, ou contrarie sedimentada jurisprudência (administrativa ou judicial).

A formulação de exigência tributária por mero capricho, erro grosseiro, ou eivada por qualquer outro vício que acarrete sua nulidade, constitui desvio de finalidade.

i) Motivação

Embora a Constituição Federal não tenha incluído este princípio no rol constante do art. 37, não significa o seu desprezo ou irrelevância, uma vez que o art. 93, X, do mesmo diploma, dispôs que "as decisões administrativas dos tribunais serão motivadas, aplicando-se esta diretriz ao Executivo, na pena de Lucia Valle Figueiredo, *verbis*: "Fazendo-se interpretação sistemática, não seria de se supor que os tribunais devessem motivar suas decisões administrativas e não fossem a isso obrigados os administradores, a quem cabe expressamente a função administrativa, portanto, de maneira típica" ("Devido Processo Legal e Fundamentação das Decisões", *RDT* 63/211).

Conclui a jurista que "no Estado Democrático de Direito, a *motivação* integra, de maneira inarredável, ainda que possa não estar explícita, o *devido processo legal em seu sentido material*" (ob. cit., p. 216).

Princípio comezinho de direito administrativo, estabelece que os atos de seus agentes, para projetarem efeitos jurídicos, devem esclarecer os motivos, sendo inadmissível que, em quaisquer despachos ou decisões (respostas a consultas, julgamento de processos administrativos) as autoridades possam ficar alheias a apontar o fundamento de seus pronunciamentos.

É induvidoso que "em princípio, o ato administrativo deve ser motivado, seja ele vinculado ou discricionário, porque às duas categorias se ajustam, indiferentemente, quase todas as finalidades da motivação; (...) é preciso que a motivação indique as premissas de direito e de fato em que se apóia o ato motivado, com a menção das normas aplicadas, sua interpretação, e eventualmente, a razão da não aplicação de outras; e com referência aos fatos, inclusive a avaliação das provas examinadas pelo agente público a seu respeito" (Antônio Carlos de Araújo Cintra, *Motivo e Motivação do Ato Administrativo*, pp. 125 e 127, Ed. RT).

O Código de Processo Civil (diploma aplicado subsidiariamente ao processo administrativo) expressa o seguinte:

"Art. 458 – São requisitos essenciais da sentença; (...)

II – os fundamentos, em que o Juiz analisará as questões de fato e de direito;

III – o dispositivo, em que o Juiz resolverá as questões que as partes lhe submeterem".

A propósito, Aliomar Baleeiro já havia declarado que "o Supremo Tribunal sempre sustentou a necessidade de motivação do ato administrativo e como se vê do trecho de Galloti já transcrito no relatório, sempre que a lei o exige ou sujeita a deliberação da autoridade à verificação concreta de certas ocorrências de fato" (MS 20.012, Pleno, j. 11.12.74, *RTJ* 73/732-735).

No âmbito do processo tributário, apura-se que os contribuintes argüem diversas matérias pertinentes à sua defesa, sejam como preliminares (decadência, falta de ciência de documento, ofensa ao contraditório etc.), ou como mérito (ilegitimidade de parte, inexistência de fato gerador, incorreção de base de cálculo, alíquota, operação isenta etc.).

Embora a lide possa ser rica de fundamentos jurídicos, e encontrar-se amparada em farta documentação oferecida pelos litigantes, alguns julgadores singulares se têm pautado por comportamento lacunoso, utilizando o chavão seguinte: "analisadas as alegações do contribuinte, a manifestação do fisco e examinados os dispositivos regulamentares, julgo procedente o Auto de Infração", ou formulários adrede preparados contendo quadros reservados para relatório, indicação de preceitos legais etc.

Também os tribunais administrativos nem sempre primam pelo exame rigoroso das alegações expendidas na lide, cingindo-se à mera manutenção (ou insubsistência) do julgado recorrido, deixando de adentrar no específico exame das questões suscitadas, e omitindo qualquer referência a documentos, valores etc.

A motivação indicará as razões que justifiquem a edição do ato, especialmente a regra de competência, os fundamentos de fato e de direito e a finalidade objetivada, embora possa consistir na remissão a pareceres ou manifestação nele proferidos (art. 9º e parágrafo único, da lei estadual).

O referido diploma determina a invalidade dos atos administrativos no caso de "inexistência ou impropriedade do motivo de fato ou de direito", "falta ou insuficiência de motivação" sendo que "nos atos discricionários, será razão de invalidade a falta de correlação lógica entre o motivo e o conteúdo do ato, tendo em vista sua finalidade" (art. 8º, IV, VI, e parágrafo único).

j) Interesse público

O postulado da supremacia do interesse público sobre o interesse particular – como já sublinhado – significa que a Administração Pública administra os interesses da coletividade, de quem não é senhor. Trata-se da administração de bens de terceiros, o que lhe confere prerrogativas que se encontram compreendidas no princípio da oficialidade, competindo-lhe impulsionar o processo fiscal e conduzi-lo até o seu final.

Entretanto, a circunstância de se encontrar dotada de patente privilégio não pode significar autêntica superioridade, que lhe permita atropelar os mais elementares princípios de direito público.

Somente estará preservado o interesse público se, e quando, o administrador observar rigorosamente os ditames constantes do ordenamento jurídico constitucional, não pautando seu procedimento por caprichos, interesses particulares, ou meramente financeiros.

4. Lei Federal 9.784/99

Este diploma jurídico dispôs que "a Administração Pública obedecerá, dentre outros, aos princípios da legalidade, finalidade, motivação, razoabilidade, proporcionalidade, validade, moralidade, ampla defesa, contraditório, segurança jurídica, interesse público e eficiência" (art. 21).

Ademais, erigiu como critérios essenciais:

a) atuação conforme a lei e o Direito;

b) atendimento a fins de interesse geral, vedada a renúncia total ou parcial de poderes ou competências, salvo autorização em lei;

c) objetividade no atendimento do interesse público;

d) atuação segundo padrões éticos de probidade, decoro e boa fé;

e) divulgação oficial dos atos administrativos, ressalvadas as hipóteses de sigilo;

f) adequação entre meios e fins, vedada a imposição de obrigações, restrições e sanções em medida superior àquelas estritamente necessárias ao atendimento do interesse público;

g) indicação dos pressupostos de fato e de direito que determinarem a decisão;

h) observância das formalidades essenciais à garantia dos direitos dos administrados;

i) adoção de formas simples, suficientes para propiciar adequado grau de certeza, segurança e respeito aos direitos dos administrados;

j) garantia dos direitos à comunicação, à apresentação de alegações finais, à produção de provas e à interposição de recursos, nos processos de que possam resultar sanções e nas situações de litígio;

k) proibição de cobrança de despesas processuais, ressalvadas as previstas em lei;

l) impulsão, de ofício, do processo administrativo, sem prejuízo da atuação dos interessados;

m) interpretação da norma administrativa da forma que melhor garanta o atendimento do fim público a que se dirige, vedada aplicação retroativa de nova interpretação.

Considerando que nos itens anteriores já foram analisados diversos dos princípios assinalados, é o caso de examinar, particularmente o princípio da *proporcionalidade*, que também se atrela aos cânones do interesse público e da segurança jurídica. Observo que estes dois últimos permeiam todos os demais princípios apontados, razão pela qual não é caso de se proceder a uma análise específica.

k) Proporcionalidade

Este princípio "não é senão uma faceta do princípio da razoabilidade" (Celso Antônio Bandeira de Mello, ob. cit. p. 68), implicando a observância da utilização de elementos e meios adequados e criteriosos, na própria conduta administrativa, com relação aos seus subordinados.

O administrador tributário não pode agir como um frio e insensível aplicador da norma, devendo utilizá-la de modo sensato à vista da situação específica do contribuinte, sem que este comportamento possa violar o postulado da impessoalidade.

A aplicação deste princípio revela-se pertinente no que tange às sanções tributárias, que têm por finalidade inibir os possíveis infratores da legislação, castigando-os, evitando reincidências, com função educativa e proteção ao interesse da arrecadação, de modo a estimular o cumprimento da obrigação tributária.

Embora as medidas repressivas estejam contempladas na legislação ordinária, o Fisco não pode ignorar este superior princípio, que, além de revelar um verdadeiro sentido de justiça, atende aos demais postulados constitucionais.

É o que ocorre com as *multas penais*, que consideram o montante tributário envolvido, ou o valor da operação (importação, venda, serviço, renda etc.), podendo ser flexionadas em razão de circunstâncias agravantes (reincidência, inobservância de instruções fazendárias), ou qualificativas (sonegação, fraude, conluio), dimensionadas de conformidade com a gravidade da infração, a existência de dolo etc. (arts. 448 a 455 do Decreto 2.637, de 25.6.98, que regulamenta o IPI; arts. 959, 961, 962 e 963 do Decreto 3.000, de 26.3.99, regulamentador do IR).

De longa data, o Judiciário tem apreciado questões afetas a legislações que estabelecem elevadas multas penais, decidindo pelo seu abrandamento, como se colhe de alguns arestos:

"Executivo Fiscal. Graduação da multa, de acordo com a gravidade da infração e com a importância desta para os interesses da arrecadação. Pode o Judiciário, atendendo às circunstâncias do caso concreto, reduzir a sanção excessiva, aplicada pelo Fisco. Legislação estadual não trazida aos autos, impossibilitando verificar se o juiz exorbitou na sua aplicação. Recurso Extraordinário conhecido, mas não provido" (STF, RE 57.904-SP, 1ª Turma, Rel. Min. Evandro Lins e Silva, j. 25.4.66, *RTJ* 37/296-297).

"Multa Fiscal

I – O Supremo Tribunal Federal não corrige injustiça da lei se não é inconstitucional, nem do executor, se não há ilegalidade.

II – Em princípio não exorbita a Justiça local, se, interpretando a lei fiscal do Estado, reduz a multa, fundada em dispositivo que insinua redução ou relevação, se não ocorre dolo nem má-fé.

III – Dolo é matéria de fato, que, como interpretação do Direito do Estado, não se concilia com o recurso extraordinário" (STF, RE 60.963-SP, 2ª Turma, Rel. Min. Aliomar Baleeiro, j. 7.3.67, *RTJ* 41/55-57).

Recentemente o STF decidiu a respeito da aplicabilidade da Lei federal 8.846, de 21.1.94 (arts. 2º e 3º), que estabelecera a aplicação de multa pecuniária de 300% sobre o valor do bem objeto da operação ou do serviço prestado, ao contribuinte (pessoa física ou jurídica) que deixasse de emitir nota fiscal, recibo ou documento equivalente.

Nesse sentido, suspendeu a execução, com eficácia *ex nunc* dos referidos preceitos, até julgamento final, por entender que a multa fiscal tem caráter "confiscatório", o que é vedado pelo inciso IV do artigo 150 da Constituição (ADIn 1.075-1, Plenário, Relator Min. Celso de Mello, j. 17.6.98, *DJU* 1 de 29.6.98, p. 41).

Enquadra-se no âmbito da proporcionalidade a aplicação da *pena de perdimento* (Decreto-lei 1.455, de 7.4.76, arts. 23 e 24; Decreto 91.030, de 5.3.85, e Lei Federal 9.779, de 19.1.99, arts 18 a 20), em casos de dano ao erário, relativamente a diversas situações infracionais (importação sem amparo documental, abandono de mercadorias em razão de decurso de prazo de permanência em recintos alfandegados, etc.).

A CF-88 não contém preceitos específicos concernentes à figura do "perdimento" (ao contrário do contido na EC n. 1/69, art. 153, § 11) – violando postulados constitucionais (art. 5º, LIV, e XLV, "b") – acrescido da circunstância do indigitado Decreto-lei haver perdido eficácia (falta de ratificação pelo Congresso Nacional (art. 25, § 1º, do Ato das Disposições Transitórias).

Além disso, a mesma CF garante o direito de propriedade (art. 5º, XXII), e o livre exercício de qualquer trabalho, ofício ou profissão, e de atividades econômicas (art. 5º, XIII, e 170, parágrafo único), que estará sendo coartado na medida em que o importador fique desapossado de seus bens.

Embora o Judiciário venha validando esta penalidade (TRF-1ª Região, MS 94.01.30331-2-DF, Rel. Juiz Tourinho Neto, 3ª Turma, j. 7.6.95, *DJU* 2 de 24.8.95, p. 53.933; e TRF-3ª Região, MS 91.03.15527-7 45256, Rel. Des. Sylvia Steiner, j. 7.4.98, *DJU* 2 de 3.6.98, p. 354), a Receita Federal também deverá agir com *proporcionalidade* e *razoabilidade*, de conformidade com a própria postura jurisprudencial, *verbis*:

"Administrativo – Pena de perdimento – Desproporção entre o valor das mercadorias apreendidas e o do veículo transportador.

Se o valor das mercadorias apreendidas não guardar qualquer relação com o valor do veículo que as transporta, a pena de perdimento deve ser anulada para evitar que se caracterize o confisco (...)" (STJ, REsp 104.190-DF, Rel. Min. Ari Pargendler, 2ª Turma, j. 26.5.98, *DJU* 1 de 15.6.98, p. 102; REsp 159.612-2-MS, Rel. Min. Hélio Mosimann, 2ª Turma, j. 17.2.98, *DJU* 1 de 9.3.98, p. 78/9).

"Tributário – Pena de perdimento – Mercadoria adquirida de comerciante estabelecido – Boa fé.

A pena de perdimento não alcança quem adquiriu a mercadoria estrangeira, no mercado interno, de comerciante estabelecido, mediante nota fiscal. O comprador de mercadoria exposta em loja sujeita a fiscalização, não pode ser obrigado a investigar o modo como ela entrou no país. A pena de perdimento – até por ser pena – não pode abstrair o elemento subjetivo nem desprezar a boa fé" (STJ, REsp 102.146-DF, Rel. Min. Humberto Gomes de Barros, 1ª Turma, j. 13.3.97, *DJU* 1 de 14.4.97, p. 12.691).

"Tributário – Veículo alugado e utilizado para possível prática de desacaminho – Pena de perdimento – Impossibilidade.

Não pode ser declarada a perda do veículo se seu proprietário não teve nenhuma participação na possível prática do crime de descaminho" (TRF-1ª Região, AMS 1997.01.00.037158-2-DF, Rel. Juiz Tourinho Neto, 3ª Turma, j. 14.4.98, *DJU* 2 de 29.5.98, p. 103).

A NOVA ORDEM TRIBUTÁRIA E A DESCENTRALIZAÇÃO FISCAL

RICARDO LOBO TORRES
Professor Titular de Direito Financeiro na UERJ

O Brasil tem convivido, durante todo o período republicano, com um federalismo fiscal pendular, que alterna épocas de centralização de recursos financeiros e poder nas mãos do Governo Federal com outras em que se privilegiam os entes menores, tudo a coincidir com as vicissitudes do autoritarismo político. As Constituições de 1891 e de 1946 adotaram o perfil descentralizador, enquanto as Cartas de 1937 e 1967/1969 inclinaram-se pelo modelo de centralização financeira. A Constituição de 1988, até como reação ao regime autoritário de 1967/1969, sinalizou no sentido da descentralização: a União perdeu fontes tributárias, principalmente em favor dos Estados-membros (os impostos únicos sobre combustíveis, energia elétrica e minerais, e o imposto sobre transportes passaram à competência estadual, amalgamando-se ao ICMS; aumentou a participação dos Estados e Municípios sobre a arrecadação dos impostos federais sobre a renda (IR) e sobre produtos industrializados (IPI), que passou para 47%).

Ao mesmo tempo desenhava-se, com a queda do muro de Berlim, sentida modificação no plano financeiro da globalização. O poder central, seja nas estruturas federativas de governo seja nos Estados Unitários, começava a definhar, eis que desapareciam, nos países desenvolvidos, os principais desafios que justificavam o centralismo de recursos: a guerra nas estrelas perdia o seu objetivo com o término do radicalismo bipolar, que até então predominara; declinava o intervencionismo estatal direto (Estado-empresário) e indireto (Estado Regulador), como conseqüência do fechamento do ciclo de riqueza que preponderou durante os trinta anos de ouro para a economia ocidental, da exaustão do modelo do Estado de Bem Estar Social e da revisão da crença na inesgotabilidade dos recursos públicos. Em contrapartida cresciam as demandas pelas prestações estatais de caráter local, como a saúde, a previdência e a educação. Em suma, assistia-se ao desencantamento do poder nacional e ao crescimento das exigências da cidadania local. O Brasil também passou a viver a nova conjuntura: os programas federais de investimentos mirabolantes em estradas transnacionais, usinas hidrelétricas ou atômicas e investimentos maciços em prol de um desenvolvimento econômico sustentado pelo Estado, para gáudio da burguesia nacional, começavam a declinar; cresceram as demandas comunitárias pelas prestações locais de previdência, saúde, educação e assistência social.

Parecia haver uma certa sintonia entre a cultura constitucional de 1988 e a nova situação criada pela economia globalizada, que levaria ao enfraquecimento da cidadania nacional em benefício de medidas que incrementassem a justiça local e as garantias dos direitos humanos no plano comunitário. Mas sobreveio um dado novo que desfez os termos da equação constitucional de 1988, ou seja, o agravamento do processo inflacionário e a necessidade de se buscar a estabilidade monetária. As soluções foram todas mágicas, desde o plano Cruzado do Governo Sarney até a criação do Real de Fernando Henrique, passando pelos planos Collor, procurando-se estabilizar a moeda por meio de decreto proibitório de aumento de preços, de confisco de ativos financeiros e de paridade entre a moeda nacional e o dólar. Mas as reformas básicas que pudessem dar sustentação aos planos monetários, principalmente a reforma fiscal, essas, até hoje, não saíram, ou representaram mero paliativo para aliviar os problemas de caixa do Governo Federal, como aconteceu com a da previdência, que, depois de aprovada (Emenda Constitucional n. 20/98), à custa de desgaste enorme de energia, constatou-se ser apenas o aperitivo para a verdadeira reforma a ser ainda enviada ao Congresso. A imprescindível reforma fiscal aguarda a sua aprovação: o Presidente Fernando Henrique remeteu ao Congresso o pífio projeto de emenda n. 175/95, que continua a tramitar no Legislativo, agora já reformado pelas últimas "sugestões" (sic) encaminhadas pelo Ministro Malan; o Presidente Fernando Collor havia remetido a proposta que ficou conhecida como "emendão", logo retalhado, e o projeto que resultou dos trabalhos da comissão dirigida pelo tributarista Arioswaldo de Matos Filho; entre as propostas presidenciais dos Governos dos Fernandos surgiram inúmeras outras de menor autoridade, como as da Fiesp, da Força Sindical, da USP etc. O que caracterizou todas essas propostas de reforma fiscal foi o fato de se colocarem contra a descentralização de recursos e de poderes estabelecida na Constituição de 1988, e também contra a corrente de idéias e de normas financeiras positivas resultantes do processo de globalização. Em outras palavras: os planos monetários mágicos não encontraram suporte em propostas realistas e factíveis de reforma tributária que, por isso mesmo, não foram aprovadas. Contentou-se o governo com a derrama representada pelos ajustes fiscais de 1997 e de 1998/1999, que trouxeram o aumento do imposto de renda e das contribuições sociais, a restauração da irracional e injusta CPMF, agora em níveis mais elevados, e a criação e majoração das contribuições previdenciárias de funcionários públicos ativos e inativos, sendo que estas últimas, na ausência de planos de previdência privada e de capitalização, certamente desaparecerão na voragem do pagamento dos juros que sustentam o plano Real. O saldo que o nosso constitucionalismo de 1988 apresenta é o da frustração do processo descentralizador com a desfiguração do modelo originário através de várias emendas (mais de vinte, tantas quantas os Estados Unidos aprovaram em 200 anos), complementadas por inúmeras providências circunstanciais, muitas baixadas autoritariamente, por medidas provisórias, que impediram a sintonia do sistema brasileiro com o internacional.

De feito, a norma centralizadora, a mais importante, surgiu com o Presidente Fernando Henrique em 1995, quando obteve a aprovação da Emenda Constitucional n. 10/96, que criou o Fundo Social de Emergência, do qual já se disse que não era social nem de emergência. O seu objetivo básico consistia em retirar dos Estados e Municípios substanciais parcelas do seu direito à participação na arrecadação federal, com a justificativa de promover ações na área social e assistencial, mas com a intenção mascarada de amealhar recursos para o pagamento dos juros da dívida pública, em crescimento constante, por força da mágica paridade entre o real e o dólar. Esgotado o período de sua vigência, transformou-se em Fundo de Estabilização Fiscal, com os mesmos objetivos (Emenda Constitucional n. 17/97), devendo vigorar até 31 de dezembro de 1999.

Outras medidas que trouxeram grande prejuízo aos entes menores foram os aumentos sucessivos das anômalas contribuições sociais, que alimentam os sistemas de saúde e de assistência social, mas que são arrecadados pela própria Receita Federal, como sejam a contribuição sobre o lucro, sobre o faturamento e sobre as movimentações financeiras (CPMF). Ao revés de se aumentarem os impostos da União para atender às demandas, preferiu-se a majoração das contribuições, que exibem a exótica configuração de impostos com destinação especial mas que não se repassam aos Estados e Municípios. A solução oblíqua acabou por originar enorme contencioso entre o fisco federal e os contribuintes, com sensível prejuízo para os cofres públicos.

A manutenção de instrumentos autoritários de Governo, como a lei complementar e a medida provisória, tem contribuído também para o desequilíbrio federativo. Sabe-se que a lei complementar, entulho autoritário que não encontra paralelo nos sistemas jurídicos das nações civilizadas, surgiu e se estratificou com o objetivo primordial de centralizar nas mãos do Governo Federal o poder normativo em matéria financeira, deixando aos Estados e Municípios a competência meramente residual para dispor sobre os aspectos periféricos de suas finanças. A medida provisória, por seu turno, tem sido usada abusivamente no direito financeiro, gerando a insegurança nas relações jurídicas e concentrando o poder de legislar no Executivo Federal. A anomalia causada pela manutenção das fontes normativas do autoritarismo pode ser bem percebida na reforma do ICMS. O Presidente Fernando Henrique havia proposto ao Congresso Nacional, pelo projeto de emenda n. 175/95, a extensão da não-incidência daquele imposto à exportação de todos os produtos nacionais e a concessão do direito ao crédito na aquisição de bens do ativo fixo. A primeira medida correspondia a efetiva necessidade do comércio internacional, enquanto a outra se baseava em duvidosos argumentos econômicos. Como não obteve a aprovação para modificar a Constituição, resolveu o Presidente Fernando Henrique encaminhar o projeto que se transformou na Lei Kandir (Lei Complementar 87/96), concedendo por lei complementar o que não conseguira fazer por emenda à Constituição. Do ponto de vista jurídico ficou a dúvida em torno da legitimidade da concessão: ou a emenda constitucional era necessária e a lei complementar seria inconstitucional, como pensamos, ou o projeto de emenda constituía uma demasia, devendo ser debitado às trapalhadas das autoridades federais. Sob a perspectiva econômica a Lei Kandir trouxe imenso prejuízo para os Estados, aos quais assegurou o direito a uma indenização, compensatória da inconstitucionalidade cometida, que se tornou menor que a esperada como justa.

Os ajustes fiscais promovidos pelo Governo Federal em 1997 e 1998, a pretexto de conseguir recursos para enfrentar a crise financeira mundial, também acabam por se refletir na estrutura do nosso federalismo, eis que, aumentando o desemprego e retirando mais recursos da sociedade, vão prejudicar as fontes de arrecadação dos entes menores.

O novo projeto de reforma tributária entregue pelo Min. Malan ao Congresso Nacional, para substituir o projeto de emenda n. 175/95, contém diversas medidas centralizadoras. É bem verdade que a transferência da competência legislativa em matéria de ICMS para a União, preservando com o Estado o poder de arrecadação, inspirada no modelo constitucional alemão, pode contribuir para a maior racionalidade do sistema tributário, eis que ainda facilitará a harmonização fiscal no âmbito do Mercosul. Mas outras novidade, como a criação do imposto especial sobre o consumo conspícuo (bebidas, tabaco, petróleo, automóveis, etc.), certamente vão retirar rendas dos Estados.

No que concerne à despesa pública, os Estados e os Municípios tiveram-na aumentada por alguns novos instrumentos constitucionais. A Emenda n. 14/96, por exemplo, criou a obrigatoriedade da entrega de prestações de educação por parte dos entes menores. O sistema único de saúde, que se pretende gratuito, não encontra paralelo nas ricas nações do Ocidente e desapareceu nos países da Escandinávia e até na Rússia, resistindo impavidamente apenas em Cuba, mas vem causando sobrecarga de despesas para os Estados e Municípios, que não têm fontes próprias para a sua sustentação e não recebem do Governo Federal as transferências cabíveis.

A grande dificuldade para a descentralização financeira decorre do desequilíbrio entre as despesas transferidas para os Estados e Municípios e as receitas contingenciadas. Há, sem dúvida, a necessidade de se instituir uma discriminação constitucional clara da despesa pública que seja o contraponto da discriminação tradicional das receitas, sem que, entretanto, se prejudique a cidadania em suas opções eleitorais por políticas públicas.

Além de não conseguir implementar a reforma fiscal, o Governo Federal também se perde na hora de realizar as revisões constitucionais. A verdadeira reforma da previdência, apesar de aprovação da EC n. 20/98, ainda está por começar e os cinco minutos de grampo no BNDES serviram para o afastamento do economista que estava incumbido de planejá-la, privatizando o sistema atual, falacioso e inepto, que transforma as aposentadorias e as pensões em castigo e não em prêmio. A instituição da previdência para os servidores, autorizada pelo art. 149 da CF, na redação da Emenda n. 3/93, por não encontrar modelo federal adequado, certamente se fará pela captação de recursos em favor das instituições previdenciárias estaduais e municipais, o que, certamente, levará à admissão de mais funcionários e à ampliação da burocracia desses órgãos, já mergulhados na inépcia e na corrupção. A reforma patrimonial tem obtido sucesso parcial, mas ainda restam diversas empresas estatais em condições de privatização, o que permitiria efetivamente o desmonte do patrimonialismo brasileiro, necessário do ponto de vista econômico e cultural. A reforma administrativa trouxe poucos resultados positivos, eis que não conseguiu contribuir para o controle dos gastos público, de que a criação do Ministério do Desenvolvimento é o sintoma mais evidente. Como as reformas federais só produziram resultados tópicos, estancando algumas fontes de despesa e criando outras de receita, a sua influência sobre as legislações estaduais e municipais é diminuta.

É claro que as agruras financeiras dos Estados e Municípios não decorrem apenas do processo centralizador observado nos últimos anos. Aos entes menores devem ser debitados os problemas financeiros surgidos com os gastos desnecessários, a morosidade na política de privatização, os abusos cometidos no financiamento das despesas pelos bancos estaduais, a assunção descontrolada de dívidas internas a externas e o empreguismo desenfreado. A cultura inflacionária, que os levava a adiar pagamentos de salários e fornecimentos, não foi superada no regime de estabilização alcançado durante o plano Real.

Vê-se, portanto, que se frustraram as esperanças da descentralização fiscal nestes 10 anos de vigência da Constituição de 1988, que poderia fazer com que o respeito aos direitos fundamentais e a afirmação da justiça local consonassem com a emergência da cidadania mundial e o respeito aos direitos humanos no plano que transcende as contingências da soberania nacional. Já não bastará uma simples reforma tributária e financeira, mas a própria repactuação do federalismo brasileiro, em busca de um equilíbrio que possa ajustar o nosso tridimensionalismo federativo à realidade da reconstrução dos direitos.

Com efeito, duas idéias básicas, de conteúdo ético e jurídico, passam a orientar a humanidade na virada do século e do milênio: a da supremacia dos direitos fundamentais e a da busca da justiça. O constitucionalismo hodierno não tem por missão, apenas, garantir uma ordem financeira equilibrada, senão que se orienta no sentido de obtê-la e sustentá-la com vistas à defesa dos direitos humanos e à procura da justiça material. E não há sustentação dos direitos fundamentais se não se respeitam as condições da liberdade, ou seja, se não se garantem as condições mínimas de sobrevivência digna para todos os cidadãos. Nem há justiça material se não se otimizam os direitos sociais, isto é, se não se concedem as prestações estatais, na via do orçamento ou dos serviços públicos, em sua dimensão máxima, mas possível. Nesta quadra crítica que o Brasil atravessa, as reformas do Estado e a reestruturação das finanças públicas têm seguido a retórica economicista, com cálculos casuísticos dos ganhos e das perdas de dinheiro em cada uma das votações no Parlamento ou dos julgamentos no Judiciário, sem vínculos com a discussão sobre as garantias dos direitos da liberdade e a justiça social, como se a economia não fosse sobretudo uma economia ética.

Claro que a emergência da cidadania, fundada nos direitos humanos e na justiça, traz profunda implicação com a ordem política. Os direitos humanos, após as grandes declarações da segunda metade do século XX (ONU, OEA), seguidas das convenções garantidoras de direitos específicos (econômicos e sociais, ambientais, da mulher, das crianças e adolescentes, etc.), ganham, no plano internacional, prevalência até mesmo sobre as soberanias nacionais, de que foram provas recentes os episódios dos julgamentos de Pinochet e dos criminosos da Bósnia, e de que passam a constituir preocupação permanente a defesa do direito ao desenvolvimento humano; no contexto nacional levam ao esvaziamento do poder central, que conserva, principalmente, a missão de defensor da moeda e de garantidor das condições da liberdade em que consistem as prestações de educação, saúde, previdência e assistência social financiadas com a cobrança de impostos redistributivos. Exigências semelhantes se fazem a partir da busca de justiça: no plano internacional, é bem verdade, ainda não se vislumbra com muita clareza o conteúdo das prestações, eis que todas dependem do aporte de recursos por parte de organismos internacionais ou de Estados estrangeiros; na esfera nacional o poder central não tem a instrumentalidade necessária à entrega das prestações positivas, cabendo aos entes menores, sem dúvida, promover a justiça local, exercendo as trágicas opções orçamentárias apoiadas em tributação própria ou em repasses federais.

A visão de mundo fundada nos direitos humanos e na justiça desperta, necessariamente, a rediscussão do pacto federativo, que é também pacto de cidadania. Todas as dificuldades que temos encontrado nos últimos tempos para promover a reforma tributária partem muito mais do problema do federalismo do que da questão da racionalidade econômica dos tributos. Está a se exaurir o modelo de centralização exacerbado pelo plano Real. O nosso tridimencionalismo federativo, por seu turno, cria entraves e obstáculos à positivação dos direitos, principalmente porque difícil se torna explicar a existência do Estado-membro, incluída a martelo na Constituição de 1891, ao contrário da comuna, de sólida tradição na cultura luso-brasileira e que já ganhou na CF 1988 o *status* de ente da Federação. É um dado inquestionável o de que os Estados Federais estão caminhando a passos largos para a descentralização, na mesma velocidade em que os Estados Unitários, como a França, a Espanha e a Itália, começam a delegar poder normativo às regiões autônomas. Temos, por conseguinte, que rediscutir o pacto federativo sob a luz da supremacia dos direitos humanos e da busca da justiça, o que teria que levar em consideração algumas premissas, que vão se tornando claras neste final de século: o enfraquecimento da idéia de soberania fiscal, prejudicada pelos controles dos organismos financeiros internacionais e limitada pelo direito ao desenvolvimento humano; o desencantamento do poder central, reduzido ao papel de guardião da moeda e de repassador de recursos aos entes menores; o artificialismo do Estado-membro, incapaz de gerar políticas públicas implementadoras da segurança dos direitos e da justiça social; o fortalecimento do Município como centro de concretização das condições da liberdade e dos direitos sociais; a emergência das comunidades regionais, marcadas por características geográficas, culturais, econômicas e políticas próprias, que lhes podem reservar novo destino no contexto do país.

Finalmente, não basta a reforma fiscal do Estado, com as alterações de alguns aspectos conjunturais das finanças públicas, com o fito de buscar o equilíbrio orçamentário ou corrigir desvios do sistema tributário. Torna-se inadiável a reforma do Estado Fiscal, que entende com alterações profundas na própria estrutura da fiscalidade, com o objetivo de superar os ranços do patrimonialismo que impedem o pleno florescimento da estabilidade, fundada na receita derivada da economia dos cidadãos e o apego ao centralismo, que leva à preeminência da União, principalmente pelo seu Poder Executivo, à insegurança dos direitos fundamentais e ao malogro na busca da justiça.

PROCESSO ADMINISTRATIVO TRIBUTÁRIO E CONTROLE DA CONSTITUCIONALIDADE PELOS TRIBUNAIS ADMINISTRATIVOS

CARLOS GONÇALVES

1. Introdução. 2. Processo e procedimento. 3. Do processo administrativo e seus princípios informadores: 3.1 Princípios informadores do processo administrativo: 3.1.1 Devido processo legal ("due process of law"); 3.1.2 Princípio do juiz natural (ou administrador competente); 3.1.3 Princípios da ampla defesa e contraditório; 3.1.4 Princípio do direito à produção de provas; 3.1.5 Princípio da verdade material; 3.1.6 Princípio do informalismo; 3.1.7 Princípio do duplo grau de jurisdição; 3.1.8 Direito à defesa técnica; 3.1.9 Princípio da oficialidade; 3.1.10 Princípio da gratuidade. 4. As fases do processo administrativo tributário. 5. Do controle da constitucionalidade das leis e atos normativos pelos tribunais administrativos. 6. Conclusões. 7. Bibliografia.

1. Introdução

No presente trabalho abordaremos a questão relativa ao processo administrativo tributário e o controle da constitucionalidade das leis pelos tribunais administrativos.

Para tanto, iniciaremos tecendo algumas considerações acerca da discussão doutrinária sobre a utilização dos termos "processo" e "procedimento". Em seguida apresentaremos os conceitos de "ato" e "processo administrativo".

Faremos uma breve digressão acerca dos princípios informadores do processo administrativo, bem assim das fases componentes do referido processo. Por fim, adentraremos na discussão sobre o controle da constitucionalidade das leis pelos tribunais administrativos.

2. Processo e procedimento

Muito já se discutiu na doutrina acerca da utilização dos vocábulos *processo* e *procedimento*. Existem aqueles que propugnam pela utilização de "procedimento", pois o termo "processo" estaria reservado à esfera judicial. Outros afirmam ser legítima a utilização do termo "processo", visto que tal vocábulo não estaria reservado apenas às discussões ocorridas dentro do âmbito judicial.

É imperioso aqui registrar a opinião de alguns de nossos doutrinadores. Paulo de Barros Carvalho,[1] em trabalho escrito antes do advento da Constituição de 1988 e apresentado no I Congresso Internacional de Estudos Tributários, afirmou que a figura do processo está jungida ao campo da jurisdição, enquanto que a locução adequada para aludirmos à impugnação de atos administrativos, junto à própria Administração, no que tange à matéria tributária, é "procedimento administrativo tributário".

Na mesma esteira de raciocínio são os ensinamentos do saudoso mestre Geraldo Ataliba,[2] que, com fulcro nas lições de Carlos Ari Sundfeld, adotou, por questões

1. Cf. "Processo Administrativo Tributário", *RDT* 9-10/276-277.

2. Cf. "Princípios Constitucionais do Processo e Procedimento em Matéria Tributária", *RDT* 46/118.

didáticas, a utilização do termo "procedimento". Marçal Justen Filho[3] afirmou veementemente que a sucessão encadeada de atos que ocorre dentro da esfera administrativa deve ser denominada "procedimento". O vocábulo "processo" deverá ser reservado apenas para os litígios que se verificam dentro do âmbito judicial, visto que no procedimento administrativo não ocorre a relação triangular, sendo que o Estado-Administração é parte "julgadora" do processo.

Celso Antônio Bandeira de Mello,[4] com base nas lições de Tezner, Merkel, Carnelutti e Bartolomé Fiorini afirma que o termo "processo" não está reservado apenas às discussões que ocorrem dentro da esfera judicial. Ademais, a administração deve buscar as finalidades legais através de uma ordenação seqüencial de atos, isto é, de um processo e um procedimento, a fim de que fique assegurado que a conclusão final administrativa resultou de uma trilha capaz de garantir que a finalidade legal foi atendida. Aduz, ainda, que a expressão correta seria "processo administrativo" mas, no entanto, em nome da tradição existente na doutrina, utiliza-se da expressão "procedimento administrativo" visando a atingir objetivos meramente didáticos.

Paulo Celso Bonilha[5] propugna pela necessária revisão do termo a ser adotado ante a evolução da doutrina processual. Com base nas lições dos processualistas José Carlos Barbosa Moreira e Cândido Rangel Dinamarco, preconiza que se deve utilizar a expressão "processo administrativo tributário", sendo este espécie de processo administrativo, pois a atividade estatal está aparelhada para a composição litígios, embora as decisões irradiem efeitos de natureza e grau diversos.

Lucia Valle Figueiredo[6] afirma ser necessária a distinção entre os vocábulos "procedimento" e "processo". Procedimento deverá ser utilizado quando os atos administrativos trazem em seu bojo seqüência de atos tendentes a um único ato final, ato típico, a que se preordena a Administração. Um exemplo de procedimento administrativo seria a concessão de licenças. Já o processo administrativo dá-se quando há controvérsia (litígio) ou acusação em geral.

Colacionamos um plexo de abalizadas opiniões acerca da utilização dos termos "processo" e "procedimento" administrativo. Pensamos que a utilização de um outro vocábulo não acarreta significativas alterações. Com o advento da Constituição de 1988, o artigo 5º, LV, do Texto Constitucional assegura o contraditório e a ampla defesa para os litigantes em *processo* judicial ou administrativo. Trata-se de acepção utilizada pela nossa Carta Magna, lei maior em nosso ordenamento jurídico, que serve de fundamento para todos os demais diplomas normativos e normas jurídicas existentes em nosso sistema.

Portanto, pensamos ser a expressão "processo" mais adequada para denominar a sucessão de atos concatenados, que se desencadeia dentro da esfera administrativa, que tem, de um lado, os administrados e, de outro, o Estado-Administração. Ressalte-se que a expressão "processo" não está reservada somente para o trâmite que se verifica dentro da esfera judicial. No processo administrativo deverão ser respeitados os princípios inerentes ao processo judicial. No entanto, tais institutos apresentam algumas diferenças como, por exemplo, a coisa julgada, que não existe na esfera administrativa mas apenas na judicial.

3. Do processo administrativo e seus princípios informadores

Tecidas as considerações iniciais acerca da propriedade de utilização do vocábu-

3. Cf. "Considerações sobre o "Processo Administrativo Fiscal", *Revista Dialética de Direito Tributário* 33/108-115.

4. Cf. *Curso de Direito Administrativo*, pp. 315-318.

5. Cf. *Da Prova no Processo Administrativo Tributário*, pp. 58 a 63.

6. Cf. *Curso de Direito Administrativo*, pp. 377-382.

lo "processo administrativo", faz-se necessário conceituar este instituto.

Para realização desta tarefa valemo-nos das lições de Celso Antônio Bandeira de Mello[7] (que se utiliza do vocábulo "procedimento"), que conceitua o instituto como sendo uma sucessão itinerária e encadeada de atos administrativos que tendem, todos, a um resultado final e conclusivo. Portanto, durante o processo administrativo, todos os atos exarados deverão ser válidos e eficazes, para que não se vislumbrem vícios, que possam comprometer, de modo irretorquível, o resultado final do processo.

Diante da definição de processo administrativo anteriormente exposta, cujo núcleo contempla a expressão "atos administrativos", faz-se necessário precisar este conceito (ato administrativo). Para tanto, utilizaremos o conceito preconizado por Lucia Valle Figueiredo, para quem "ato administrativo é a norma concreta, emanada pelo Estado, ou por quem esteja no exercício da função administrativa, que tem por finalidade criar, modificar, extinguir ou declarar relações jurídicas entre este (o Estado) e o administrado, suscetível de ser contrastada pelo Poder Judiciário".[8]

Para os fins aqui propostos, devemos nos ater a um tipo específico de processo administrativo: o processo administrativo tributário.

O objeto do processo administrativo tributário é, por excelência, o lançamento tributário, vocábulo, este, ambíguo, que apresenta duas acepções: procedimento e ato administrativo. Assim sendo, faz-se necessário precisar a acepção que traduz, em sentido estrito, o vocábulo "lançamento". Para tanto, deve-se distinguir os conceitos de ato-fato (procedimento) e ato-norma (ato administrativo).

O ato-fato administrativo é a fonte material. Nesse sentido, o lançamento é considerado procedimento, tendo em vista que este visa a construir o ato-norma administrativo, consistindo o procedimento no fato jurídico que se configura como a ordenação da série de atos e fatos jurídicos que corroboram, de forma sucessiva ou instantânea, seqüencial ou não, na formação dos suporte fático do fato jurídico suficiente para edição do ato-norma administrativo.[9]

Por outro lado, o ato-norma administrativo é aquele que coloca no sistema uma norma individual e concreta, sendo que este é o que pode ser chamado especificamente de "lançamento tributário", segundo os ensinamentos de Eurico De Santi, sendo esta a acepção que deve ser utilizada quando nos referimos a "lançamento tributário". Portanto, de acordo com os preceitos aduzidos pelo mestre, define-se "lançamento" como o ato-norma administrativo, que apresenta estrutura hipotético-condicional, associando à ocorrência do fato jurídico tributário (hipótese) uma relação jurídica intranormativa (conseqüência), que tem por termos o sujeito ativo e o sujeito passivo e, por objeto, a obrigação deste em prestar a conduta de pagar quantia determinada pelo produto matemático da base de cálculo pela alíquota.[10]

Paulo de Barros Carvalho, por sua vez, define lançamento como ato jurídico administrativo.[11]

Nesse contexto, tem-se que, de acordo com a posição consagrada pelos festejados mestres, lançamento é ato jurídico administrativo. Sua função, segundo Paulo de Barros Carvalho, é declarar a ocorrência do fato jurídico, aplicando a conseqüência da regra-matriz de incidência, formalizando, desta forma, a obrigação tributária e constituindo-se o vínculo entre o sujeito ativo e o sujeito passivo, dentro do qual aparecerá o crédito tributário.[12]

7. Ob. cit., p. 308.

8. Ob. cit., pp. 124 e 125.

9. Cf. Eurico de Santi, *Lançamento Tributário*, p. 129.

10. Ob. cit., p. 133.

11. Cf. *Curso de Direito Tributário*, p. 260.

12. Cf. *Repertório IOB de Jurisprudência*, 3/97, Caderno 1, p. 77

O processo administrativo tributário pauta-se nos princípios basilares do nosso ordenamento jurídico – legalidade, ampla defesa, contraditório, devido processo legal, dentre outros. Desta forma, é de hialina clareza que existe uma contraposição de interesses, quando os administrados impugnam determinado lançamento exarado pela Autoridade Fiscal, bem assim quando se defendem de um ato de aplicação de penalidade – oriundo de um eventual descumprimento de obrigações tributárias.

Nesse contexto, é imperioso colacionar as precisas lições de Paulo de Barros Carvalho, para quem o procedimento (processo) administrativo tributário constitui-se em controle de legalidade dos atos administrativos.[13] Assim, a decisão de primeira instância exerceria o primeiro controle; o acórdão do tribunal administrativo visaria a verificar a validade do ato exarado pela autoridade recorrida e as câmaras superiores exercitariam a análise da legalidade do acórdão expedido pelo órgão colegial. Por fim, restando ainda débito por parte do contribuinte, a Fazenda Pública exerceria um último ato de controle – a inscrição da dívida ativa – sendo este ato o único efetuado garantidamente por um profissional do ramo do direito – posto que emanado de Procurador da Fazenda, que estabelece a correspondência da pretensão fiscal em relação aos preceitos contidos no ordenamento vigente.[14]

Sendo assim, cada ato administrativo pertinente ao processo administrativo tributário deverá ser perfeito, válido e eficaz para que a decisão final – também um ato administrativo, visto que se subsume ao conceito a ele imputado anteriormente – traduza, de modo cabal e inequívoco, o controle da legalidade efetuado pelo órgão colegial administrativo.

Ressalte-se que os tribunais administrativos colegiais, cuja atividade é exercer, em segundo grau, o controle de legalidade do ato de lançamento, do ato de imposição de penalidade e da própria notificação, possuem, em alguns casos, integrantes que não são, apenas, oriundos da Fazenda Pública. Dentre os tribunais de formação heterogênea, pode-se citar o Tribunal de Impostos e Taxas (TIT/SP) e o Conselho de Contribuintes (sobre o qual paira atualmente ampla discussão sobre a sua extinção). Nestes tribunais, existem representantes da Fazenda Pública e dos contribuintes. Portanto, pode-se afirmar que o controle de legalidade em tais tribunais opera-se de maneira mais equilibrada, visto que a decisão não cabe, somente, aos funcionários da Administração Pública, como, também, aos representantes dos cidadãos-contribuintes.

Vistos, ainda que de maneira sucinta, os conceitos de "processo administrativo", "ato administrativo", bem como as funções exercidas pelos tribunais administrativos, teceremos algumas breves considerações sobre os princípios informadores do processo administrativo.

3.1 Princípios informadores do processo administrativo

Dentre os princípios informadores do processo administrativo, pode-se elencar princípios oriundos da própria atividade jurisdicional, aplicáveis ao processo administrativo, bem assim princípios que são exclusivos da atividade processual administrativa.

São eles: devido processo legal (*due process of law*), juiz natural (administrador competente), amplo contraditório (no qual se insere o da igualdade entre as partes e motivação das decisões), direito à produção de provas, verdade material (princípio inquisitório), informalismo a favor do administrado, duplo grau de jurisdição, direito à defesa técnica, oficialidade e gratuidade. Vejamos cada um deles.

3.1.1 Devido processo legal (*due process of law*)

O devido processo legal tem suas origens na época do Rei João Sem-Terra (In-

13. Cf. *Processo* ...., ob. cit., p. 279.
14. Idem, ibidem.

glaterra, séc. XIII), quando da promulgação da lei da terra (*law of the land* – art. 39), visando a proteger o baronato.[15] No entanto, tal diploma normativo consagrava, apenas, a igualdade perante a lei (igualdade formal), não sendo observada a igualdade na lei (igualdade material).

Ressalte-se que, segundo Lucia Valle Figueiredo,[16] a igualdade perante a lei verifica-se quando foi respeitada a tramitação legal prevista para o processo. No entanto, só será observado o devido processo legal quando a lei respeitar a igualdade dentro do seu próprio bojo, quando a lei somente contiver discriminações que guardem razões de pertinência lógica com as situações discriminadas, quando as classificações forem razoáveis.[17]

Desta forma, pode-se afirmar que o devido processo legal é o princípio por excelência, a ser observado nos processos administrativos. Ele se configura no maior instrumento para o controle dos atos administrativos, uma vez que veda a instituição de situações de desigualdade entre administração e administrados durante o litígio na esfera administrativa. Ressalte-se que tal princípio conduz ao sobreprincípio da segurança jurídica

No entanto, existem outros princípios que decorrem do devido processo legal, como ficará demonstrado a seguir.

3.1.2 Princípio do juiz natural (ou administrador competente)

O princípio do juiz natural, que decorre diretamente do devido processo legal, encontra seu fundamento na Constituição Federal, no artigo 5º, incisos XXXVII (não haverá juízo ou tribunal de exceção) e LIII (ninguém será processado senão pela autoridade competente).

Tal princípio é aplicável tanto ao processo civil, como ao administrativo e ao penal, tendo em vista que o artigo 5º, LIII, não distingue o tipo de processo abrangido pela referida garantia.[18]

Portanto, a competência da autoridade administrativa julgadora deverá preexistir ao início do trâmite do processo administrativo. Assim sendo, a autoridade administrativa julgadora deverá ser nomeada por norma legal competente.

O princípio do juiz (administrador natural), como corolário do devido processo legal, reafirma o Estado de Direito, conforme os ensinamentos de Balladore Pallieri, citado pelo saudoso mestre Geraldo Ataliba.[19] Desta forma, não poderá existir um Estado de Direito sem que haja autoridade julgadora imparcial e devidamente constituída segundo os ditames do ordenamento jurídico.

3.1.3 Princípios da ampla defesa e contraditório

O Texto Constitucional Brasileiro de 1988 inovou ao consagrar expressamente a garantia a ampla defesa e ao contraditório no processo administrativo, garantia esta prevista no artigo 5º, inciso LV (aos litigantes, em processo judicial ou administrativo, e aos acusados em geral são assegurados o contraditório e a ampla defesa, com os meios e recursos a ela inerentes).

Este princípio, como o do juiz (administrador) natural, é conseqüência direta e imediata do devido processo legal. Seria inadmissível que no Estado de Direito os administrados não pudessem ter a segurança do contraditório e da ampla defesa.

15. Cf. Lucia Valle Figueiredo, "Devido Processo Legal e Fundamentação das Decisões", *RDT* 63/213; a autora também tece considerações no mesmo sentido no *Curso de Direito Administrativo*, ob. cit., pp. 383-384 e "Estado de Direito e Devido Processo Legal", Separata da *Revista do Tribunal Regional Federal da 3ª Região*, pp. 23-26.

16. Idem, ibidem.

17. "Devido processo legal e fundamentação das decisões", ob. cit. p. 213.

18. Cf. Alessandro Pizzorusso, *apud* Nelson Nery Júnior, *Princípios do Processo Civil na Constituição Federal*, p. 62.

19. Cf. *Constituição e República*, p. 120.

Ressalte-se que, como já anteriormente afirmado, ao tecer as considerações acerca do devido processo legal, a ampla defesa e o contraditório deverão ser exercidos materialmente, e não apenas formalmente.

Deve-se ainda salientar que outros dois princípios decorrem da ampla defesa e do contraditório (e, conseqüentemente, do devido processo legal): a igualdade entre as partes e a motivação das decisões.

A igualdade entre as partes deve ser traduzida como o tratamento igualitário para os litigantes do processo administrativo, quer seja ele a Administração Pública ou o administrado. A Administração não poderá valer-se de algumas prerrogativas a ela conferida – visto que esta busca a finalidade pública – para outorgar tratamento desvantajoso para o administrado. Também não poderá a administração, como parte e julgadora do processo, deixar de promover a justiça e comportar-se como imparcial quando proferir a decisão. Nesse sentido, prelecionou Aires F. Barreto que, em que pese ser a administração fiscal parte na relação jurídica tributária, não se lhe pode retirar a missão sobranceira de órgão de justiça, isto é, de parte imparcial.[20]

O princípio da motivação consiste na explicitação das razões que conduziram o administrador a decidir de determinada maneira. É imperioso salientar que as razões de fato e de direito deverão estar inequivocamente demonstradas na motivação da decisão. Não basta a simples menção do dispositivo legal no qual se baseou a administração para proferir a decisão, pois isto não constitui a motivação da decisão.[21]

O dever de a administração motivar suas decisões decorre de preceito constitucional, previsto no artigo 93, X, da Carta Magna.

Portanto, a ampla defesa, o contraditório, a igualdade entre as partes e a motivação das decisões constituem parte integrante do devido processo legal. Desrespeitá-los seria impingir maus tratos ao Estado Democrático de Direito.

3.1.4 Princípio do direito à produção de provas

O direito à produção de provas decorre diretamente do princípio do contraditório. As partes poderão produzir todos os tipos de provas lícitas, visando à demonstração de seu direito, que irá conduzir o administrador-julgador ao livre convencimento motivado.

O administrador possui a faculdade de indeferir provas, caso sejam elas impertinentes ou procrastinatórias. Também, é vedada a utilização de provas obtidas de maneira ilícita.

3.1.5 Princípio da verdade material

O administrador, na busca da solução do litígio instaurado na esfera administrativa, deverá promover a busca da verdade material, e não apenas da verdade formal, não devendo ficar a Administração adstrita ao que ficou demonstrado no processo. Deverá promover a busca incessante daquilo que realmente traduz a verdade dos fatos.

Para Celso Antônio Bandeira de Mello[22] este princípio encontra seu fundamento na Constituição Federal, de maneira implícita, no artigo 2º, que consagra a tripartição do exercício dos poderes. Também respalda-se no artigo 37, *caput*, da Carta Magna, que submete a administração ao princípio da legalidade, que conduz à verdade material, pois, sem esta, não seria possível atender à legalidade na criação do interesse público.

3.1.6 Princípio do informalismo

Este princípio estabelece uma presunção, em favor do administrado, pela qual a

20. Cf. "Procedimento Administrativo Tributário", *Repertório IOB de Jurisprudência*, 17-92, Caderno 1, p. 319.

21. Cf. Lucia Valle Figueiredo, "Devido Processo Legal e Fundamentação das Decisões", cit., p. 215.

22. Ob. cit., p. 328.

Administração não poderá ater-se a formalismos excessivos ao considerar a manifestação do administrado no processo administrativo.

Segundo Paulo de Barros Carvalho[23] deverá haver a tolerância, por parte da administração, quanto à denominação de recursos e peças impugnatórias e o endereçamento de tais peças. O que realmente interessa é a vontade de impugnar e recorrer, evidenciada pelo administrado.

3.1.7 Princípio do duplo grau de jurisdição

O princípio do duplo grau de jurisdição consagra o direito à revisibilidade da decisão proferida por órgão singular. Este princípio encontra seu fundamento constitucional no artigo 5º, XXXIV, "a", da *Lex Legum*, que consagra o direito de petição aos órgãos públicos.

Desta forma, pode-se afirmar que a extinção do Conselho do Contribuintes – se não houver a formação de outro órgão colegial pela Administração Pública – constitui-se em ofensa ao princípio do duplo grau de jurisdição, visto que os administrados terão suprimido o direito de revisibilidade da decisão exarada pelo órgão monocrático da Administração.

3.1.8 Direito à defesa técnica

O direito à defesa técnica, na esfera administrativa, deve ser entendido como decorrência do estabelecido no processo penal visto que, por vezes, o processo administrativo tributário visa à aplicação de penalidade por infração à legislação tributária.

Ressalte-se que, nestes casos, não poderá o administrado ser privado de defesa técnica, pois acarretaria a nulidade do processo.

Ainda que o processo administrativo tributário não tenha por objeto a aplicação de penalidade, ainda assim deverá o administrado ser representado por profissional competente, visto que não possui o conhecimento técnico suficiente para produzir sua defesa, podendo ser traduzido, este preceito, até mesmo como cerceamento de defesa e desigualdade entre as partes, pois o fisco estará devidamente representado por profissional com qualificação técnica competente.

3.1.9 Princípio da oficialidade

Após a deflagração do processo administrativo, quer seja por parte da Administração (o que ocorre na maioria das vezes), quer seja por parte do administrado, a mobilização do procedimento deverá ocorrer totalmente por parte da própria Administração, pois esta é quem tem o dever de empenhar-se na condução do processo administrativo.

3.1.10 Princípio da gratuidade

Este princípio garante que o processo administrativo não deverá ser causa de ônus aos administrados.

Celso Antônio Bandeira de Mello[24] entende que tal princípio só deverá ser aplicado aos procedimentos ablativos ou restritivos de direito. Nos demais, deverá ser aplicado o princípio da modicidade das taxas e emolumentos.

Os princípios são as unidades basilares de nosso ordenamento. São eles que conferem suporte ao sistema jurídico, formado por um emaranhado de normas que se entrecruzam e conferem coesão a tal sistema. Estão presentes em todas normas, conferindo-lhes legalidade.

Roque Antonio Carrazza[25] aduziu, brilhantemente, sobre a função dos princípios

23. Cf. *Processo ....*, ob. cit., p. 285

24. Ob. cit., p. 324.

25. Cf. *Curso de Direito Constitucional Tributário*, p. 31.

em nosso ordenamento. São suas palavras: "O princípio possui, pois, uma função especificadora dentro do ordenamento jurídico; ele é de grande valia, como vimos, para a exegese e perfeita aplicação assim dos simples atos normativos, que dos próprios mandamentos constitucionais. O menoscabo por um princípio importa a quebra de todo o sistema jurídico".

Desta forma, os princípios informadores do processo administrativo deverão ser respeitados de maneira cabal e inequívoca. Portanto, a violação a qualquer um dos princípios anteriormente mencionados – bem assim aqueles consagrados de maneira implícita ou explícita em nosso ordenamento jurídico — impinge maus tratos ao nosso sistema normativo. Acerca da gravidade da violação dos princípios, são precisas as lições de Celso Antônio Bandeira de Mello: "Violar um princípio é muito mais grave que transgredir uma norma qualquer. A desatenção ao princípio implica ofensa não apenas a um específico mandamento obrigatório, mas a todo sistema de comandos. É a mais grave forma de ilegalidade ou inconstitucionalidade, conforme o escalão do princípio atingido, porque representa insurgência contra todo o sistema, subversão de seus valores fundamentais, contumélia irremissível a seu arcabouço lógico e corrosão de sua estrutura mestra".[26]

Tecidas tais considerações sobre os princípios informadores do processo administrativo tributário, deve-se analisar, ainda que brevemente, as fases do processo administrativo.

4. *As fases do processo administrativo tributário*

Celso Antônio Bandeira de Mello,[27] com fulcro nos ensinamentos de Pietro Virga, estabelece as seguintes fases para o processo administrativo: *a*) fase propulsora; *b*) fase instrutória; *c*) fase dispositiva; *d*) fase controladora; e *e*) fase de comunicação.

A fase propulsora corresponde ao início do processo administrativo. Poderá ser deflagrada pela própria administração ou pelo administrado.

Na fase instrutória a Administração colherá os elementos para formar a livre convicção motivada do administrador-julgador.

Na fase dispositiva dá-se a decisão motivada da administração pública. Após esta fase, poderá haver a fase denominada de controladora, na qual outras autoridades poderão proceder ao controle de legalidade ou conveniência das decisões proferidas no âmbito administrativo.

Nesta fase (controladora) poderão ser enquadradas as possibilidades de revisão, por autoridades, das decisões das pessoas políticas ou de autarquias governamentais. É o caso da revisão das decisões do Conselho de Recursos da Previdência Social pelo Ministro da Previdência, conforme o artigo 121 do Decreto 2.173/97, bem como da revisão das decisões proferidas pelo Tribunal de Impostos e Taxas do Estado de São Paulo pelo Coordenador da Administração Tributária.[28]

No entanto, tal procedimento de revisão das decisões, cujo critério esteja somente a cargo do órgão administrativo, poderá ocasionar violação do princípio do Estado Democrático de Direito, visto que não há a possibilidade de participação dos contribuintes, ocasionando a desigualdade entre as partes. Acerca do assunto, são estas as lições de José Eduardo Soares de Melo:[29] "A observância dos critérios fazendários confere aos sujeitos passivos a segurança

26. Ob. cit., p. 584.
27. Ob. cit., pp. 320-321.

28. Em revisão inédita, após 62 anos, em dezembro de 1997, o Coordenador da Administração Tributária reformou a decisão proferida, em favor do contribuinte, pelo Tribunal de Impostos e Taxas de São Paulo, no processo DRT-15-0798/1994, relativamente à exportação de produtos semi-elaborados (suco de laranja) sem o pagamento de ICMS.
29. Cf. *Curso de Direito Tributário*, pp. 204-205.

de que deverá haver coerência e uniformidade dos atos administrativos. Por atentar ao regime democrático, consagrador de direitos e garantias constitucionais, é inconcebível a utilização da vetusta figura da 'avocatória', e censurável a utilização do recurso hierárquico, sem a participação dos contribuintes (e responsáveis), porque vilipendia o respeito que se deve considerar às decisões administrativas que encerram o processo fiscal".

Por fim, tem-se a fase de comunicação, na qual se transmite, pelos meios de direito, o teor da decisão ao administrado.

Somente com a observância de todas as fases do processo administrativo é que se pode afirmar que os princípios informadores deste – explicitados no item do presente trabalho – foram amplamente respeitados, em especial o devido processo legal, o contraditório, a ampla defesa e o princípio da igualdade.

Após as considerações tecidas acerca dos princípios informadores e das fases do processo administrativo tributário, é imperioso passar ao exame da questão do controle da consitucionalidade pelos tribunais administrativos.

5. *Do controle da constitucionalidade das leis e atos normativos pelos tribunais administrativos*

Ficou amplamente demonstrado no item 3 do presente trabalho que o devido processo legal constitui um dos pilares do processo administrativo tributário e que dele decorrem diversos princípios que consagram as garantias dos administrados, quando em litígio com a Administração Pública.

Pois bem. Como corolário indispensável do devido processo legal, ampla defesa e contraditório, todas as matérias argüidas pelos litigantes – seja em sede de impugnação ou recurso – deverão ser apreciadas pelos tribunais administrativos. Nesse contexto, a argüição de inconstitucionalidade de qualquer dispositivo – seja ele de lei (aqui considerada em seu sentido lato) ou de atos normativos – não poderá refugir ao exame por parte dos referidos Tribunais.

Configurar-se-ia total desrespeito ao Estado Democrático de Direito que o Tribunal Administrativo pudesse analisar a matéria A e não analisar a matéria B. Os tribunais administrativos podem – e devem – analisar matéria constitucional, bem como deixar de aplicar aos casos suscitados, leis ou atos normativos que entendam ser inconstitucionais.

Admitir que os tribunais administrativos não pudessem analisar matéria constitucional e, conseqüentemente, deixar de aplicar lei ou ato normativo eivados de inconstitucionalidade, seria consagrar a limitação das matérias sobre as quais tais tribunais devem proferir suas decisões. É negar a interpretação da Constituição feita por estes órgãos da Administração, incumbidos de efetuar o controle da legalidade dos atos emanados da própria Administração.

Gilberto de Ulhôa Canto[30] tratou o assunto de maneira ímpar. São suas precisas lições: (...) acho absurdo que se diga que um conselho de contribuintes ou um tribunal de impostos e taxas pode julgar o ato de autoridade administrativa desconforme com a portaria, a portaria desconforme com a ordem de serviço, a ordem de serviço desconforme com o regulamento – mas não pode dizer que o regulamento está contra a lei, e, o que é pior, não pode dizer que a lei está contra a Constituição.

Aduz ainda o mestre: "Mas, do mesmo modo que aos juizes que não são tribunais – se reconhece o poder de deixar de aplicar leis que considerem atentatórias à Constituição, sem violência do art. 200 citado (Constituição de 1946), deve-se aceitar a possibilidade de assim procederem os órgãos administrativos, porque não se compreende que possam eles cotejar as normas de hierarquia menor para dar preeminência às mais relevantes, apenas no plano da

30. *Apud* Eduardo Domingos Bottallo, *Procedimento Administrativo Tributário*, p. 59.

lei ordinária, e não o possam em relação à Constituição".[31]

Diante das lições do mestre Ulhôa Canto, pode-se afirmar, com hialina clareza que os tribunais administrativos têm o dever de analisar a matéria constitucional, bem como deixar de aplicar dispositivo legal ou normativo, que esteja em descompasso com a Constituição.

Diversos autores trataram do tema com mestria. Ronaldo Poletti[32] afirma que todos os Poderes da República são guardas da Constituição. O zelo pela intangibilidade do regime não constitui privilégio ou exclusividade do Poder Judiciário; ele apenas diz a última palavra sobre a constitucionalidade das leis. Lucia Valle Figueiredo[33] preleciona ser possível a não aplicação de lei inconstitucional, considerando que os tribunais administrativos estão exercendo função administrativa atípica, ou seja, estão exercendo função "judicante". Valdir de Oliveira Rocha,[34] apoiado nos ensinamentos de Lucia Valle Figueiredo, é enfático ao consagrar o dever do Presidente da República em cumprir a Constituição, sendo que o órgão administrativo, não apreciando a constitucionalidade dos disposições invocadas pelos administrados-litigantes, estaria infringindo o devido processo legal e a ampla defesa. A função de tais tribunais, se não pudesse analisar a constitucionalidade, seria, apenas, difundir a repetição de atos administrativos, porventura eivados de inconstitucionalidade e ilegalidade.

Nossos tribunais administrativos também têm consagrado a possibilidade de estes analisarem questões constitucionais. O Tribunal de Impostos e Taxas de São Paulo declarou, em questão de ordem suscitada pelo Juiz Antônio Carlos da Silva, a possibilidade desse tribunal deixar de aplicar lei inconstitucional ou decreto ilegal, em casos concretos.[35]

Ainda, na questão de ordem supramencionada, pode-se extrair do voto do relator Ademir Ramos da Silva: Negar aos tribunais administrativos a possibilidade do exercício pleno da jurisdição é o mesmo que admitir estarem eles acima da Lei Maior, à qual não deveriam subordinar-se; ou, como disse Ulhôa Canto, se não pudessem os órgãos administrativos apreciar a constitucionalidade das normas regulamentares ou mesmo legais, o processo cognitivo desses órgãos seria limitado; "a competência deles, em termos intelectuais, é de subir só até o terceiro andar, quando o que está verdadeiramente governando tudo é o que está no quinto andar; então isso não é fazer justiça".[36]

O 1º Conselho de Contribuintes, órgão julgador da Administração Pública, também consagrou a necessidade de aplicação, pelos tribunais administrativos, da Constituição Federal em detrimento de lei que considerem inconstitucional.[37]

31. Cf. *O Processo Tributário*, p. 77.

32. Cf. *Controle da Constitucionalidade das Leis*, p. 132.

33. Cf. *Curso...*, ob. cit., p. 398.

34. *Apud* Natanael Martins, *Processo Administrativo Tributário – Direito à Ampla Defesa e ao Contraditório*.

35. A ementa da referida questão de ordem preceitua:

"Questão de Ordem (SF n. 2.713/95) – Competência do Tribunal de Impostos E Taxas, por qualquer de suas Câmaras, para deixar de aplicar lei inconstitucional ou decreto ilegal em casos concretos".

36. Cf. *Tribunal de Impostos e Taxas – Ementário 1996*, p. 404.

37. A ementa desta decisão, publicada no *Repertório IOB de Jurisprudência* 17/94, Caderno 1, p. 328, preceitua:

"Processo administrativo – Inconstitucionalidade de atos normativos – Possibilidade de reconhecimento. Correção monetária – TRD – Fevereiro a Agosto/91 – Descabimento".

"Normas constitucionais – Competência para aplicá-las a casos concretos. Em face do art. 5º, inc. LV, da Constituição Federal, os órgãos administrativos judicantes estão obrigados a aplicar, sempre, a Lei Maior em detrimento da norma que considerem inconstitucional. Impor limitação ao livre convencimento da autoridade julgadora, assim como não conhecer esta de matéria constitucional argüida pelo litigante em qualquer instância, implica cerceamento da plena defesa e violação da Lei Fundamental. Inconstitucionalidade – Alcance do Decreto n. 73.529/74 – O Decreto 73.529/74 não impede que as autori-

É inegável que os tribunais administrativos devem apreciar matéria de cunho constitucional. Admitir o contrário seria estabelecer o esvaziamento total da função de tais tribunais, visto que toda e qualquer disposição legal encontra seu fundamento de validade último na Constituição Federal. Portanto, configura-se dever dos tribunais judicantes administrativos analisar matéria constitucional, proferindo decisões que versem sobre a legalidade e a constitucionalidade das disposições legais vigentes.

Os tribunais administrativos devem, ao julgar as lides deflagradas entre fisco e contribuintes, buscar o fim último do direito: a justiça. Não se deve olvidar que tal decisão, por se tratar de um ato administrativo, deverá visar ao atendimento do interesse público, devendo tal interesse ser legítimo e circunscrito às disposições do ordenamento jurídico. Deverá ainda a Administração pautar-se pelos princípios informadores do processo administrativo tributário, tendo, ainda, os tribunais o dever de analisar matérias constitucionais. Por fim, não deve olvidar-se a Administração que, apesar de ser parte no processo, a finalidade buscada não é apenas a arrecadação em prol da sanha impositiva, mas perseguir a verdade material. Nesse sentido, preleciona Aires F. Barreto[38] que a administração fiscal é, a um tempo, parte e órgão de aplicação do direito, incumbindo-lhe, primacialmente, o fundamental dever de investigação e descoberta da verdade material. Só serão válidos, pois, os atos que venha a praticar com observância desse princípio e diretriz fundamental. E o norte a perseguir é o da integral adequação do ato administrativo ao sentido objetivo da lei.

Portanto, a Administração, enquanto órgão julgador, deverá circunscrever-se aos limites a ela impostos. Sendo tais limites ultrapassados, configurar-se-á a nulidade dos atos praticados por este ente julgador.

6. Conclusões

Diante de todo o exposto anteriormente, pode-se concluir que:

a) o termo adequado para referir-se à sucessão encadeada de atos administrativos visando à deflagração de um ato final (decisão), na esfera tributária, é "processo administrativo tributário", considerando-se que, em tais processos, instaura-se o verdadeiro litígio, vislumbrando-se a contraposição de interesses entre a Administração Pública e os contribuintes;

b) o processo administrativo tributário visa a efetuar o controle de legalidade dos atos administrativos expedidos pela Administração Pública, tendentes a imputar ao contribuinte o pagamento de um tributo eventualmente não efetuado, ou efetuado em desconformidade com a lei, bem assim a aplicação de penalidades pelo descumprimento dos deveres na esfera tributária;

c) cada um dos atos administrativos componentes do processo administrativo tributário deverá ser, por si, perfeito, válido e eficaz;

d) o processo administrativo tributário é informado pelos princípios do devido processo legal (*due process of law*), juiz natural (administrador competente), amplo contraditório (no qual se insere o da igualdade entre as partes e motivação das decisões), direito à produção de provas, verdade material (princípio inquisitório), informalismo a favor do administrado, duplo grau de jurisdição, direito à defesa técnica, oficialidade e gratuidade, dentre outros;

e) a extinção do Conselho de Contribuintes, desde que não haja, por parte da Administração Pública, a criação de outro órgão revisor das decisões proferidas em caráter singular, configura ofensa ao princípio do duplo grau de jurisdição (revisibilidade);

dades administrativas federais reconheçam a inconstitucionalidade de atos normativos, mesmo havendo decisão judicial no mesmo sentido. Se impedisse, não teria sido recebido pela Constituição vigente. (...)" (Ac da 8ª C do 1º CC, n. 108-01.182, mv, Rel. Cons. Adelmo Martins Silva, j. 14.6.94).

38. Ob. cit., p. 319.

f) a revisão unilateral, por parte da Administração, (avocatória pela autoridade máxima dentro de certo órgão administrativo), constitui ofensa ao princípio do Estado Democrático de Direito;

g) os tribunais administrativos têm o dever de analisar matéria constitucional, e deixar de aplicar dispositivo legal ou normativo que considerem inconstitucional. Tal dever decorre como corolário do devido processo legal, do controle de legalidade exercido pelos tribunais administrativos e do dever da persecução da vontade funcional do Estado.

7. Bibliografia

ATALIBA, Geraldo. "Princípios Constitucionais do Processo e Procedimento em Matéria Tributária", *RDT* 46.

________. *Constituição e República*, 2ª ed., Malheiros Editores, São Paulo, 1998.

BANDEIRA DE MELLO, Celso Antônio. *Curso de Direito Administrativo*, 10ª ed., Malheiros Editores, São Paulo, 1998.

BARRETO, Aires Fernandino. "Procedimento Administrativo Tributário", in *Repertório IOB de Jurisprudência*, n. 17/92, Caderno 1, p. 319.

BONILHA, Paulo Celso B. *Da Prova no Processo Administrativo Tributário*, 2ª ed., Dialética, São Paulo, 1997.

BOTTALLO, Eduardo Domingos. *Procedimento Administrativo Tributário*, Ed. RT, São Paulo, 1977.

CARVALHO, Paulo de Barros. "Processo Administrativo Tributário", in *RDT* 9-10.

________. *Curso de Direito Tributário*, 7ª ed., Saraiva, São Paulo,1995.

________. *Repertório IOB de Jurisprudência*, 1ª Quinzena de Fevereiro de 1997, n. 3/97, Caderno 1.

CARRAZZA, Roque Antonio. *Curso de Direito Constitucional Tributário*, 12ª ed., Malheiros Editores, São Paulo, 1999.

DE SANTI, Eurico Marcos. *Lançamento Tributário*, Ed. Max Limonad, São Paulo, 1996.

Ementário do Tribunal de Impostos e Taxas de 1996. Secretaria de Estado dos Negócios da Fazenda.

FIGUEIREDO, Lucia Valle. *Curso de Direito Administrativo*, 3ª ed., Malheiros Editores, São Paulo, 1998.

________. "Devido Processo Legal e Fundamentação das Decisões", *RDT* 63.

________. "Estado de Direito e Devido Processo Legal", Separata da *Revista do Tribunal Regional Federal da 3ª Região* n. 32.

JUSTEN FILHO, Marçal. "Considerações sobre o 'Processo Administrativo Fiscal'", *RDDT* 33.

MARTINS, Natanael. "Processo Administrativo Tributário – Direito à Ampla Defesa e ao Contraditório", *Repertório IOB de Jurisprudência*, n. 2/96, Caderno 1.

MELO, José Eduardo Soares de. *Curso de Direito Tributário*, Dialética, São Paulo, 1997.

NERY JÚNIOR, Nelson. *Princípios do Processo Civil na Constituição Federal*, Ed. RT, São Paulo, 1992.

POLETTI, Ronaldo. *Controle da Constitucionalidade das Leis*, 2ª ed., Forense, Rio de Janeiro, 1997.

Repertório IOB de Jurisprudência, n. 17/94, Caderno 1.

ULHÔA CANTO, Gilberto. *O Processo Tributário*, FGV, São Paulo, 1964.

Impressão e acabamento:
GRÁFICA PAYM
Tel. (011) 4392-3344

RDT 75

XII CONGRESSO BRASILEIRO DE DIREITO TRIBUTÁRIO: SESSÃO DE ABERTURA • CONFERÊNCIA – O CONTROLE DA CONSTITUCIONALIDADE PELOS TRIBUNAIS ADMINISTRATIVOS NO PROCESSO ADMINISTRATIVO TRIBUTÁRIO – Celso Antônio Bandeira de Mello • MESA DE DEBATES "A" – PRESCRIÇÃO E DECADÊNCIA • MESA DE DEBATES "B" – ICMS/ISS – "PAGER", "COURIER", "INTERNET", "TV A CABO E POR ASSINATURA" • MESA DE DEBATES "C" – MERCOSUL • MESA DE DEBATES "D" – IMPOSTO SOBRE A RENDA – ASPECTOS ATUAIS • MESA DE DEBATES "E" – DIREITO PENAL TRIBUTÁRIO – INFRAÇÕES E SANÇÕES • MESA DE DEBATES "F" – PROCESSO JUDICIAL TRIBUTÁRIO • MESA DE DEBATES "G" – PROCESSO ADMINISTRATIVO TRIBUTÁRIO E CONTROLE DE CONSTITUCIONALIDADE PELOS TRIBUNAIS ADMINISTRATIVOS • CONFERÊNCIA – MEDIDAS PROVISÓRIAS EM MATÉRIA TRIBUTÁRIA – Paulo de Barros Carvalho • ***XIII CONGRESSO BRASILEIRO DE DIREITO TRIBUTÁRIO:*** COFINS – A LEI N. 9.718/98 E A EMENDA CONSTITUCIONAL N. 20/98 – Paulo de Barros Carvalho • PROCEDIMENTO ADMINISTRATIVO TRIBUTÁRIO – Aires F. Barreto • PARA A FUNDAÇÃO DE UMA TEORIA HETERODOXA DO PROCESSO TRIBUTÁRIO – José Souto Maior Borges • FEDERALISMO, ESTADO DEMOCRÁTICO DE DIREITO E IMPOSTO SOBRE O CONSUMO – Misabel Abreu Machado Derzi • REPETIÇÃO DO INDÉBITO TRIBUTÁRIO E O ART. 166 DO CÓDIGO TRIBUTÁRIO NACIONAL – Eduardo Bottallo • CONTRIBUIÇÕES PARA A COFINS, A LEI 9.718/98 E A EC 20/98 – Roque Antonio Carrazza e Eduardo Bottallo • PROCESSO ADMINISTRATIVO TRIBUTÁRIO – José Artur Lima Gonçalves e Márcio Severo Marques • PRINCÍPIOS ADMINISTRATIVOS TRIBUTÁRIOS – José Eduardo Soares de Melo • A NOVA ORDEM TRIBUTÁRIA E A DESCENTRALIZAÇÃO FISCAL – Ricardo Lobo Torres • PROCESSO ADMINISTRATIVO TRIBUTÁRIO E CONTROLE DA CONSTITUCIONALIDADE PELOS TRIBUNAIS ADMINISTRATIVOS – Carlos Gonçalves

MALHEIROS
EDITORES